문예신서
175

파스칼적 명상

피에르 부르디외

김웅권 옮김

東文選

파스칼적 명상

Pierre Bourdieu
Méditations pascaliennes

This edition was published by arrangement
with Éditions du Seuil, Paris
through Korea Copyright Center, Seoul

차 례

머리말

내가 차라리 철학에 남겨두고 싶었던 몇몇 문제들을 제기하기로 결심한 것은, 철학이 비록 문제 제기를 좋아하지만 이 문제들은 제기되지 않고 있다고 생각했기 때문이다. 뿐만 아니라 철학은 특히 사회과학과 관련하여 내가 보기에는 불가피하지 않은 것으로 판단되는 문제들을 끊임없이 제기했기 때문이다. 그러면서 그것은 자신이 제기하는 질문들의 동기들, 그리고 특히 원인들——이것들은 흔히 거의 철학적이지 않다——에 대해 자문하지도 않았다. 사실 나는 학문적 이성의 비판(칸트적 의미에서)을 그간의 문제 제기들이 건드리지 못하고 남겨 놓은 지점까지 밀고 나가고 싶었다. 그리하여 **여가**(skholè)의 상황, 즉 세계의 절박한 것들로부터 해방된 자유로운 시간의 상황에 편입되는 가정들을 명백히 하고자 했다. 이 시간은 이와 같은 절박한 것들과 세계에 대해 해방되고 자유로운 관계를 가능케 하는 시간이다. 그런데 바로 철학자들이 이러한 전제들을 자신들의 철학적 관행 속에 끌어들이는 것을 못마땅하게 생각하고, 사유를 먹고 사는 다른 직업인들처럼 그것들을 담론의 범주에 올려 놓았던 것이다. 이는 그것들을 분석하기보다는 변호하기 위한 것이었다.

나는 철학이 도달을 어렵게 만드는 데 일조하고 있는, 진리들에 이르는 길을 열고자 기대하는 연구를 정당화시키기 위해, 철학자들이 철학의 적들로 결코 간주하지 않는 사상가들의 예를 방패로 내세울 수도 있었다. 왜냐하면 비트겐슈타인처럼 이 사상가들은 철학의 일차적 사명을 환상들, 특히 철학적 전통이 생산하고 재생산하는 환상들을 없애는 것이라고 보기 때문이다. 그러나 나의 고찰을 전개하는 데 있어서 파스칼을 방패로 삼은 것은, 독자들이 앞으로 납득하리라 생각되지만 다른 이유들이 있었다. 나는 오래 전부터 나와 마르크스와의 관계에 대한 질문, 일반적으로 의도가 잘못된 그 질문을 받을 때마다 이렇게 습관적으로 대답하곤 했다. 즉 모든 것을 고려하고 어떤 대가를 치르더라도 누군가를 지지해야 한다면, 나 자신은 다분히 파스칼적이라 말하겠다고 말이다. 특히 내가 생각한 것은 친화력이 가장 잘 드러나는 측면인 상징적 권력과 관계되는 것이었고, 토대에 대한 야망의 철회 같은 파스칼의 작품이 지닌 다른 측면들이었다. 이 측면들은 덜 인지된 것들이다. 그러나 특히 내 입장에서 항상 파스칼에게 감사했던 것은 그가 '일반 대중'과 '민중의 건강한 견해'에 대해 배려했다는 점이다. 하지만 이 배려에 민중주의적인 순진함은 전혀 없다. 또한 내가 그에게 감사했던 것은 이 배려와 불가분의 관계에 있는 그의 의지, 즉 늘 '결과들의 이유'를 찾고자 하는 그의 의지였다. 이것은 외관상 더할나위없이 무분별하거나 웃음거리처럼 보이는 인간 행위——'하루 종일 산토끼를 쫓아다니는 것'과 같은 행위——들을 설명하는 그런 이유이다. 항상 '철학자처럼 행동하려는' 채비를 하고 상식적인 견해들의 공허함에 대해 비상하게 놀라움을 나타냄으로써 사람들을 놀라게 하려는 '어설픈 재간꾼들'의 태도와는 달리, 파스칼은 그런 행위들에 대해 분노하거나 조롱하지 않았던 것이다.

　나는 파스칼이 "진정한 철학은 철학을 조롱하는 것이다"라고 말한 것은 옳았다고 확신한다. 그리하여 내가 종종 아쉬워한 것은 학구적 예의 때문에 이러한 슬로건을 액면 그대로 받아들일 수 없다는 것이다. 나는 흔히 그리고 무엇보다도 철학자들 자신에게 행사되는 상징적 폭력에 대항해, 철학의 이름으로 이러한 폭력의 효과를 막기 위해 가장 일반적으로 사용되는 무기들——아이러니·모작(模作) 또는 패러디——을 사용하고 싶은 생각을 여러 번 했다. 어떻게 작가들(하이데거의 저속한 허식성을 상기시키는 T. 베른하르트나 독일 관념론자들의 컴컴한 먹구름을 상기시키는 앨프레드 젤리넥 같은 작가들)의 자유나 예술가들(뒤샹에서 드보투르까지 자신들의 창작 활동에서 예술과 예술가에 대한 믿음을 끊임없이 위태롭게 한 예술가들)의 자유를 부러워하지 않을 수 있겠는가?

즉각적이고 엄청난 효력을 철학과 지식인들의 말에 부여하려는 허영심은, 내가 볼 때 쇼펜하우어가 '현학적인 희극'이라 일컬었던 것의 더할 나위없는 훌륭한 예를 구성한다. 내가 이 희극이라는 말을 통해 의미하고자 하는 것은, 사람들이 경우에 따라서 똥을 싸야 하는 극장 무대의 말〔馬〕처럼 개념이 이해되지 않는 행동을 수행할 때 당하는 그런 조롱이다. 그런데 '모던' 철학자이든 또는 '포스트모던' 철학자이든 우리 철학자들이 대립적인 갈등을 넘어서 공통으로 지닌 점은 담론의 영향력에 대한 지나친 신뢰이다. 이는 책을 읽어 먹고 사는 독서가의 전형적인 환상인데, 이 환상이 아카데믹한 해설을 정치적 행위로 간주케 하거나 텍스트 비평을 저항적 행동으로 간주케 할 수 있다. 그리고 그것은 언어의 범주에 있는 변화들을 사물의 범주에 있는 변화들처럼 체험케 할 수 있다.

영웅적인 큰 역할에 경이적으로 동일시되려는 충동을 불러일으키는 데 그만인 이러한 전능의 꿈에 빠지는 것을 어떻게 피할 수 있는가? 내 생각에 무엇보다 중요한 것은 사유의 한계와 사유가 지닌 영향력의 한계에 대해서 숙고해야 할 뿐 아니라, 사유의 실행 조건들에 대해서도 숙고해야 한다는 것이다. 이 조건들이 그토록 많은 사상가들로 하여금 사회적 경험의 한계를 넘어서게 유도하기 때문이다. 여기서 사회적 경험은 필연적으로 부분적일 수밖에 없고, 지리적으로 사회적으로 지엽적일 수밖에 없는 경험이다. 그리고 그것은 사회적, 나아가 지적인 세계 내에 존재하는 항상 동일한 조그만 영역에 한정된 것이다. 이러한 측면은 원용된 준거 자료들의 폐쇄성이 입증하고 있다. 이 자료들은 흔히 하나의 학문과 하나의 국가적 전통에 국한되어 있다. 그러나 세계의 흐름에 대한 주의 깊은 관찰은 보다 많은 겸손으로 이끌게 될 것이다. 왜냐하면 그만큼 다음과 같은 점이 명백하기 때문이다. 즉 지적 위력은 사회 질서의 내재적 추세들의 방향 속에 행사되면서 세계의 힘들이 나타내는 효력——이 효력 역시 지적 위력을 통해 표현된다——을 생략이나 타협을 통해 분명히 배가시킬 수 있을 때 가장 효율적이라는 것이다.

본서에서 언급해야 하는 것은, 적어도 부분적으로는 이론적인 것들의 실천적 의미가 지닌 함축적 영역 속에 내가 오랫동안 남겨두고자 했던 것이다. 나는 그것이 한 개인적 존재의 특이하고, 매우 제한된 경험들에 뿌리내리고 있다는 것을 모르는 바 아니다. 그리고 세계의 사건들이나 대학 내 생활의 돌발적 사건들이, 자각한 자들과 자각하지 못한 자들 모두에게 매우 심층적으로 영향을 줄 수 있다는 것도 모르는 바 아니다. 이러한 면이 나의 이야기가 특수화되고 상대화된다는 것을 함축하는 것일까? 알려진 바에 따르면, 포르 루아얄의 인물들은 권위와 복종에 끊임없이 관심을 나타냈고, 이것들의 원칙을 드러내는 데 심혈을 기울였다는 것이다. 또한 그들은 자신들이 특히 문화적인 관점에서 상당한 특권을 부여받았다 할지라도, 거의 모두가 법관들로 이루어진 부르주아 귀족에 속한다는 사실을 드러내려고 심혈을 기울였다는 것이다. 이 부르주아 귀족은 그들 자신과 다른 사회적 범주들이 볼 때 전사 귀족과는 매우 구분되는 범주이고, 이 전사 귀족의 무례를 많은 인내심을 가지고 참아냈다는 것이다. 귀족적 가치들에 대한, 그리고 특히 귀족적 권위의 상징적 토대에 대한 그들의 특수한 명철성이 교회든 국가든 세속적 권력에 대해 비판적 성향을 드러내게 하는 그들의 돌출적 입장으로부터 다소 비롯된다 할지라도, 이러한 점은 그것(특수한 명철성)이 드러내는 진실들을 전혀 훼손시키지 못할 것이다.

인식론적 포장을 한 많은 의문들을 은밀하게 불러일으키는 종교적 혹은 정치적 도덕주의의 잔재를 청산해야 한다. 니체가 환기시킨 바와 같이 사유의 범주에서 순수한 개념이란 존재하지 않는다. 그렇지만 더 이상의 원죄도 존재하지 않는다. 진리를 발견한 사람이 이와 같은 발견을 함으로써 이득을 본다는 것을 알 수 있다고 해서 이러한 발견의 가치가 조금이라도 떨어지는 것은 아닐 것이다. '순수한' 사유의 기적을 믿고 싶어하는 자들이 체념하고 받아들여야 하는 것은, 진리나 미덕에 대한 사랑이 다른 모든 성향처럼 이 사랑이 형성된 조건들에, 다시 말해 사회적 입장이나 사회적 궤적에 반드시 무언가를 빚지고 있다는 것이다. 그리하여 내가 상당히 확신하고 있는 것은, 지적인 삶에 속한 것들에 대한 사유를 할 경우 폭로에 대한 약간의 개인적 관심(우리는 고발함으로써 폭로하는 절호의 기회를 가지는 것이다)이 진정으로 불필요한 것은 아니라는 점이다. 이 지적인 삶에 우리는 너무나 많은 것을 투자하고 있기 때문에 파스칼이 이야기하는 '지식의 거부'나, 심지어 '진리에 대한 증오'가 특별히 강렬하면서도 확산되어 있다. (비록 이것이 원한을 담은 타락적이고 허구적인 명철성의 형태를 띠고 있다 할지라도 말이다.)

그러나 역사과학은 그것이 겪게 하는 상대화의 위험에 우선적으로 노출됨으로써 극도의 허약성을 드러내지만, 이 허약성에 이점이 없는 것은 아니다. 그래서 나는 유행의 명령이나 유혹에 관한, 그리고 이런 것들을 항구적인 목표로 간주함으로써 반드시 불러일으키게 되는 지적 세속성에 관한 특별한 주의를 원용할 수도 있을 것이다. 그리고 특히 비판·확인·구상(構想)의 작업, 한 마디로 말해서 승화의 작업을 원용할 수도 있을 것이다. 이 작업에 나는 어떤 직관이나 예감의 근원이 될 수 있었던 충동·반항 또는 분노를 예속시켰던 것이다. 나 자신이 속한 세계를 가차없이 고찰할 때 알 수밖에 없었던 것은 필연적으로 내가 나의 고유한 분석의 타격을 받게 된다는 것이고, 나 자신에게 반격을 가할 수 있는 도구들을 내놓게 된다는 것이다. 이런 경우에 우리는 물뿌림을 당하는 물뿌리개를 비유로 사용할 수 있는데, 이 비유는 내가 생각하는 것과 같은 반성(反省)의 형태들 가운데 매우 효율적인 형태를 단순히 지칭한다. 다시 말해 그것은 집단적 기도(企圖) 같은 것을 지칭하는 것이다.

플라톤의 말을 빌리자면 '진지하게 유희를 할 수 있는' 상태에 있는 자들——왜냐하면 그들의 상태(또는 오늘날 국가)는 그들에게 그런 유희를 할 수 있는 수단들을 확보해 주기 때문이다——에게 부여된 특권이 나의 사유를 방향지을 수 있거나 제한할 수 있다는 것을 의식했기 때문에, 나는 항상 내가 소유할 수 있는 가장 객관화시키는 인식의 도구들 역시 무엇보다도 '인식하는 주체'로서의 나 자신에 대한 인식의 도구들이 되기를 요구했다. 그리하여 나는 나로 하여금 나의 주관성을 드러내는 가장 모호한 일부 영역들을 객관주의적 관찰자로서 탐사하게 해준 두 연구로부터 매우 많은 것을 배웠다. 이 연구는 사회적으로 매우 동떨어진 세계들——내가 어린 시절을 보낸 마을과 파리의 대학들——속에서 이루어진 것이다.[1] 사실 내가 확신하고 있는 것은 지적 모험을 일반적으로 환기시키는 일들에 요구되고 부여되는 특별한 관용과 환심으로부터 벗어난 객관화의 시도만이 사유의 어떤 한계, 특히 원칙상 특권을 지닌 한계를 발견할 수 있게 해준다는 것이다. 물론 이 발견에는 그러한 한계를 뛰어넘고자 하는 의도가 작용한다.

나는 파스칼이 말한 바와 같은 '과장된 말' 앞에서, 그리고 흔히 대단한 지적 야망을 나타내는 단호한 주장들의 절대적인 단언 앞에서 항상 어떤 참을 수 없는 감정을 느꼈다. 그리고 인식론적이고 이론적인 선결조건들에 대한 취향이나 규범적인 저술가들의 끊임없는 해설의 취향에 대한 다소 대립적인 반응 때문에 그런 것이겠지만, 나는 인류학자나 사회학자의 직업에서 가장 겸손한 것들로 간주된 임무들을 결코 피하고 싶지 않았다. 즉 직접적인 관찰·대담·자료들의 코드화 또는 통계적 분석 같은 것 말이다. '분야'에 대한 입문적인 예찬이나 **데이터**에 대한 실증주의적인 숭배에 빠지지 않으면서도, 사실 나는 이런 느낌을 가졌다. 즉 요컨대 다른 활동 못지않게 지적인 이와 같은 활동은, 그것이 지닌 보다 수수하고 보다 실제적인 내용 자체 때문에, 그리고 그것이 세계에 초래하는 출구들 때문에 내가 학구적 칩거로부터 벗어나도록 제공된 기회들 가운데 하나였다는 것이다. 이 학구적 칩거는 나의 직업 생활로 인해 인접하게 되는 자들, 즉 사무실이나 도서관에서 일하거나 강의나 강연을 하며 살아가는 자들이 보여 주는 것이다. 따라서 나는 거의 매행마다 경험적인 성과들에 대한 준거를 덧붙일 수도 있었지만 그렇게 하지 않았다.

이 성과들 가운데 어떤 것들은 내가 현재 글을 쓰고 있는 시점과 30년 이상 떨어져 있다. 그것들은 내가 매번 증거 서류를 들이대지 않고도, 그리고 때로는 너무 거칠게 보일 수도 있는 톤으로 그것들이 전제하거나, 또는 나로 하여금 확립하게 만들었던 일반적인 명제들을 제시하도록 내가 허락받았다는 느낌이 들게 해주었다.[2]

사회학자의 특징은 그가 사회적 세계의 현상들을 말하면서 가능한 한 그것들을 있는 그대로 말하는 임무를 띠고 있다는 것이다. 그러나 이 특징은 특권적인 면을 전혀 가지고 있지 않다. 이 점에서 보면 그것은 단지 정상적일 뿐 아니라 대수롭지 않은 것이다. 사회학자의 상황을 역설적이고 때로는 어렵게 만드는 것은, 그를 둘러싸고 있는 사람들이 사회 세계를 (적극적으로) 모르기 때문에 이 세계에 대하여 이야기를 하지 않거나——내가 예술가들·작가들·학자들이 전적으로 자신들의 일에 몰두하고 있음을 나무라자는 것은 결코 아니다——아니면 불안을 나타내며 때로는 많은 이야기를 하지만 아는 것이 대단치 않다는 점이다. (인정받는 사회학자들 가운데도 그런 사람들이 있다.) 사실 드물지 않은 일이지만, 신속하게 명성을 얻고자 하는 유혹이나 지적 유희의 유행과 모델 때문에 어쩔 수 없이 발언을 하지 않을 수 없는 의무가 무지·무관심 또는 경멸과 결합될 때, 그것은 사람들로 하여금 아무곳에서나 사회 세계에 대해 이야기하도록 부추긴다. 하지만 이때 그들은 마치 이 세계에 대해 이야기하고 있지 않는 것처럼 보이거나, 혹은 한 마디로 말해 이 세계를 부정함으로써 그것을 보다 잘 망각하고 망각하게 하기 위해서만 이야기하는 것처럼 보인다.

그리하여 사회학자는 단순히 자신이 해야 하는 일을 하게 될 때도 집단적인 부인의 매혹적 한계를 깨뜨리게 된다. 즉 그는 억압된 것을 재발하도록 힘씀으로써, 그리고 지식의 세계가 특히 그것 자체(지식의 세계)에 대해 알고 싶어하지 않는 것을 알고 알리고자 노력함으로써 비밀을 누설하는 자로서 나타날 위험을 무릅쓰게 되는 것이다. 그렇게 하면서 그는 사람들과 결별하고, 이들로부터 자신의 발견에 대한 인정을 기대할 수 없게 된다. 그렇지만 이들이 아니면 누구에게 그가 새롭게 드러난 사실을 알리거나 증언한단 말인가? (우리가 인정해야 될 것이지만, 이러한 증언은 필연적으로 약간은 간악한 것이다. 왜냐하면 그것은 대리적 성격으로 그의 동료들에 대해서도 유효한 것이기 때문이다.)

나는 우리가 사회적 현실과 관계된 모든 것의 억제——이 억제는 사유의 순수하고 완벽한 세계에서는 매우 강하다——를 쳐부수려고 애쓰게 되면, 어떤 것에 노출되는지 상당히 잘 알고 있다. 나는 객관화 노력의 원칙조차도 부정하는 자들의 고결한 분노와 대결해야 한다는 것도 알고 있다. 이들이 그렇게 부정하는 이유 가운데 하나는 '주체'를 그 무엇으로도 환원시킬 수 없다는 그 비환원성과, 주체가 시간 속에 함몰됨으로써 끊임없는 변화와 특이성을 운명적으로 겪지 않을 수 없게 된다는 그 함몰성을 내세워 주체를 학문의 대상으로 수렴시키려는 모든 시도를, 이를테면 **신적인** 속성을 찬탈하는 행위(이 점에 대해 키에르케고르는 그의 뒤를 이은 수많은 사람들보다 더 분명한 입장을 취하면서, 《내면 일기》에서 '신성 모독'에 대해 이야기하고 있다)와 동일시하기 때문이다. 또 하나는 그들이 자신들의 예외성을 확신함으로써 그와 같은 노력을 '고발'의 형태로밖에는 간주하지 않기 때문이다. 이런 형태의 고발은 그것이 적용되는 대상, 즉 철학·예술·문학 등과 같은 대상에 대한 '증오' 때문에 생긴다는 것이다.

내가 유혹을 느끼는(그리고 '손해를 안 보는' 것이라고 생각하는) 것은, 마치 '창조'의 사회적 조건을 단순히 상기시키는 행위가 유일한 것을 종(種)에 특유한 것으로, 특이한 것을 계층으로 환원시키려는 의지의 표현인 것처럼 행동하는 것이다. 그리고 마치 사회적 세계가 '순수한' 사유——학자들·예술가들 그리고 작가들의 사유——에 구속과 한계를 강제한다는 확인이 비방의 결심으로부터 나온 결과인 것처럼 행동하는 것이다. 또한 마치 사회학자로 하여금 그토록 비난받게 하는 결정론이 자유주의나 사회주의처럼, 또는 미학적 혹은 정치적 편향처럼, 믿음의 문제나 나아가 일종의 명분——이러한 명분과 관련하여 그것을 쳐부수든 옹호하든 입장을 취하는 것이 중요하다——에 지나지 않는 것처럼 행동하는 것이다. 마지막으로 마치 사회학의 경우에 있어서 학문적 사회 참여는 하나의 편견적 노선인 듯이 행동하는 것이다. 이 노선이 모든 지적인 '훌륭한 명분들,' 즉 특이성과 자유, 위반과 전복, 차이와 이설(異說), 개방적인 것과 다양성 등의 명분들을 반대하는 원한에 의해 생긴 것처럼 말이다.

나의 '고발들'에 대한 위선적인 고발들 앞에서 종종 아쉬워한 것은, 내가 말라르메의 자취를 따르지 않았다는 것이다. 그는 "픽션, 따라서 문학적 메커니즘에 대한 불경건한 해부를 공개적으로 실행하여 주요 장치나 무언가를 드러내 보이는 것"³⁾을 거부한다. 그러면서 그가 선택한 것은 저 근원적인 무(無)를 부정의 양식으로서만 진술함으로써 유희에 대한 집단적인 믿음과 픽션을 구출하는 것이었다. 그러나 나는 사회적 게임을 구성하는 메커니즘들을 공개적으로 진술해야 할는지를 아는 문제에 대해 말라르메가 가져온 대답에 만족할 수가 없었다. 이 사회적 게임은 예술·문학·과학·법률 또는 철학과 마찬가지로 위신과 신비에 둘러싸여 있으며, 일반적으로 가장 보편적이고 가장 신성한 것들로 간주되는 가치들을 담아내고 있다. 비밀을 지키든가, 아니면 말라르메식으로 엄격하게 장막을 친 형태로만 이 비밀을 드러내든가 방침을 정하는 것은, 다만 몇몇 훌륭한 입문자들만이 픽션과 맹목적 숭배의 수수께끼가 지닌 진실과 대결하는 데 필요한 영웅적 명철성과 결정적인 관용성을 지닐 수 있다고 속단하는 것이다.

나는 내가 거역하지 않을 수 없었던 그 모든 기대들, '인본주의적인' 확신을 드러내는 검토되지 않은 그 모든 가설들, 그리고 내가 도전하여야만 했던 '예술가의' 그 신념을 의식한 채 운명(또는 논리)을 자주 저주했다. 왜냐하면 이 운명은 사정을 잘 알면서도 나로 하여금 그처럼 매우 좋지 않은 방침을 정하지 않을 수 없게 만들었고, 엄청난 사회적 힘들에 대항해 아마 이미 진 것이나 다름없는 싸움을 시작하지 않을 수 없게 만들었기 때문이다. 이 사회적 힘들은 사유의 습관, 지식의 이기심, 수 세기 동안의 문학적·예술적 또는 철학적 숭배가 물려준 문화적 믿음, 이런 것들이 지닌 무게와 같은 것이다.

이런 측면은 내가 여가에 대해, 그리고 그 모든 다른 것들에 대해 집필하는 동안 나의 이야기에 대한 반동을 느끼지 않을 수 없었기 때문에 그만큼 더 마비시키는 느낌을 주었다. 그 이전까지는 자기 파괴적으로 보이기 쉬운 일종의 부정적 철학인 나의 계획이 드러내는 낯섦을 그토록 강렬하게 느껴 본 적이 없었다. 다른 경우들에서 나는 근심이나 걱정을 잠재우기 위해 때때로 분명하게 대서인(代書人)의 역할을 나에게 부여할 수 있었고, 언급되지 않고 있지만 언급될 만한 가치가 있는 것들을 언급함으로써 내가 유용하다는 것을 나 자신——그리고 내가 끌어들인 사람들——에게 확신시킬 수 있었다. 그러나 이와 같은 이를테면 '공무' 기능이 일단 배제될 때, 정당화와 관련하여 무엇이 남아 있는가?

나는 내가 지식인으로서 존재한다는 것이 정당화되었다고 진정으로 느껴 본 적이 전혀 없다. 그래서 지금까지——그리고 본서에서도——나의 사유에서 철학적 주지주의 같은 그런 위상에 연결될 수 있는 모든 것을 추방하려고 노력했다. 나는 나 자신 안에 있는 지식인을 좋아하지 않는다. 그래서 내가 집필하고 있는 내용에서 반주지주의같이 공명하는 모든 것은, 특히 나의 모든 노력에도 불구하고 내 안에 남아 있는 주지주의나 지성의 냄새가 나는 것에 대항해 이루어진 것이다. 그것은 나의 자유에 한계가 있다는 것을 진정으로 받아들이는 데 느끼는 어려움 같은 것인데, 이 어려움은 사실 지식인들에게 매우 전형적으로 나타나는 것이다.

이와 같은 전제적 고찰을 끝내기 위해 내가 나의 독자들에게——가장 잘 준비된 독자들이라 할지라도——요구하고 싶은 것은 나의 작업에 대해서, 그리고 보다 일반적으로 말해서 사회과학에 대해 지닐 수 있는 선입관이나 편견을 정지시키라는 것이다. 이런 편견이나 선입관은 내가 오래 전에 해결했다고 생각하는 문제들을 때때로 재론하지 않을 수 없게 만드는 것들이다. 이와 같은 재론은 내가 본서에서 요점들을 명백히 드러내는 가운데 나타나게 될 것이다. 그러나 이러한 명백한 드러내기를, 흔히 자신도 모르게 연구가 진척됨으로써 불가피해지는 재론 및 반복과 혼동해서는 안 된다. 사실 나는 내가 사람들로부터 상당히 잘못 이해되고 있다는 느낌을 가지고 있다. 아마 이것의 부분적인 이유는 사람들이 흔히 사회학자에 대해 지니는 관념 때문일 것이다. 이 관념은 학창 시절의 막연한 기억에 입각하거나, 사회학계에서 가장 활동이 노출된 대변자들과의 불행한 만남에 입각하고 있다. 그런데 이러한 기억과 만남은 유감스럽게도 사회학이란 학문에 대한 정치-언론적 이미지를 강화시킬 수밖에 없는 것이다. 이 천대받는 학문의 위상 하락이 부추기고 허용하는 것은, 투시력이 부족한 자들로 하여금 때때로 그들의 한계를 벗어나는 것을 자신들이 뛰어넘고 있다고 생각하도록 만든다는 것이다. 그리고 그것이 또한 부추기고 허용하는 것은, 악의에 찬 사람들로 하여금 보통은 '자비의 원칙'을 너무 명백하게 위반한 경우에 가해지는 제재를 당하지 않고도 고의적으로 축소된 이미지를 만들어 내도록 한다는 것이다. 이와 같은 편견들이 나에게 그만큼 더 부당하고 부적절하게 생각되는 이유는, 나의 작업의 일부가 사회 세계의 분석에서 이용되는 많은 사유의 양식들(이 양식들의 필두에 마르크스주의의 대중적 해석의 흔적이 존재하는데, 이 해석이 정치적 가입을 넘어서 여러 세대의 정신을 흐릿하게 만들었고 어둡게 만들었던 것이다)을 전복시키는 것이었기 때문이다. 그리하여 내가 제안한 분석들과 모델들은 흔히 이원적 사유의 어쩔 수 없는 대(大)선택들(메커니즘 / 궁극 목적론, 객관주의 / 주관주의, 전체주의 / 개인주의 등) 같은 사유의 범주들을 통해서 이해되고 말았지만, 사실 그것들은 이 선택들을 오히려 분명히 파기했던 것이다.

그러나 나에게 원인이 있는 것, 즉 내가 설명하는 데 느낀 어려움으로부터 비롯되거나 나 자신의 견해를 밝히는 데 주저함으로써 비롯된 그 모든 것을 잊지 않고 있다. 그리고 내가 또한 잊지 않고 있는 것은, 특히 아마 사회적인 일들이 문제될 경우일 테지만 이해의 장애물들이 비트겐슈타인이 주목한 바와 같이 이해력 쪽보다는 의지 쪽에 위치한다는 것이다. 나는 내가 말하는 것을 완전히 알고 있다는 느낌을 가지고, 오래 전부터 표현한 어떤 것들을 진정으로 이해하는 데 필요했던 시간——더구나 이 시간이 아직 끝나지도 않은 것 같다——에 놀라는 경우가 자주 있다. 그래서 동일한 주제들을 면밀히 조사하고, 동일한 대상들과 분석들을 여러 번에 걸쳐 다시 다루는 일이 나에게 일어나는 것은 언제나 나선형의 운동 속에서 이루어진다고 생각된다. 이 나선형의 운동이 매번 설명과 이해에 있어서 보다 높은 단계에 도달하게 해주며, 눈에 띄지 않은 관계와 감추어진 특성들을 발견하게 해준다. 파스칼은 이렇게 말하였다. "나는 나의 작품에 대해 평가할 수 없다. 나는 화가들이 행동하듯이 해야 하고, 나의 작품으로부터 멀어져야 한다. 그렇다고 너무 멀어져서는 안 된다."[4] 나 또한 '나의 저작물' 전체가 단 하나의 시선으로 포착되게 해줄 수 있는 포인트를 찾아내고 싶었다. 이 시선은 내가 '저작물을 만들어내면서' 그 속에서 발견할 수 있었던 혼란과 모호함——이것들은 사람들이 지나치게 자세히 살펴볼 때 멈추어 문제성을 느끼는 것들이다——에서 벗어난 것이다. 사건들을 실질적인 상태에 놓아두기를 다분히 좋아하는 내가 확신했던 것은, 내가 나의 작업에서 사용한 **작업 방식**(modus operandi)의 원칙들을 분명히 밝히고, 내가 피할 수 없이 나의 학문적 선택에서 끌어들인 '인간'에 대한 개념을 분명히 밝히려고 군이 시간과 수고를 낭비하지는 않을 것이라는 점이었다. 내가 그처럼 시간과 수고를 성공적으로 낭비하지 않았는지는 모르겠지만, 어쨌든 다음과 같은 확신을 얻게 되었다. 즉 우리가 사회 세계보다 더 인식하기 어려운 대상들은 별로 없다고 확신하게 된다면, 그것은 보다 잘 인식될 수 있으며, 이 세계에 대한 학문적 담론도 보다 잘 이해될 수 있다는 것이다. 사회 세계가 다른 대상들보다 인식하기가 더 어려운 이유는, 특히 이 사회 세계가 그것을 분석하는 데 전념하는 사람들의 두뇌를 떠나지 않고 있기 때문이며, 외관상 가장 하찮은 것들——이것들은 일간지들을 위한 일상적인 평범성, 아무 조사자나 접근하기 쉬운 그 일상적인 평범성을 드러내는 것들이다——속에 전혀 예기치 못한 의외의 사실들을 감추고 있기 때문이다. 이 의외의 사실들은 우리가 우리의 현상태에 대해서 가장 알고 싶지 않은 것과 관련되어 있다.

1

학구적 이성 비판

우리가 세계에 대해 생각하고 말하는 바 속에 함축적인 것이 존재하는 이유는, 우리가 이 세계에 연루되어 있기 때문이다. 사유를 이런 함축적인 것으로부터 해방시킨다 할지라도 우리는 사람들이 일반적으로 반성(反省)의 관념과 연결시키는, 사고력 있는 사유가 그 자체로 되돌아오는 데 만족할 수 없다. 그래서 사유가 전능한 힘을 가지고 있다는 환상을 지닐 때만, 비로소 가장 철저한 의심은 우리가 사유 속에 끌어들이는 가정들을 정지시킬 수 있다고 믿을 수 있다. 이 가정들은 우리가 드러내는 여러 가지 다양한 지지·소속·연루들과 연결된 것이다. 무의식, 그것은 역사이다. 이 역사는 우리의 사유 범주들을 창출한 집단적 역사이고, 이 사유 범주들이 우리에게 주입된 개인적 역사이다. 예를 들어 우리는 바로 교육 제도의 역사(이 역사는 특히 평범하며 철학적이거나 기타 사상사에는 나타나지 않는다)로부터, 그리고 우리가 이 제도들과 맺는 특이한 관계의 역사(망각되거나 억제된 역사)로부터, 우리의 의지와 관계 없이 우리의 사유를 항상 방향짓는 객관적·주관적 구조들(분류·계층 체계·문제군 등)에 대한 어떤 참된 새로운 사실들을 기대할 수 있는 것이다.

연루와 함축적인 것

우리는 의식이 의식 자체에 투명하다는 환상을 단념하고, 철학자들 사이에서 일반적으로 받아들여진 반성(이것은 알뱅 굴드너 같은 일부 사회학자들도 인정한 것인데, 굴드너는 이 명칭하에 개인적 경험들이 지닌 우발적 사실성에 대한 내면주의적 탐구를 권장하고 있다[1])의 표상을 단념해야 한다. 그러면서 우리가 내면적 성찰의 비판이라는 전형적으로 실증주의적인 전통 속에서 체념하고 받아들여야 할 점은, 객관화의 주체를 객관화시키는 고찰이 가장 효율적인 고찰이라는 것이다. 이 고찰은 인식하는 주체가 보통 자신에게 부여하는 특권을 이 주체로부터 박탈당한 뒤, 이용할 수 있는 모든 객관화의 도구들(통계적 조사, 기술(記述), 인류학적 관찰, 역사적 연구 등)로 무장하는 고찰을 의미한다. 이러한 무장은 주체가 인식의 대상에 포함됨으로써 생기는 가정들을 밝히기 위한 것이다.[2]

이 가정들은 서로 다른 세 개의 범주에 속한다. 우선 가장 피상적인 범주부터 살펴보자면, 이 범주에 속한 가정들은 사회적 공간에서 하나의 지위 확보와 관련되고, 이러한 확보로 이끌었던 특별한 궤도와도 관련되며, 하나의 성(性)에 소속되어 있다는 사실(이 소속 현상은 여러 방식으로 대상과의 관계에 영향을 미칠 수 있다. 성에 따른 일의 분할은, 예를 들자면 대상 선택의 방향을 결정함으로써 사회적 구조와 인식적 구조에 편입된다는 점에서 말이다[3])과 관련되어 있다. 다음으로 여러 다른 장들(종교적·예술적·철학적·사회학적 장 등) 각각에 고유한 독사를 구성하는 가정들이 있다. 좀더 명확히 말하자면, 이것들은 각각의 개별적 사유자가 하나의 장에서 차지하는 자신의 지위로부터 비롯되는 가정들이다. 마지막으로 속성상 **스콜레**, 즉 여가와 관련된 독사를 구성하는 가정들이 있다. 이 여가는 학술적인 모든 영역들의 존재 조건이다.

특히 사람들이 '윤리적인 중립'에 대해 불안해할 때, 일반적으로 말하는 것과는 반대로 이해하고 통제하기가 가장 어려운 것은 첫번째 가정들이 아니며, 특히 종교적 혹은 정치적 편견들이 아니다. 이것들은 개인들 또는 사회적 범주들의 특수성과 결부되고 개인과 범주에 따라 다르기 때문에, 편견들이나 여러 가지 확신들을 부추기는 사람들의 이해타산적인 비판을 벗어날 수 있는 찬스가 거의 없다.

하나의 장에 소속되어 있다는 사실과 결부되고, 이 장을 특유하게 규정하는 독사를──이 장의 한계 내에서──전폭적으로 지지하는 현상과 결부된 왜곡들의 경우는 성격이 다르다. 이 경우에 함축적인 것은 게임에 말려들어 있다는 사실 속에 내포된 것이다. 다시 말해 그것은 게임의 이해 관계에 대한, 그리고 이 게임의 목적이 지닌 가치에 대한 근본적인 믿음이라는 **일뤼지오** 속에 함축되어 있는 것이다. 이때 이 가치는 하나의 장에 소속되어 있다는 사실과 불가분의 관계에 있다. 학구적인 세계로 들어간다는 것은 상식이 제공하는 가정들을 정지시키는 것을 전제하며, 다소간 근본적으로 새로운 가정들 전체를 반견해적(para-doxale)으로 〔가정들에 대한 견해를 나타내지 않고〕 지지하는 것을 전제한다. 그리고 그것이 상관적으로 전제하는 것은, 일상적 경험이 담고 있는 이해되지 않은 미지의 목적과 긴급성을 발견한다는 것이다. 사실 각각의 장은 특수한 목적을 추구하고 있다는 점에 의해 특징지어진다. 이 특수한 목적은 필요한 성향(예를 들면 **학문적 욕망**)을 지닌 모든 이들에게 (그리고 이 사람들에게만) 역시 절대적인 투자를 조장하는 데 적합하다. 과학적·문학적·철학적 또는 무엇이든간에 **일뤼지오**의 성격을 띤다는 것은 목적을 중시한다는 것이다. (때때로 생과 사의 문제로 받아들일 정도로 말이다.) 이 목적은 게임 자체의 논리에서 비롯된 것으로 이 게임이 지닌 중대성의 근거를 이룬다. 비록 그것이 때때로 '세속적'으로 통칭되는 자들이나 다른 분야(여러 가지 서로 다른 장들의 독립성은 그것들 사이에 소통 불가능의 형태가 존재하지 않고는 존속될 수 없다)에 참여하는 사람들에게는 포착되지 않을 수 있거나 '사심 없고 무상한' 것으로 보일 수 있다 할지라도 말이다.

하나의 장이 지닌 특수한 논리는 특수한 아비투스 속에, 보다 분명히 말하면 게임의 의미라는 형태 속에 합체된 상태로 확립된다. 이 의미는 일반적으로 ('철학적'·'문학적'·'예술적' 등의) '정신'이나 '의미'를 지칭하지만, 실제로는 결코 명료하게 제시되지도 강요되지도 않는다. 이 특수 논리는 눈에 띄지 않게, 다시 말해 점차적·점진적으로 그리고 감지되지 않게 작용하기 때문에 게임에의 참여와 특별한 아비투스의 획득이 요구하는, 최초 아비투스의 다소 급진적인(두 모양새의 차이에 따라 급진적이 될 수 있는 것이다) 전환은 눈에 띄지 않는 요점으로 간주된다.

하나의 장에 포함됨으로써 생기는 연루가 함축적일 수밖에 없는 것은, 사실 이 포함이 의식적이고 숙고된 참여라는 점, 다시 말해 의지적인 계약이라는 점이 전혀 없기 때문이다. 최초의 투자는 기원이 없다. 왜냐하면 그것은 언제나 스스로를 앞질러 나가고 있기 때문이며, 우리가 게임에의 참여에 대해 숙고할 때 게임은 이미 다소간 진행되어 있기 때문이다. 파스칼이 말했듯이 "우리는 승선되어 있는 것이다." 학문적 또는 예술적 삶에 '발을 들여 놓기로'(소명·정열·헌신·지지 같은 삶의 근본적 투자들 가운데 다른 어떤 것에 발을 들여 놓듯이) 결정한 것에 대해 언급하는 것은, 파스칼 자신이 잘 알고 있듯이 신을 믿기로 결정한 것을 환기시키는 것만큼이나 거의 몰상식한 일이다. 그는 내기의 논쟁과 더불어 그다지 환상을 품지 않고 이 결정을 환기시키고 있다. 신의 존재에 내기를 하는 자는 무한한 이익을 얻기 위해 제한된 투자를 감행하는 것이다. 우리가 이 점을 무신앙자에게 강압적인 이유들을 통해 입증함으로써 이 무신앙자가 신을 믿기로 결심할 수 있을 것으로 기대하려면, 무신앙자가 이러한 입증의 이유들에 민감할 수 있을 만큼 충분히 이성을 믿을 생각이 있다고 믿어야 할 것이다. 그런데 파스칼 자신이 매우 훌륭히 말하고 있듯이, "(……) 우리는 정신을 지닌 존재인 만큼이나 자동적 존재이기도 하다. 이로부터 비롯되는 것은 설득되게 만드는 도구가 유일한 입증은 아니다는 것이다. 입증된 것은 얼마나 적은가! 증거들은 정신만을 납득시킨다. 우리의 증거들을 더할나위없이 강하고 선명하게 만드는 것은 습관이다. 습관은 자동적 존재를 유도하고, 자동적 존재는 무심코 정신을 이끌어 간다."[4] 그리하여 그가 환기시키는 것은 "폭력·기교·논증 같은 것이 없이도 우리로 하여금 사물을 믿게 만드는 습관"의 길들을 따라서 실질적으로 초래되는 것과 논리적으로 연루되는 것 사이의 차이이다. 학구적 생활은 이 차이를 망각하도록 유도한다.[5] 믿음은 과학적 세계의 토대에 대한 믿음일지라도 자동적 존재, 다시 말해 육체의 범주에 속한다. 이 육체는 파스칼이 끊임없이 환기시키고 있듯이 "이성이 전혀 알지 못하는 그 나름의 동기들"을 지니고 있다.

학구적 성향의 애매성

그러나 학구적 성향이 당연한 세계들 속에 파묻힌 사람들에게, 이 세계들이 요구하는 그러한 성향은 아마 그 어느것보다도 더 이해하기 어려울 것이다. '순수' 사유가 여가에 대해 생각하는 것은 그 어떤 것에 대해 생각하는 것보다 더 어렵다. 여가는 '순수' 사유를 가능케 하는 모든 조건들 가운데 첫번째이자 가장 결정적인 조건이다. 마찬가지로 '순수' 사유가 학구적 성향에 대해 생각하는 것도 그 어떤 것보다 어렵다. 이 성향은 상황이 요구하는 것들과 사회적·경제적 필요성이 제기하는 구속 요소들을 정지시키고, 이 필요성이 강제하는 긴급한 사항들이나 그것이 제안하는 목표들을 정지시키도록 유도하는 것이다. 제인 오스틴은 《분별과 다감(多感)》에서 '학구적 비전'에 대해 이야기하고 있다. 그러면서 그가 예로써 지칭하는 것은 상황과 직접적으로 양립될 수 있는 한 낱말의 의미를 단순히 이해하거나 사용하는 것이 아니라, 전적으로 즉각적인 맥락에 준거하는 것을 떠나서 이 낱말의 가능한 한 모든 의미들을 조사하고 검토하는 행위이다.[6]

오스틴의 예 속에 함축되어 있는 것을 도출함으로써 말할 수 있는 것은 '마치 …인 것처럼'의 자세——이 자세는 유희와도 매우 가깝고, 어린아이들에게 상상력의 세계를 열도록 해주는 '…인 체 가장하는 행위'와도 매우 가깝다——가, 한스 파이잉거가 《알스 오프 철학》에서 보여준 바와 같이 모든 지적 사변을 가능하게 만드는 것이라는 점이다. 이 사변에는 과학적 가정들, '사유의 경험들', '가능한 세계들' 또는 '상상력에 의한 변주들' 같은 것들이 있다.[7] 그러한 자세가 이론적인 추측과 정신적인 실험으로 이루어지는 유희적 세계에 들어가도록 부추기고, 긴급하기 때문이 아니라 해결의 즐거움을 위해서 문제들을 제기하도록 부추기는 것이다. 그것은 또한 언어를 도구로 취급하는 것이 아니라 관조·환희, 형식적 탐구 또는 분석의 대상으로 취급하도록 부추기기도 한다.

어원이 암시하고 있는데도 오스틴은 '학구적 관점'과 플라톤이 철학적으로 공인한 **여가**(플라톤의 이 공인은 철학에 발을 들여 놓은 뒤 '평화롭게 그리고 한가하게 담론을 생산하는' 자들과, '물시계의 흐르는 물은 기다리지 않기 때문에 법정에서 언제나 긴급하게 이야기하는' 자들 사이의 대립을 통해서 이루어지는데, 이 대립은 전범적이 되었다[8])를 접근시키지 않는다. 그렇기 때문에 그는 세계에 관한, 좀더 분명히 말해서 언어·육체·시간 또는 사유의 다른 모든 대상에 대한 매우 독특한 이 학구적 관점을 가능하게 만드는 사회적 조건들이란 문제를 제기하는 것을 생략하고 있다. 따라서 그는 전후 맥락과 실제적인 목표에 무심한 그러한 시선을 가능케 만들고, 말과 사물에 대해 거리를 두는 별개의 그와 같은 관계를 가능케 만드는 것은 **여가**에 다름 아니라는 것을 모르고 있다. 학교(게다가 학교라는 말은 여가와 동의어이다)는 실질적인 일과 걱정으로부터 해방된 이러한 시간의 특별한 형태, 즉 공부하는 여가를 마련해 준다. 이 시간은 학습의 조건이며, 즉각적인 필요로부터 벗어난 활동의 조건이다. 이런 활동에는 스포츠·유희·예술 작품의 생산과 관조, 그리고 그 자체의 목적 이외에 다른 목적이 없는 무상한 온갖 사변의 형태들이 들어간다. (내가 다시 언급하겠지만, 여기서는 다음과 같은 점을 지적하는 것으로 충분할 것이다. 즉 오스틴은 '학구적 비전'에 대한 자신의 직관이 끌어들일 수 있는 관련 사항들을 모두 도출할 수는 없었기 때문에, 철학적 사유가 지닌 많은 전형적 오류들의 원리를 **여가**와 '언어 유희'에서 볼 수가 없었다는 것이다. 그런데 그는 비트겐슈타인을 좇아서, 그리고 다른 '일상 언어 철학자들'과 더불어 이러한 오류들을 분석하여 추방하려 애썼다.)

학구적 상황(학교의 계층적 질서는 이 상황의 제도화된 형태를 나타낸다)은 사회적 무거움이 없는 때와 장소를 가리킨다. 우리는 그 속에서 **논다는 것**과 **진지하다는 것** 사이의 일반적인 양자 택일을 무시하고, 플라톤이 철학적 활동을 특징짓기 위해 말한 것처럼 '진지하게 놀 수' 있고, 유희적인 내기를 진지하게 받아들일 수 있으며, 진지한 사람들이 일상적 삶의 실질적인 일들에 단순히 전념하고 염려한 나머지 무시하는 문제들을 진지하게 다룰 수 있는 것이다. 그래서 학구적 사유 양식과 이 사유 양식을 획득하고 활용케 하는 조건인 삶의 양식 사이의 관계가 포착되지 않는 것은, 이 관계를 생각할 수도 있는 사람들이 물고기가 물 속에 있듯이 그들의 성향을 만들어 내는 상황 속에 있기 때문만은 아니다. 그것은 또한 이러한 상황 속에서, 그리고 이러한 상황을 통해서 전수되는 것의 요체가 상황 자체의 숨겨진 결과이기 때문이다.

사실 수련은, 그리고 특히 유희적이고 무상하며 현실적인(경제적인) 목적 없이 '…인 체 가장하는 행동' 양식으로 수행되는 작업으로서의 학습은, 그것들이 명료하게 전수코자 목표하는 모든 것 이외에 **추가로** 무언가 본질적인 것을 얻는 기회인 것이다. 이 무언가가 다름 아닌 학구적 성향과 가정들 전체인데, 이 가정들은 그것들을 가능하게 만드는 사회적 조건들 속에 편입된 것들이다. 이처럼 가정들을 가능하게 만드는 사회적 조건들은 존재의 조건들로서, 이를테면 부정적으로, 따라서 보이지 않게 작용하는데 이 점이 결점이다. 그렇게 작용하는 이유는 특히 그것들이 본질적으로 부정적이기 때문이다. 예를 들어 긴급한 것들 및 실질적인 목적들의 중립화가 그런 것이다. 그리고 좀더 분명히 말하자면 노동과 노동의 세계로부터, 즉 금전적 보수를 통해 뒷받침되는 진지한 활동으로부터 다소 오랜 기간 동안 벗어나 있는 현상이 그런 것이다. 또는 결핍이나 내일에 대한 불안과 관련된 모든 부정적 경험들로부터 보호받고 있는 현상이 그런 것이다. (거의 실험적으로 확인된 것을 말하자면, 어린 시절의 유희적 활동과 성인의 노동 사이에 끼인 것으로 고등학교 학생의 신분과 (노동이) 중지된 시간으로의 다소간 장기간의 진입은 과거에는 부르주아 청소년들에게 한정되었다. 그런데 현재 그것은 노동자 가족의 많은 아이들에게는 공장 노동을 받아들이도록 준비시키는 소질을 재생산하는 사이클의 단절을 야기하고 있다.[9]) 주로 학교 경험 속에서 획득되는 학구적 성향은, 이 성향의 실천 조건들이 (노동 세계에 편입됨과 더불어) 다소간 완전히 사라질 때조차도 영속될 수 있다. 그러나 그것이 진정으로 실현되는 것은, 다만 우리가 어떤 학문적 분야 속에 포함됨으로써만 가능하다. 그리고 특히 우리가 포함되어야 하는 학문 분야는, 철학 분야와 다른 많은 학문적 분야들처럼 거의 전적으로 학구적 세계에 제한됨으로써 이 성향이 전적으로 개화되는 데 유리한 조건들을 제공하는 분야이다.

이러한 성향 속에 들어간 가정들——학구적인 모든 세계들이 요구하는 진입의 권리, 그리고 이 세계들 속에서 뛰어나기 위해 불가결한 조건과 같은 것들——은, 내가 철학자들을 학구적인 잠에서 깨우는 데 안성맞춤인 모순 어법을 통해서 **인식적 독사**(doxa épistémique)라 일컫고자 하는 것을 구성한다. 역설적으로 말해 하나의 독사만큼 더 독단적인 것은 아무것도 없다. 독사는 근본적 믿음들의 총체이며, 이 믿음들은 스스로를 의식하고 있는 명료한 도그마의 형태로 주장될 필요조차 없다. 여가가 조장하는 '자유롭고' '순수한' 성향은 실제 세계에서 일어나는 일에 대한 (능동적 또는 수동적) 무지(탈레스와 하녀 트라케의 일화는 이를 밝혀 주고 있다)를 함축한다. 뿐만 아니라 그것이 도시와 정치의 범주 내에서 함축하는 것은 단순히 이 세계에 존재한다는 것이 무엇인지에 대한 무지이다. 그것은 또한 특히 이러한 무지에 대한, 그리고 그런 무지를 가능케 만드는 경제적·사회적 조건들에 대한 의기양양한 무지를 함축한다.

학구적 장들이 지닌 자율에 대한 반대 급부가 있고, 경제적 차단이 조장하는 사회적 차단의 대가가 있다. 비록 모든 결정에 대한 독립이 자유롭고 선택적인 것으로 체험된다 할지라도, 그것은 경제적·사회적 필요성(이 필요성을 통해서 그것은 성적·사회적 계층 구조 내에서 특권적인 신분들의 점유와 밀접하게 연결된다)과 관련한 실질적인 거리 속에서만, 그리고 이 거리를 통해서만 획득되고 실천된다. 학구적 세계들과 이 세계들이 내놓는 모든 산물들——이것들은 배타적 특권을 통해 이룰 수 있는 보편적 획득물들이다——의 **근본적 애매성**이 의거하는 것은 생산의 세계와의 학구적 차단이 해방적 단절이자 분리, 즉 커넥션의 배제라는 사실이다. 이 분리는 단절의 잠재성을 포함하고 있다. 설명하자면, 경제적·사회적 필요성의 정지가 자율적인 장들——이 장들은(파스칼이 말하는 의미에서) 일종의 '교단들' 같은 것으로 그것들에 고유한 법칙만을 알고 인정할 뿐이다——의 출현을 허용하는 것이라면, 그것은 또한 특별히 경계하는 경우를 제외하곤 학구적 사유를 알려지지 않거나 억제된 가정들의 한계 속에 가두어 버릴 위험성이 있다는 것이다. 세상 밖으로의 철수는 이 가정들의 한계를 내포한다.

그리하여 우리가 확인하지 않을 수 없는 것은 학구적 세계들에 접근하는 사람들이 학구적 입장을 독점하지 않는다 할지라도, 그들만이 보편적인 그 인류학적 가능성을 완전히 실현할 수 있다는 것이다. 이러한 특권에 대한 의식은, 이 특권의 혜택을 받지 못했기 때문에 자신들의 모든 인간적 가능성을 실현할 수 없는 자들을 비인간적이나 '야만적'이라고 비난하는 것을 금지한다. 그것은 또한 학구적 사유가 그것이 출현하게 된 매우 특별한 조건들 때문에 가지게 된 한계를 망각하는 것을 금지한다. 이 조건들로부터 학구적 사유를 해방시키기 위해서는 한계를 방법적으로 탐구해야 한다.

학구적 성향의 탄생

인류학과 역사학이 입증한 바에 따르면, 자연 세계와 사회 세계에 대한 여러 가지 성향들과 세계를 건설하는 데 있어서 인류학적으로 가능한 여러 가지 방식들은 마법적이거나 기술적이며, 감정적이거나 이성적이며, 실질적이거나 이론적이며, 도구적이거나 미적이며, 진지하거나 유희적인 것 등으로 나타나는데, 그것들의 실현 가능성은 매우 불평등하다. 그 이유는 서로 다른 여러 사회 속에서 그것들이 즉각적인 필요성과 긴급성에 대한 자유의 정도에 따라서——이 자유의 정도는 자유롭게 이용할 수 있는 경제적이고 문화적인 기술과 자원의 상태에 의해 확보되어 나타난다——매우 불평등하게 고무되고 보상받기 때문이다. 이와 같이 매우 불평등한 현상은 동일한 사회 내부에서 사회적 공간 속에 점유된 위치에 따라서도 나타난다. 가장 고상한 것들로 간주된 대부분의 일들은 세계와의 초연하고 무상하며 유희적인 관계를 전제한다. 아무것도 이 관계에 진입할 수 있는 인류학적인 가능성이 서로 다른 사회들 사이에, 그리고 차별화된 사회들 내부의 서로 다른 사회적 조건들 사이에 불확실하게 배분되어 있다고 생각하도록 허용하지 않는다. 그런데도 이 가능성이 이러한 사회들 및 조건들 속에서 실현될 수 있는 유리한 기회들은 매우 불평등하다. 세계에 대한 마법적 태도를 채택하는 경향에 있어서도 마찬가지이다. 이러한 태도가 나타나지 않을 가능성은, 말리노프스키가 기술하는 30년대 트로브리안드 제도의 남자나 여자보다는 《감정 이론 개요》에서 그러한 경험을 환기시키는 장 폴 사르트르 같은 50년대의 프랑스 철학자가 훨씬 더 크다. 한쪽의 경우 세계를 그런 식으로 이해하는 방식은 하나의 사건처럼 예외를 통해서만 나타난다. 이 예외는 위기적 상황에 의해 야기되는 것이다. 그런데 다른 한쪽의 경우 그것은 생존 조건들의 극도로 불안하고 예측 불가능한 성격을 통해서, 그리고 이러한 조건들에 대해 사회적으로 승인된 반응들을 통해서 끊임없이 고무되고 조장된다. 이러한 반응들의 첫번째 대열에 이른바 마법이라는 것이 있다. 이 마법은 세계와의 관계로서의 집단적 의식(儀式) 속에, 그리고 주동자들의 성향 속에서 설정되고, 그럼으로써 이 사회의 정상적 인간 존재의 행위에서 정상적 요소로 구성된다.

따라서 여러 가지 다양한 종류의 '월드메이킹'은 이것들을 가능케 만드는 경제적·사회적 조건들에 결부되어야 한다. 다시 말해 **상징 형식의 차별인류학**을 통해서, 카시러가 말한 의미에서 '상징 형식의 철학'을 초월해야 한다. 또는 달리 말하면 '사유 형식들'의 사회적 탄생에 대한 뒤르켐식 분석을 연장하여, 사회적 조건들과 역사적 상황들에 따른 세계에 대한 인식적 성향의 변천을 분석해야 한다. 사회적 공간에서 열등한 지대들은 경제적 구속 요소들의 극단적 난폭성에 의해 특징지어지는데, 사람들이 이 지대들로부터 멀어짐에 따라서 불안은 줄어들고 경제적·사회적 필요성의 압력은 느슨해진다. 그러므로 보다 덜 엄격히 규정되고, 보다 많은 유희의 자유를 주는 신분들이 실질적으로 긴급한 일들——해결해야 할 문제들과 이용해야 할 기회들——로부터 보다 더 해방된 소질을 획득할 수 있는 가능성을 제공한다. 이 소질은 학구적 세계들의 암묵적인 요구들에 미리 맞추어지는 것처럼 획득되는 것이다. 출생과 결부된 이점들 가운데 가장 덜 눈에 띄는 것 가운데 하나는 초연하고 거리를 두는 성향이다. 이 성향은 무엇보다도 어빙 고프먼이 '역할에 대한 거리'라 일컬어 유명해진 것으로 긴요성으로부터 상대적으로 해방된 첫번째 경험에서 획득된다. 이런 성향이 그것에 관련된 타고난 문화적 자본과 더불어 본질적인 부분으로 기여하는 것은 학교에 접근하는 것을 용이케 하고, 특히 가장 명확한 학구적 훈련——이 학구적 훈련은 질 포코니에가 말하고 있는 서로 다른 '정신적 공간들'에 동시에 혹은 계속적으로 참여할 수 있는 능력을 요구한다——에서 성공을 용이케 한다는 것이며, 그럼으로써 학구적 세계들 속으로의 궁극적 진입을 가능케 한다는 것이다.

동물들의 세계에서도 나타나는 현상이지만, 유희에 자리(이 자리는 진화가 진전됨에 따라 점점 더 커진다)를 마련해 주지 않는 수련은 없다. 그렇다 할지라도 교육시켜야 될 행실이 그것의 적절성이 드러나는 상황들 이외에서, '진지한 유희'와 '무상한' 훈련의 형태로 이루어질 수 있기 위해서 결합되어야 하는 조건들은 다만 학교와 더불어 확립되는 것이다. 여기서 진지한 유희와 무상한 훈련은 유익한 효과에 직접적으로 준거하지 않으면서도 위험한 결과도 없는 비어 있고 여백이 있는 행동을 말한다.[10] 학교에서 이루어지는 수련은 현실의 직접적인 제재에서 벗어나 있기 때문에 도전·시련·문제들을 실제적인 상황들처럼 제안할 수 있지만, 최소한의 위험을 안은 조건들 속에서 해법들을 찾아 시험할 수 있는 가능성을 준다. 뿐만 아니라 그것은 익숙해짐으로써 직접적으로 느끼는 현실——이 현실이 대부분의 상징적 구축물들의 조건이다——과 거리를 두게 하는 항구적인 성향을 얻게 해주는 기회인 것이다.

대억제

그러나 학구적 성향이 지닌 가장 의미 있는 특징들이 생긴 것은, 상징적 생산의 여러 다른 장들이 장으로서 자율화되어 형성시킨 차별화의 과정 때문이다. 이 장들은 그렇게 형성됨으로써 마찬가지로 형성중에 있던 경제적 세계와 구별되었던 것이다. 유럽의 사회들이 진정한 상징적 변혁을 통해서 조금씩 이룩하게 된 것은 자본주의 이전의 사회들이 토대를 두었던 경제적인 것의 부인을 극복했다는 점이고, 일종의 자기 고백 속에서 경제적 행동에 경제적 목표——경제적 행동은 오래 전부터 이 경제적 목표와 관련하여 방향이 정해졌던 것이다——를 명료히 인정하게 되었다는 점이다. 그런데 위에서 말한 차별화의 과정은 이 상징적 변혁과 불가분의 관계가 있다.

(참고적인 이야기를 하겠다. 의심할 여지없이 철학장(le champ philosophique)은 기원전 5세기에 종교장에 대하여, 그리고 형성중에 있었던 정치장에 대하여 자율화되면서 형성된 최초의 학구적 장이다. 그리고 이와 같은 자율화 과정이 전개되고, 자신의 고유한 법칙에 따르는 토론의 세계가 형성되는

역사는 유추적 이성(신화 및 의식(儀式)의 이성)으로부터 논리적 이성(철학의 이성)으로 나아간 과정의 역사와 불가분의 관계에 있다. 왜냐하면 논증의 논리에 관한 우선 신화적이고(특히 유추에 관한 탐구와 더불어), 다음으로 수사학적이고 논리적인 고찰은 학교를 통한 독점이 지닌 구속 요소들에 의해 지배되지 않고 종교적 지혜의 명령들로부터 해방된 경쟁의 장의 형성을 동반하기 때문이다. 이 경쟁의 장에서 각자는 다른 모든 사람들에게 청중의 구실을 하고, 그들에게 지속적으로 주의를 기울이며, 항구적인 대면을 하는 가운데 그들이 말하는 바에 의해 결정된다. 이 항구적 대면은 조금씩 그것 자체가 목표로 생각되고, 논리 법칙의 탐구 속에서 이루어진다. 이러한 탐구는 의사 소통 및 주체간 합의에 관한 법칙의 탐구와 불가분의 관계에 있다.

학구적 세계의 이와 같은 원형은 학구적 차단의 모든 특징들을 이상적-전형적 형태로 나타낸다. 예를 들어 그 속에서 신화와 의식(儀式)은 실리적인 논리에 따르는 신앙적인 실리적 행위——사람들은 이런 행위를 더 이상 이해하지 못하기 시작한다——로부터 이론적인 놀라움과 탐구의 대상으로 변모하든가, 또는 해석 경쟁의 목표물로 변모된다. 이런 변모와 더불어 특히 나타나는 것은 공인된 문화의 해석에 있어서 다소간 미묘한 괴리가 도입되거나, 헤카테나 프로메테우스 신화들 같은 버려진 신화들이 뚜렷이 재도입된다는 것이다. 또한 우리는 탁월함이 교육되어질 수 있는지를 아는 문제와 같은 전형적으로 학구적인 문제들이 나타나게 되는 것을 보게 된다. 제3세대 소피스트들 및 학교의 제도화와 더불어 나타나는 것은 무상한 지적 유희이며, 논쟁법이자 논리적 또는 미적 형태 속에서 그 자체로 고찰되는 담론에 대한 관심이다.

오랜 기간 동안의 쇠퇴 후 하나의 학구적 장——종교와 과학, 유추적 이성과 논리적 이성, 연금술과 화학, 점성학과 천문학, 정치학과 사회학 등의 차별화 과정이 다시 시작되는 장——이 르네상스의 이탈리아에서 다시 나타날 때,[11] 과학적·문학적 그리고 예술적 장들이 완벽하게 서로 분리될 때까지 계속해서 확대될 최초의 균열이 이미 뚜렷한 윤곽을 드러낸다. 그리고 철학장에 대한 이와 같은 여러 장들의 자율화 과정도 윤곽이 잡히게 된다. 그리하여 철학장은 그것의 대상들이 지닌 본질을 박탈당하고 끊임없이 자기 자신을 재정의하지 않을 수 없게 된다. 특히 그것이 다른 장들과 맺고 있는 관계 속에서, 그리고 이 장들이 그것들의 대상에 대해 지닌 지식을 고려하면서 말이다. 참고적인 이야기는 이상으로 마치겠다.)

경제가 그 자체의 고유한 법칙들——이해타산·경쟁·경영 개발의 법칙들——에 의해 지배되는 분리된 세계라는 객관성 속에서 **경제로서** 성립될 수 있었던 것은, 단지 생산의 행위와 생산의 관계에서 이것들의 특유한 상징적 측면을 박탈하는 방향으로 나아가는 완만한 변화가 끝났을 때였다. 또한 경제는 이보다 훨씬 후에는 ('순수') 경제 이론 속에서 형성되었다. 이 이론은 경제를 이론적 대상의 구축 원리에 암묵적으로 편입시키면서 사회적 차단과 실질적인 추상화를 받아들이는데, 경제적 **세계**는 이 차단과 추상화의 산물로 나타난다. 그러나 반대로 상징적 생산을 하는 여러 다양한 세계들——이 세계들 속에서 한쪽으로부터 다른 한쪽으로 이루어지는 상징적이고 순수하며 사심 없는(경제적 경제의 관점에서) 행동들이 실현되는데, 이 행동들의 토대는 그것들이 함축하는 생산적 노동의 거부나 억제이다——이 분리되고 닫혀진 소세계들로 형성될 수 있었던 것은, 특유하게 상징적인 생산 행위 및 관계가 지닌 경제적 측면을 경제라는 하부 세계에 억제하는 경향이 있는 단절의 대가로 치르고서야 가능했다. (뿐만 아니라 이와 같은 다양한 세계들의 자율화와 '순수화' 과정은, 경제적 차원을 항상 부정하는 상징적 활동 쪽에서와 마찬가지로 아직도 상징적 행위들과 결과들에 대해 무시할 수 없는 위상을 부여하는 경제 쪽에서도 결코 끝나지 않았다.)

이와 같은 이중의 차단을 이해하기 위해서는 엄밀히 경제적인 경제 발전을 동반했던 그런 사회적 변모들을 고려하는 것만으로는 충분치 않다. 이런 변모들 가운데 하나는 엔지니어·기술자·회계원·법률가·의사 등과 같은 '실천적 지식의 전문가들'의 출현이다. 이들은 사르트르가《지식인들을 위한 변론》에서 암시하고 있듯이, 풍부한 표현을 드러내는 신비로운 조응을 통해서 '부르주아 계급의 유기적 지식인들의 역할'을 수행할 수 있는 성향을 지니고 있다 할 것이다.[12] 또 하나는 문인들 '단체'의 도래이다. 문인들은 문단에서 그들이 확립한 공적이고 비판적인 논쟁의 원칙을 정치적인 사안들에까지 확대하려는 경향이 있다. 이런 경향은 하버마스가 '공적 공간의 구조적 변모'를 분석하면서 지적하고 있는 것이다.[13] 사실 이 모든 새로운 사회적 주체들——그들 각자가 자신이 속한 범주 내에서 보편적인 것의 창안에 기여하고 있으며, '계몽철학자들'을 통해서 이 보편적인 것의 대변인조차 될 수 있다고 말한들 틀린 것은 아니다——이 이러한 역사적 기능을 수행할 수 있었던 것은, 다만 그들이 상대적으로 자율적인 장들에 속해 있었기 때문이다. 이 장들의 필연성은 그들에게 불가피했으며, 그것이 도래하는 데 그들 자신이 기여했던 것이다.

특히 그들은 영리를 추구하는 기업들이나 국가에 실리적인 지식을 직·간접적으로 판매함으로써 얻은 이득 때문에 조금씩 당장의 물질적 걱정으로부터 해방될 수 있었다. 또한 그들은 그들의 노동을 통해서, 그리고 그들의 노동을 위해서 문화적 자본으로 기능할 수 있는 실력을 축적할 수 있었다. 그리하여 그들은 그들의 봉사를 필요로 했던 경제적·정치적 권력에 대해(그리고 자신들의 공로에 대해, 점점 더 자주 천품에 대한 변호를 내세워 그들이 대립한 세습 귀족에 대해) 개인적이고 집단적인 자신들의 자율성을 주장하는 성향과 자질을 점점 더 드러냈던 것이다. 그러나 반면에 경제 세계 및 실천 세계와의 사회적 차단은 형성중인 학문적 장들의 논리, 즉 내적 경쟁의 논리를 가능하게 만들었는데, 바로 이 논리가 이 장들로 하여금 매순간 현재의 투쟁 속에다 이전의 투쟁에서 축적한 특수한 수단들을 동원하지 않을 수 없게 함으로써, 체계화와 합리화에 유리한 어떤 사회적 논리에 의해 지배되는 소세계들의 특수한 법칙들과 규칙성을 창조하게 이끌었던 것이다. 그리고 또한 그것이 합리성과 보편성을 띤 여러 형태들(법률적·과학적·예술적 등)을 진보하게 만들었던 것이다.

 상징적 실천이 물질적으로 결정되는 것이 억제되는 현상은 예술적 장의 자율화 과정 초기에 특히 눈에 띈다. 설명하자면, 미술가들과 출자인들의 항구적인 대결을 통해 회화적 활동은 특수한 활동으로서 조금씩 뚜렷해진다. 이 특수한 활동은 소비된 시간과 사용된 색들의 유일한 가치에 따라 산정될 수 있는 물질적 생산이란 단순한 노동으로 환원될 수 없으며, 이러한 이유로 가장 고귀한 지적 활동들에 부여되는 위상을 요구하는 것이다.[14] 회화적 실천으로 하여금 그것을 가능케 하는 물질적 조건들을 부인하면서 순수하게 상징적 활동으로서 뚜렷이 나타나게 만드는 그 완만하고도 고통스러운 과정은 생산적 노동, 그리고 이와 동시에 수행되는 상징적 노동 사이의 차별화 과정과 분명한 유사성을 유지하고 있다. 어떤 신분들은 사람들로 하여금 세계를 하나의 표상 또는 광경으로 이해하고, 그것을 멀리서 그리고 높은 곳에서 쳐다보며, 그것을 단 하나의 지식으로 환원될 수밖에 없는 전체로서 조직화하는 것이 당연하다고 느끼게 해준다. 그런데 아마 이런 신분들을 제공해 주는 세계들——예를 들면 학구적 세계들——의 출현은 새로운 성향 또는 진정한 의미에서의, 이를테면 어떤 세계관의 개발을 용이하게 해주었다 할 것이다. 이런 세계관의 표현은 최초의 '과학적인' 지리 지도뿐 아니라 세계에 대한 갈릴레오의 구상이나 회화적 전망에서도 발견된다.

 전망이라는 것은, 그것의 역사적 정의에서 보면 아마 학구적 비전의 가장 완성된 실현이라 할 것이다. 사실 그것은 하나의 유일하고 고정된 관점——따라서 하나의 (관)점에 자리잡은 부동의 관객이 취한 자세의 채택——을 전제하고, 하나의 틀의 사용을 전제한다. 이 틀은 광경을 부동의 엄격한 어떤 한계를 통해 재단하고 가두고 추상화시키는 것이다. (시각의 한 모델을 구축하기 위해 데카르트——우리는 그가 **시각**으로 이해된 직관에 부여한 특별한 위상을 알고 있다——가 《굴절광학》에서, '고의로 창문에 만든 구멍'에 들이댄 하나의 눈의 이미지에 의거하고 있다는 것은 의

미심장하다. '어두운 방'의 내부에 위치한 관찰자는 이 구멍 안쪽에서 "밖에 있는 모든 사물들을 매우 순진하게 원근으로 나타내는 하나의 그림을 아마 찬탄과 즐거움을 느끼며" 보게 될 것이다.[15] 특이하지만 이러한 관점은 또한 보편적인 것으로 생각될 수 있다. 왜냐하면 이러한 관점에 위치한 '주체들' ──이들은 육체를 하나의 순수한 시선으로 축소시켰기 때문에 어떤 사람들이 되든 상관 없으며 상호 교체될 수 있다──은 칸트의 주체처럼 객관적인 동일한 시각을 가지는 것이 확실하기 때문이다. 이 동일한 시각의 전망적 재현이, 파노프스키가 말하는 것처럼 "주관적인 것을 객관화하는 작업의 상징적 형태"[16]로서 객관화를 이룩하는 것이다.

그리하여 전망은 하나의 관점을 전제하지만 사람들은 이 관점에 대한 관점은 취하지 않는다. 이 관점은 화가 알브레히트 뒤러의 그림틀 같은 것으로, 사람들은 그것을 통해 보지만(per-spicere) 그것은 보지 못하는 것이다. 우리가 이와 같은 맹목적인 관점에 대한 하나의 시선을 지닐 수 있는 것은, 파노프스키가 그렇게 하고 있듯이 전망을 역사적 전망으로 갖다 놓음으로써만 가능한 것이다. 그러나 이와 같이 거리를 지니는 오만한 시선, 즉 '학구적 시선'인 그 역사적 창안물이 사회적으로 구축되는 과정을 완벽하게 이해하기 위해서는 이 과정을 세계와의 관계가 겪은 변모들 전체와 결부시켜야 한다. 이 변모들은 경제적 범주와 상징적 범주들의 차별화를 동반하는 것이다. 그리하여 어린아이의 발달에서 '거리 감각'·시각·청각──이 감각들이 세계에 대한 객관적이고 적극적인 비전을 세울 수 있다──이 '인접 감각'·촉각·미각보다 점차적으로 우위를 차지하게 되는 경향을 보여 주는 과정에 대한 에른스트 샤흐텔의 분석[17]을 (자유롭게) 옮겨 놓으면서 우리가 주장할 수 있는 가정이 있다. 이 가정은 전망 속에 객관화된 학구적 비전의 정복이 '인접 감각'과 결부된 쾌감에 대한 멀어짐을 동반한다는 것이다. 이 멀어짐은 에른스트 샤흐텔이 특별한 의미를 부여하는 개인적인 개체 발생의 범주 내에서 최초 유년기, 그리고 이 시기의 부끄럽게 간주되는 쾌락을 점차적으로, 그리고 계층에 따라서 아마 다소간 급진적으로 억제하는 현상으로 다시 나타난다. 이러한 가정을 뒷받침하기 위해 우리는 몇몇 역사적 고찰을 제시할 수도 있다. 예를 들어 뤼시앵 페브르의 고찰 같은 것이다. 그가 라블레에 관한 자신의 저서에서 확인하는 것은, 16세기 시에서 후각·미각·촉각이 지배적이라는 것과 시각적인 준거는 상대적으로 드물다는 것이다. 또 다른 예는 바흐틴의 고찰인데, 이 고찰이 확인한 바에 따르면 근대 이전의 민중 축제에서는 육체와 육체의 기능들이 압도적으로 존재한다는 것이다.[18]

공간적이고 시간적인 의미에서 멀리 내다보고, 그에 따라서 예측하고 행동할 수 있는 가능성을 제공하는 최상의 시선을 집단적이고 개인적으로 정복하는 것은 단견적인 욕망과 이 욕망의 만족을 억제하는 대가를 치러야 했다. (그날그날 살아갈 수밖에 없는 운명을 타고난 대다수 일반 대중에 대한 강한 우월감을 얻게 해주는 데 적합한 금욕을 통해서 말이다.) 이러한 정복이 치른 반대 급부는 위대한 그 어떤 문명에서도 유례가 없는 주지주의적 이혼이다.[19] 이 이혼은 우월한 것으로 인지된 지성과 열등한 것으로 간주된 육체와의 이혼이다. 그리고 그것은 시각 및 청각 같은 보다 추상적인 감각들(여기에 대응하는 예술은 '정신적인 것'으로서 회화와 음악이 있는데, 막스 베버가 분석한 음악의 '합리화'는 무용에 대한 음악의 차별화로서 가속화된다)과 보다 '민감한' 감각들 사이의 이혼이다.[20] 또한 그것은 '순수' 예술들, 다시 말해 원근법이나 음계법 같은 추상화의 과정과 사회적 방법들을 통해 정화된 예술들의 '순수' 취향과 칸트가 이야기하게 되는 '혀와 목구멍의 취향' 사이의 이혼이다. 요컨대 그것은 모든 승화의 공간이자 모든 차별의 토대인 문화의 범주에 진정으로 속하는 모든 것과, 여성적이고 민중적인 자연의 범주에 속하는 모든 것 사이의 이혼이다.[21] 이러한 대립들은 영혼과 육체(또는 오성과 감성)라는 기본적인 이원론으로 다시 표현되는데, 그것들의 뿌리는 경제적 세계와 상징적 생산의 세계들 사이의 사회적인 구분이다. 전망적 비전이 감각적인 잡다한 것을 하나의 종합——일직선적인 전망이 이러한 종합의 실현 조건들을 한정한다——이라는 정돈된 통일 단위로 환원시키면서 확보해 주는 것은 세계를 상징적으로 자기화시키는 능력이다. 그런데 이 능력은 보이지 않는 토대로서 사회적 특권에 의거하며, 이 특권은 학구적 세계들이 출현하고 이 세계들에 부응하는 성향들이 획득되어 훈련되는 조건이다.

이 모든 것은 레이먼드 윌리엄스가 분석하고 있는 바와 같이, 특히 17세기 영국에서 자연 공원의 창안과 더불어 나타난다. 새로운 국토 개발은 영국의 들판을 농부 없는 풍경, 다시 말해 미적 관조의 순수한 대상——이러한 관조의 대상은 자연에 대한 숭배와 곡선의 탐구에 토대를 둔다——으로 만들어 놓는데, 개화된 농업 보호적인 부르주아 계급의 세계관 속에 편입된다. 이 부르주아 계급이 농업 개발의 변모를 이룩하면서 동시에 목표로 하는 것은, 생산적 노동의 모든 흔적과 생산자들에 관련된 모든 것을 완전히 제거해 버린 가시적 세계를 창조하는 것이다. 이 세계가 다름 아닌 '자연적' 풍경인 것이다.[22]

그리하여 이러한 역사적 상기는 비록 겨우 윤곽만 제시되었지만, 상징적 질서를 구성하면서 학구적 성향 속에 영속되는 그 최초의 억제를 환기시킨다. 이 성향은 또한 이것을 가능케 하는 경제적·사회적 조건들의 억제를 내포한다. (예외적으로 이 조건들은 미술관이 암묵적으로 요구하는 사항들을 만족시킬 수 있는 수단을 결여한 방문객들에게 야기시키는 마음의 혼란 속에——이 혼란은 졸라가 《목로주점》 가운데 제르베즈의 결혼식 때 이루어지는 루브르궁 방문에 할애된 부분에서, 비록 문학적으로 양식화되어 다소 탈사실화되기는 하였지만 상당히 사실적인 수법으로 상기시키고 있다[23]——환기되어 나타난다. 또는 그것들은 예술적 성향에서 비롯된 작품들이 '학구적' 조건들 속에서 취향을 형성하지 못한 사람들에게 야기시키는 진저리나고 때로는 분노에 찬 거부 속에서 환기되어 나타난다.[24])

학구적인 명예에 관한 일

자율화의 긴 과정으로부터 비롯된 학구적 세계들 속에 잠기는 사람들 ——어떤 사람들은 태어날 때부터 그렇게 된다——은 세계와 문화적 행위에 대한 하나의 비전, 명백하고 당연한 것이라고 보호를 받는 입장에 있는 이 비전을 가능케 만드는 예외적인 역사적·사회적 조건들을 자연히 망각한다. 학구적인 관점에 매혹되어 그것을 지지하는 근본적 뿌리는 천품을 통해 자연적으로 선택되었다는 감정에 있는데, 이 감정은 학교 엘리트에 고유한 것이다. 제도적 의식(儀式)으로 기능하는 육성과 선별의 절차들이 나타내는 가장 덜 인지된 효과들 가운데 하나는, 그것들이 선택된 자들과 배제된 자들 사이에 마법적인 경계를 설정하면서 조건의 차이들을 억제하도록 조치한다는 것이다. 그런데 조건의 이러한 차이들은 그것들이 창출하고 확고하게 만드는 차이의 조건이다. 사회적으로 보장되고, 고상한 직위(관리직)처럼 가치가 있는 학교 졸업장에 의해 인정되고 확증되는 이러한 차이는, 의심할 여지없이 다른 시대의 자유로운 인간과 노예 사이의 차이처럼 '본성' 또는 '본질'상의 차이(조롱적으로 말한다면, 우리는 '존재론적 차이'를 이야기할 수 있을 것이다)를 가져오는 토대를 이룬다. 학구적 귀족주의는 사상가와 일상적 생존의 사소한 근심에 빠진 '서민' 사이에 이러한 본질상의 차이를 만든다. 이 귀족주의가 성공한 것은 그것이 학구적 세계에 사는 자들의 '특권을 신의 권리처럼 완벽하게 변호했기' 때문이고, 역사의 망각이란 형태를 절대적으로 정당화했기 때문이다. 이 망각은 학구적 이성을 가능케 만드는 사회적 조건들의 망각이다. 그것은 칸트적 전통의 보편주의적 인문주의가 '대존재의 망각'에 대해 환멸을 느끼는 예언자들과 공감하는 망각이다. 비록 이 인문주의와 예언자들을 외관상 분리시키고 있는 것이 있음에도 불구하고 말이다.[25]

그렇게 해서 하이데거는 많은 철학자들에게 철학적 견해차나 정치적 대립을 넘어서 철학적 직업이 지닌 명예를 보증하는 자와 같은 존재가 될 수 있었다. 그는 철학자가 일상적 세계에 대해 유지해야 할 거리의 요구를 사회과학, 즉 무가치하고 속된 목표를 지닌 천한 학문에 대한 거만한 거리와 결합시켰던 것이다. (우리는 그가 한때 그의 스승이었던 리케르트·딜타이·막스 베버 같은 사회적 세계에 대한 사상가들에 의해 문자 그대로 사로잡혀 있었다는 것을 알고 있다.[26]) '평범한' 생존, 또는 보다 완곡히 말해서 '사람들'의 평범한 상태의 생존이 '주변의 일상적인 보통 세계', 즉 '사람들'의 개성 없고 익명적인 행동 영역과 유지하는 '신뢰할 수 없는' 관계의 환기는 악, 다시 말해 사회적인 것과 사회학이라는 악을 추방하는 진정한 의식(儀式)으로 이해될 수 있는 철학적 인류학의 중심(그리고 아마 원리)을 이룬다.[27]

'공중' '공적 세계'('수다'의 기막힌 장소) 그리고 '공적 시간'을 문제삼는 것은 '신뢰할 수 없는' 생존의 저속함, 환상과 혼란의 장소로서 인간사의 속된 영역, 세론 및 독사의 지배뿐만 아니라 과학, 특히 역사과학, 이런 것들과 철학자의 단절을 뚜렷이 드러내는 것이다. 역사과학이란 이천한 학문이 '보편적인 유효성'을 부여받은 해석들——이 해석들 속에서 철학자는 '유한성 탈퇴'의 가장 미묘한 형태 가운데 하나를 본다——에 도달할 수 있다는 주장을 통해서 암묵적으로 받아들이는 것은 공적 세계와 공적 시간에 대한 공적 해석성의 가정이다. 이 공적 세계와 공적 시간은 어느 누구나, 다시 말해 교체할 수 있는 존재로서의 보통인이 언제나 도달할 수 있는 것으로 선언되어 있는 것이다.[28]

'객관성'과 '보편성'의 요구는, 따라서 어느 누구든 평범한 주체라도 진리에 도달할 수 있다는 주장(이 주장은 '진정한' 철학자에 따르면 학문과 불가분의 관계에 있다)이 '민주적인' 면 아니면 '저속하기'조차 한 면(키케로는 이미 (평민적인) 저속한 철학을 비난했다)을 지닐 수 있는데, '진정한' 철학자는 이런 면에 대항해 귀족적인 가정(假定)들을 설파한다. 이 귀족적인 가정들은 **여가**의 특권을 아무런 심정 없이 지지하는 현상 속에 내포되어 있는데, 그럼으로써 그것들은 **폴리스·정치** 그리고 **독사**를 철학적으로 멸시하는 오랜 전통에 새롭게 정당성을 부여한다. 후설 자신이 이미 《유럽 학문의 위기와 선험적 현상학: 현상학적 철학 입문》에서 이런 전통을 환기했다.[29] '죽음을 위한 존재'로서의 단일한 존재의 경험을 과거에 진정으로 접근하는 유일한 길로 간주하면서 진정한 철학자가 단언하는 것은, 철학자가 과거의 의미를 드러내는 데 있어서 역사가의 선입견이 지닌 역할에 대한 자신의 유일한 명철성을 발휘하여 역사과학의 인습적인 방법이 실패할 수밖에 없는 곳에서 유일하게 성공할 수 있으며, 확실히 과거의 최초 의미를 진정으로 자기 것으로 다시 만들 수 있다는 것이다.

하이데거는 요술에 가까운 묘기를 써서 사회과학에 고유한 사유 양식에 의존해 과학, 특히 사회과학에 대항한 반합리주의적인 투쟁을 벌인다. 실제 그는 과학적 사유가 지닌 한계를 비판하는 토대를 과학이 통제력을 가지지 못하는 진리의 사실성(史實性)에 대해 합리성의 기준이 종속적이라는 것을 상기하는 데 두고 있다. 그러나 동시에 그는 역사과학과 거리를 둔다. 역사과학은 세계의 특별한 이미지에 연결되어 있고, 인간의 설명 방법이 넘겨 주는 진리만을 받아들임으로써 인간 성찰의 한계와 대존재의 불투명성을 망각하고 있다는 것이다. 단지 유한한 존재의 근본적 존재론만이 무정부적 무질서에 빠진 역사과학에 새로운 통일성을 부여할 수 있으며, 이 과학의 선입견이 생긴 근원은 문화적 가치들에 있는 것이 아니라(딜타이나 베버가 그렇게 믿을 수 있듯이) 역사가의 본질적인 사실성에 있다는 것을 상기시킬 수 있는 것이다. 그런데 이 사실성은 드러나지 않으면 돌이킬 수 없이 감춰져 있게 될 한 과거의 의미를 드러나게 할 수 있는 조건이다.

그리하여 아마도 하이데거는 특별히 적극적이며, 특히 철학적으로 무장한 역사과학(베버는 말할 것도 없고, 리케르트도 딜타이도 역사과학의 한계에 대해 성찰하기 위해 하이데거를 기다리지 않았다)과 맞섰기 때문에, 또한 그의 입장과 궤적이 그렇게 유도했기 때문에 아마도 그는 특히 젊은 시절의 저작물들에서 무한한 사유의 **오만**을 날카롭게 나타내고 있는 것이리라. 많이 몰랐기 때문에, 그리고 몇몇 자가당착 때문에 그는 다음과 같은 내적 확신에 대한 특별히 단호한 표명을 하고 있다. 즉 자주 철학자들은 역사과학이 그 자체에 대해 생각하는 것보다 더 훌륭하게 역사과학을 생각할 수 있다고 느끼며, 그것의 대상에 대해 그리고 그것이 맺는 대상과의 관계에 대해 더 명료하고 더 심층적이며 더 근본적인 관점을 취할 수 있다고 느끼고, 순수하고 고독한 성찰의 무기 이외는 다른 무기 없이 과학의 집단적 연구와 천박한 도구들이 얻게 해줄 수 있는 것보다 우월한 지식을 생산해 낼 수조차 있다고 느낀다는 것이다. 여기서 이 도구들의 탁월한 상징은 아마 평균이라는 평범 속에 존재——분명 '진정한' 유일 **존재**(누가 **세상 사람들**의 이 존재를 걱정하는가?)——의 근본적 특이성을 무효화시켜 버리는 통계(이 통계는 세상 사람들에 대한 유명한 대목에서 명료하게 언급되어 있다)라는 것이다.

하이데거가 자기 시대의 사회과학에 대항한 싸움에서 사용한 전략들, 특히 이 과학의 성과를 그것에 대항해 싸우기 위해 되돌리는 전략은 프랑스 철학의 '전위대'가 60년대에 다시 사용하거나 재창안해 냈다. 사회과학은 뒤르켐 이후로 철학적 전통에 강하게 뿌리내렸는데, 특히 그 이유는 사회과학이 철학의 헤게모니적 의도에 대항해 자신의 자율성과 특수성을 주장하기 위해 때때로 철학의 영역 자체에서 철학과 대결해야 할 필요성이 있었기 때문이다. 그리하여 사회과학은 레비 스트로스·뒤메질·브로델, 나아가 라캉 같은 자들의 성과에 힘입어 지배적인 위상을 차지하기에 이르렀던 것이다. 이 성과들은 대학의 영역, 그리고 나아가 지식의 영역 전체에서 '구조주의'라는 언론계의 명칭하에 막연하게 혼동되었다. 당시의 모든 철학자들은 합병주의적인 경향을 지닌 적대 관계 속에서, 그리고 의식적이든 무의식적이든 때로는 이중으로 소속되는 정도까지(특히 '고고학' '문자학' 등, 그리고 다른 학문적 효과들 같은 학(學)-효과에 의존하여) 나간 일종의 이중 플레이 속에서 그러한 성과들과 관련하여 자신들을 정의하지 않을 수 없었다. 그러면서 그들은 전혀 하이데거적이 될 필요 없이도 하이데거가 사회과학에 대항해 사용하였던 것들과 상당히 유사한 우위 전략들을 되찾았던 것이다.

근본적 회의의 급진화

따라서 철학자로서 자신들의 생존이 관련되고, 자신들의 인정된 참여가 관련된 철학적 게임을 현실적으로 문제삼는 위험을 무릅쓴다는 조건 하에서만——달리 말하면 '반아카데믹한 아카데미즘'이 항상 지극한 즐거움으로 삼아 왔던 근본적 전복의 연출을 통해서——철학자들은 자신들로 하여금 철학자로 자칭하고 생각하게 해주며, 이를 정당화시켜 주는 모든 것과 관련하여 진정한 자유의 조건들을 확보할 수 있을 것이다. 그런데 이 모든 것은 이와 같은 사회적 인정의 반대 급부로서 그들을 철학자의 자세와 직위에 편입된 가정들 속에 가둔다. 사실 우리가 매순간 '철학적'이라고 지칭하는 것을 가능케 하는 사회적 조건들을 분명히 밝히는 데 열성인 비판만이 이러한 조건들 속에 함축된 철학적 '효과들'의 탄력을 가능케 할 것이다. 단지 그것만이 철학이라는 이름으로 지칭된 사유 활동에 전념할 수 있는 사람들의 입장과 성향들 속에 편입된 가정들로부터 철학적 사유를 해방시키려는 의도를 완전히 실현시킬 수 있을 것이다. 사실 자신을 **위치가 없고** 분류가 불가능한 자로 생각하는 철학자가, 모든 사람과 마찬가지로 그가 이해코자 하는 공간에 포함되어 있다는 점을 상기시키는 것은 그를 깎아내리는 즐거움을 위한 것이 아니다. 그 반대로 그것은 그에게 구속 요소들과 제한 요소들에 대해 자유의 가능성을 제공하기 위한 것이다. 이 요소들은 그가 우선 사회적 공간 안의 한 장소에 위치하고, 학구적 장들이라는 그 하부 공간들 가운데 하나에 속한 하나의 장소에 위치하고 있다는 사실 속에 들어 있는 것이다.

왜, 그리고 특히 무슨 권리로 사람들이 그와 같은 철학의 '해방'에 호소하는지 물을 수 있는 사람들에게 내가 우선 대답하려는 바는, 사회과학을 반응적 —— 반동적이라고는 말하지 않더라도 —— 비판으로부터 해방시키기 위해 철학을 해방시켜야 한다는 것이고, 철학이 사회과학의 가장 공통적인 비전을 자기도 모르는 사이에 오케스트라처럼 조직화하는 것으로 대개의 경우 만족하기 때문에 사회과학에 대립하는 것을 멈추어야 한다는 것이다. 그리하여 이른바 '포스트모던' 철학자들은 사회과학이 그들에게 기꺼이 부여한 '의혹의 철학'을 사회과학에 되돌려 주면서, 사회과학이 정의상 주장하는 학문적 야심을 고발하는 데 거의 모두가 일치하고 있다. 설명하자면 그들은 어떤 확언 속에서 재촉이나 위장된 명령만을 보고, 논리 속에서 '정신의 경찰'만을 보며, 과학성을 지향하려는 의도 속에서 복종을 야기시키는 데 목적을 둔 '진리의' 단순한 '효과' 혹은 힘에의 의지에 의해 촉발된, 헤게모니에 대한 감추어진 야망만을 보려는 성향이 있지만, 다분히 규율이 없는 사회학을 규율을 갖추고 권위가 있으며, 나아가 전체주의적이고 은근히 경찰적인 학문으로 변모시키려고 하지는 않는다. 그들은 그런 성향이 있기 때문에 때로는 자신들이 표명한 의식적인 정치적 선택들과는 모순을 드러내면서도 정신주의적인 (그리고 보수적인) 비판이, 인격체의 신성한 가치와 '주체'의 시효 없는 권리를 내세워 과학 특히 사회과학에 끊임없이 가하는 비난과 단죄에 철학적으로 그리고 정치적으로 수용할 수 있는 형태를 부여할 수 있는 것이다.

그러나 내가 또한 확신을 가지고 있는 것은 철학장의 특수한 논리에 대한 분석, 그리고 일정한 시기에 '철학적'인 것으로 인정된 성향과 믿음 —— 이 성향과 믿음은 철학자들이 지닌 학구적 맹목에 대한 그들의 맹목을 틈타서 생겨나 성립되는 것이다 —— 에 대한 분석보다 더 철학적인 활동은 없다는 것이다. 비록 이 확신이 정상적으로 형성된 '철학적 정신'의 소유자라면 누구에게나 터무니없는 것으로 나타날 수밖에 없다 할지라도 말이다. 하나의 장이 지닌 논리와 이 장이 야기하고 전제하는 성향 사이의 즉각적인 일치는, 장이 내포할 수 있는 임의적인 모든 것으로 하여금 초시간적이고 보편적인 명백함의 미명 아래 모습을 감추는 방향으로 나아가게 만든다. 철학장도 이러한 법칙을 벗어나지 못한다. 따라서 사회학적인 비판은 보다 근본적이고 보다 특수하며 엄밀히 철학적인 비판으로 안내할 수밖에 없을 단순한 선결 조건은 아니다. 그것은 철학의 '철학'이 지닌 원리로 이끄는 것이다. 이 '철학'은 일정한 시간과 장소에서 철학적인 것으로 지칭되는 사회적 실천 속에 암묵적으로 참여하고 있다.

'철학자'는 오늘날 거의 언제나 **아카데믹한 인간**이기 때문에 그의 '철학적' 정신은 하나의 대학장에 의해, 그리고 이 대학장을 위해 형성되며, 이 장이 운반하고 주입하는 특별한 전통에 물들게 된다. 이 장에는 정묘하게 계층화된 저자들과 텍스트들이 가장 '순수한' 사유에 지표들과 등대들을 제공한다. (다른 영역에서와 마찬가지로 이 영역에서도 성문화되었든 아니든 국가적인 프로그램들이 국가적으로 '프로그램화된' 두뇌들을 창출한다.[30]) 또한 그 속에는 역사적으로 형성되어 학교를 통한 재생산에 의해 영속화되는 논쟁들로부터 나타나는 문제들이 있다. 그리고 정반대적인 용어들의 쌍들 속에 흔히 압축되어 있고, 반복해서 나타나는 큰 대립들도 있다. 이 대립들 속에서 어떤 이들은 적절하고 웅대한 양식을 통해 '서양의 형이상학이 지닌 양극적인 대립들'을 보려고 했는데, 이 양극적 대립들은 보다 진부하게는 이원론적 구조로 되돌아가는 것이다. 다른 장들과 마찬가지로 철학장은 이러한 이원론적 구조에 따라서 조직되려는 경향을 나타낸다. (이 경향은 특히 프랑스의 경우 인식론·과학철학·논리학에 매달리는, 과학에 가까운 하나의 극과 예술 및 문학에 가까운 하나의 극——이 극은 표현의 대상과 방식에 따른 것으로 미학·탐미주의, 그리고 오늘날 같으면 '포스트모더니즘'의 방향으로 향하고 있다——사이의 대립을 동반한다.) 또한 철학적 정신이 생성되는 대학장에는 외관상의 보편성에도 불구하고 시간적으로 공간적으로 정해진 하나의 의미론적 장, 그리고 이 장을 통한 하나의 투쟁의 장——이 장 역시 하나의 언어와 국민이라는 경계에 흔히 제한되어 있다——과 언제나 불가분의 관계가 있는 개념들이 존재한다. 끝으로 대학장에는 학교를 통한 인습적 전수로 인해 다소 절단되고 경직화된 이론들이 있는데, 이러한 인습적 전수는 그것들을 탈역사화시키고 탈현실화시킴으로써만 영속화한다.

내가 믿는 것은 철학적 활동의 사회적 조건들의 환기가——특히 이 환기가 나름의 상식을 지닌 철학적 세계의 예법·인습 그리고 순응주의에 대해 확보해 줄 수 있는 자유를 통해서——내포하는 근본적 회의가 철학적 전통이 학구적 환상에 대한 자각에 대항해 내세운 방어 체계를 전복시키게 할 수도 있다는 것이다. (플라톤의 **여가**와 동굴에 대한 유명한 텍스트들, 그리고 하이데거의 **세상 사람들**에 대한 텍스트들은 이러한 환상의 뛰어난 증거들이다.) 이러한 환상 속에 뿌리내리는 철학을 함축하는 철학은 대학의 영역에서 높은 위상(특히 프랑스에서)의 점유와 관련된 자신감이나 헤게모니적 야심에 의해 분명 지지되고 고무되는데, 특히 몇몇 커다란 공통적 가정들 속에 나타난다. 먼저 역사의 선택적 망각 또는 부인, 아니면 같은 말이지만 모든 발생론적 접근 및 진정한 모든 역사화의 거부가 그것이다.[31] 다음으로 다른 모든 학문들에 대해 이 학문들이 그것들 자체에 대해 취할 수 없는 관점을 취하려는 의도로부터 비롯되고, 이 학문들을 (이론적으로) 설립하면서도 스스로는 그것들에 의해 (역사적으로) 설립되지 않으려는 의도로부터 비롯되는 '토대'에 대한 환상이 있다. 그리고 끝으로 객관화시키는 주체를 객관화하는 모든 행위의 거부가 있다. 이러한 객관화는 '환원주의'로서, 이 환원주의의 연장인 미적 근본주의와 함께 신망을 상실한 것으로 간주되는 것이다.

그러나 학구적 이성에 대한 비판에 토대를 둔 근본적 회의가 가져올 수 있는 파장은, 대체할 수 없는 동맹자들인 '일상 언어를 다루는 철학자들'이 우리를 해방시키고자 하는 철학의 오류들이 지닌 공통된 뿌리가 흔히 **여가**와 학구적 성향이라는 점을 보여 준다는 것이다. 당장 떠오르는 몇몇 오류들만을 환기한다면, 우선 비트겐슈타인의 경우 그는 하나의 낱말을 이해하고 그것의 의미를 배우는 것을 '어떤 관념'의 관조나 어떤 '내용'의 목표를 함축하는 정신적 과정으로 간주케 하는 환상을 고발한다. 또한 무어는 우리가 푸른색을 볼 때 푸른색에 대한 의식은 우리를 벗어난다고 상기시킨다. 마찬가지로 라일은 어떤 것을 **안다는 것**과 **방법을 안다는 것**을 구분하고, (어떤 게임, 언어 등의) 이론적인 지식과 실제적인 능란한 솜씨를 구분한다. 다시 한 번 비트겐슈타인의 예로서 그는 판단을 진술한다는 것이 언어를 사용하는 가능한 방식들 가운데 하나에 불과하다는 것과, '나는 **괴롭다**'라는 말이 반드시 단언이 아니라 또한 고통의 표현일 수 있다는 것을 상기시킨다. 또는 스트로슨은 논리학자들이 '문맥과 상대적으로 독립적인' 문장들에 주의를 기울인다고 비난한다. 또는 툴민은 가망성의 표현을 일상적으로 사용하는 것과 과학적 조사에서 개연론적 진술들을 사용하는 것을 구분하도록 권유한다. 그들이 모두 준거로서 내세우는 사유의 경향들은 학구적인 '언어의 유희'에 속하고, 그렇기 때문에 실제의 논리——일상 언어의 탐구는 이 실제의 논리로 안내할 수 있다——를 엄폐할 위험성이 있는 것들이다.

　이런 측면이 의미하는 것은 우리가 학구적 이성 비판에 전적인 일반성과 힘을 부여하기 위해, 내가 항상 그렇게 하려고 시도했듯이 일상 언어의 철학과 실용주의가, 특히 퍼스·듀이와 더불어 철학의 이와 같은 특유한 경향들——오스틴은 이 경향들이 어느 특정 철학자의 개인적인 약점들과는 아무 관계가 없다고 주목한다——에 대해 시도하는 분석들에 의거할 수 있다는 것이다. 반대로 우리는 학구적인 입장과 성향의 분석 속에서 언어의 일상적인 철학적 사용에 대한, 그리고 이러한 사용이 용이케 하는 오류 추리에 대한 비판을 급진화시키고 체계화시키는 원칙을 아마 발견할 수도 있으리라. 그리고 또한 학구적 논리들과 실제의 논리 사이의 괴리에 대한 비판을 급진화시키고 체계화시키는 원리도 발견할 수 있으리라. 실제의 논리는 학구적인 세계들 속에서 통상 그렇듯이 언어가 사회적으로 중화되고 통제되어 사용되는 상황에서보다는 비학구적으로, 일상적으로 사용되는 상황에서 보다 잘 표현된다고 생각할 만한 전적인 이유가 있는 것이다.

추서 1: 비인격적인 고백

나는 본서에서 전세계에 자신들의 특성들을 특징적으로 강제한 한 세대의 프랑스 철학자들이 지닌 철학적 아비투스에 대한 분석의 윤곽을 제시했다. 이 분석에서 객관화하는 과격함을 제거하기 위해서는, 그리고 어쩌면 그렇게 하여 몇몇 저항들을 없애기 위해서는 내가 철학 수련을 했던 시절을 대략적으로 환기시키려고 노력하면서 반성의 훈련을 하는 것도 불필요하다고는 생각지 않는다. 나는 대학 생활과 관련된 자서전들의 회색빛 배경을 형성하는 이른바 개인적인 추억들을 털어놓을 생각은 없다. 이런 추억들은 저명한 대가들과의 경이로운 만남들, 직업의 선택과 얽혀 있는 지적 선택들 같은 것이다. '자아 역사'라는 명칭하에 최근에 제시되었던 것은 진정한 반성적 사회학과는 매우 거리가 멀다고 생각된다. 행복한 대학교수들(이들은 위와 같은 학교 훈련이 요구되는 유일한 사람들이다)은 역사가 없다. 그리고 역사가 없는 삶들을 무질서하게 이야기해 달라고 그들에게 요구하는 것은 그들을 위해서도 역사를 위해서도 반드시 도움이 되는 것은 아니다.

따라서 나는 나 자신, 어쨌든 파스칼이 '가증스럽다고' 말한 특이한 나 자신에 대해서는 아주 조금만 이야기할 것이다. 그럼에도 내가 나 자신에 대해 끊임없이 말한다면, 그것은 자아의 비인격성 자체로 인해 극히 개인적인 고백들이 침묵을 지키거나 거부하는 비인격적인 자아가 될 것이다.[32] 역설적으로 말하자면, 아마 그 어느것도 오늘날 사회학자와 사회-분석(그리고 보다 덜 드러남으로써 묵인되는 것이지만 정신분석학)이 베일을 드러내는, 상호 교환될 수 있는 이 자아보다 더 가증스럽게 보이지 않을 것이다. 모든 것이 우리로 하여금 자기 도취의 정연한 교환——특히 일부 문학적 전통은 이 교환의 코드를 확립했다——속에 들어가도록 준비시키는데도 우리가 동일한 사회적 조건들의 산물인 모든 사람들과 더불어 '주체'를 공동으로 가지고 있기 때문에 당연히 보편적이라고 믿게 되는 이 '주체'를 객관화시키려는 노력은 격렬한 저항에 부딪친다. 경험·믿음 그리고 공통적 사유 형태(schème)〔앞으로 구조(structure)와 구별하기 위해 schème는 구조와 내적 운동이 합의된 형태로 번역하겠다〕, 다시 말해 가장 진지한 자서전들에서 거의 불가피하게 부재하는 그 사유되지 않는 약간의 부분——왜냐하면 당연한 것이지만 그것은 간과되기 때문이며, 그것이 의식의 표면에 떠오를 때는 공표하기에 부끄러운 것으로 억제되기 때문이다——이 지닌 집단적인 내밀함을 분명히 밝히기 위해 향수적인 환기를 하는 환심성 친절과 단절하려 노력하는 사람은 독자의 자기 도취에 상처를 낼 우려가 있다. 독자는 자신의 의지와는 상관 없이 대리적으로, 그리고 역설적으로 그가 자신의 사회적 인격체 내에서는 이와 같은 객관화 작업의 책임자와 보다 가깝기 때문에 그만큼 더 잔인한 방식으로 자신이 객관화되어 있다고 느끼는 것이다. 때때로 일어나는 일이지만, 자각이 창출하는 카타르시스 효과가 해방되고 해방시키는 웃음 속에서 표현되지 않는 한 말이다.

나의 유일한 '속내 이야기'일 테지만 내가 먼저 언급해야 할 것은 다음과 같은 것이다. 즉 아마 내가 오늘날 대학 세계와 지적 세계에 대한 50년대의 나의 비전——이 비전이 환상적으로 유일한 것을 지녔기 때문이 아니라 특이성의 환상에 이르기까지 가장 평범하게 공통적인 것을 지녔다는 점에서 나의 비전이었다——을 성공할 수 있는 약간의 찬스를 가지고 복원하겠다는 계획을 세울 수 있는 것은, 기적을 받은 수도사처럼 경탄에 매우 오랫동안 만족할 수 없었기 때문일 것이라는 점이다. 이 경험은 상당히 드문 것이었지만 그렇다고 유일한 것은 아니었다. (나는 니장에게서, 특히 그의 《아덴 아라비》에 사르트르가 쓴 매우 아름다운 서문을 통해 이 경험을 재발견했다.) 아마 그것이 **대학교수단**의 기만적인 유혹들에 대해 객관화하는 거리——보통 훌륭한 보도자가 되게 하는 거리——를 가지게 했던 것이었으리라.

바로 이 경험에 의거하면서, 나는 '철학을 하는 고등사범학교 학생들'이라는 청년으로 이루어진 특별한 범주에 속해 있을 당시 나에게 나타났던 모습 그대로 가능성의 공간을 재구축하려고 노력하겠다. 이들은 학교 제도의 중심과 정상에 위치해 있다는 사실과 연결된 특성들 전체를 공통으로 가지고 있으면서도, 특히 그들의 사회적 궤적과 관련된 2차적 차이들 때문에 결국 서로가 분리되어 있었다. 《호피족의 태양》을 쓴 작가처럼 인류학자에게 자신의 경험을 이야기하는 입문자의 방식으로, 나는 최소한 개략적으로 50년대를 중심으로 철학자들의 집단에 들어가는 조건이었던 내밀한 신념과 영감적인 지지의 몫을 창출하는 데 적합한 제도적 의식(儀式)을 환기하려 한다. 또한 왜 그리고 어떻게 그들이 '철학자'가 되었는가를 명확히 밝히고자 시도하겠다. 사실 '철학자'라는 이 말의 애매성은 아무리 최하급의 철학 교수에게도 완전한 의미에서 철학자의 위상을 자신에게 부여하도록 허용하고 있다. 그리고 그 말은 '철학자' 연수생에게 애매한 야망과 과도한 투자를 조장하는 데 기여했던 것이다. 이러한 야망과 과도한 투자는 보다 훌륭하게 결정되고, 현실의 기회에 보다 직접적으로 맞춘 선택들——예를 들면 자신을 '예술가'로 생각하도록 별로 고무받지 못하여 데생 교수직을 지원하는 자들의 선택——이라면 배제하는 것들이다.

전국 고등학교 대학예비반 우수학생 선발시험으로부터 고등사범학교 선발시험까지, 선택된 자들(특히 기적이라도 받은 것 같은 자들)로 하여금 자신들을 선택한 학교를 선택하도록 유도하고, 자신들을 엘리트로 삼은 선정 기준을 인정하게 유도하는 선정의 기계적 제도를 모두 여기에서 상기시킬 수는 없다.[33] '철학자'의 '소명'이 결정되게 했던 논리는 아마도 그렇게 차이가 있었던 것은 아니었을 것이다. 아마 그들이 다른 사람들보다 많은 상을 받았기 때문에 그만큼 더 자주 그렇겠지만, 그들은 장 루이 파비아니가 '절정의 학문'[34]이라 일컫는 것으로 방향을 잡으면서 학문들의 계층 체계를 따르기만 하면 되었던 것이다. (50년대까지의 철학은 모든 학문들을 위세 있게 압도했으며, 고등학교 마지막 학년에서 그리고 그 이상의 단계에서 기초 수학을 희생시켜 철학을 선택하는 것이 학문에서 성공을 못했기 때문에 어쩔 수 없이 결정된 부정적 선택은 아니었다.) 보다 이해를 돕기 위해, 그리고 그와 같은 계층적 준비를 하는 것을 부인하는 직업에 충격을 줄 위험을 무릅쓰고 내가 말하고자 하는 것은, 동일한 기계적인 엄격성은 없다 할지라도 철학의 선택이 원칙에 있어서는 일부 큰 시험들에서 입상한 자들로 하여금 광업국이나 재무감찰국을 선택하도록 결심시키는 선택과 그렇게 다르지 않다는 것이다. '철학자' 가 되었던 것은 '철학자' 의 권위 있는 신분을 확보함으로써 인정을 받았고, 또 스스로도 인정을 했기 때문이다.

철학의 선택은 신분적 자신감(또는 오만)을 강화시키는 신분 확보의 표현이었다. 이런 현상은 그 어느 때보다도 두드러졌다. 당시는 모든 지적 분야가 장 폴 사르트르라는 인물에 의해 지배되었고, 특히 하이데거가 《휴머니즘에 관한 편지》를 보냈던 장 보프레가 교단에 있었던(고등학교의) 고등사범학교 문과수험반들과 이 사범학교의 시험——이 시험의 심사위원회는 모리스 메를로 퐁티와 블라디미르 얀켈레비치로 구성되어 있었다——자체가 지적 삶의 성소와 같거나 성소처럼 보일 수 있었던 시기였다.

준비반은 프랑스식 지적 야망을 가장 높은 형태로, 다시 말해 철학적 형태로 생산하는 기구의 중심이었다. 완전한 지식인은 사르트르가 그 모습을 창안해 위용을 드러낸 참이었는데, 이 준비반 교육이 요구하는 것이었다. 준비반은 철학·문학·역사·고대 언어 그리고 현대 언어 같은 방대한 학문의 범위를 제공했고, 모든 교육 장치의 중심인 논술——모든 지적 대상에 대한 논술——의 훈련을 통해 자기 확신을 고무시켰다. 당시에 자주 이 자기 확신은 무지가 압도하고 있음을 자각하지 못하고 있는 무의식 상태와 나란히 하고 있었다. 수사학적 창안이 지닌 전능한 힘에 대한 믿음은 즉흥적인 철학적 창안을 현학적으로 극화(劇化)시켜 과시하는 것을 가장 좋은 격려로 생각할 수밖에 없었다. 나는 알랭의 뒤늦은 제자인 미셸 알렉상드르 같은 스승들에 대해 생각한다. 그는 역사적인 뒷받침이 없는 사색의 유일한 원천이 되어 버린 철학적 담론이 지닌 약점들을 예언적인 태깔로 포장했다. 또는 나는 장 보프레에 대해 생각한다. 그는 경이에 사로잡힌 제자들을 하이데거의 사상이 지닌 비밀에 입문시켰는데, 이 사상은 교수 귀족주의의 모범적 구현으로서 알랭적 오랜 전통에 보기보다 더 가까운 것이다. (50년대의 준비반들 속에서 형성된 많은 '철학자'들은 하이데거에 대한 열기를 알렉상드르에 대한 찬양과 연결시켰다.)

요컨대 준비반은 사회적으로 인정된 학교의 '귀족층'이라는 신분적 합법성이 형성된 장소였다. 동시에 그것은 '철학자'라는 이름이 어울리는 철학자에게 가장 높은 지적 야망을 강제하면서도 일부 어떤 학문 분야들이나 어떤 대상들에 집착한 나머지 품위를 떨어뜨리는 일을 금지하는 고귀함의 의미를 주입시켰다. 특히 사회과학 전문가들과 관련된 분야들이나 대상들이 그런 것들이다. 그리하여 4,50년대의 준비반들에서 형성된 철학자들(특히 푸코와 들뢰즈)이 단지 고도로 승화된 방식이기는 하지만 권력과 정치 문제에 대립하기 위해서는 1968년의 충격이 필요했던 것이다.

엘리아스가 지적한 대로, 귀족이 비록 보잘것 없는 펜싱 선수에 불과할지라도 여전히 귀족인 것처럼(반면에 아무리 훌륭한 펜싱 선수라도 귀족이 아니면 귀족이 아닌 것이다), 사회적으로 인정된 '철학자'는 **본질적인** 차이에 의해 비철학자들과 분리된다. 이 차이는 어떤 면에서도 **능력**의 차이에 결부될 수 있는 것이 아니다. (더구나 이 능력의 정의는 시기와 국가적 전통에 따라 다르다.) 이러한 계급적 존엄의 의미가 함축하는 것은 투자의 의미(스포츠와 증권 시장에서 사용되는 의미)인데, 이 의미는 특히 지적 선호들을 통해서 나타났다. 가장 야심찬 선호는 특히 불가사의하고 난해하며, 나아가 후설이나 하이데거의 경우처럼 번역물이 없어서 실질적으로 접근이 불가능한 텍스트들이나 저자들에 결부되었다. (하이데거와 후설의 주요 저서들은 60년대에 와서야, 다시 말해 이 저서들을 둘러싸고 있던 열기가 식었을 때에야 번역되었다.) 석·박사 논문의 주제들, 그리고 이 주제들을 지도할 교수들의 선정에 대해서도 같은 이야기를 할 수 있다. 이 선정은 가능성의 공간에 대한 실질적인 지식에 의해, 좀더 분명히 말하면 스승들과 이 스승들을 통해 예고되는 '시간적'이고 동시에 '정신적인' 미래들 사이에 생기는 계층 체계들의 의미에 의해 방향이 정해진다.[35]

유희의 의미는 견유주의를 겪지 않게 해주는 것이다. 분석은 전기에서조차 통상적으로 함축적인 상태에 있는 것을 명료케 함으로써 대학 투자의 전략들에 대한 궁극주의적이고 타산적인 비전을 고무시키기 때문이다. 지식인들에 대한 많은 담론의 원칙에 자리잡고 있는 비전으로서, 테르시테스[호메로스의 《일리아스》에 나오는 코믹한 인물로서 추함과 비겁함을 풍자적으로 구현한다]의 관점에 흔히 편입되는 이 환원적 비전은 아마 그것이 외관상 가장 분명한 방식으로 불가피할 때, 다시 말해 대학 사회에서 지적인 큰 성공들을 거둔 경우에 가장 허구적일 것이다. 사실 입문이 가장 잘 된 자들은 훌륭한 선택을 하기 위한 선택을 할 필요가 없다. 그리고 이 점이 그들이 선택되는 이유들 가운데 하나이다. 과연 사람들이 출세주의적인 야심이란 치사한 계산과 무관한 '진정한 소명'을 습관적으로 알아보는 것은, 유희의 의미와 불가분의 관계에 있는 '현학적인 무지'에 대한 이상한 지지――전적이면서도 거리를 두고, 계몽되었으면서도 맹목적인 지지――를 통해서이다. (독자들은 내가 나의 이름으로 이야기하는 것이 아니고, 단지 지배적인 담론의 어조와 농도 자체를 환기하려 애쓰고 있다는 것을 이해하리라.) 성공한 입문, 즉 '고등사범학교 철학자들' 집단이라는 계급 속에서 이런 종류의 특권 계급에 접근하게 해주는 입문은 '가문이 좋은' 모든 사람들이 지닌 주요한 특권을 보장해 준다. 그리고 그것은 게임에 대한 매우 즉각적이고 총체적인 적응력을 보장해 주기 때문에 선천적인 것 같은 모습을 드러내며, 그것의 보유자에게는 게임이 약속한 가장 희귀한 이득들을 얻기 위해 계산해 볼 필요조차 없는 최고의 이점을 얻게 해준다.

그러나 이 계급은 또한 구성원들이 '단체 정신'——비록 이 '단체 정신'이란 표현이 자신들의 완벽한 비대체성을 확신하고 있는 개인들 전체에 적용될 때 이상하게 보인다 할지라도——이라 불러 마땅한 것의 토대를 이루는 이해 관계적인 유대와 아비투스적 친화력을 통해 결합된 하나의 단체이다. 사실 입문 의식의 기능들 가운데 하나는 하나의 공동체를 만들어 내는 것이고, 무의식들의 소통을 만들어 내는 것이다. 이러한 공동체와 소통이 내부의 적들 사이에 완충된 갈등을 가능하게 해주고, 각자가 아주 성실하게 자기의 것이라고 주장할 수 있는 주제들과 착상들의 은밀한 차용을 가능케 한다. 왜냐하면 이것들은 자신의 것들과 유사한 창안 형태들의 산물이자 암묵적인 참조물들이고, 가까운 사람들로 이루어진 조그만 서클 내에서만 인지될 수 있는 암시들이기 때문이다. 공표된 차이들이 드러내는 기만적인 현란함 아래 숨겨진 사유의 문제들·주제들·형태들이 지닌 심층적 동질성을 발견하기 위해서는 60년대 이후로 씌어진 것을 우리 눈으로 바라보기만 하면 충분하다. 극단적인 예를 하나 들자면, 이론적인 맥락의 완전한 변화가 초래한 변형만이 데리다의 슬로건인 '해체'가 사전(事前) 구축물들과의 단절, 과학적 대상의 구축에 불가결한 그 단절이라는 바슐라르의 주제——이 주제는 학교에서 일반적인 **공론**(公論)이 되었다——에 대한 매우 자유로운 변주라는 것을 알아보지 못하게 만드는 것이다. 이 주제는 철학(특히 알튀세에게서)과 사회과학 분야의 '과학적' 혹은 '과학만능주의적인' 극점에서 동시에 대대적으로 부각되었다.

바로 철학자와 철학이 차지하는 지위와 등급에 대한 이와 같은 심층적인 합의에 입각하여 분열이 규정된다. 이 분열은 70년대에 있어서 철학장에 나타난 대립된 입장들로 이끌었던 궤적들의 원칙에 자리잡게 되는 것이다. 대립된 입장들은 무엇보다도 철학장의 이전 상태에 대하여 자신의 위상을 정립하고 **계속성**을 주장하는 방식과 관련되어 있다. 이 계속성은 대학장 내에서 세속적 권력을 지닌 지위를 차지하려는 자들에게는 연속을 의미했고, 아니면 계승자의 신분이 혁명적 전복을 통해서만 확보될 수 있는 지적인 장에서 권위 있는 지위들로 방향을 잡는 자들에게는 단절을 의미했다. 두 세대 사이의 관계가 드러내는 복잡성과 동일한 세대의 구성원들 사이의 은밀한 공감은 조르주 캉길렘이 대상이 된 거의 보편적인 인지에서 잘 드러나고 있다. 고등사범학교에서 사르트르와 아라공의 공동 제자였지만 지방 서민 출신이었기 때문에 이들과 결별한 캉길렘은, 대학장에서 대립된 입장을 차지하는 자들에 의해 동시에 부름을 받을 수 있게 된다. 모범적인 **아카데믹한 인간**으로서──그는 오랫동안 그리고 극도로 엄격성을 드러내며 중등교육 총장학관의 직무를 수행했다──그는 그의 신분과 동질적인 신분들을 차지한 채 집단을 재생산하고 확고히 확립하려는 열성을 보이는 교수들에게 상징적인 역할을 하게 되는 것이다. 그러나 실존주의가 승리를 구가하던 시기에 진지함과 엄격함의 이단적인 대피소를 나타냈던 과학사와 인식론의 전통을 방어하는 자로서, 그는 가스통 바슐라르와 더불어 알튀세·푸코 그리고 다른 몇몇 인물들 같은 아카데믹한 전통으로부터 보다 멀어진 철학자들이 생각하는 대가(大家)로 인정되는 것이다. 마치 대학 분야에서 중심적이면서도 동시에 부차적인 그의 지위, 그리고 이 지위를 차지하도록 만들었던 극히 희귀하고 나아가 이국적인 기질이 지배적인 모델과 단절하고자 원했고, 그리하여 그와 연합함으로써 '보이지 않는 동료'가 되었던 모든 이들에게 토템적인 상징의 역할을 하도록 그를 지명이라도 한 것처럼 말이다.

사실 사르트르의 지배는 결코 철저하지는 못했고, 나를 포함해서 '실존주의'의 세속적 또는 학교티나는 형태에 저항하고자 했던 사람들은 지배된 흐름들 전체에 의지할 수가 있었다. 이런 흐름들에는 과학사와 매우 밀접하게 연결된 철학사가 있다. 이 철학사의 '전형'은 두 권의 훌륭한 저서에 의해 나타났다. 하나는 고등사범학교 출신으로서 콜레주 드 프랑스 교수인 마르시알 게루가 쓴 《라이프니츠의 역학과 형이상학》이었다.

다른 하나는 소르본의 젊은 조교이자 《레 탕 모데른》이라는 잡지의 기고자였던 쥘 뷔유맹의 《칸트의 물리학과 형이상학》이었다. 역시 고등사범학교 출신인 뷔유맹은 콜레주 드 프랑스에서 게루의 뒤를 잇게 된다. 또 다른 흐름은 인식론과 과학사인데, 이것들은 가스통 바슐라르·조르주 캉길렘 그리고 알렉상드르 코이레에 의해 대변되었다. 흔히 지방의 민중 계급 출신이거나 프랑스와 프랑스 학교의 전통에 낯선 자들로서 고등연구원대학원이나 콜레주 드 프랑스 같은 탈중심적인 대학 제도들에 결부되어 있는 이들, 주변적이고 일시적으로 제압된 저자들(여기에 에릭 베유를 덧붙여야 할 것이다)은 지배적인 자들의 빛에 가려 일반의 인식이 제대로 되지 않았지만, 모든 사유의 전선에서 존재하고 있었던 완전한 지식인의 매혹적이면서도 동시에 거부된 이미지에 대해 여러 가지 다양한 이유들로 반발하고자 했던 자들에게는 하나의 의지처를 제공했다.

세속적인 심취를 피하게 했던, (그리고 많은 철학 교수들로 하여금 사르트르를 그들이 거의 읽지도 않았던 하이데거에 대립시키도록 했던) 진지함과 엄격함에 대한 염려는 또한 실존주의의 '용이함'에 대한 또 다른 예방물을 찾도록 유도할 수 있었다. 흔히 실존주의는 '체험된 것'에 대한 문학적이고 약간은 어리석은 찬양과 동일시되었는데, 이런 측면은 후설(후설의 작품은 폴 리쾨르나 바슐라르의 딸이자 여류 과학사인 쉬잔 바슐라르에 의해 번역되었다)의 읽기에서, 혹은 현상학을 메를로 퐁티 방식으로 엄밀한 학문으로 간주하는 경향이 있는 현상학자들에게서 나타났다. 당시 현상학 역시 인문과학을 향한 하나의 입구를 제공하고 있었다. 이러한 맥락에서 《크리티크》란 잡지는 조르주 바타유와 에릭 베유에 의해 주도되고 있었는데, 이 두 인물은 철학장의 지배된 극단을 향해 시선을 돌린 자들 사이에 일어난 2차적 대립의 두 극단을 나타내는 상징적 존재들이었다. 이 잡지 역시 국제적이고 학문간 상호적인 교양에의 접근로를 열어 주며, 모든 엘리트 학교가 행하고 있는 폐쇄 효과로부터 벗어나게 해줌으로써 탈출구들을 제공했다. (당시 나에게 나타났던 그대로 철학적 가능성들의 공간을 환기시키는 이와 같은 행동 속에는 나의 20대에 대한 매우 종종 생기 있고, 항상 강력한 찬양이 표현되고 있으며, 대학장과 철학에 대한 나의 묘사를 만들어 낸 특별한 관점이 표현되고 있음을 독자는 알게 되었을 것이다.)

그리하여 철학에 있어서 반실존주의적인 변혁을 주도하는 자들 가운데 일부 사람들이 의거했던 50년대의 제압되었던 자들을 고려하느냐 안하느냐에 따라, 50년대와 60년대 사이의 외관상 연속성 혹은 단절이 원하는 대로 창출될 수 있다. 그러나——단호한 주장들에 대한, 특히 학문과 실존주의의 대가들에 대한 풍자적인 지적들을 자신의 글들에 많이 곁들였던 바슐라르를 제외하면——50년대의 제압되었던 자들이 그들의 작품에서와 마찬가지로 삶에서도 지배적인 철학적 모델에 자신들이 따르고 있음을 나타내는 많은 징후들을 내비치고 있었듯이, 70년대의 새로운 지배자들도 아마 그들이 완전한 철학자가 지배하는 토대에 대항해 시도했던 변혁을 끝까지 이끌지는 못하게 되는 것이리라. 그래서 아카데믹한 영향력으로부터 가장 해방된 그들의 작업들도 여전히 계층 체계의 흔적을 지니고 있다. 이 흔적은 예를 들어 가장 야심적이고 가장 독창적이며 가장 '뛰어난' 전개 장소인 큰 논문과, 박학이나 인문학의 수수한 작업이 될 수밖에 없는 작은 논문(이 논문은 예전에는 라틴어로 씌어졌다) 사이의 대립과 더불어 제도들의 객관적인 구조 속에 들어가 있다. 동시에 그것은 이론적인 것과 경험적인 것, 일반적인 것과 전문화된 것 사이의 대립 형태를 취하며 인식적 구조들 속에 들어가 있다.

70년대의 새로운 지배자들이 사회과학에 대해 거리를 유지하고 강조하려는 염려는 아마 사회과학이 그들의 헤게모니를 위협하고 있었기 때문에, 그리고 그들이 사회과학에 대한 많은 후천적 지식을 조심스럽게 자신의 것으로 만들었기 때문에 그만큼 더 두드러졌다. 아마 그것은 70년대의 철학자들과 이들의 독자들에게 다음과 같은 것을 감추는 데 기여했으리라. 즉 그들이 인격주의적인 인본주의의 정통파적 순진함과 실행한 단절은 그들로 하여금 (뒤르켐적인) 사회과학이 이미 20세기초에 방어한 '주체 없는' 철학으로 다시 이끌었을 뿐이라는 것이다. 이것이 80년대의 조그만 논쟁이 '주체의 회귀'를 설파하면서 유행의 추를 다시 던지도록 시도하게 만들었던 것이다. 이 주체의 회귀는 60년대에 스스로 '주체 없는' 철학을 예고했던 자들에 대항한 것이고, 사르트르와 초기의 아롱(《역사 철학 입문》을 쓸 당시의)처럼 30년대와 제2차 세계대전 직후 인문과학의 객관주의적인 철학이 지닌 '전체주의적인' 지배력에 반대해 분기했던 '실존주의자들'에 대항한 것이었다.

내가 이 비인격적인 고백을 마치면서 상기시키지 않을 수 없는 것은, 고등사범학교라는 이 장소와 이 시기의——그리고 아마 모든 시대와 모든 나라의——철학 세계가 지닌 가장 중요하지만 가장 보이지 않는 속성이라고 생각되는 것, 다시 말해 **학구적 폐쇄성**이다. 이 폐쇄성은 비록 그것이 또한 옥스퍼드나 케임브리지, 예일이나 하버드, 하이델베르크나 괴팅겐 같은 아카데믹한 생활의 다른 성소들을 특징짓는다 할지라도 아마 고등사범학교(그리고 고등사범학교 수험준비반)에서 가장 모범적인 형태들 가운데 하나를 이룬다 할 것이다. 사람들은 그것을 찬양하기 위해, 현실 세계의 부침으로부터 빠져 나온 텔렘의 수도원같이 닫혀 있고 분리된 이 세계의 특권을 자주 언급했다. 이 세계 안에서 50년대를 중심으로 대부분의 프랑스 철학자들이 형성되었는데, 이들의 메시지가 오늘날 미국에서 나타나는 **캠퍼스 급진주의**를 불러일으키고 있는 것이다.

참고적으로 우연이 아니겠지만 다음과 같은 사실을 언급하고자 한다. 미국의 대학들, 특히 가장 권위 있고 가장 배타적인 대학들은 학교라는 제도가 된 **여가**이다. 흔히 이 대학들은 뉴욕과 필라델피아로부터 완전히 격리된 프린스턴처럼 대도시들로부터 벗어나 멀리 위치하거나, 케임브리지에 있는 하버드처럼 생명력이 없는 **교외**에 위치하거나, 아니면 도시 안에 있을 경우에도——뉴 헤이번에 있는 예일, 할렘에 인접한 컬럼비아, 거대한 격리 지구의 기슭에 위치한 시카고대학처럼——특히 대학들이 확보한 매우 중요한 경찰적인 보호를 통해 도시와 완전히 차단되어 있다. 이 대학들은 문화적·예술적 그리고 정치적이기조차 한——예를 들어 캠퍼스의 잡다한 사건들에 대해 이야기하는《학생 신문》같은 것——생활을 지니고 있는데, 이 삶은 그들 대학에 고유한 것이고, 세계의 소음으로부터 벗어난 학구적 분위기와 함께 교수들과 학생들을 현실과 정치——어쨌든 정치는 지리적으로 사회적으로 매우 멀리 있으며 손이 닿지 않는 것으로 포착된다——로부터 고립시키는 데 기여한다. 이상적이고 전형적인 경우가 '포스트모더니즘' 운동의 성소로 이름난, 샌타 크루즈에 있는 캘리포니아대학이다. 인터넷을 통해서만 소통을 하는, 숲속에 흩어져 있는 단과대학들로 이루어진 다도해 같은 이 대학은 유복한 퇴직자들을 위한, 산업 기지가 없는 한 해수욕장 가까이의 언덕 꼭대기에 60년대에 세워졌다. 노동과 착취의 모든 흔적이 사라진 조그만 사회적·통신적 낙원에서 살고 있을 때, 모든 자본주의가 '기의들로부터 분리된 기표들의 흐름' 속에 융해되었다는 것, 세계는 '인조 인간들'과 '인공 두뇌를 한 조직체들'로 가득 찼다는 것, 그리고 '정보과학이 지배하는' 시대에 들어섰다는 것을 어떻게 믿지 않을 수 있겠는가? 참고적인 이야기는 여기서 마치겠다.

학구적으로 갇혀 있음으로써 발생하는 파장들은 사회적으로 매우 동질적인 집단을 학교에서 선발하여 장기간 함께 기거시킴으로써 발생하는 파장들에 의해 배가된다. 그것들은 세계에 대해 지식 중심적인 거리를 조장할 수밖에 없다. 역설적으로 사회적·정신적 단절은 특히 정치적 참여들을 통해서(스탈린주의·마오쩌둥주의 등) 현실 세계에 합류하려는 흔히 일시적인 비장한 시도들 속에서 가장 잘 드러난다. 이러한 참여들이 드러내는 무책임한 유토피아주의와 비현실적인 급진성이 확인해 주는 것은, 그것들이 여전히 사회적 세계의 현실을 거부하는 방식이라는 점이다.

아마 내가 철학과 조금씩 두었던 거리는 이른바 생존의 요행들이라는 것에, 특히 알제리에서의 어쩔 수 없는 체류에 많이 기인한다고 할 것이다. 이 체류에 대해 너무 깊이 생각지 않고 말할 수 있는 것은 그것이 인류학자로서, 사회학자로서의 나의 '소명'의 발단이 되었다는 것이다. 그러나 철학적 게임의 가장 준엄하고 엄밀한 형태에서조차도 내가 이 게임에 대한 어떤 불만족, 나를 항상 붙들어매던 그 불만족을 오래 전부터 느끼지 않았다면 내가 느낀 부름, 이해하고 증언하라는 그 부름에 대해 민감하지 않았을 것이다. 요컨대 나 역시 속내 이야기에 몰두하는 것을 피하기 위해 루트비히 비트겐슈타인의 《서신》가운데 한 대목을 인용하는 것으로 만족하겠다. 이 대목은 뛰어난 번역가인 자크 부베레스가 발견하게 해준 것으로 철학에 관한 나의 느낌의 상당 부분을 꽤 잘 말해 주고 있다. "철학이 당신에게 해주는 모든 것이 일부 난해한 논리적 문제들에 대해 상대적으로 그럴 듯하게 당신 자신의 견해를 표현하게 해주는 것에 불과하다면, 그래서 이러한 측면이 매일매일의 삶의 중요한 문제들에 대해 사유하는 당신의 방법을 개선해 주지 못한다면, 그리고 그것이 동료 기자들이 자신들의 고유한 목적을 위해 사용하는 위험한 표현들을 무심코 사용하는 그런 보통 기자와 마찬가지로 당신도 자각하지 못하게 만든다면, 철학을 공부해서 무슨 이득이 있겠는가?"

추서 2: 역사의 망각

칸트가 《학부들의 논쟁》에서 출발점으로 삼는 것은 다음과 같은 확인이다. 즉 그 권위가 직접적으로 보장되고 세속 권력에 의해 통제되는 신학·법학·의학 같은 '우월한 학부들'과는 달리, 수학·철학·역사학 등과 같은 '열등한 학부'는 '박식한 국민의 특유한 이성' 이외에 다른 토대가 없다는 것이다. 그리하여 세속적인 대표가 전혀 없는 철학은 역사적 필연성을 이론적인 덕목으로 만들지 않을 수 없게 된다. 그것은 어찌되었든 자신에게 거부된 사회적 이성에 대한 신뢰를 거부하면서, 문히하우젠 남작에게 어울리는 이론적 곡예를 대가로 해서 스스로를 '순수한' 이성으로 설정코자 하며, 그리하여 그것이 보기에, 다시 말해 이성의 눈으로 볼 때 가치 있는 유일한 토대를 다른 학부들——이 학부들은 자기도 모르는 사이에 이 토대가 극적으로 결핍되어 있다는 것이다——에 제공하려 한다.

생성에 대한 사유의 거부, 그리고 무엇보다도 사유의 생성에 대한 사유의 거부는 아마 철학자들이 거의 보편적으로 사회과학에 대립시키는 저항의 주요 원칙들 가운데 하나일 것이다. 이와 같이 대립시키는 현상은 특히 사회과학이 철학적 제도와 동시에 '주체'의 탁월한 형상인 철학자 자체를 과감하게 대상으로 삼으려 하고, 그리하여 철학자가 자신에게 부여하여 조직적으로 방어코자 하는 사회적 치외법권의 신분을 그에게 거부할 때 나타난다. 철학의 사회사는 철학적 개념들과 체계들의 역사를 철학장의 사회사와 결부시키려 한다. 그것은 본질 자체에서 하나의 사유 행위가 이것이 나타나게 되는 우발적이고 일화적인 상황들로 환원될 수 없다면, 그런 사유 행위는 부정하는 것 같다.

철학을 숭배하는 사제들은 역사학으로부터 벗어난 철학사를 자신들이 독점해야 한다는 것을 오만하게 방어하는 자들이다. 그들은 전범화의 역사적 과정의 망각을 통해 불멸화된 전범적 텍스트를 탈역사화시키는 독서를 하게 만드는데, 이러한 독서는 철학적 담론이 어떠한 사회적 결정으로도 환원될 수 없다는 믿음을 주장할 필요도 없이 텍스트를 생산의 어떤 장, 그리고 이를 통한 어떤 역사적 사회와 결부시키는 모든 것을 괄호 속에 집어넣는다.

저작들을 탈역사화시킴으로써 그것들을 절대화시키려는 방침은, 또한 다원적인 철학적 비전들——이 비전들은 그것들이 유일성을 설파하는 어떤 진리에 대한 배타적 지배의 요구를 주장한다——의 존재가 발생시키는 오래 된 모순(철학 교육 같은)에 대한 여러 가지 '철학적' 해법들에서 분명히 부각된다. 항상 정체성을 지킨 채 끊임없이 새로워지는 표현의 형태들을 통해 불멸할 수 있는 어떤 **영속적 철학**에 대한 믿음을 제외하고, 또는 과거의 철학들 속에서 자급자족적인 전체들——이 전체들은 (명백하게 논리정연하고 엄격하게 내적인 분석을 따라야 하는 '체계들'로서) 내재적으로 필연적이며, 동시에 예술적 구현들처럼(마르시알 게루) 비배타적이거나 여러 가지 공리 체계들의 표현으로서 보완적이기조차 한(쥘 뷔유맹) 것처럼 간주된다——을 보려는 절충적이고, 따라서 전형적으로 아카데믹한 신념을 제외해 보자. 그러면 그러한 해법들은 철학사에 나타난 3개의 철학으로 환원될 수 있는데, 이 세 철학은 칸트·헤겔 그리고 하이데거라는 세 인물에 연결된다. 그것들이 차이를 넘어서 지닌 공통점은 알파와 오메가, **기원과 목적**, 과거의 사유와 현재의 사유——모든 철학사가는 자기가 기도하는 것에 의미를 부여하려 하자마자 자연 발생적으로 재창안한다는 칸트의 표현에 따르면, 현재의 사유는 과거의 사유가 스스로를 사유했던 것보다 이 과거의 사유를 보다 잘 사유한다——를 동시에 일어나게 함으로써 역사를 그 자체로서 절멸시킨다는 것이다.

칸트가 제안하는 철학사에 대한 고고학적인 비전이 '철학하는 철학사'로부터 기대하는 것은, 이 철학사가 사유하는 주체의 존엄성을 침해하는 경험적 생성에 초월적 생성을 대체하는 것이고, '책들의 연대기적 질서'

를 "인간 이성에 입각하여 계속적으로 발전되어야 하는 사상들의 자연적 질서"로 대체하는 것이다. 사실 바로 이러한 조건으로 철학사는 이성사(理性史)와 논리적 변전——이 변전을 통해 진정한 철학, 다시 말해 독단론과 회의주의의 초월로서의 비판주의 철학이 존재하게 된다——이라는 진실한 모습으로 나타날 수 있는 것이다.[36] 그리하여 실현되고 완성된 철학은 과거의 모든 철학들을 철학적으로, 다시 말해 완벽히 반역사적으로 사유하게 해주며, 그것들을 본질적인 선택들로 이해하게 해주는 것으로 나타난다. 이 선택들은 비판철학이 그 가능성을 추론해 내는 인간 정신의 본성 자체에 토대를 둔 것이다.

그리하여 이전 철학들의 모든 경험적 역사에 아무런 도움도 입지 않고 경험적 역사를 마감하고 결론짓고 완성하는 최후의 궁극적 철학이 무(無)에서 비롯된 것처럼 나타났을 때, **경험적으로밖에 쓰여질 수 없는 선험적 역사**가 정당화되어 나타난다. 궁극적 철학은 이전 철학들을 진실되게 이해하도록 해주면서 그것들을 뛰어넘는 것이다. "다른 학문들은 노력을 합치고 부가물을 덧붙여서 조금씩 조금씩 성장할 수 있다. 순수 이성의 철학은 단번에 확립되어야 한다. 왜냐하면 여기서 중요한 문제는 인식의 성격 자체, 인식의 일반 법칙들과 조건들을 결정하는 것이지 무턱대고 그것의 판단을 시험하는 것이 아니기 때문이다."[37] 철학은 생성이 없으며, 있을 수도 없다는 것이다. 그것이 마지막에 가서야 도래할지라도 그것은 시작이며, 근본적인 시작인 것이다. 왜냐하면 그것은 단번에 총체로서 나타나기 때문이다. "철학의 철학적 역사는 경험적으로도 역사적으로도 가능하지 않고 이성적으로, 다시 말해 **선험적으로** 가능한 것이다. 왜냐하면 비록 그것이 이성의 사실들을 확립한다 할지라도, 철학적 고고학으로서 그것은 이 사실들을 역사적 이야기로부터 빌리는 것이 아니라 인간 이성으로부터 도출하는 것이기 때문이다."[38]

경험적인 것과 선험적인 것 사이의 '차단', '사실'로서의 경험과 이 경험 속에 나타나는 형태들——초월적 사색은 이 형태들을 인식의 주체 속에 들어간 객관성의 조건들로서 구성한다——사이의 '차단'이 지니는 사회적 의미는 철학들의 통속적 역사와 '선험적 역사'로서의 '철학적 고고학' 사이의 구분에서 가장 분명하게 드러난다. 예상과는 딴판으로 이 선험적 역사는 '이성의 사실들'을 역사적 경험의 가공되지 않은 '사실들'로부터 끌어내는 것이 아니라 유일한 인간 이성으로부터 끌어낸다. 그리하여 우리는 보다 일반적으로, 그리고 철학적 승화를 통해 탈역사화된 역사인 '철학적 고고학'과 같이 선험적인 것이란 언제나 철학적으로 변형된, 따라서 부인된 일종의 경험적인 것이 아닐까 자문하지 않을 수 없게 된다.

철학사를 특유하게 다루는 철학적인 철학이 완전하게 이루어지는 것은 단지 헤겔에 와서이다. 그것은 철학들 가운데 최후의 철학으로서 궁극적 철학이고, 이전의 모든 철학들의 끝이자 목표이며 역사 및 철학사의 종말인 것이다. "최후의 철학인 오늘날의 철학과 같은 철학은 수천 년 동안의 작업이 창출한 모든 것을 포함한다. 그것은 그것을 앞선 모든 것의 결과이다. 철학의 이와 같은 발전을 역사적으로 고려하면 그것은 철학의 역사이다."[39] 철학사의 종말은 이 철학사를 철학적 역사로 만들면서 이로부터 대이성을 도출하기 위해 이루어지는 철학 자체이다. "철학은 그것의 기원을 철학사로부터 끌어내며 그 반대도 성립된다. 철학과 철학사는 서로를 드러내는 이미지이다. 철학사를 공부한다는 것은 철학 자체, 특히 논리학을 공부하는 것이다."[40] 그러나 철학이 철학사와 동일시되는 것은 철학을 역사적 철학사로 귀결시키기 위한 것이 아니며, 단순한 의미의 역사로 귀결시키기 위한 것은 더욱 아니다. 그것은 역사의 흐름을 철학의 거대한 흐름으로 삼으면서 역사를 철학에 합병하기 위한 것이다. "철학사의 연구는 철학 자체의 연구이지 이와 다를 수 없다."[41] 외관상으로 우리는 평범하게 역사적인 하나의 철학사와 결코 이만큼 가까이 있은 적이 없지만, 사실 철학자(헤겔)가 그렇게 말하기를 좋아했듯이 이 철학사와 극도로 분리되어 있는 것이다. 왜냐하면 완벽하게 특별한 이 철학사는 사실 반역사적이기 때문이다.

철학들이 연대적으로 전개된 질서는 또한 철학들 사이의 논리적인 질서이자 필연적인 인과 관계이다. 이 인과 관계는 자신의 고유한 법칙에 따라 자신을 전개시키는 절대 정신의 인과 관계이고, 여러 가지 다른 철학들과 이 철학들이 태어난 사회들 사이의 이차적인 관계보다 우위에 있다. "정치적 역사가 철학과 맺는 관계는 철학의 원인이라는 데에 있는 것이 아니다."[42] 철학의 철학적 역사는 과거의 모든 철학들이 지닌 원리들을 초월하면서도 보존하는 선별적이고 통일적인 자각 속에서, 그리고 이러한 자각을 통해서 성취되는 재자기화(다시 내 것으로 만드는 행위)이다. 기억으로서의 그것은 과거를 절대적 지식이라는 궁극적이고, 따라서 영원한 현재 속에 통합하면서 과거를 구제하는 이론적 구원이자 변신론이다. "이 역사가 타당한 것으로 드러나는 것은, 이성이 무엇인지를 함축하고 드러내는 현상들에 비례하여 설정된 일관된 연결로서만 드러나는 것이다. (……) 철학의 고유한 현상이 역사에 속해 있다는 점에서 역사가 이데아에 의해 결정된다는 점을 인정하는 것은 바로 철학의 소관이다."[43] 과거의 철학들은 그것들이 역사의 일정한 시기에 뿌리내림으로써 내리게 된 모든 결정들과 더불어 절대 정신, 다시 말해 철학이 전개되는 단순한 단계들로서 취급된다. "역사는 낯선 것들의 변전 생성이 아니라 우리의 변전 생성, 우리 지식의 변전 생성을 우리에게 제시하는 것이다."[44] 그래서 우리는 (독일) 철학 교수를 최고도로 구현한 사람들 가운데 하나였던 이 인물의 경우에 있어서는, 적어도 철학의 철학적 역사가 역사철학의 원리가 아니었나 자문하게 된다.

이제 근원으로의 회귀 이론이 남아 있다. 이 이론은 철학자를 철학에 관한 신성한 텍스트들의 파수꾼이자 해석자——이 역할은 문헌학자들도 흔히 요구하는 것이다——로 만들면서 최초에 진리의 모습으로 넘겨진 것을 드러내는 사명을 그에게 부여한다. 최초에 드러난 진리의 해명으로서의 철학, 그 철학의 역사로서 이 모델은 '드러내기'와 상기(想起)로서의 진리에 대한 하이데거 이론과 더불어 완성된다. 이 이론은 전형적으로 학자적 입장에서 해설을 실천하는 것을 가장 정당하게 생각한다. 그것은 독서가로 하여금 자신을 진정한 **창조자**, 즉 예언자나 개조(開祖)처럼 생각하도록 허용하고 고무시킨다. 창조자는 형이상학의 시대와 이 시대를 여는 플라톤을 넘어서 (그리스의) 순수한 기원으로 되돌아가, 진리의 계시에 대한 오랫동안 흐려지고 잊혀진 진리를 자신의 동시대인들에게 드러내는 자이다. 이 계시는 우발적인 면이 전혀 없고, '대존재의 역사'에 속하는 하나의 역사 속에 편입되어 있는 것이다.

그리하여 자기 자신에게 스스로 고유한 토대이고자 하는 야심은 이러한 야심이, 그리고 보다 일반적으로 사유와 사유 범주들이 경험적으로 생성되었다는 것의 인정을 거부하는 것과 불가분의 관계에 있는 것이다. 사실 분명한 것은 역사화에 대한 저항이 한 집단 전체의 사유 습관——이 습관은 의식화(儀式化)된 실천의 틀에 박힌 수련과 훈련에 의해 습득되고 강화된다——속에 뿌리내리고 있을 뿐 아니라, 사회적 위치와 결부된 이해 관계 속에도 뿌리내리고 있다는 점이다. 따라서 믿음 속에 그 원리가 있으므로 이성의 논증으로는 거의 접근이 불가능한, 역사의 이와 같은 망각(이 망각은 하이데거의 '대존재의 망각'에 상당하는 것이다)을 쳐부수기 위해서 나는 권위를 미신에 대립시키고 싶으며, 전통이 철학적이라고 인정한 텍스트들을 엄격히 '철학적으로' 읽는 철학적 해석학의 추종자들에게 스피노자의 《신학정치론》의 서로 다른 여러 대목들을 참조하라고 말하고 싶다. 이 저서에서 스피노자는 문화적 성과들을 다루는 진정한 학문 프로그램을 규정하고 있다. 실제 그가 예언서들의 해석자들에게 요구하는 것은, 판에 박은 해석학적 주석과 단절하여 이 예언서들에 대한 '역사적인 조사'를 하라는 것이다. '역사적 조사'의 목적은 "각각의 책을 쓴 저자의 삶과 품행, 그가 계획하는 목표를 밝히고, 그가 어떤 경우에 어떤 시대에 어떤 사람이었던가, 그리고 누구를 위해 어떤 언어로 글을 썼는가를 밝히는 것이다. 뿐만 아니라 그것은 그 책이 누구의 수중에 들어갔는가(……) 어떤 사람들이 그것을 경전 속에 포함시키기로 결정했는가, 법전으로 인정된 책들이 어떻게 하나의 전서로 결합되었는가도 밝히는 것이다."[45] 기막히게 신성 모독적인 이 프로그램은 철학적 텍스트들을 분석하는 영역에서 약간의 초기 실천을 겨우 시작하고 있는데, 의식적(儀式的)인 독서의 모든 전제들을 조목조목 반박하고 있다. 어떤 의미에서 의식적인 독서는 그것이 다소 편협한 이성의 관점에서 나타날 수 있는 것만큼 터무니없지는 않다 할 것이다. 왜냐하면 그것은 경전적 텍스트들에 시체의 의식적인 방부 조치 같은 허구적 불멸화를 보장해 주기 때문이다.

2

학구적 오류의 세 형태

내가 학구적 성향이 형성되는 사회적 조건들을 상기시키는 것은, 고발이라는 무익하고 용이한(왜냐하면 언제나 약간은 환심을 사려는 마음이 작용하기 때문에) 의도로 그런 것이 아니다. 흔히 사람들이 과거에 어떤 전통——예를 들면 '교수들의 철학'으로서의 독일 이상주의——을 단죄하면서 그렇게 했듯이, 세상으로부터 후퇴해 있거나 은거해 있는 그런 상황을 윤리적 혹은 정치적 관점에서 심판하자는 것이 아니다. 하물며 그런 상황이 가능케 하는 사유 양식, 집단적 해방의 오랜 역사적 과정으로부터 태어나 인류의 가장 희귀한 정복들의 원천이 된 그 사유의 양식을 헐뜯거나 비난하자는 것은 더욱 아니다. 다만 그런 상황이 그것으로 인해 가능하게 되는 사유에 영향을 미치는지, 그리고 미친다면 어떤 면에서 미치는지를 밝히고, 우리가 사유하는 것의 형태와 내용 자체를 밝히고자 하는 것이다. 그와 같은 환기가 자리잡는 논리는 인식론적 탐구의 논리이지 정치적 문제화의 논리(이 논리는 거의 언제나 전자를 면제하게 해주었다)가 아니다. 이 탐구는 근본적인 탐구이다. 왜냐하면 그것은 인식적 자세 자체에 관한 것이고, 세계를 사유하기 위해 세계로부터 물러설 수 있다는 사실 속에 편입된 전제들에 관한 것이기 때문이다.

그렇다면 학구적 조건과 연계된 세계관의 무의식적 보편화의 파장들이 가져올 수 있는 결과에 대한 분석은 순수한 사색의 맥없는 훈련이 아니다. 학구적인 '자동 존재'는 학구적 조건이 지닌 구속 요소들이 합체된(나아가 망각된) 결과인데, 그것이 오류의 체계적 원리인 것이다. 그리고 이 점은 인식(또는 학문)의 범주, 윤리(또는 법과 정치)의 범주, 미학의 범주에서 드러난다. 이 범주들은 실제적 세계의 긴급한 문제들로부터 해방되고 철학과 분리됨으로써 장들로 형성된 실천의 세 영역이다. 오류의 세 형태는 특별한 경우의 보편화, 다시 말해 특별한 사회적 조건이 조장하고 허용하는 세계관의 보편화라는 동일한 원리에 토대를 두고, 그러한 세계관이 가능케 만드는 사회적 조건들의 망각이나 억제에 토대를 두는 것으로 혈통적 유사성에 의해 결합되고 상호적으로 서로를 지탱해 주고 보장해 주며, 이런 측면이 그것들(오류의 세 형태)을 보다 견고하게 만들어 주고 보다 비판에 저항할 수 있게 만들어 준다.

학구적인 인식중심주의

통상적 세계와 학문적 세계들 사이의 망각되거나 억제된 차이에 유념하게 되었으므로 '원초주의적인' 향수나 '민중주의적인' 찬양 없이도 우리는 자존하는 학구적인 모든 사유가 여전히 실질적으로 도달할 수 없는 것, 즉 실제의 논리를 진정으로 사유하는 데 매진할 수 있다. 이러한 매진은 가장 대담한 철학자들이 흔히 중도에서, 다시 말해 사회적인 것과 만나는 순간에 중단해 버리는 분석을 끝까지 밀고 나가도록 노력하는 것이다. 실제의 논리를 진정으로 사유하기 위해서는 직업적 사상가의 직업적 이데올로기인 동굴의 신화가 찬양하는 그 운동을 전복시켜야 하고, 일상적 생존의 세계로 되돌아와야 한다. 하지만 또한 실제 대상을 절멸시키지 않고 실제를 사유할 수 있을 만큼 자기 자신과 자기 자신의 한계를 충분히 자각한 학문적 사유로 무장해야 한다. 보다 덜 부정적인 표현을 쓴다면, 우선 세계에 포함되어 있다는 경험과 연결된 이 세계에 대한 최초의 이해를 이해해야 하는 것이다. 다음으로 학구적 사유가 이와 같은 실제적 이해에 대해 지닌 거의 언제나 잘못되고 변형된 이해를 이해해야 한다. 마지막으로 실제적 인식 및 합리적 이성과, 자율적 장들에서 생성되는 학문적 인식 및 추론적·학구적·이론적 이성 사이의 본질적인 차이를 이해해야 한다.

학구적 왜곡의 파장들은 학문이 대상으로 삼는 사람들이 생존의 조건들에서 학구적 세계들로부터 보다 멀리 떨어져 있기 때문에 그만큼 더 중요하고 학문적으로 더 파멸적이다. 그들이 민족학(민족학은 자신의 학구적 무의식을 객관화하지 못하기 때문에, '원시적 정신 상태'를 말한 레비 브륄의 환기에서 드러나는 본질주의적 전제들로부터 보기보다 그리고 그것이 믿는 것보다 덜 해방되어 있다)에 의해 전통적으로 연구된 사회의 구성원들이 되었든, 아니면 사회적 공간에서 열등한 위치들을 차지하는 자들이 되었든간에 말이다. 사실 민족학자가 자신이 대상에 대해 채택하는 '이론적' 입장, 이 입장을 가능하게 만드는 사회적 조건들, 그리고 이 조건들과 그가 분석하는 실제의 원리들에 자리잡은 조건들 사이의 괴리, 이 세 가지를 분석하지 않아도 될 때도, 아니면 보다 단순히 말해서 그가 바슐라르가 상기시키듯이 "사유가 이루어지는 세계는 삶이 이루어지는 세계가 아니다"는 것을 망각할 때도, 학구적인 민족중심주의 속에 갇힌 그는 자신이 세계의 구축 및 이해의 두 유형——사회적으로 형성된 두 유형——사이의 차이와 실제로 관계되어 있는 곳에서 두 개의 '정신 상태,' 두 개의 본성, 두 개의 본질 사이의 차이를 볼 수 있다. 레비 브륄, 그리고 좀더 신중하지만 그의 뒤를 이은 다른 사람들이 그랬듯이 말이다. 첫번째 유형은 학구적인 것으로, 그는 이것을 암묵적 표준으로 삼는다. 두번째 유형은 실제적인 것으로, 외관상 시간과 공간에 있어서 그로부터 매우 멀리 떨어진 남자들이나 여자들과 그가 공동으로 지닌 유형이다. 이 유형 속에서 그는 삶의 일상적인 행위들을 하는 데 있어서 자신의 것인 실제적인 인식 방식(이 방식은 흔히 마법적이고 혼합적이며, 한 마디로 논리 이전적이다)을 알아볼 수가 없다. 학구적인 민족중심주의는 실제적 논리의 특수성을 취소시키도록 이끌어 간다. 그 방법은 이 실제적 논리의 특수성을 학구적 논리와 허구적으로 그리고 순전히 이론적으로(다시 말해 이론상으로는 그렇지만 실제적인 결과는 없이) 동일시하든가, 아니면 그것을 '야만인'이나 '서민'이 드러내는 근본적 이타성과 비존재 그리고 비가치로 돌려 버리든가 하는 것이다. 야만인은 '야만적 취향'에 대한 칸트의 개념이 때마침 상기시키고 있듯이 내면의 야만인에 다름 아닌 것이다.

학구적인 무의식과 이 무의식이 함축하는, 듀이가 말하는 '관객의 인식 이론'은 인식론적이거나 의무론적인 신념 표명(이 신앙적 표명은 당사자가 민족학자라면, 그에게 사회적으로 거만한 모든 표현을 금지시킨다) 속에서보다는 일상적인 학문적 실천의 성숙되지 않은 '선택'들 속에서 더 많이 나타난다. 연구자는 행위 주체들의 머릿속에 자신의, 이를테면 사유하는 사유를 집어넣음으로써 자신이 생각하는 세계(다시 말해 관조·표상·광경의 대상으로서 그가 생각하는 세계)가 세계를 사유하기 위해 세계로부터 물러날 수 있는 여가(또는 욕망)가 없는 자들에게 나타나는 세계라고 제시한다. 그는 이들의 실천적 행위들의 원리에, 다시 말해 그들의 '의식' 속에 자연 발생적이나 고심하여 구상한 자신의 고유한 표상들을 위치시키거나, 더 나쁜 것이지만 이 실천적 행위들의 동기를 설명하기 위해(때로는 자신의 천진한 경험과는 반대 방향으로) 자신이 구축하여야 했던 모델들을 위치시키는 것이다.

이런 관점에서 보면, 우리는 다른 사람들의 실제적 경험으로부터 분리되어 있듯이 우리 자신의 경험으로부터도 마찬가지로 분리되어 있는 것이다. 과연 우리가 우리의 실제에 대해 사유 속에서 집착하고 있다는 단하나의 사실로 인해, 그리고 실제를 고찰하고 묘사하고 분석하기 위해서 다시 실제로 향하고 있다는 단 하나의 사실로 인해, 어떤 식으로든 실제에서 부재하게 되고, 행동하는 동작주에 사색하는 '주체'를 대체시키며 실제적인 인식을 학문적인 인식으로 대체시키려는 경향을 보인다. 학문적인 인식은 의미 있는 특징들과 적절한 징후들(자전적 이야기에서처럼)을 선별하고, 보다 심층적으로는 경험에 본질적인 변질(후설에 따르면 이 변질은 레탕시옹(rétention) —— 현재를 사유하기 위해 한 과거의 의미를 붙들어두는 자동적 의식 행위 ——을 기억으로부터 분리시키고, 프로탕시옹 (protention) ——이 의식 행위를 전제로 해서 현재의 획득된 지식을 미래에 투시하는 행위——을 계획으로부터 분리시킨다)을 겪게 하는 것이다. 이와 같은 불가피한 변모의 망각과, 이 변모가 '사유가 이루어지는 세계'와 '삶이 이루어지는 세계' 사이에 설정하는 경계의 망각은 매우 자연스럽고 사유하는 사유와 매우 심층적으로 동일체가 되어 있기 때문에, 학구적인 '언어의 유희'에 빠진 어느 누구도 아마 다음과 같은 점을 상기시킬 수 없을 것이다. 즉 실제에 대한 사유와 담론이란 사실 자체가 우리를 실제로부터 분리시키고 있다는 점 말이다. 예를 들어 '**나는 괴로워하고 있다**'라는 언술이 하나의 단언의 형태로 나타난다 할지라도, 그것은 아마 신음하거나 소리를 지르는 것과 같은 고통스러운 행위의 변형에 불과할 것이라는 점을 암시하기 위해서는 비트겐슈타인의 모든 전복적인 에너지가 필요한 것이다.

이 점이 분명하게 의미하는 것은 학문의 목적이 실제적 논리를 책임지는 것이 아니라 실제적 논리와 이론적 논리 사이의 거리, 혹은 나아가 '실제적 이론' ——슈르츠와 그의 뒤를 이은 민족학 방법론자들의 말을 빌리면, **민중의 지식** 또는 **민중 이론**——과 학문적 이론 사이의 거리를 이론에 포함시키면서 이 실제적 논리를 이론적으로 재구축하는 것이다. 이러한 재구축은 반성의 지속적 노력을 통해서 이루어지는데, 반성은 학구적인 성향에 대항해 싸우는 유일한 학구적 수단이다. 실제로 사람들은 자연 발생적인 묘사들이나 이론들에 대한 묘사 자체가 이론 속에 편입시켜야 하는 기록된 활동과의 단절을 전제한다는 것을 습관적으로 망각한다. 또한 사람들이 습관적으로 잊어버리는 것은 **두툼한 묘사** 같은, 학문적 작업이 드러내는 외관상 수수하고 유순한 형태들도 세계에 대한 학구적 비전에 다름 아닌 사전 구축된 양식을 함축하고 이를 현실에 강요한다는 점이다. 사실 거즈는 닭싸움에 대한 자신의 '빽빽한 묘사'에서 발리족에게 해석적이고 탐미적인 시선을 '너그럽게' 부여하는데, 이 시선이 그 자신의 시선에 다름 아니라는 것은 분명하다. 다음으로 그는 자신의 묘사가 사회 세계에 대해 가한 '문학화'를 이 사회 세계의 묘사 속에 명료하게 편입시키지 못함으로써, 생략을 통한 자신의 오류를 끝까지 밀고 나가면서 《문화의 해석》의 서문에서 터무니없이 다음과 같이 설파한다. 즉 사회 세계, 그리고 사회적 관계들 및 사실들 전체는 '텍스트들'에 불과하다는 것이다.[1]

칸트에 따르면 이성은 그것이 내리는 판단들의 원리를 이성 자체 내에 위치시키는 것이 아니라, 그것의 대상들의 성격 속에 위치시키는 경향이 있다. 이와 같은 이성처럼 **학구적인 인식중심주의**는 완전히 비현실적인 (그리고 관념론적인) 인류학을 만들어 낸다. 그것은 사실상 대상을 이해하는 방식에 속하는 것을 대상에 전가시키면서 **합리적 행위 이론**처럼 사유되지 않은 사회적 관계를 실제에 투영하는데, 이 사회적 관계는 세계와의 학구적 관계에 다름 아니다. 분석의 전통들과 영역들에 따라 서로 다른 형태들을 취하면서 그것은 메타 담론(촘스키에게서 나타나듯이 학구적 관점의 전형적 생산물로서의 문법)을 담론의 원리에 덮어씌우고, 메타 실제(언제나 법률 문구에 매달리는 성향이 있는 많은 민족학자들에게서 나타나는 법률, 또는 규칙이라는 말의 여러 의미들에 대한 유희를 이용한 유의한 규칙들이 그런 것인데, 비트겐슈타인은 이 규칙들을 레비 스트로스에게서 구별해 내도록 우리에게 가르쳐 주었다)를 실제적 행위들의 원리에 덮어씌운다.

학자는 무엇이 자신의 고유한 비전을 특유하게 규정하는지를 모르기 때문에 이 비전을 행위자들의 탓으로 돌리고, 특히 순수 인식과 순수 이해의 관심을 그들의 탓으로 돌리는데, 이런 관심은 예외적인 경우를 제외하고는 그들에게 낯선 것이다. 바흐틴에 따르면 모든 언어들을 단지 해독되기 위해 만들어진 사어(死言)들로 취급하도록 부추기는 것은 '문헌주의'이다. 활용된 언어를 행동과 권력의 도구라기보다는 해석 또는 관조의 대상으로 간주하는 것은 구조주의적 기호학자들의 주지주의이다.

그것은 또한 독서의 해석학적 이론이 지닌 인식중심주의이다. (하물며 그것이 예술 작품의 해석을 '독서'로 생각하는 이론이 지닌 인식중심주의라는 것은 말할 필요도 없다.) 이와 같은 특별한 독서 형태——이 형태는 한가롭게 이루어지고, 방법적으로 거의 언제나 반복됨으로써 의도적이고 논리정연한 의미를 추출하는 방향으로 나아가도록 되어 있다——를 가능케 하는 조건인 독서가의 신분과 **학교**의 여가 속에 편입된 그 전제들의 부당한 보편화를 통해서, 모든 이해는 비록 그것이 실제적이라 할지라도 하나의 **해석**으로, 다시 말해 스스로를 의식한 하나의 해독(解讀) 행위(이것의 패러다임이 번역이다)로 생각되는 경향이 있다.

현상학자들이 그렇게 말하기를 좋아하듯이, 사람들은 '자기를 타자에게 투영하는'('재창조'로서의 이 투영은 독서의 직업적 신화를 방패로 내세운다) 정당화될 수 없는 형태에 전념하면서 과거나 현재의 **저작자**들을 **독서가**로서 읽는다. 제시되는 모습 그대로의 작품은, 다시 말해 제작되었던 시대로부터 벗어나 온갖 의미로 독파될 수 있는 '완전한 작품'의 형태로 총화되고 전범화된 **저작물**로서의 작품은 만들어지고 있는 작품을 엄폐하고, 특히 작품이 생산되는 **작업 방식**을 엄폐하고 있다. 이 점은 마치 독서가의 반성적이고 총화적이며 탈시간화시키는 책읽기가 도출하는 논리가 저작자의 창조적 행위의 원리에——그것도 처음부터——자리잡고 있는 것처럼 행동하게 만든다. 그리하여 사람들은 창조 과정의 특수한 논리를 망각한다. 이 창조 과정은 극도로 형식적인 탐구 경우에서조차도 실제적 감각의 성향을 **사용하는** 것에 결코 지나지 않는다. 이 성향은 그것이 실현되는 작품 속에서 그것 자체에 스스로를 드러냄으로써만 발견되고 이해되는 것이다.[2]

실제적 논리들. 학구적 비전은 이론적인 관점과 실제적인 관점 사이의 차이에 대한 방법적 탐구를 절약한다. 그런데 이 방법적 탐구는 순수한 사색의 모든 의도를 벗어나면——면담 행위, 실천적 행위의 묘사, 계보의 확립 등과 같은——사회과학에 있어서 탐구의 가장 구체적인 작업들의 전개에서 불가피한 것이다. 실제의 고유한 논리 속에서 포착된 실제의 정확한 이해가 요구하는 시선의 전환을 이루기 위해서는 이론적인 관점에 대한 하나의 이론적 관점을 취해야 하고, 다음과 같은 어떤 의미에서 너무도 명백한 사실의 이론적이고 방법론적인 모든 결과들을 끌어내야 한다. 즉 학자(민족학자·사회학자·역사학자)는 그가 관찰하고 분석하는 상황과 행실들에 직면하여, 행동에 참여하고 게임과 내기에 투자한 행동하는 행위자의 입장에 있지 않다는 사실, 그리고 예를 들어 그가 수집하는 가계들 속에 기록된 어떤 결혼들 앞에서도 아들이나 딸을 결혼시키고 훌륭히 결혼시키고자 하는 가정의 아버지나 어머니의 입장에 있지 않다는 사실 말이다. 그런데 관점들에 있어서 그리고 관점들과 결부된 이해 관계들에 있어서 이러한 차이가 분석에서 실제로 고려되는 경우는 드물다. 이와 같은 현상은 자신이 이방인이라는 신분 때문에 게임으로부터 배제되어 있고, 동시에 자신이 원하든 원치 않든 거의 이론적인 하나의 관점을 취할 수밖에 없는 입장이라는 것을 알아차리게 되는 온갖 이유들이 있는 민족학자의 경우에도 마찬가지이다. (비록 그가 게임에 '참여하기' 위해 다소간 성공적으로 기울이는 노력 속에서보다는 흔히 자신의 정보원들——특히 '오래 된 정보원들'——이 그에게 부여하는 공감 속에서 자신의 관점에 붙어다니는 한계를 망각하게 해주는 고무적 동기를 더 많이 만날 수 있다 할지라도 말이다. 이들 정보원들이 그런 공감을 부여하는 것은, 그가 특히 그들로 하여금 자신들의 고유한 실제에 대해 이론적인 하나의 관점을 취하도록 부추기고 고무시키는 질문들을 제기함으로써 자신도 모르게 그들에게 학구적 관점을 강요할 때이다.) 그래서 아마도 바로 외국인 신분에 대한 매우 강력하고도 매혹적인 경험이 이국 정취의 문학적 만족 속에서 그로 하여금 다음과 같은 사실을 잊게 만드는 것이리라. 즉 그가 자기 자신의 실제와 마찬가지로 그가 관찰하는 특이한 실제들에 대해서도 생소하다는 점이나, 아니면 그보다 자신의 고유한 실제가 그것의 진실한 면에서 의식적(儀式的)인 품행들 같은 가장 특이한 실제들과 마찬가지로 그에게는 생소하다는 점 말이다. 그런데 그의 고유한 실제가 이 특이한 실제들과 공통으로 지닌 점은 실제의 논리라는 본질적인 사실이다. 이 본질적인 사실은 그 명백성이 진부한 가운데서도 생각하기가 매우 어려운 것이다.

결혼을 통해 얻게 되는 물질적·상징적 이익을 최대화하기 위한 **전략**들(규칙들이 아니라)에 의해 방향지어진, 결혼과 관련된 관행들——최초의 협상에서부터 마지막 의식(儀式) 행사까지——같은 행실들을 사유할 수 있도록 하기 위해서는 경제적이고, 특히 상징적인 자본의 순환에서 본질적인 것이 결혼을 통한 교환을 통과하는 세계들 속에 실제적으로 참여하는 행위자의 관점에서——이론적이고 경험적인 작업의 대가를 치르고(어떤 형태의 제도나 정서적 참여의 마법을 통해서가 아니라)——**사유하**는 입장에 다다르면 충분한 것이다. 이론적인 시선의 이같은 이론적 전환이 발견하게 해주는 것은, 객관주의적인 인류학이 논리와 대수학 쪽에 위치시키는 의식적(儀式的) 행위(이와 동시에 신화의 암송)가 사실은 하나의 체조나 춤에 가깝다는 것이다. 춤이나 체조는 좌/우·고/저·앞/뒤·상/하 등과 같은 육체적 '기하학'에 의해 제공되는 모든 가능성들을 이용하고, 전적으로 진지하고 흔히 매우 긴급한 목적들을 향해 방향이 잡혀 있다는 것이다. 플라톤은 '철학자는 신화학자이다'라고 상기시켰다. 그러나 또한 사실인 것은 신화학자가(신화들의 분석가라는 의미에서) 흔히 철학자라는 점이다. 이 점이 그로 하여금 의례 행위 같은 상징적 체계들이 다만 어느 정도까지만 논리정연하고 의미를 띠고 있다는 것을 망각하게 만든다. 이 체계들이 그처럼 논리정연하고 의미를 띠는 것은 그것들이 다음과 같은 이중의 조건을 따르지 않을 수 없기 때문이다. 즉 한편으로 그것들은 상징들 및 신화적 연산 기호들의 이용에 있어서 어떤 일관성을 나타내야 한다. 다른 한편으로 그것들은 여전히 실제적, 다시 말해 경제적이어야 하며 다루기가 쉬워야 하고, 실제적인 목적들로 향해 있어야 하며, 개인과 특히 집단을 위한 흔히 생명력 있는 소원과 욕망들의 실현을 향해 있어야 한다는 것이다.

그리하여 타자들과 이들의 실제에 대한 수련——이 수련은 자기 자신과 자신의 실제에 대한 수련 없이는 되지 않는다는 점을 강조하고자 한다——의 대가를 지불하고서, 있는 그대로의 실제에 보다 주의를 기울이게 되고 보다 환대적이 되었을 때만 비로소 우리는 의식적(儀式的) 행실들의 어떤 특징들을 관찰하여 기록할 수 있는 기회를 가지게 되는 것이다. 이 행실들은 논리적 논리, 특히 수학적 모델들에 열중한 학구적 세계의 모든 사회적 논리가 지지하는 구조주의적 논리주의라면 신화적 대수학에서 단순히 놓쳐진 것들——의미와 흥미를 상실한 것들——로서 무시하게 만들거나 제외케 할 것들이다. 그것들에는 저급하게 확정되었거나 확정되지 않은 애매한 행위들이 있고 다의(多義)의 대상들이 있으며, 행위들과 상징들의 상대적 불확정성이 허용한 이중 플레이들이 있다. 그리고 모든 게임을 활성화시키는 불확실한 추상 작용으로부터 태어난 부분적인 모순들과 막연함이 있음은 말할 필요도 없다. 이러한 활성화는 모든 게임에 실제적인 정연함, 다시 말해 부드러움과 개방성을 부여함으로써 이루어진다. 요컨대 그것은 모든 게임이 '실제적'이 되게 해주고, 따라서 존재와 실제의 긴급한 문제들에 최소한의 비용으로(특히 논리적 탐구로서) 대응할 수 있는 경향을 가지게 해주는 모든 것을 게임에 부여함으로써 이루어진다.[3]

많은 예들 가운데 내가 단지 상기시키고자 하는 것은 마지막 이삭 다발에 대한 카빌 사람의 의식(儀式)이 지닌 애매성이다. 이 의식은 마치 곡식의 부활 주기와 들판의 죽음 및 부활 주기 사이에 망설이고 있는 것처럼, 마지막 다발을 장소에 따라서 들판의 여성적 화신으로 취급한다. (그리하여 사람들은 '약혼녀'에 대해 이야기한다.) 이 화신에게 **안자르**라는 이름으로 때때로 인격화된 남성적 비가 내리도록 기원된다. 혹은 이 의식은 마지막 다발을 '곡식의 정령'을 나타내는 남근의 남성적 상징으로 취급한다. 이 정령은 목마른 대지에 비로 쏟아지면서 생명의 새로운 주기를 개시하기 전에 가뭄과 불모로 잠시 되돌아갈 수밖에 없는 운명을 타고난 것이다. 내가 또 하나 상기시키고자 하는 것은 비의 애매성이다. 비는 기원이 하늘에 있으므로 태양의 남성성의 성격을 띠고 있으며, 다른 관점에서는 습기 찬 대지의 여성성을 환기시킨다. 그리하여 그것은 경우에 따라서 풍요를 가져다 주는 주체로, 혹은 풍요를 받는 대상으로 취급될 수 있다. 팽창의 형태로서의 신화적 연산 기호에 대해서도 같은 말을 할 수 있다. 그것이 부풀게 하는 남근적 남성성과 정액에 연결되느냐, 아니면 냄비 안의 잠두나 밀처럼 부풀리는 대지와 여성의 배에 연결되느냐에 따라서 말이다.

실제적 논리가 수행하는 기능 작용의 실제적 조건들 가운데 가장 결정적인 것의 하나는 아마 행동들이, 비록 그것들이 아무리 의식화(儀式化)되고 아무리 반복적이라 할지라도 그것들의 움직임과 지속을 통해 필연적으로 시간과 연결된다는 사실일 것이다. 그런데 객관적 해석학은 실제적인 목표들의 긴급함을 필연적으로 따를 수밖에 없는 행실들에 걸맞는 **경제적 정연함**이 가능한 것은, 이 행실들이 시간 속에서 전개된다는 사실 때문이라는 것을 알아차리지 못함으로써 실제의 계속적 순간들과 충돌하는 도식들과 모델들(예를 들면 증여와 반증여)의 구축을 통해서 이러한 논리를 파괴한다. 그것은 '다(多)주제적으로' 전개되는 상징적 실제들의 연결들을, 후설처럼 말한다면 '단일 주제적으로' 다시 말해 동시성 속에서 고려하는 것이다. '다주제적으로' 전개된다는 것은 다의적인 신화-의식적(儀式的) 상징들의 연속과 불연속성 속에서 전개된다는 것이다. 이 상징들은 그러한 연속과 불연속성 속에 있음으로써, 민족학자가 예를 들어 토지 및 음식에 관련된 의식들과 실천 사항들의 달력을 재구성하려고 시도하면서 체계적인 가다듬기를 시도하자마자 만나게 되는 대립과 모순으로부터 벗어나 있는 것이다. 이 실천 사항들과 의식들은 시간 속에서 (통시적으로) 펼쳐짐으로써 가지게 되는(그리고 이론적인 동시화(공시화)——이것은 소크라테스가 대담자들을 모순 속에 몰아넣기 위해 무기로 사용하는 그 동시화이다——가 파괴시키는) 논리적 자유를 이용하면서, 상황의 화급한 일들과 요구 사항들에 따라서 상징들이 지닌 함축적 의미들과 진폭들을 이용한다.

이와 같은 최소한의 논리적 정연함의 원리에 대해 말하자면, 그것은 **형태들의 전이**를 토대로 한 유추적 실천에 다름 아니다. 이 전이는 획득된 등가치들을 바탕으로 하여 이루어지는데, 이 등가치들은 하나의 행실이 다른 하나의 행실로의 대체와 대체성을 수월하게 해주며, 새로운 상황들이 제안할 수 있는 동일 형태의 모든 문제들을 일종의 실제적인 일반화를 통해 지배하게 해주는 것이다. 다의(多義)·막연함·애매함·대략적인 것을 이처럼 훌륭하게 이용하고, 다소간 확인된 '가계적 혈연 관계'에 의해 결합된 실천 사항들을 이처럼 연결시키는 기술은 고대 세계의 속성인 것만은 아니다. 놀라게 할 각오를 하고, 나는 비록 우리 이론들에서 염두에 두고 있지는 않을지라도 우리가 아주 흔히 빠지게 되는 실제적 논리의 몇몇 형태들을 여기서 환기시킬 수도 있다. 특히 정치적 범주에서——예를 들어 우리가 불명확한 메타포들과 자유주의·해방·자유화·유연성·융통성·조절 이상 등과 같은 근사적 개념들로 이루어진 막연한 전체들이 작용하도록 놓아둘 때——혹은 지적인 범주에서 그런 일이 일어난다. 지적인 범주에서는 수신자들·상황들·경우들에 따라서 여러 사상가들에게서 차용한 주제들과 형태들——30년대 독일의 '보수주의적 혁명가들'을 보면 타락·분해·총체 등과 같은 것들이 나타난다——을 다양하게 조합함으로써 얻어진 혼합적 사상들이 개화되어 왔고, 아직도 개화되고 있는 것이다. 이 사상가들은 그들을 이용하는 자들 각자에게 그야말로 극도의 독창성을 띠었다는 환상과 더불어 가장 평범한 자신의 충동들과 관심들을 투영할 수 있는 가능성을 남겨 준다.

학구적 장벽. 민족학적 조사와 마찬가지로 사회학적 조사도 구조적 오해들의 특별한 형태에 불과한 왜곡들의 기회가 된다. 구조적 오해들은 변호사나 의사, 교수나 엔지니어 같은 직업인이 하나의 다른 언어 체계 뿐 아니라 여건(예를 들어 논쟁이나 불만)의 다른 구축 방식——이 방식은 매우 다른 성향 체계의 사용을 전제한다——에 직면해 있다는 의식 없이, 학구적 비전에 생소한 속인과 관계를 맺을 때마다 생긴다. 그리하여 의사 소통에 있어서 돌발하는 많은 실패들은 일상적인 실제에 속한 개념으로부터 학문적·법률적·의학적 혹은 수학적 개념으로 넘어가는 데 따른 어려움에 그 책임이 전가될 수 있다. 환언하면 이 어려움은 고찰되는 장(場)에서 이 장이 요구하는 용어들의 어떤 함축적 의미들(예를 들어 집단이란 말이 각기 지니고 있는 수학적·사회학적 또는 예술적 함축 의미)을 강조하게 만들 뿐만 아니라 절대화시키게 만드는 성향을 채택하는 데 따르는 어려움이다. 하지만 그런 학문적 개념을 적절히 사용하려면 이 성향이 전제되어야 한다. 이러한 언어 체계들(이것들은 법학이나 철학의 언어 체계들처럼 일상 언어 체계에 대해 부분적으로만 독립적이다)이, 장에서 적용중인 여러 가지 다른 함축적인 의미들 사이의 선별 원리(이 원리는 토대 설정적인 동어 반복들에서 진술된다. 예를 들면 철학적 텍스트들은 철학적으로 읽어야 한다라든가, 예술 작품들은 종교적으로 또는 엄격히 감상하는 것이 아니라 미적으로 감상해야 한다 등등이 그런 것이다)를 부지불식간에 채택할 채비가 된 청자들과 사용자들을 향하고 있는 한, 그것들이 어떤 의미로 사용되는지 분명히 할 필요가 없는 것이다.

그러나 성향들의 이와 같은 일치가 더 이상 확보되지 못하자마자 괴리가 떠오르게 된다. 예를 들면 고통·불만 또는 불평의 단순한 표현으로서 들리는 **한탄**을 법률적 의미의 고소로, 재판소에서 어떤 과오나 불의의 진술로, 또는 어떤 국회의원이나 대변인 앞에서 제기하는 보편적 하소연으로 의미의 전환을 해야 할 때 말이다. 극빈층이 법정 앞에서 느끼는 실망은 자주 목격되는데, 그것은 그들이 관료적 기구들과 맺는 모든 관계들 속에서 어쩔 수 없이 겪어야 하는 구조적 좌절의 한계일 뿐이다.

어떤 필요·기대 또는 적절한 형식으로 표현되지 못한 갈망이 민생 보호 담당 부서나 기타 다른 구제 기관에서 **격식에 맞게 정식 요청**으로 진술되어야 할 때 나타나는 어려움은, 비록 분명하지는 않다 할지라도 역시 작은 것은 아니다. 그리고 어떤 약속을 법률적으로 양식화하는 일, 즉 관련 당사자들이 거의 배제된 채 공증인 같은 법률대리인을 매개로, 이를테면 자발적으로 이루어지는 일이 전제하는 외관상 매우 평범한 변형에 대해서는 무엇을 말할 수 있는가? 공증인은 계약 작성, 서명의 기록과 확인, 날인, 약속의 준성사적(準聖事的) 표현 등과 같은 법률적 절차들의 적절한 격식을 보장해 주는 자이다. 자신의 고유한 질서 속에 있는 사제처럼 '법원 소속의 공무원'은 신비로움과 위험스러운 통과를 조절해 주는 자로서, 경제적 상황과 관련된 특이한 행위를 법 질서에 접근시켜 법률적 행위로 전환시키는 조절자인 것이다. 이제부터 법률적 행위는 그것이 형식적으로 등록된 행위들(구매·판매·임대 등)의 범주에 결부된 모든 결과들을 창출할 이유가 있는 것으로 간주될 수밖에(특히 이 행위에 대해 알아야 하는 모든 법률적 대리인들에 의해) 없는 것이다.

이 모든 경우들(환자와 의사 사이에서도 같은 일이 벌어진다고 할 것이다)에서 문제되는 것은 단지 학술적 언어, 특히 어휘의 능란한 솜씨만이 아니다. 그것은 학구적 경계의 돌파가 명령적으로 요구하는 심층적 변형이다. 이 변형은 비록 인식론적이고 방법론적인 사색에서는 무시되지만, 조사자와 피조사자 사이의 관계에서는 역시 문제가 된다. 아주 일반적으로 일어나는 일이지만, 우리는 질문서에 대한 의문을 제기하지 않거나 또는 보다 심층적으로 질문서를 생산하고 처리하는 자로서, 여가가 있어서 일상적 생존의 명백한 것들로부터 벗어나 비상한 문제들을 스스로 제기할 수 있거나, 또는 일상적 문제들을 비상한 방식으로 제기할 수 있는 자의 위치에 대해 의문을 제기하지 않는다. 그렇기 때문에 우리는 질문을 받는 사람들에 대해 우리 자신이 제기하는 의문들을 그들에게 제시하면서 그들 스스로가 사회학자가 되라고 요구하는 것이다. (나는 방법론적 정통성을 보존하고 있는 자들이 적어도 암묵적으로 수없이 처리하고 인정한 질문들, 예를 들면 "당신은 사회 계급들이 존재한다고 생각합니까?" 또는 "당신은 얼마나 많은 사회 계급들이 존재한다고 보십니까?" 같은 종류의 질문들에 대해 생각한다.) 더 고약한 것이지만, 우리는 피조사자들이 그렇다 또는 아니다로 최소한의 대답을 항상 제공할 수 있는 질문들을 제기하는 것에 필요한 질문 전문가들(다분히 여론조사 전문가들 사이에서)을 찾아낼 수 있다. 그러나 그런 질문들은 피조사자들에게 강제되기 전에는 결코 이들 스스로가 제기해 본 적이 없는 것들이다. 그리고 그런 질문들은 그들이 사회 세계에 대해, 그리고 그들 자신의 관행에 대해 그런 질문들이 나오게 된 학구적 관점을 취하도록 자신들의 생존 조건에 의해 준비될 때만, 따라서 그들이 자신들의 현존재와는 완전히 다른 존재가 됨으로써 분명하게 이 존재를 이해하는 것이 문제될 때만 실제적으로(다시 말해 자신들의 고유한 수단들을 통해서) 제기될 수 있는 것들이다. 그래서 학구적 질문들이 이 질문들을 아주 순진하게 실증주의적으로 제기하는 자에게 내미는 함정은, 그것들이 외관상으로 때때로(그렇다 또는 아니다로) 대답들을 받을 수 있기 때문에 그만큼 더 위험하다. 이 대답들이 무관심이나 예의에 의한 단순한 양보가 아닐 때, 그것들의 원칙은 특이한 성격을 드러내는 개인적 상황에 암묵적으로 준거함으로써 발동되는 아비투스의 실제적 성향들이다. (그런 질문들 가운데 하나가 기술 교육의 미래에 대한 일반적 중요성을 지닌 질문인데, 이는 예를 들어 질문을 받는 젊은이나 처녀가 이러한 절차 속에서 직접적으로 만나는 문제들에 따라서 구상되는 대답을 받을 수 있다.[3])

여론조사 기관들의 실제에 대한 고찰이 학구적 자세로의 접근 조건들에 대한 분석과 더불어 나에게 많은 도움을 준 것은, 조사자의 의도와 피조사자들의 비학구적인 관심 사이의 괴리의 파장들을 자각하게 해주었다는 것이다. 이 괴리는 여론학자들(이들은 외양 세계를 다루는 허울 좋은 학자들로서, 그들 자신이 잘못 생각하고 있음으로써만 기자들이나 정치인들 같은 다른 '어설픈 재간군' 들을 속일 수 있다)의 맹목적인 질문에 의해 이루어지는 왜곡의 원리에 자리잡고 있다. 《세계의 비참》에 실린 조사에서 채택된 방법의 첫번째 의도는, 일부 조사 관계의 형태들에 따라다니는 구조적 괴리가 의사 소통에서 도입할 수 있는 왜곡들을 반성의 지속적 노력을 통해 중화시키려 시도하는 것이었다. 자신의 고유한 경험과 실제를 생각될 수 있고 이야기될 수 있는 지식의 대상으로 바라보려는 성향이 마치 보편적인 것처럼 처신하는 것을 피하고자 고심했기 때문에, 우리가 그 책에서 선택한 과제는 학구적 성향이 획득되는 조건들에 다다를 수 없는 자들에 의해 체험된 경험들이 담론의 범주에, 다시 말해 하나의 거의 이론적인 위상에 접근토록 하는 것이었다. 우리는 이 과제를 달성하기 위해, 학구적인 성향을 불러들이면서 인식중심적인 질문들을 통해 학구적인 관점을 도입하는 일을 하지 않도록 주의했을 뿐 아니라, 학구적 조건으로부터 가장 동떨어진 피조사자들이 자기를 이해하고 인식하는 작업을 하는 데 도움을 주었다. 이 작업은 그것이 전제하는 '자기에 대한 염려' 처럼 보통은 **여가**의 세계에 한정되어 있는 것이다.

나는 이 몇몇 예들을 언어학과 특히 경제학보다는 민족학과 사회학에서 차용했다. 경제학에서는 학구적 환상이 경제 세계의 법칙들을 준수케 하는 경제적 조건들의 망각을 통해 현란하게 승리를 구가하고 있으며, 그리하여 이론은 이 법칙들을 실제들의 보편적 규범으로 설정한다. 내 생각이지만, 이 예들은 학구적 관점 속에 함축된 모든 것에 대한 무의식이 (라일의 유명한 제목을 패러디하면) '학자를 기계 속에' 집어넣어 버리는 오류로 이끈다는 점을 충분히 보여 주리라 본다. 이 오류는 행위자들에게(일상적인 생존에서 행동하는 학자의 실천적 이성이 아니라) 이들의 실제 관행들에 대해 추론하는 학자의 추론적인 이성을 부여한다. 좀더 명확히 말하자면, 그것은 마치 관찰자가 사후에야 외부에서밖에 이해할 수 없는 실천들이나 작업들을(이러한 이해는 계보들이나 통계 같은 사유의 도구들을 통해서 이루어지는데, 이 도구들을 이용하는 데는 시간이 걸린다) 이해하기 쉽게 만들기 위해 창출되어야 하는 구축물들(이론들·모형들 또는 규칙들)이 그러한 관행들의 실제적이고 능률적인 원리인 것처럼 만들어 버리는 것이다.

탈선. 나의 비판들에 대한 비판

나는 여기서 나의 연구에 대해 아주 흔히 이루어진 잘못된 독서들을 환기시키기 전에 많이 망설였다. 그래서 내가 보기에 이러한 잘못된 독서들을 자주 부추기는 입장이 명백할 뿐더러 성실한 모든 독자에게 그 자체가 적절히 드러나고 있는 한 그것들을 무시하고 싶은 유혹이 있었다. 그런데도 내가 이 유혹을 극복한 것은, 특히 설명을 하고 나 자신의 견해를 밝히고자 하는 고심을 끝까지 밀고 나가기 위한 것이었다.

나는 사람들이 현재나 혹은 과거의 저자와의 대면에서 문제의 그 '자비의 원칙'(나는 이보다는 '관용의 원칙'라 부르고 싶다)을 어떤 조건들에서, 그리고 어떤 대가를 치르고 진정으로 실천할 수 있는지를 보여 주려고 노력했다.[4] 그래서 나는 구분 없이 모든 문화적 생산자는 그와 같이 취급되는 권리가 있다고 확신했기 때문에, 나 자신의 작업에도 이 권리를 요구하는 것이 허용되어 있다고 느꼈다. (관용이 환심적 친절을 의미하는 것은 전혀 아니다. 그래서 아무리 거친 비판이라 할지라도 그것이 진정한 지식과 이해에 근거하고 있다면 의심할 여지없이 가장 풍요로운 것이다. 내가 환심적 친절을 보이는 것을 두려워하지 않는다면, 특히 내 연구의 한계를 발견하는 데 도움을 주었고, 이 한계를 극복하게 해주었다고 생각되는 모든 사람들의 이름을 밝히고 싶을 정도다.) 모든 장들에서 그렇듯이 긴급한 주장자들은 때로 자신들보다 더 인정된 경쟁자들에게 모욕을 주는 형태로 (예를 들면 '마르크스주의자' '집단중시주의자' '결정론자' 등과 같은 분류적 모욕을 곁들여) 질문하는 것이, 적당한 책 한 권을 생산해 내는 일보다 더 간단한 가시성으로 가는 지름길이라고 생각한다. 흔히 이러한 주장자들로부터 나온 가장 축소적인 비판들은 거의 언제나 두 가지 원칙을 가지고 있다. 하나는 직업적 독서가의 학구적 비전과 결합된 이론주의적인 탈현실화이다. 다른 하나는 하나의 사상을 이것이 구축될 때 관련된, 가능성들의 공간 속에 위치시킬 수 없는 무능력이나 그 속에 위치시키지 않으려는 거부로부터 비롯된 탈역사화이다.

직업적 독서가의 독서는 언제나 부분적이고, 흔히 상상력에 의한 출처들을 찾아내려고 전념한다. (이런 작업이 생각나게 하는 것은, 화상(畫像) 해석적 방법을 더 이상 통하지도 않는 시대들에 옮겨 놓으면서 마네의 것 같은 그림이 환기시키는 참고 자료들——고전주의 미술, 현대 민중화들, 시대를 반영하는 사진들 등——을 열거하는 가운데 교양과 상상력을 경쟁하는 그런 예술사가들이다.) 그렇게 하는 것은 하나의 의도를 담고 있는데, 이 의도는 **평범한 학구파**의 전형적인 것이다. 그것은 미지의 것을 이미 알려진 것으로, 즉 보수적 사고가 중시하는 "태양 아래 새로운 것은 아무것도 없다"는 것의 아카데믹한 변형으로 환원시키려 하고, '유명한 저자들'을 모든 사람처럼 거의 혁신적이지도 않고 항상 정직한 것도 아닌 독서가들——또 다른 알려진 작가들——에 불과한 것으로 귀결시키려 한다. (나는 **아비투스**라는 개념이 이전에 어떻게 사용되었는가를 조사하려고 애썼던 자들에 대해 생각한다. 이들이 그런 일을 한 것은, 이 개념의 최근 사용이 드러내는 독창성을 부각시키려고 한 것이 아니라 그것을 없애기 위한 것이다. 내가 그런 자들에게 상기시키고 싶은 것은, 우리가 알다시피 데카르트의 강력한 비판자였던 파스칼이 **코기토**를 아우구스티누스가 창안한 것으로 생각하려는 자들에게 내놓은 자주 인용된 대답이다. "실로 나는 데카르트가 코기토의 진정한 창안자가 아니라고 말하고 싶은 생각은 추호도 없다. 비록 그가 이 위대한 성인을 읽게 됨으로써 비로소 그것을 터득했을 가능성이 있다 할지라도 말이다. 왜냐하면 보다 세밀하고 보다 폭넓은 사색을 하지 않고 되는 대로 한 마디 말을 글로 쓰는 것, 이 말 속에서 물질적·정신적 특성들의 차별을 입증하는 일련의 훌륭한 결과들을 알아차리는 것, 그리고 데카르트가 하고자 했듯이 이 말을 하나의 완전한 물리학의 견고하고 일관된 원리로 만든다는 것 사이에는 엄청난 차이가 있다는 것을 나는 알기 때문이다. 왜냐하면 나는 그가 자신의 의도를 효율적으로 성공시켰는지 검토하지 않고도 그가 성공했다고 가정하기 때문이다. 그리고 바로 이러한 가정 속에서 나는 생명력과 힘이 충만한 인간이 죽은 인간과 다르듯이, 데카르트의 글들에서 이 말(코기토)은 다른 사람들이 그것을 부대적으로 언급했을 때의 동일한 말과 다르다고 말하는 것이다."[5] 어떤 비판은 살인의 나무랄 데 없는 한 형태에 불과함을 상기시키는 매우 우아한 방식이 아닐 수 없다.)

그러나 오해들 가운데 가장 분명한 것은 다음과 같은 사실로부터 비롯된다. 즉 독서가의 독서는 그 자체가 그것의 목적이라는 점, 그리고 독서는 텍스트들과 텍스들이 실어나르는 이론·방법들 혹은 개념들에 흥미를 느끼는데, 이 흥미가 그것들을 유용하고 완벽하게 할 수 있는 도구들로서 사용되게 하기 위한 것이 아니라 그것에 주석을 붙이고 다른 텍스트들에 결부시키기 위한 것(경우에 따라서는 인식론과 방법론을 핑계삼아)이라는 점이다.[6] 그리하여 이러한 독서는 본질적인 것을 사라지게 한다. 다시 말해 그것은 제안된 개념들이 지정하여 해결코자 했던 문제들 —— 하나의 의식(儀式)을 이해하는 것, 신용 대부·저축·다산성(多産性)에 대한 행태들의 변화를 설명하는 것, 학교에서 성공하거나 미술관을 드나드는 차별적인 빈도율을 설명하는 것 등등—— 뿐만 아니라, 그러한 문제들로 하여금 그순간(해결하고자 했던 순간)에 그런 표현으로 제기될 수 있게 했던 이론적·방법론적 가능성들의 공간을 사라지게 한다. (예를 들어 구조주의와 현상학의 어떤 모범적 대표자가 구현하는 객관주의와 주관주의의 양자 택일.) 그래서 이 공간은 역사적 작업을 통해 재구축하는 것이 불가피하다. 왜냐하면 특히 그것은 비판받는 텍스트들이 이런 문제들에 가져온 새로운 해법들에 의해 변모될 수 있었기 때문이다.

해설의 논리 자체는 결정적으로 총화되고 언제나 사후에 나온 것 같은, 총체로서의 **저작물**로 하여금 인위적인 동시화와 탈문맥화를 겪게 만든다. 그것은 모색하고 윤곽을 잡고 후회하면서 진행되는 연구의 움직임과 노력, 그리고 이론적인 방향이 지닌 실제적 의미(혹은 말하자면 학문적인 아비투스)의 특수한 논리를 무시하게 하거나, 심지어 무효화시키게 만든다. 이론적인 방향은 매순간 용맹과 신중함이 뒤섞인 가운데 일시적인 개념들을 제시하는데, 이 개념들은 그것들이 창출을 허용하는 사실들을 통해 스스로를 명백히 하고 수정하면서 구축될 수밖에 없게 되어 있다. 해설의 논리가 수행하는 그와 같은 작업은 계속적인 가필과 수정을 통해 눈에 띄지 않게 이루어지며, 가필과 수정이 바로잡게 되어 있는 오류들 같은 명백한 자기 비판을 할 필요 없이 이루어진다.

가장 좋은 예는 아마 전략의 개념일 것이다. 이 개념은 민족학과 관련되고(결혼 전략들) 사회학과 관련된(재생산 전략들) 아주 명백한 문제들에 대한 해법들의 탐구에서 나에게는 불가피했던 것으로, 유럽 사회에서 혈연 관계에 할애된 역사적 연구들을 진전시키는 데 결정적인 역할을 했다. 그러면서 그것은 규칙에 관한 구조주의적 어휘와의 단절, 그리고 이 어휘가 실어나르는 실천으로서의 행동 이론과의 단절을 뚜렷이 드러냈다. 어떻게 내가 다음과 같은 사실을 모를 수가 있었겠는가? 즉 내가 정반대의 패러다임 속에 게임 이론과 행동의 '지향주의적인' 비전이 지닌 핵심 용어들 가운데 하나를 도입함으로써 부적절하고 동시에 불안정하며, 불확실하고 언제나 돌출한 것 같은 하나의 개념이 야기한 모든 비판적 의문들에 헌신했다는 점을 말이다. 그래서 나의 텍스트들이 제안했던 연구 도구들의 필요성에 의해 안내되기 때문에 보다 더 '실제적인' 독서, 그리고 동시에 '현학적인' 비판보다는 더 까다롭지만 더 관용적인 독서라면 역설적으로 의식과 무의식의 양자 택일을 뛰어넘기 위해 의식적이고 통제된 그 애매성에 의거할 수도 있었을 것이며, 실제가 끌어들이는 인식뿐 아니라 사색의 특수한 형태들을 분석하려고 시도할 수도 있었으리라 생각되는 것이다.

그런데 결국 학구적 독서가 하는 것은 무엇인가? 하나의 개념은 가능성들의 공간과 관련하여 주장되었기 때문에, 이 공간은 그러한 개념의 이론적 기능에 대한 보다 정확한 관념을 줄 수도 있다. 그런데 학구적 독서는 무익한 계보들을 위해 이 공간을 무시하면서, 그러한 개념이 이미 부각시키지 않을 수 없었던 측면을 부조리할 정도로까지 극도로 밀어붙여 부각시킨다. '배턴을 다른 방향으로 비틀면서' 지배적인 표상(들)과 단절하기 위해서 때로는 지나칠 정도로 말이다. 그리하여 의도적인 목표를 각 행동 원리에 두도록 만드는 학구적 환상에 대항한, 그리고 '신한계학파' 경제학처럼 이 행동철학을 전혀 이의 없이 받아들이는 사회적으로 가장 강력한 작금의 이론들에 대항한 아비투스의 개념이 지닌 첫번째 기능은 다음과 같은 것을 상기시키는 것이다. 즉 우리의 행동들이 보다 자주 원리로 채택하는 것은 합리적인 계산이 아니라 실제적인 감각이라는 점, 혹은 의식철학들(이 철학들의 패러다임적 표현은 데카르트에게서 발견된다)과 기계주의적 철학들(자극물과 반응이라는 쌍과 더불어)에게 공통되는 불연속주의적이고 현실주의적인 비전과는 반대로 과거는 과거가 창출한 성향들 속에 여전히 존재하며 영향을 미치고 있다는 점 말이다. 아니면 또는 분리된 적성들이나 태도들(미적·정서적·인식적인 것 같은 것들)을 분석하는 데 집착하는 일부 실험심리학이 제안하는 원자론적 비전과는 반대로, 그리고 이른바 '순수하고' 고상한 취향들과 초보적이거나 음식적인 취향들을 대립시키는 표상(칸트에 의해 인증된 표상)과는 반대로 사회적 행위자들은 **사람들이 기대할 수 있는 것보다 더 혼하게**, 믿기지 않을 만큼 더 체계적인 성향들(예를 들어 취향들에 대한 성향들)을 가지고 있다는 점 말이다.

각자 자신이 만들어 낸 풍자적 적에게 용이하게 승리하는 것을 자신의 공으로 돌리기 위해서는, 이러한 특징들을 극단적인 한계까지 밀고 가면서 아비투스를 일종의 원리로 제시하면 충분하다. 이 원리는 **단일체적**(내가 특히 알제리의 하급 프롤레타리아들과 관련해서, 그들을 낳게 한 모순적인 양성 조건들의 흔적을 긴장과 모순의 형태로 지니고 있는 균열되고 찢겨진 아비투스들의 존재를 여러 차례에 걸쳐 환기시켰을 때의 아비투스의 성격)이고 **불변적**이며(아비투스가 받게 될 강화나 금지의 정도가 어떠하든), **숙명적**이고(모든 미래의 행동들을 결정짓는 능력을 과거에 부여하는 아비투스의 성격) **배타적**(어떤 경우에도 의식적 의도에 아무런 위상을 주지 않는 성격)이다. 하나의 아비투스가 체계적이고(아니면 반대로 분할되고 모순적이고) 한결같은(아니면 유동적이고 변화하는) 정도는 그것이 형성되고 단련되는 사회적 조건들에 달려 있고, 따라서 그것은 경험적으로 측정되고 설명될 수 있으며, 또 그렇게 측정되고 설명되어야 한다는 것을 어떻게 모를 수 있단 말인가? 또는 아비투스의 이론이 지닌 흥미로운 점들 가운데 하나가 다음과 같은 것을 환기시키는 것이라는 점을 어떻게 모를 수 있단 말인가? 즉 '합리적인' 행위에 접근할 수 있는 가망성은 양식화된 행동 이론들——이 이론들의 대결이 **호모 아카데미쿠스**에게는 더없는 즐거움이다——가운데 하나가 강제함으로써 **선험적으로** 고정될 수 있는 것은 전혀 아니고 경험적 조사를 받아야 할 사회적 조건들, 다시 말해 성향들을 생산하는 사회적 조건들과 이 성향들을 훈련시키는 유기적이거나 비판적인 사회적 조건들에 달려 있다는 점 말이다.

어쨌든 비판들에 대한 이러한 비판은 제기된 오해들에서 의도적인 악의의 탓으로 돌릴 수 있는 것——피상적인 시각이라면 아마 이것을 과대 평가하게 될 것이다——과, 장(場) 내부에서 일어나는 경쟁의 논리에 고유한 경향들이나 아니면 보다 강한 것이지만 학구적인 상황과 학구적 세계관의 깊숙이 파묻힌 성향들 속에 들어가는 경향들의 탓으로 돌릴 수 있는 것을 구별해 내기가 얼마나 어려운지 드러나게 한다. 이러한 사실로부터 우리는 다음과 같이 결론내릴 수도 있을 것이다. 즉 비판적 반성은 여기서도 또한 지식의 증가뿐 아니라 지혜의 시작으로서의 무언가를 가져다 줄 수 있다고.

이기주의적 보편주의로서의 도덕주의

　많은 보편주의적인 선언과 보편적인 명령은 특별한 경우를 보편화한 산물, 다시 말해 학구적 조건을 구성하는 특권을 (무의식적으로) 보편화한 산물에 불과하다. 순전히 이론적인 이와 같은 보편화는 보편에 도달하는 억제된 경제적·사회적 조건들에 대한 어떠한 환기도 동반하지 않고, 이러한 조건들을 실제적으로 보편화시키는 데 목적을 둔 어떠한 (정치적) 행위도 동반하지 않는 한 오랫동안 허구적 보편주의로 나아간다. 순전히 형식적이지만 모든 사람들에게 '휴머니티'를 부여하는 것은 휴머니티를 실현할 수 있는 수단이 없는 모든 사람들을 휴머니즘의 미명 아래 휴머니티로부터 배척하는 것이다.

　그리하여 하버마스가 18세기 유럽의 큰 민족들 속에서 나타났던 바와 같은 '공적 공간'의 출현——이 출현은 시민 문화의 발전을 동반하고 지탱해 주는 모든 제도들(신문들·클럽들·카페들 등)과 함께 했다——에 대한 묘사에 입각하여 제안하는 정치적 삶의 표상은 합리적인 하나의 합의, 다시 말해 하나의 논쟁(이 논쟁에서는 경쟁중인 개별적인 관심들이 동일하게 고려되고, 참여자들이 '소통적 행위'의 이상적 모델에 따르면서 다른 사람들의 관점을 이해함과 동시에 이 관점에 자신들의 관점과 동일한 무게를 부여하려 노력하는 것이다)으로 이끄는 데 적합한 공적 토론이 확립되기 위해서 충족되어야 하는 경제적·사회적 조건들의 문제를 엄폐하고 억제한다.[7] 과연 어떻게 다음과 같은 사실들을 모를 수 있겠는가? 즉 학구적 세계들 내에서도 지식의 관심들은 사회적·전략적 혹은 도구적 관심들 속에 뿌리를 두고 있고, 논거들의 힘은 힘의 논거들에 대항해(혹은 나아가 욕망·욕구·정열 그리고 특히 성향에 대항해) 거의 효과가 없으며, 지배는 사회적 소통 관계에서도 결코 부재하는 것이 아니라는 사실 말이다.

　그러나 내가 두려워하는 것은 항상 변화의 상태에 있으며, 오랜 역사적 전통에 뿌리내린 복잡한 하나의 사상에 대한 재빠르고 피상적인 비판에 빠짐으로써 관용의 원칙을 저버리게 되지나 않나 하는 것이다. 이 사상의 공적을 인정하기 위해 그것을 여유 있게 환기시켜야 하는데도 말이다. (그리하여 공적 토론의 이론은 후에 '소통 지향적 이성'으로 이론화되었는데, 개별적 의지들의 집합체인 '전체 의지'와 '일반 의지' 사이의 분별의 ──이 분별은 칸트와 루소에게 귀중한 것이다── 변형을 간직하고 있고, '일반 의지'의 구상이 지닌 논증적 성격을 강조한 루소의 사상을 연장하고 있다.) 그렇기 때문에 나는 내가 보기에 정치에 관한 하버마스의 사상을 **발생시키고 있는 공식**이라고 생각되는 것의 도출을 시도해 보고 싶은 것이다. 이는 이 사상을 이론적인 해설이나 비판이 아니라 경험과 대면시키기 위한 것이다. 분명히 말해서 이 사상은 경험과의 대면에 자발적으로 응하지 않고 있기 때문이다. 사실 내가 생각하기에 이 점에 있어서 하버마스는 마르크스가 묘사한 것과 같은 독일 철학의 특유한 효과와 접근되며,[8] 외관상과는 달리 정치를 윤리의 영역으로 끌어내리면서 사회적 관계에 이중의 축소, 혹은 같은 말이지만 이중의 탈정치화를 겪게 한다. 그는 힘의 정치적 관계를 소통의 관계로(그리고 "화합을 실현시키고 합의를 야기시키게 하는 논증적 담론이 지닌 폭력 없는 힘"으로), 다시 말해 '대화'의 관계로 축소시킨다. 그는 이 대화의 관계에서 변형된 형태로 이룩되는 힘의 관계를 실질적으로 비워 버렸다.[9] 그리하여 언어에 대한 그리고 언어에 논리적으로 내재된다 할 수 있는 **텔로스**의 의미로서의 '상호 이해'에 대한 본질적 분석은 '비폭력적인' 소통에 관한 '사회학적' 이론 안에서, 그리고 사회학자가 상징적 권력의 관계에 대해서 발견하는 것과는 더 이상 아무 관계가 없는 '소통의 윤리'──이 윤리는 도덕적 판단의 보편화에 대한 칸트의 원리를 단순하게 재표명한 것에 불과하다── 안에서 수행된다. 이 윤리는 특히 '소통 행위'의 이름으로 기술되는 '목적들의' 진정한 '지배'(칸트가 《도덕 형이상학 원론》에서 말하고 있듯이)가 확립되기 위해서 개인들간의 관계의 범주에서와 마찬가지로 정치적 범주에서도 충족되어야 하는 조건들의 문제를 단순히 사라지게 만든다.

따라서 이성의 보편성과 보편화할 수 있는 관심들의 존재를 합리적 합의의 토대로 삼는 인식중심적 환상의 원리가, 정치적 영역에의 접근 조건들과 **차별**의 요소들(성·교육 또는 소득 같은)에 대한 무시(또는 억제) 속에 있다는 것을 이해하기 위해서는 현실 속에 있는 그대로 '**공적 공간**'으로 되돌아오면 충분하다. 여기서 차별의 요소들은 많이 언급되고 있는 바와 같이, 정치적 장에 있는 위치들에 특히 여자들이 접근하는 기회를 제한할 뿐 아니라 뚜렷한 정치적 견해(플라톤은 "의견을 말하는 것이 이야기를 하는 것이다"라고 말했다)와 나아가 정치적 장에 접근하는 기회를 제한하는 것들이다.

실제 우리가 여론조사를 정치적 견해에 접근하게 하는 조건들을 경험적으로 포착하는 기회로 간주하면서, 사람들이 보통 그렇게 하는 것과는 달리 단순히 대답들에만 관심을 갖는 것이 아니라 그 무엇이 되었든 대답을 제공하거나 제공하지 않는 기회들에 대해, 그리고 여러 가지 서로 다른 기준들에 따른 그것들의 변화에 대해 관심을 갖는다면 우리는 다음과 같은 점을 발견한다. 즉 '여론조사자들'이 부지불식간에 강요하는 학구적 문제들에 대해 진정으로 합당하게 대답하는 데 필요한 자세를 취할 수 있는 능력은, 사람들이 생각할 수 있는 것과는 반대로 아무렇게나──그리고 동등하게──배분되는 것이 아니고, 성·직업 혹은 교육 수준과 같은 여러 요소들에 달려 있다는 것이다. (특히 정치해설가들과 정치학자들이 자문하는 질문들과 가까운 복잡한 질문들에) 대답할 수 있는 성향과 능력은, 언제나 여자들에게서 보다 부족한 것으로 직업·소득·교육 수준의 계층 구조에서 아래로 내려갈수록 회피와 포기를 위해 감소하는 경향을 보인다.[10] 이러한 확인은 우리가 알다시피 학문과 정치에 똑같이 하나의 문제를 제기하지만 '정치학'은 이 문제를 기막히게 무시하고 있다. (아마 그 이유는 이런 종류의 **보이지 않는** 조사의 발견이 건전한 '민주적 의식'에, 아니면 보다 심층적으로 '인격'의 신성한 가치들에 대한 믿음에 충격을 주기 때문이리라.) 그것은 다름 아닌 세계에 대한 뚜렷하고 일반적인 담론의 성격을 띤 정치적 견해에 합법적인(그리고 학구적인) 차원에서 다다르게 해주는 경제적·사회적 조건들의 문제이다.

관심 사항과 경험·의견을 말로 표현할 수 있고, 판단의 정연함을 탐구할 수 있으며, 이 정연함을 명료하게 정치적이고 뚜렷한 원리들 속에 근거할 수 있는 성향과 능력은 학교를 통해 얻는 자본에(그리고 2차적으로는 경제적 자본과 관련된 문화적 자본의 상대적 무게에) 달려 있다는 확인은 심층적으로 터무니없는 무언가가 있다. 그래서 내가 단지 염려하는 것은 '민주적'이거나 나아가 '평등주의적' 사유 습관에 집착하여 하나의 확인과 하나의 바람 사이의 차이, 하나의 확인적 단언과 수행적 판단 사이의 차이를 구별할 수 없는 모든 사람들이, 가진 것이 없는 자들에게 적어도 그들의 박탈 사실을 인정함으로써 그들의 권리를 인정하는 이런 분석들을 '국민'에 대한, 국민의 '투쟁'에 대한, 그리고 국민의 '교양'에 대한 교묘하게 보수적인 공격으로 읽지 않을까 하는 점이다.[11] 이른바 개인적인 견해에 다다르는 능력에 있어서 분명한 불평등은 민주적인 건전한 의식, 공상적인 사회개량가들의 윤리적 선의, 그리고 보다 심층적으로 학구적 환상의 중심에 자리잡은 주지주의적 보편주의와 충돌한다. 휴머니티와 휴머니즘을 염려하는 철학자로서 합리주의적인 신념과 민주적인 믿음이라는 중심 교의를 받아들이지 않는 자가 단 한 명이라도 있는가? 데카르트가 말했듯이 이 교의에 따르면 '적절하게 판단하는' 능력, 다시 말해 자연 발생적이고 즉각적인 내면의 어떤 느낌을 통해서 악으로부터 선을, 거짓으로부터 진실을 구별해 내는 능력은 보편적으로 적용될 수 있는 보편적인 천품이라는 것이다.

견해라는 관념과 이것과는 불가분의 관계에 있는 '아량'의 관념——이 아량의 관념은 모든 의견들은 생산자가 누구이든지간에 동등하다는 주장을 의미한다——은, 세계에 대한 판단들을 합법적으로 생산해 내는 독점권을 주장한 제도인 교회에 대항해서 18세기에 생성되었다. 그것들은 무엇보다도 작가들과 기자들이었던, 새롭게 나타난 **대단치 않은 독립적 문화생산자들**을 위한 자유로운 생산에 대한 권리 요구를 표현했다. 당시에 그들의 역할은 전문화된 분야들의 출현과 병행하여, 그리고 새로운 문화 상품들을 위한 시장의 발달과 특성상 정치적 견해들을 생산하는 기구인 언론 및 정당의 발달과 병행하여 증가되고 있었다. 계몽주의 세기로부터 물려받은 개인적 견해라는 관념을 비종교적인 의무 교육의 관념과 분명히 연결시킨 것은 제3공화국을 창설한 자들 가운데 몇몇 인사들이었다. 의무 교육은 보통 선거에서 표현하게 되어 있는 판단에 이른다는 보편성을 실질적으로 확립하기 위해 필요하다고 생각되었던 것이다. 교육과 견해 사이의 이와 같은 관계는 보통 선거의 지지자들에게도 반대자들에게도 처음에는 불가피한 것으로 드러났으나 조금씩 조금씩 망각되거나 억제되었다.

이와 같은 생성에 들어간 가정들은 모든 사상과 모든 정치적 실천을 지탱해 주는 '민주적' 독사 속에 살아남아 있다. 이 독사는 정치적인 것으로 이해된 어떤 문제에 뚜렷한 대답을 주기 위해 분명히 정치적인 원리들을——예를 들어 **에토스**(가치에 대한 반성 이전의 믿음)의 실제적 형태들이 아니라——이용하면서 정치적 선택을 하나의 판단, 나아가 **순전히 정치적인** 판단으로 만든다. 이 점이 전제하는 것은 시민들이 모두 정치적 생산의 도구들을 동일한 정도로 능란하게 다룬다는 것이다. 이 정치적 도구들은 정치적 문제를 있는 그대로 간파해 내고 이해하기 위한 것이며, 자신들의 정치적 이해 관계에 따라서, 그리고 이러한 이해 관계에 맞춰진 정치적 원칙들에 입각하여 취해진 선택들 전체와 일치하는 해답을 통하여 정치적 문제에 대응하기 위한 것이다. 여론조사는 질문을 받는 모든 사람들로 하여금 '개인적 의견'을 내놓으라고 무차별적으로 독촉하거나(질문지들을 다양하게 장식하는 모든 표현들, 예를 들면 '당신에 따르면' '당신의 의견은' '그러면 당신은 어떻게 생각하십니까' 등과 같은 모든 표현들이 이것을 확인해 주고 있다), 아니면 이미 완전히 만들어진 여러 의견들 가운데 **전혀 아무런 도움을 받지 않고** 자신들의 방법을 통해 선택하도록 독촉한다. 그런데 그것은 정치학적인 독사(이 독사는 그것의 명백함을 통해 매우 철저히 보호되기 때문에 민주적 무의식의 가정들을 이론적으로 문제삼는 것은 모두가 민주주의에 대한 공격으로서 즉각적으로 고발될 위험에 직면한다)를 구성하는 가정들을 백일하에 드러낸다. 그리하여 그것이 경제적이고 특히 문화적인 여러 가지 변수들에 따른 무응답률의 변화를 통해서 주목하게 해주는 것은, 모두가 개인적인 의견에 대한 평등한 권리를 인정받지만 형식적으로 보편적인 이 권리를 실현시킬 수 있는 실질적인 수단을 다 제공받지는 못함으로써 알고 싶을 필요도 없거나 알 필요도 없이 창출되는 몰인식의 상징적인 결과들이다.

특유하게 학구적인 주지주의적 환상이 모든 정치적 사유와 행동을 뒷받침하고 있는데, 이 경우에는 이 환상이 개인적인 것이 지닌 학교에 대한 예찬과 학교에서 얻은 교양의 결과 및 '인격'의 결과에 의해 배가된다. 그래서 나는 다음과 같은 점을 어렵지 않게 보여 줄 수 있는 것이다. 즉 '개인적인' 것이라고 생각되는 것 —— '개인적 생각' '개인적 스타일' '개인적 의견들' —— 과 비개인적인(보편적인) 모든 것 —— 하이데거가 '사람들'로 지칭하는 것, 공통적인 것, 진부한 것, 집단적인 것, 빌려 온 것 —— 사이의 대립이 학교적 판단들의 토대가 되는 윤리적 · 미적 독사의 중심에 자리잡고 있다는 점과, 이 대립이 평행적인 대립들로 이루어진 시스템에 매우 자연스럽게 편입된다는 점 말이다. 이 평행적 대립들은 유복한 것과 가난한 것 사이의 대립을 중심으로 조직되는 또 다른 전체와 함께 모든 상징적 질서의 토대에 자리하고 있다. 이 토대에는 한편으로 희귀한 것, 두드러진 것, 선택된 것, 유일한 것, 배타적인 것, 다른 것, 독창적인 것, 비교할 수 없는 것과, 다른 한편으로 공통적인 것, 평균적인 것, 습관적인 것 사이의 구분이 함께 자리할 뿐 아니라 빛나는 것과 흐릿한 것, 섬세한 것과 조야한 것, 정제된 것과 세련되지 못한 것, 고상한 것과 천한 것 사이의 모든 구분들도 함께 자리하고 있다. 지드가 "그 어떤 것도 개인적인 것만큼만 가치가 있다"고 말한 것은 문학에만 해당되는 것이 아니다. 그리하여 내가 '개인적인 의견'의 주장이 가지게 되는 다양한 형태들, 특히 부르주아와 소부르주아의 형태들이 드러내는 미묘함들(나는 이 미묘함들을 다른 데서 분석했다)을 무시하면서 다만 지적하고 싶은 것은, 보편적인 사색가로 하여금 모든 인간들은 보편적인 것에 다다를 수 있다고 생각하게 만드는 주지주의적 보편주의는 이 경우 개인적인 의견에 대한 최상의 엘리트주의적인 신념 속에 심층적으로 뿌리박고 있다는 것이다. 이 신념이 '현명한' 판단에 다다를 수 있다는 보편성에 대한 믿음과 공존할 수 있기 위해서는 차별적이고 뚜렷한 의견에 도달하게 만드는 조건들의 엄청난 억제라는 대가를 치러야만 한다.[12]

참고적인 이야기를 조금 하겠다. 의견을 나타내는 것과 마찬가지로 구매·차용 또는 저축의 행위에서 현명한 선택을 한다는 것은 그러한 선택을 가능케 하는 경제적 조건들이 있다는 것과, 자유와 '합리성'에 있어서 평등은 두 경우 모두 허구에 불과하다는 것을 깨닫기 위해서는 사회적 현실·'학문' 그리고 학문의 무의식에다 동시에 관련된 이와 같은 발견을 내가 60년대초에 알제리에 관한 첫 연구에서 이룩했던 발견과 접근시키는 것으로 충분하다. 실제 나는 경험에 의하여 다음과 같은 것을 확증하였다. 즉 직업 안정에 의해, 그리고 현재에 대한 최소한의 지배를 보장해 주는 규칙적인 최소한의 소득 확보에 의해 보장된 일정한 경제적 안정의 수준에 못 미치는 경제적 행위자들은 미래를 지배하기 위한 노력을 전제하는 대부분의 행위들, 즉 시간 속에 재력의 합당한 관리와 저축, 대출에의 절제된 의존, 혹은 자손 번식의 통제 같은 행위들을 생각할 수도 실현시킬 수도 없다는 것이다. 이것이 의미하는 것은 합리적이라고 간주되는 경제적 행위에 다다르게 하는 경제적·문화적 조건들이 있다는 것이다. 이러한 조건들의 문제, 전형적으로 경제적인 이 문제를 단순히 제기할 수 없기 때문에 경제학은 자연의 보편적 증여물, 즉 세계와 시간에 대한 전망적이고 계산적인 성향을 자연적인 여건으로 다룬다. 그런데 우리는 이 성향이 전적으로 개인적이고 집단적인 특별한 역사의 산물이라는 것을 알고 있다.[13] 참고적인 이야기를 마치겠다.

이성을 출현케 한 역사의 조건들이 있다. 그리하여 이러한 조건들의 망각이나 고의적 엄폐에 의거하는 모든 표상은 그것이 학문적 의도를 가지고 있든 아니든 독점들 가운데 가장 정당화될 수 없는 독점, 즉 보편의 독점을 정당화시키는 경향이 있다. 따라서 보편에 다다를 수 있는 조건들을 묵과하는 추상적 보편주의의 주창자들——성·민족, 사회적 지위의 관점에서 특권을 부여받은 이들은 보편을 확보하는 조건들을 사실상 독점하면서 나아가 독점을 정당화하기까지 한다——과, 견유적이고 환상에서 깨어난 상대주의의 옹호자들에게 동일한 거부를 대립시켜야 한다. 그들의 십자포화를 맞을 각오를 하고 말이다. 국가 내부에서와 마찬가지로 국가들의 관계에 있어서도 추상적 보편주의는 대개의 경우 기존 질서를 정당화하고 권력과 특권의 현행 배분을 정당화하는 데 소용된다. 다시 말해 그것은 유럽-아메리카인(백인)이라는 이성애(異性愛)적인 부르주아 인간의 지배를 정당화하는 데 소용되는 것이다. 이러한 정당화 작업이 내세우는 것은 추상적 보편(민주주의·인권 등)의 형식적 요구들이지만, 이 보편은 그것을 역사적으로 실현시킬 수 있는 경제적·사회적 조건들과 유리되어 있다. 또는 더 나쁜 것이지만, 이 정당화 작업이 보란 듯이 보편주의적으로 내세우는 명분은 독립적 개별주의에 대한 모든 요구를 단죄하고, 동시에 낙인이 찍힌 특수성(여자들·게이들·흑인들 등)을 토대로 구축되고 보다 포괄적인 사회적 단위들('국민'·'인류')로부터 스스로를 배제시킨다고 의심받거나 비난받는 모든 '공동체들'을 단죄하는 것이다. 다른 한편 보편, 진실한 가치들, 해방에 대한 믿음의 모든 형태, 한 마디로 **계몽**에 대한 믿음의 모든 형태, 그리고 보편적 진리들과 가치들에 대한 모든 주장을 초보적 형태의 상대주의——이 상대주의는 보편주의적 모든 신념을 헤게모니를 영속화시키려는 목적이 있는 위선적인 술책들로 간주한다——를 내세워 회의적으로 혹은 파렴치하게 거부하는 것은, 어떤 의미에서 사태를 있는 그대로 수용하는 보다 더 위험스러운 방식이다. 왜냐하면 그것은 급진주의의 모습을 띨 수 있기 때문이다.

추상적인 보편주의의 기만적인 위선에 **대항하면서 동시에** 보편에 접근할 수 있는 조건들에 보편적인 접근을 **위해서** 싸우는 데는 외관상의 모습에도 불구하고 모순이 없다. 보편에 접근할 수 있는 조건들에 대한 보편적인 접근은 보편주의적 선전과 허무주의적인 (허구적) 전복이 공통으로 망각하고 있는 모든 진정한 휴머니즘의 가장 중요한 목표이다. **계몽**에 대한 항구적인 계몽의 조건으로서 형식적으로 보편주의적인 비판에 대한 비판은 그만큼 더 절대적으로 불가피해진다. 왜냐하면 민족중심주의의 모든 형태들의 원리에 자리잡고 있는 경향인 특별한 경우를 보편화시키려는 경향이 이 경우 관용과 미덕의 모든 외양을 가지고 있기 때문이다. 언어적 보편주의가 동화시키면서 이루어 내는 병합 속에 함축된 **보편의 제국주의**는, 학구적 요구들의 보편화를 통해서 동일 국가 내의 지배 관계 속에서 행사될 수 있다. 그러나 학구적 요구들의 보편화는 이를 만족시킬 수 있는 수단들의 유사한 보편화를 동반하지 않는다. 학교 제도는 문화적 법칙에 대한 거의 보편적인 인정을 강제할 수는 있지만, 이 법칙을 따르는 데 필요한 보편적 경험들에 대한 지식을 그만큼 광범위하게 결코 배분시킬 수 없다는 점에서, 인식론적 지배의 사회변호론[14]에 기만적이지만 사회적으로는 매우 강력한 토대를 제공한다.

병합주의적인 폭력은 또한 국가들과 사회들 사이의 상징적 지배 관계에서도 행해질 수 있다. 사회들은 지배 국가들이 정치·법·학문·예술·문학과 관련하여 스스로에게(따라서 피지배자들에게) 강제할 수 있고, 다른 국가들에게도 보편적인 것으로 강제할 수 있는 것을 생산하고 수용할 수 있는 조건들에 불평등하게 접근하는 것이다. 두 경우에 있어서 암묵적 규범으로 설정되고 인류의 본질이 실현된 것으로 설정된(모든 인종차별주의들은 본질주의들이다) 지배 방식은, 역사적 차별로부터 나온 특수성들을 구성하는 보편화의 효력을 통해서 자연적인 것인 양 주장되는 경향을 보인다. 이 특수성들 가운데 일부(남성·백인 등)는 표시가 나지 않고 중립적이며 보편적인 속성들을 구성하며, 다른 것들은 부정적이고 낙인찍힌 '성격들'을 구성한다. 피지배자(특히 오늘날 '흑인' '아랍인')의 차별적인 속성들은 '정신 상태'('원시적' '여성적' '서민적')에 연결된 결함들, 다시 말해 역사적 성격이 지워져 버린 어떤 본성(이 본성은 때때로 길들이기의 희생자들에 의해 터무니없이 본성으로 주장되기도 한다)이나 준(準)본성에 연결된 결함들로 규정된다. 그리하여 그것들은 더 이상 지배 관계에 의해 특징지어지는 집단적·개인적 역사의 특수성들에 그 책임을 돌릴 수 있는 것으로 나타나지 않는다.

그리하여 원인과 결과의 단순한 전복을 통하여 사람들은 희생자의 본성을 그가 당한 박탈·절단·결핍의 책임이라고 전가하면서 '그를 비난할' 수 있는 것이다. 가장 주목할 만한 것들은 아마도 식민지의 상황이 만들어 낸 것들이라 할 수 있는 수많은 예들 가운데, 우리는 오토 바이닝거에게서 빌릴 수 있는 진주 같은 예를 들 수 있다. 그는 칸트 철학을 원용하는 한 작품에서 유대인들과 여자들을 **계몽**의 계획이 노출된, 타율성과 무질서의 위협을 가장 해롭게 구현하고 있다고 기술했다. 그는 고유한 이름과 이 이름에의 집착을 '인간의 인격이 지닌 필요한 차원'으로 간주하면서, 여자들이 자신의 이름을 버리고 남편의 이름을 취하는 그 용이함을 비난했다. 그리하여 그는 극도의 위엄을 드러내며 이렇게 결론내렸다. "여자는 본질상 이름이 없는데, 이는 여자가 천성적으로 인격이 없기 때문이다."[15] (우리는 여기서 인종차별주의적인 증오에 담긴 모든 오류추리의 패러다임과 만난다. 우리는 이 오류들의 예를 여자·동성애자·흑인·이민자·무산자들 같은 지배받고 낙인찍힌 집단들에 관한 담론들과 실천들 속에서 매일같이 찾아낼 수 있을 것이다. 이들 집단들은 그들에게 가해진 운명에 대한 책임이 있다고 선언되어, 그들이 자신들에게 사실상 거부되어 있는 보편성에의 권리를 요구하기 위해 움직이자마자 '보편'의 질서를 따르라고 요구받는다.)

파스칼은 "두 가지 지나친 것, 즉 이성을 배제하는 것과 이성만을 받아들이는 것"[16]에 대해 우리를 경계시키고 있다. 역사적인 긴 투쟁 끝에 역사 속에 설정된 얼마 안 되는 이성은 끊임없이 방어되어야 한다. 그것은 우선 추론적 이성의 열광에 대한, 그리고 이 이성이 정당화하는 권력의 남용——이 남용은 헤겔이 지적했듯이 비이성주의를 낳는다——에 대한 끊임없는 비판을 통해서 방어되어야 한다. 다음으로 그것은 특히 이성의 **현실주의적 정치 투쟁**을 통해서 방어되어야 한다. 앞으로도 보겠지만, 이 투쟁이 효율적이기 위해서는 투쟁이 논거들의 힘 이외에 다른 어떠한 힘을 알거나 인정하지 않는 합리적 대화라는 규율 있는 대결에만 국한될 수는 없다.

순수한 쾌락의 불순한 조건들

학구적 환상의 세번째 차원은 미학적 보편주의이다. 칸트는 취향의 판단을 가능케 하는 조건들에 대한 탐구에서 이 보편주의에 대한 가장 순수한 표현을 제공했다. 하지만 그는 이 판단을 가능케 하는 사회적 조건들을 간과하고 있다. 이 조건들은 '감성의 초연한 유희'나 '느끼는 능력의 순수한 발휘,' 간단히 말해 이른바 감성의 초월적 사용이 분명히 전제하는 조건들이다. 미적인 쾌락, 즉 칸트가 말하듯이 '모든 인간이 **마땅히** 느낄 수 있어야 하는 순수한 쾌락'은 이른바 '순수한' 성향이 형성될 수 있는 조건들에 접근할 수 있는 자들의 특권이다. 한쪽에서는 기나긴 진화를 겪은 끝에 자율적인 세계가 출현했다. 이 자율적 세계는 예술의 장으로서 경제적·정치적 구속들로부터 해방되었으며, 그것이 인정하는 법칙은 그것이 자체적으로 처방한 법칙, 즉 그 자체 이외에 다른 목적이 없는 예술의 법칙뿐이다. 다른 한쪽에서는 사회 세계 내에서 위치들의 점유가 있었다. 이 위치들 속에서 '순수한' 쾌락, 다시 말해 순전히 미적인 쾌락에 접근하게 해주는 '순수한' 성향은 특히 가정 또는 학교 교육을 통해서 형성될 수 있다. 그리고 일단 형성되면 이 성향은 훈련될 수 있으며, 그렇게 하면서 유지되고 영속화될 수 있다. (우리는 부대적으로 합리적이거나 현명한 경제적 선택에 대해서도 동일한 이야기를 할 수 있을 것이다. 이러한 경제적 선택은 한편으로 계산과 예측을 가능케 하고, 이것들에 대한 성향의 발전과 훈련을 용이케 하는 경제적 세계의 존재를 전제한다. 그것이 다른 한편으로 전제하는 것은, 예측적이고 계산적인 성향이 형성되고 훈련되어 강화될 수 있게 하는 조건들을 획득하는 것이다.)

사실 모든 미학적 고찰은 출발점으로 아마 약간은 진부할 테지만 통계를 택해야 한다. 이 통계에 따르면 미술관에 가고 싶은 수학적 희망은 교육 수준, 보다 명확히 말하면 학교를 다닌 횟수와 밀접하게 관련되어 있다. 학교에 대해 우리가 알고 있는 것은, 적어도 프랑스에서는 그것이 엄밀히 예술적인 교육에는 아주 조금밖에 위상을 부여하지 않는다는 점이다. 이런 측면은 학구적 상황이 주는 특별한 효과의 존재를 상정하지 않을 수 없게 만든다. 논의의 여지없는 이와 같은 자료가 상기시킬 수밖에 없는 것은, 예술 작품으로서 인정된 대상들——이것들은 이른바 미술관이라는 분리되고 신성하며 신성화시키는 장소들에 전시됨으로써 예술 작품으로 인정된 것이다. 이 장소들은 예술장의 구성적 관점(노모스)을 제도화한 것과 같은 것이다——앞에서 미적 즐거움을 추구하고 느끼는 성향은 자연적인 면도 보편적인 면도 전혀 없다는 것이다. 이 성향은 특별한 조건들의 산물이므로 사실 일부 특권자들의 독점물이다. (비록 그 어떤 것도 미를 알아보고 미적 즐거움——미적 즐거움은 이 즐거움을 실현시켜 주는 사회적 조건들을 만날 수도 있고 그렇지 않을 수도 있다——을 느끼는 잠재적 능력을 '눈'의 신화와 더불어 일부 사람들에게 제한하는 것을 허용하지 않는다 할지라도 말이다.)

플라톤으로부터 하이데거에 이르기까지, 사상·예술 또는 도덕과 관련하여 선택된 자들과 배제된 자들 사이의 차이를 다소간 명료한 사회변호론을 통해 정당화시키면서, 이 차이를 이론적으로 인준하는 그야말로 귀족적 전통에 대립하여 보편주의적 휴머니즘은 인류의 보편적 지식들에 대한 권리를 외관상으로는 인정하고 있다. 그러나 이러한 인정은 다만 보편주의적 휴머니즘이 학문적 '주체'가 자신의 특수성(학문적·윤리적 혹은 미학적) 속에서 겪는 경험에 대한 분석법을 보편성을 띤 주체의 특징화로 바꾸기 때문에 일어나는 것이다. 따라서 보편주의적 휴머니즘 역시 차이를 인준하지만 보다 음험한 방식으로 인준한다. 즉 그것은 이 차이를 가능하게 만드는 사회적 조건들을 단순히 생략하고, 동시에 망각되거나 무시된 이러한 조건들의 혜택을 입은 규범을 가능한 모든 실제의 규범으로 구성하는 방식을 택하는 것이다. 그리하여 이러한 인준은 이의가 제기될 수 있는 기회가 거의 없다. 그것은 보편성을 특징으로 가지고 있기 때문에(예술 분야나 다른 분야에서) 스스로를 보편적이라고 느낄 수 있는 권리와, 이 보편에 대한 보편적 인정을 요구할 수 있는 권리가 있다고 느끼는 사람들을 만족시킬 수밖에 없다. 이 보편은 그들이 매우 완벽하게 구현하는 것이며, 특히 자신들의 관점에서 문화적 선전을 통해 정당화시키는데, 게다가 이 선전은 차이를 부각시키고 유지시키려는 그들의 염려와 공존할 수 있다. 그러나 역설적으로(사람들이 원하든 원치 않든 간에 이 문제에 있어서는 저항이 아주 조금밖에 없다) 그와 같은 인준은 보편에 접근하게 해주는 조건들로부터 배제된 사람들에 의해서도 받아들여지게 된다. 이들은 흔히 요구와 결핍들을 만들어 내는 보편적인 규범으로(특히 학교의 작용 덕분에) 형성된 현행 법칙을 충분히 심층적으로 내면화시킴으로써 결핍되고 박탈되었다는 느낌은 아닐지라도, 어떤 경우들에 있어서는 적어도 무언가 잘려져 있고 말하자면 줄어들었다고 느끼는 자들이다.

칸트가 말하는 취향의 판단, 즉 '보편적 유효성을 주장하는' 판단을 가능하게 해주는 매우 특수한 사회적 조건들의 환기는, 보편성에 대한 이 판단의 주장과 동시에 칸트 미학의 주장을 제한시키지 않을 수 없게 만든다. 우리가 일부 역사적인 사회들의 일부 교양 있는 '주체들'이 맛볼 수 있는 미학적 경험에 대한 거의 현상학적 분석을 내세워 그러한 미학에 제한된 유효성을 부여할 수 있다면, 그것은 곧바로 다음과 같은 점을 덧붙이기 위한 것이다. 즉 이 미학이 그것을 가능케 하는 역사적인 고유한 조건들, 다시 말해 고유한 한계들을 망각하면서 수행하는 무의식적 보편화, 즉 특별한 경우의 무의식적 보편화는 예술 작품(또는 세계)에 대한 특수한 경험을 가능한 모든 미적 경험의 보편적 규범으로 구성하고, 이 특수한 경험을 할 수 있는 특권을 가진 자들을 암묵적으로 정당화시키는 결과를 가져온다는 것이다.

민중에게 하나의 '미학'이나 '대중 문화'를 부여하게 만드는 민중주의적 탐미주의 또한 학구적 환상이 가져온, 아마도 가장 예기치 않은 결과일 것이다. 그것은 학구적 관점의 암묵적 보편화를 수행하지만, 이 보편화를 가능케 하는 조건들을 보편화하려는 현실적 의도를 조금도 동반하지 않는다. '순수한' 미적 판단이 전제하는 실제적 이해 관계의 정지를 가능케 하는 사회적 조건들을 인정하지 않기 때문에, 사람들은 미적 관점을 가능하게 만드는 경제적·사회적 특권을 모든 남녀에게 암묵적인 함축을 통해서 부여하는데, 이와 같은 부여는 허구적이며 **이론상에** 불과하다. 사실 어떤 사람들에게 가해진 별로 인간적이지 못한 생존 조건들을 진술(고발)하는 것과, 동시에 이 조건들을 겪고 있는 사람들이 우리가 '문화'와 '미학' 같은 개념들 속에 암묵적으로 기술하는, 무상하고 초연한 자세——그렇게 기술하는 것은 이 자세가 이 개념들 속에 사회적으로 편입되어 있기 때문이다——를 취할 수 있는 능력 같은 인간적 잠재력들을 현실적으로 완전히 실현할 수 있다고 신뢰를 부여하는 것은 모순될 수밖에 없다.

명예를 회복시키겠다는 찬양할 만한 고심은 이해될 수 있으리라. 왜냐하면 아마 바로 이 고심이 나에게 영감을 불러일으켰을 것이기 때문이다. 예를 들어 내가 다음과 같은 점을 보여 주려고 시도했을 때 말이다.

즉 극도로 가난한 아마추어들이 특히 가정 생활의 엄숙한 순간들을 형식을 차려 축하하기 위해 창출하는 상투적이고 판에 박은 모습의 진부한 풍경들이나, 예술적 의도가 깃들인 사진들에 내리는 놀라움이나 분노에 찬 판단들은 어떤 정연한 원리들에 따르지만, 이 원리들은 칸트 미학의 원리들과는 정반대된다는 점 말이다. (이런 측면은 엄밀히 말해서 인용 부호로 표시하지 않고는 이 원리들에 대해, 하나의 미학에 대해 이야기하듯이 말하는 것을 허용치 않는다.)[17] 윌리엄 라보브가 다음과 같은 점을 보여주려고 노력하도록 고무시킨 것도 동일한 고심이다. 즉 흑인 집단 거주 지역 청년들의 언어가 하버드대학 학생들의 현학적으로 수다스럽고 완곡하여 때로는 애매한 담론만큼 세련된 신학적 분석들을 지니고 있다는 점 말이다.[18] 그러나 이러한 측면이, 예를 들어 다음과 같은 사실을 무시하도록 이끌어서는 안 될 것이다. 즉 엘리트 학교들의 학생들이 내놓는 담론과는 달리, 할렘가의 청년들이 사용하는 컬러가 창의적이고 다채로우며 따라서 미적인 강렬한 만족을 주기에 안성맞춤인 언어는 학교 시장에서는, 그리고 고용 면담을 필두로 한 동일한 종류의 사회적 상황들에서는 여전히 전적으로 가치가 박탈되어 있다는 사실 말이다.

'대중 문화'에 대한 예찬은 아주 흔히 민중의 관행을 상스러움이나 저속함으로 몰아붙이는 계급적 인종차별주의를 언어적으로 그리고 효과도 없이, 따라서 사실과 다르게 혁명적으로 전복시킨 것에 불과하다. 여성성에 대한 어떤 축제들이 남성의 지배를 강화시키도록 만드는 것에 불과하듯이 '민중'을 존중하는, 요컨대 매우 편안한 이와 같은 방식은 겉으로는 민중을 찬양하는 모습을 띠지만 박탈을 선택이나 선택적 실행으로 전환시키면서 민중을 현재의 신분 속에 가두거나 틀어박히도록 하는 데 기여한다. 그것은 사태를 있는 그대로 놓아두면서 전복적이고 역설적인 관용의 과시가 주는 모든 이점들을 얻게 해준다. 이 상태에서 한쪽에는 실질적으로 교양 있는 문화(또는 언어)를 가진 사람들이 있다. 이 문화는 자체의 뛰어난 전복도 흡수할 수 있는 문화이다. 다른 한쪽에는 사회적인 모든 가치가 박탈되고, 노골적인 가치의 평가 절하를 받을 수밖에 없는 문화나 언어(라보브가 이야기하는 **엉터리 영어** 같은 것)를 가진 사람들이 있다. 사람들은 이 언어를 단순한 허위를 통해 이론적 문자로 허구적으로 복원하는 것이다.

이 점이 말하는 것은 가장 박탈된 자들을 향한 '문화 정책들'이 두 개의 위선적 형태 사이에 흔들리지 않을 수 없다는 것이다. (우리는 이 점을 오늘날 소수 인종들, 특히 이민 온 자들에 대한 처우에서 분명히 볼 수 있다.) 한쪽에서는 당당하게 강제되어 받아들여졌기 때문에 선택의 대상으로 되어 버린 '문화적' 개별성들과 개별주의들을 친절하고 대수롭지 않게 존중해야 한다는 명분을 내세운다. (나는 예를 들어 어떤 보수주의가 '차이를 존중'하는 관례나, 집단 거주 지구들에 대한 미국 전문가들이 창안한 모방할 수 없는 개념인 '가난의 문화'에 대해 생각한다.) 그리하여 박탈된 자들은 자신들의 잘려진 가능성들을 실현할 수 있는 현실적인 수단들을 제공받지 못한 채 현상태에 갇히게 된다. 다른 한쪽에는 동일한 요구들(오늘날의 학교 제도 같은 것)이 보편적으로 강제되지만, 이 요구들을 만족시킬 수 있는 수단들이 보편적으로 배분되는 것에 대해서는 걱정하지 않는다. 그리하여 사람들은 기록하고 인준하는 데 만족하는 불평등을 정당화시키는 데 기여한다. 나아가 그들은 우선 학교에서부터 형식적인 평등 속에 자리잡은 실질적 불평등의 결과들과 연결된 상징적 폭력을 행사하는 것이다. (이 점은 우리가 다음과 같은 사실을 안다면 실로 매우 절망적인 확인이다. 즉 적어도 현대 국가들에서 피지배자들이 무언가를 고상하게 만들 목적에서 스스로 그것을 고유한 문화로 소화해 낼 수 있는 가능성은, 문화적 강요를 하고 탈문화화시키는 힘들이 가져오는 결과 때문에 거의 완전히 배제되어 있다는 것이다. 이 힘들 가운데 첫번째 대열에 학교 제도가 있다. 학교 제도는——대중 매체 수단들의 협력을 얻어——주변 문화 전통들을 파괴하는 데 상당히 효율적이지만 중심 문화에 광범위하게 접근시켜 줄 수는 없다.)

그리하여 미의 경험을 가능하게 해주는 사회적 조건들, 무시되었거나 억제된 이 조건들과 미의 경험을 현실적으로 보편화시킬 수 있는 조건들의 망각은, 그 자체로서 보편주의적 사색가가 보편적 주장을 담은 자신의 미적 경험의 매우 특수하고 특권적인 사회적 조건들을 암묵적으로 지지하고 있다는 것을 충분히 입증한다. 그러나 《판단력 비판》은 보다 직접적인 또 다른 증언을 전달한다. 즉 미적 판단 이론의 엄격한 구축 기술은 단지 **독서가들**의 자연 발생적인 공감적 해설에 의해서만 인지될 수 있는데 하나의 은밀한 담론, 즉 학구적 무의식의 담론을 감추고 있다. 이 담론에서는 '야만적 취향'에 대한 혐오가 선언된다. 이 취향은 보편성의 모든 속성들을 갖춘 '순수 취향'의 순전히 감각적인 반명제로서 '혀·구개(口蓋)·목구멍의 취향'이다. 그리고 아마 우리는 다음과 같은 사람들도 외관상 역시 역설적인 유사한 증언을 하고 있음을 알아보아야 할 것이다. 즉 보편주의에 대한 극도의 명백한 위반이 나타나, 곧바로 이 위반이 개별주의적 이탈처럼 고발되는 효율적인 항의 운동이 전개될 때만 보편주의를 방어하려고 걱정하기 시작하는 자들 말이다.

이성의 애매성

보편이 발생되는 세계들이 출현하는 사회적 조건들을 단순히 상기시키기만 해도 최초 **계몽주의**의 순진할 정도로 보편주의적인 낙관주의에 빠지는 것은 금지된다. 이성의 도래는 특권에 토대를 둔 사회적 소세계들의 점진적 자율화와 불가분의 관계에 있기 때문이다. 이 소세계들 속에서 이론적으로는 보편적이지만 실제로는 몇몇 사람들에 의해 독점된 사유와 행동 방식들이 조금씩 창안되었던 것이다. 이로부터의 결과인 애매성이 설명하는 것은 '통속적인 것', 즉 길들여진 야만성에 대한 귀족적 멸시와 보편주의적 도덕주의에 동시에 빠질 수 있거나 아니면 교대로 빠질 수 있다는 것이다. 이 보편주의적 도덕주의는 국외적이 되었든 국내적이 되었든 조건 없는 '휴머니티'에 대한 조건 없는 관용을 말한다.

동일한 애매성이 지배적인 국가들과 피지배적인 국가들 사이에서——아니면 지방들과 언어 및 문화 등을 포함해 중앙 정부에 병합된 지역들 사이에서——도 관찰된다. 그리하여(민법·미터법·10진법적 화폐 체계, 그리고 다른 많은 '합리적' 창안물을 가지고) 국가(프랑스)를 대부분의 동시대 국가들보다 보편성의 정도를 우월하게 끌어올린 자들, 즉 1789년의 혁명가들은 자신들의 보편주의적 신념을 민족(혹은 민족주의적) 국가와 이 국가의 고위 관리들을 위해 자리잡은 보편의 제국주의에 투자했다. 그 결과 그들은 칸트처럼 메시지의 빛나는 측면에 주의를 기울였던 사람들의 보편주의적 열광이나 하이데거가 이론을 뒷받침한 반동적 민족주의처럼 대립적인 반작용——비록 이 반작용 역시 이해할 수 있는 것이었지만——을 불러일으킬 수 있었다. 그래서 우리는 어쨌든 민족의 반동적 신비 사상 속에서 보편의 제국주의가 나타내는 애매한 공격에 대한 뒤틀린 반격(이 반격은 오늘날의 이슬람주의적인 체제 완전보존주의와 같다고 할 수 있으리라)을 볼 줄 안다면 이 신비 사상을 보다 잘 이해하게 되는 것이다. 그것이 보편주의적인 신념에 대해, 그리고 이 신념과 흔히 짝을 이루는 비합리주의적인 페이소스에 대해 보다 더 반감적인 것을 지녔다는 측면 말이다.

계몽주의의 몽매주의는 이성의 맹목적 숭배와 보편에 대한 광신의 형태를 띨 수 있다. 이러한 숭배와 광신은 전통적인 모든 신앙 표현에 폐쇄되어 있으며, 예를 들어 종교적 체제 완전보존주의에 대한 일부 고발들이 드러내는 반사적 폭력이 입증하고 있듯이, 그것들이 고발하는 것 못지않게 그것들 자체도 모호하고 불투명하다. 그러나 특히 이성은 특권에 의해, 그것도 스스로를 인지하지 못하는 특권에 의해 가능하다는 점에서 권력을 남용할 잠재적 성격을 담고 있다. 그것은 **여가**를 토대로 구축되고, 지배 작업의 분할 속에 객관적으로(특히 학교 제도와의 관계를 통해서) 가담한 장들(법률적·학문적 장 등) 속에서 창출된다. 그것은 희귀성이 부여되어 있기 때문에 언제나(문화적 혹은 정보적인) 자본으로 기능하고, 그것이 창출되는 경제적·사회적 조건들이 알려져 있지 않다는 점에서 상징적 자본으로도 가능하며, 따라서 물질적·상징적 이점의 원천이자 지배와 정당화의 도구로서 기능하는 경향이 있다. 그것은 **합리화**(프로이트와 베버가 말하는 이중적 의미에서) 아니면 그보다는 최고의 사회변호론인 보편화를 가지고 더할나위없는 정당화의 형태를 제공하기까지 한다. 불투명하고 필요한 상징 체계의 장벽을 통해서 학구적 차단을 구현하고, 박식한 이공과 대학생에게나 가치 있는 제안들을 기술하게 해주는 법률적 혹은 정밀한 형식화는 가장 임의적인 내용들에 가장 저항할 수 없는 외관을 부여할 수 있는 것이다.

참고적인 이야기를 하겠다. 나의 내면에 졸고 있는 **학구적 인간**이 존 롤스의 이론적 구축 앞에서 느낄 수 있는 존경에도 불구하고, 나는 '논리의 현상들'이 '현상들의 논리'를 너무도 현저하게 이지러뜨리거나 박살내는 형식적 모형에 더 이상 찬동할 수 없다.[19] 과연 어떻게 다음과 같은 점을 깨닫지 않을 수 있단 말인가? 즉 우리가 여러 번 암시했던 바와 같이, 롤스가 기본적 자유들의 우선권을 위하여 개진하는 논증의 독단적 성격은, 그가 원래의 입장을 견지하는 파트너들에게 자신의 것에 다름 아닌 잠재적인 이상을 암묵적으로 부여하고 있다는 사실에 의해 설명된다는 점 말이다. 그런데 이 이상은 미국식 민주주의의 이상적 비전에 집착한 **학구적 인간**의 이상이다.[20] 그리고 특히 저자와 독자들이 사회 계약의 가정들에 대한 이와 같은 분석이 지닌 학구적 가정들을 받아들일 수 있기 위해 충족되어야 하는 조건들을 어떻게 잊을 수 있다는 말인가? 특히 이 사회 계약은 계약자들로부터 각자의 사회적 특성들과 관련된 모든 정보들을 박탈하는 것이다. 요컨대 그것은 신고전주의적 이론들의 모델에 따르면, 계약자들을 상호 교환할 수 있는 개인들의 상태로 만들어 버리는 것이다. 전형적으로 학구적인 다음과 같은 정신적 경험에, 즉——본질상 이론적 전통들 사이의 괴리에 그 책임을 돌릴 수 있는 외관상의 불일치에도 불구하고, 롤스와 매우 가까운 하버마스의 경우에서처럼——상당히 비현실적인 정치 문제를 합리적인 윤리 문제로 만들어 버리는 경향이 있는 그런 경험에 판결을 내리는 데 결정적이고 준유희적인 지지 이외에 다른 무엇을 보낼 수 있겠는가? 그런 경험으로서 우리는 쌍방의 취향·재능·관심에 대해선 아무것도 모르며, 그들이 차지하는 사회적 위치에 대해서도 그들이 살게 될 사회에 대해서도 아무것도 모른다는 가정을 하면서, 이들이 속한 사람들의 동의를 얻지 않으면 안 될 사회적·경제적 제도들을 조직하고자 노력한다고 상상해 보자. 그러면 우리는 롤스가 '무지의 베일'이라 일컫는 것——다시 말해 정의의 이론은, 우리가 일반적으로 완벽한 공정성과 대립되는 것에 대해 아무것도 모른다는 가정의 상황에서 우리의 권리와 협력의 규칙이 무엇인지 말해야 한다는 관념——은, 그가 자신의 사유 방식을 빌린 경제적 정통성이 부지불식간에 근거하는 추상 작용의, 요컨대 매우 유용하고 훌륭한 환기라고 생각지 않을 수 없는 것이다. 참고적인 이야기는 이것으로 마치겠다.

국가 귀족 계급은 그들의 자격을 보장해 준다고 생각되는 학교와 학교의 자격증들 속에서 그들이 내세우는 사회변호론의 원리를 찾아낸다. 19세기의 부르주아 계급은 자신들의 정당성과 떳떳한 양심을 '가난한 공로자'와, 선견지명이 없고 부도덕하다고 도덕적으로 단죄된 기타 다른 사람들 사이의 구별에 토대를 두었다. 국가 귀족 계급 역시 '빈자들'(혹은 오늘날 사람들이 말한다면 제명된 자들)이 있다. 이들은 생존의 수단일 뿐 아니라 존재하고 있는 것을 정당화시키는 수단인 노동에서 쫓겨나, 이제 선택과 제외를 결정하고 정당화시키게 되어 있는 것, 즉 자질——이 자질은 존재의 이유이며, 단지 국가만이 합리적이고 보편적인 길들에 따라 보장하게 되어 있는 권력의 자리에 앉게 해주는 이유이다——의 이름으로(그리고 때로는 자신들의 관점에서도) 단죄된다. '자연이 준 천품'이라는 신화와 지성의 인종차별주의는, 윤리적으로 혹은 정치적으로 선언된 참여에서 나타나는 차이를 넘어서 모든 지배자들이 내밀하게 체험하는 사회변호론의 중심에 자리잡고 있다. 이 사회변호론은(사회적으로 절도 있는) '지성'을 최고로 정당화하는 원리로 삼으며——모든 것을 성공해야 하는 '성과'의 문명 속에서——가난과 실패를 더 이상 게으름, 선견지명의 부족, 악덕으로 돌리는 것이 아니라 어리석음으로 돌린다.

이성의 명분을 전진시키기 위해 합리적 선전의 유일한 힘에 의존하는, 이해력의 모든 개혁 계획은 여전히 학구적인 환상의 포로가 되어 있다. 따라서 보편의 **현실주의적 정치**에 호소하지 않을 수 없는 것이다. 이 현실주의적 정치는 정치적 투쟁의 특수한 형태로서, 투쟁의 방향은 이성을 발휘할 수 있는 사회적 조건들과 지적인 활동의 제도적인 토대들을 방어하는 것이며, 이성이 역사 속에서 실현될 수 있는 조건인 도구들을 이성에 제공하는 것이다. 인본주의적 선전에 대한 도전이 되었든 부정이 되었든, 그와 같은 정치의 목적은 보편에 접근할 수 있는 사회적 조건들의 불평등한 배분에 유념하면서, 역사적 획득물을 생산하고 소비하는 수단들에 모든 사람들의 접근이 유리하도록 도처에서 모든 수단들을 동원하여 애쓰는 것이다. 이 역사적 획득물들은 학구적 장들의 내적 투쟁의 논리가 일정한 시기에 보편적인 것으로 설정하는 것이다. (그렇지만 이 논리는 그것들을 맹목적 숭배의 대상으로 만들지 않도록 조심하고, 그것들이 정당화라는 사회적으로 유일한 기능 때문에 얻게 되는 모든 것을 가차없는 비판을 통해 그것들에서 제거하기 위해 주의를 기울인다.)

또한 그러한 정치가 목표로 할 수 있는 것은 실천 이성을 복원시키는 것이고, 표상들과 행위들에 있어서 이론과 실제 사이의 사회적 분할을 전복시키는 것이다. 학구적 무의식에 심층적으로 들어 있는 이와 같은 대립은 모든 사유를 지배한다. 분할의 절대적 원리로 기능하면서 그것은 예를 들어 다음과 같은 것을 발견하는 일을 금지한다. 즉 듀이가 상기시키고 있듯이, 알맞게 적응된 실천(하나의 언어를 말한다든가 자전거를 타는 것)이 하나의 지식이라는 것과 완전히 개별적인 하나의 사색 형태까지 간직하고 있다는 것 말이다. 대립은 그것이 기초로서 받치고 있는 모든 계층 체계들을 통해서 지적이고 예술적인 삶에서까지('순수한 것'과 '응용된 것', '과학적인 것'과 '기술적인 것', '예술적인 것'과 '장식적인 것' 등 사이의 대립) 사유와 실제에 강제된다. 그것은 또한 오성과 감성 사이의 칸트의 구분처럼 학문적 담론의 많은 이분법들을 통해서도 강제된다. 칸트의 구분은 이미 지적 능력의 발휘를 함축하지 않는 감성의 사용은 존재하지 않는다는 것을 인지하지 못하게 한다.

이러한 대립은 '합리적인 행동'의 논리주의를 띤 모든 형태들과 더불어, 예를 들어 추론적인 이성을 하나의 본성의 보편성 속에 편입시키는 학구적 명예심에 의해 끊임없이 강화됨으로써 분별과 신중함(아리스토텔레스가 말하는 'phronesis'의 의미에서)을 기조로 하는 확대되고 현실주의적인 합리주의를 구축하는 데 장애가 되는 것이다. 이 합리주의는 일부 비합리주의적이고 반동적인 민중주의가 합리주의에 대립시켰던 실제와 전통의 찬양에 떨어지지 않고도 실제적 이성의 특수한 이유들을 방어할 수 있는 것이다. 그것은 또한 '지성'의 형태들이 드러내는 다원성의 실질적(다시 말해 학교 차원에서 승인된) 인정을 강제할 수 있고, 다형적(多形的)인 이 능력의 가장 형식적인 형태들만을 인정한다는 방침 위에 토대를 둔 교과서적 판결들이 일상적으로 발휘하는 확실한 **운명적 파장**을 모든 수단을 통해 쳐부술 수 있다.

탈선. '순수' 사유의 '습관적인' 한계

이론과 실제 사이의 경계는 실제적 지식에 대한 정확한 지식을 생산하는 것을 가로막고, 이 정확한 지식에 위상을 부여할 수 있는 이성의 이론을 확립하는 것을 가로막는다. 이 경계를 넘어서는 것이 얼마나 어려운지를 느끼게 하기 위해 나는 여기서 후설의 텍스트 하나를 인용하고자 한다. 이 텍스트에서 우리는 '지각이 없는' 지식이 근본 경험이 지닌 특수한 논리를 인정할 마음을 가장 잘 갖추고, 또 그럴 준비가 가장 잘 된 철학자들에게 나타내는 도전을 보게 되는 것이다. "우리가 살고 있는 세계는 의미의 층위들을 파괴함으로써만 명백해질 수 있는 그 최초의 성격에서 볼 때, 논리적 작용들로부터 비롯되는 세계인 것만이 아니다. 또한 그것은 사물들을 판단의 가능한 기층들로서, 인지적 활동의 가능한 주제들로서 사전에 제공하는 장소인 것만도 아니다. 그것은 또한 '경험'이란 말에 결부된 완벽하게 구체적인 의미에서 경험의 세계인 것이다. 그리고 이 일상적인 의미는 순전히 인지적인 행동과는 어떤 식으로도 관련되어 있지 않다. 그것이 지닌 가장 일반적인 성격에서 본다면, 그것은 오히려 하나의 습관성과 관련되어 있다. 이 습관성은 그것을 갖추고 '경험이 있는' 사람에게는 삶의 일상적 상황들 속에서 이루어지는 결정과 행동에 있어서의 자신감을 확보해 준다. 동시에 우리는 이 표현(경험이 있다는)을 통해서 그러한 습관성을 획득하게 해주는 '경험'의 개인적 진보와 관련되는 것이다. 그리하여 '경험'이라는 말의 친근하고 구체적인 공통적 의미는 특수하게 인지적·사법적 행동 양식보다는 실천적·평가적 행동 양식을 훨씬 더 지칭한다."[21] 또 다른 전통에서 이른바 **면식을 통한 지식**과 이것이 얻게 해주는 '경험'의 특수성을 인정하면서, 그리고 이 특수성을 명료하게 **습관성**에 연결시키면서도(아마도 이런 이유 자체로 인해 그렇겠지만) 후설은 이 특수성에 지식의 위상을 거부한다. 그에 따르면 이 특수성 속에서 '인지적이고 사법적인' 것보다는 '실제적으로 활동적이고 평가적인' 행동 양식을 보아야 한다는 것이다. 마치 이론과 실제 사이의 대립의 무의식적 수용과, 특히 진부하게 발생론적인 설명 양식의 거부가 사물 자체로 되돌아가려는 그의 의지보다 더 강하고 신성한 한계를 뛰어넘는 것을 그에게 금지하는 것처럼 말이다.

그리하여 우리는 다음과 같은 점을 자문하게 된다. 즉 특히 하이데거와 가다머, 그리고 다른 전통을 이어받은 미카일 오크쇼트[22] 같은 합리주의적 전통에 적대적인 보수적 사상가들이 이성에 대한 배타적 믿음에 대항한 전통의 복원을 목적으로 실제적 지식의 일부 특성들을 진술할 수 있었던 것은, 그들이 실제와 관련된 모든 것에 대한 혐오를 극복하게 만드는 동기를 자신들에게 부여할 만큼 충분히 강력한 사회적 충동들에 의해 움직였기 때문이 아닌가 하고 말이다. 오크쇼트의 사상이 지닌 흥미로운 점은, 그것이 실제적인 지식에 대한 관심과 합리주의적인 경향——이 경향은 그가 이데올로기들이라 일컫는 명료한 이론들을 위해 실제적인 전통들을 평가 절하하고, 의식적으로 계획되어 의도적으로 실현된 모든 것을 시간이 흐르는 동안 무의식적으로 확립된 것보다 우월한 것으로 간주한다——에 대한 정치적 적대감 사이의 관계, 다른 사람들은 엄폐하거나 암시한 그 관계를 확립했다는 점이다.

상징적 폭력의 최고 형태

이론과 실제의 대립 같은 대립들을 통한 이런 종류의 사유 속에 존재하는 것은 모든 사회적 질서이다. 따라서 인류학 그리고 인류학과 관련된 학문들은 자연을 다루는 학문들처럼 사물에 대한 지식만을 목표로 하지 않으며, 어떤 지식의 대상 나아가 가능한 지식의 모든 대상에 대한 실제적 혹은 학문적 지식에 대한 지식도 목표로 한다. 그렇다고 이러한 측면이 이 학문들로 하여금 철학이 보통 그러한 임무를 스스로에게 부여하듯이, 특히 역사적 지식의 특별한 형태를 위한 최고의 절대적인 위치를 점유케 하는 것은 아니다. 그것들은 차례로 지식의 대상이 될 수 없기라도 한 것처럼 말이다. 그것들은 자신들이 지식의 방식들에 적용하는 지식 자체를 역사적 비판을 받도록 하면서, 이 지식의 방식들을 그것도 역사적으로 알고 역사화시키는 데 매진하는 것 이외에 다른 선택이 없다.

합리성, 즉 역사과학이 학문의 위상을 요구하면서, 그리고 단순한 '담론'(푸코 자신이 역사과학을 담론으로 격하시키려 했다)의 위상과 스스로를 구별하면서 원용하는 그 합리성 자체가 논리적으로 보면 역사적 투쟁의 중심 목적이다. 아마 그 이유는 이성 아니면 적어도 합리화가 점점 더 결정적인 역사적 힘이 되어가는 경향이 있기 때문일 것이다. 상징적 폭력의 더할나위없는 형태는, 하버마스와 푸코의 의례적인 대립을 넘어서 **합리적 의사 소통의 길들을 통해** 행사되는 **권력**이다. 이 권력은 합리화된 힘의 임의성에 동의를 줄 수밖에 없는 사람들의 강요된 지지를 받아 행사되는 것이다. 그들이 동의를 줄 수밖에 없는 것은, 그들이 이성으로 치장한 힘(학교 제도의 판결들을 통해, 또는 경제적 전문가들의 강요를 통해 작용하는 것들과 같은 힘)들에 의해 지배되는 질서가 생산하는 피지배적 산물들이기 때문이다.

아마 지배하기 위해서는 기술적·합리적 수단과 정당화를 언제나 더 많이 동원해야 할 것이고, 피지배자들은 점점 더 합리화되는 지배 형태들에 대항해 자신들을 방어하기 위해서는 언제나 더 많이 이성을 이용해야 한다. (예를 들어 나는 합리적 민중 선동의 도구로서 여론조사의 정치적 이용에 대해 생각한다.) 사회과학만이 때로는 그것이 야기시키고 무장하는 데 기여한 전적으로 새로운 지배 전략들의 정체를 폭로하고 거부할 수 있으므로 두 개의 방침 사이에서 그 어느 때보다 더 분명하게 선택을 해야 할 것이다. 즉 언제나 보다 더 합리화되는 지배에 지식의 합리적 수단들을 봉사시키든가, 아니면 특히 보편적 이성이 주는 이점들의 사실상 독점화에 합리적 지식이 가져다 줄 수 있는 기여와 지배를 합리적으로 분석하든가 말이다. 보편의 독점화라는 논리적이고 정치적인 이와 같은 스캔들의 사회적 조건들에 대한 의식과 지식은, 보편에 다다르게 하는 조건들의 보편화를 위한 영속적인 **정치 투쟁**의 목적과 수단을 명료하게 지시한다.

추서: 한 작가의 작품을 어떻게 읽을 것인가?

내가 두려워하는 것은, 독서가의 책읽기에 대한 나의 비판이 이 책읽기가 분명히 수행하는 탈현실화시키는 중립화의 희생물이 되지 않을까 하는 점이다. 그래서 내가 여기서 학구적 믿음의 토대를 건드리고 있다는 것을 알기 때문에, 나는 일종의 우화로서 보들레르의 경우를 이용하면서 이해시키거나 입증할 뿐 아니라 느끼고 경험하게 만들어 틀에 박힌 인습을 타파하거나 저항들을 제거코자 한다. 보들레르는 그의 작품이 반복되어 읽히는 동안 그 어느 작가보다 규범화의 결과가 낳은 희생물이 되어 왔던 것이다. 이 규범화는 레비 스트로스가 전혀 다른 것에 대해 이야기했던 '시작의 모방할 수 없는 위대함'을 탈역사화시키고 탈현실화시키면서, 동시에 그것을 다시 포착하는 것을 금지하는 불멸화를 말한다.

우리는 보들레르와 더불어 미지의 사회가 역사가나 민족학자에게 제기하는 것들과 같이 어려운 **역사인류학적** 문제에 직면한다. 그러나 오랫동안 아카데믹한 세계를 드나듦으로써 얻게 되는 허구적인 친근함으로 인하여 우리는 이 문제를 알지 못하고 있다. '고전 작가들'을 찬양하는 담론의 가장 낡아빠진 논점들 가운데 하나가 가져오는 결과는, 이 고전 작가들을 현재의 논쟁과 싸움들로부터 아주 멀리 시간과 공간 밖으로 보내 버리듯이 혼돈 상태로 되돌려보내 버린다는 것이다. 그런데도 이 논점은 역설적으로 그들을 우리와 동시대인들로, 그리고 우리와 가장 가까운 인물들로 묘사하는 것이다. 매우 동시대적이고 매우 가깝기 때문에 우리는 그들의 작품들에 대해 믿고 있는, 외관상 즉각적인 이해를 한순간도 의심해 보지 않는다.

그런데 우리는 보들레르가 처해 있던 사회 세계에 대해, 그리고 특히 그가 자신을 형성하는 데 함께 하면서도 대항했던 지적 세계에 대해 우리 자신도 모르는 사이에 완전히 낯설게 되었다. 그 대신 그는 문학장이라는 근본적으로 새롭지만 우리에게는 당연한 세계를 창출하는 데 기여하면서 이 지적 세계를 심층적으로 변모시켰을 뿐 아니라 **변혁시켰다.** 우리는 우리 자신의 무지를 모른 채 보들레르의 삶이 지닌 가장 비상한 측면, 다시 말해 일상을 넘어선 그 현실——'전복된 (경제적) 세계'로서의 문학적 소세계——이 도래하기 위해 그가 기울여야 했던 노력을 사라지게 하고 있다. 또 다른 위대한 이교적 원조인 마네처럼 보들레르는 그가 수행한 혁명이 이룩한 성공의 희생자이다. 우리가 그의 행동과 작품에 적용하는 인식의 범주들은 이러한 혁명으로부터 나온 세계의 산물인데, 그의 행동과 작품을 정상적이고 자연적이며 명백한 것들처럼 나타나게 하고 있다. 그리하여 가장 영웅적인 단절이 한 계급으로부터 물려받은 특권이 되었고, 이 특권은 이제 위반에 열중한 그야말로 형편없는 엉터리 작가와 반아카데미즘에 대한 아카데믹한 숭배에 빠진 가장 평범한 사제 같은 사람도 누릴 수 있게 되었다.

그렇다면 작가나 예술가의 창조적 독창성을 늘 '축소시키고' 파괴한다고 비난받는 사회학(또는 사회역사학)은, 반대로 통상적인 역사 기술(記述)이 소멸시키는 위대한 단절의 특이성에 정당한 업적을 인정할 수 있다. 역사 기술은 역사를 적절성의 원칙 없이 수집된 조그맣고 세세한 자료들의 랩소디로 만들어 버리면서, **객관적 관계**——보들레르는 이 관계에 대한 자신을 구축하기 위해 스스로를 규정해야만 했던 것이다——로 이루어진 사회적 세계를 구축하는 데 필요한 엄청난 노력을 면제받고 있다. 이 객관적 관계는 역사 기술이 기록하는 관계, 다시 말해 보들레르가 실제로 만났고 교제했던 작가들이나 예술가들과의 **실질적 상호 작용**으로 반드시 귀착되는 것이 아니다. 위고·고티에 또는 들라크루아 역시 이 공간에서 샤를 아셀리노·방빌·바부·샹플뢰리·피에르 뒤퐁과 마찬가지로 중요했지만 말이다.

보들레르에 대한 진정한 역사인류학의 권고를 위해 그의 텍스트 하나가 방패로 내세워질 수 있다. 그는 1855년의 만국박람회에 관한 자신의 최초 글에서 이렇게 썼다. "(……) 나는 조금이라도 생각을 해보았고, 여행을 해본 성실한 이라면 누구에게나 이런 질문을 하겠다. 현대적인 빙켈만 같은 사람(우리는 그런 사람들로 가득 차 있으며, 국가도 그런 사람들로 넘쳐나고, 게으른 이들은 그들을 몹시 좋아한다)은 어떻게 할 것이며, 무엇을 말하겠는가? 형태는 완벽하고 색깔은 강렬하고, 때로는 현기증이 날 정도까지 절묘하며, 기이하고 야릇한 중국산 물건 앞에서 말이다. 그러나 그것은 보편적 아름다움의 한 표본이다. 하지만 그것이 이해되기 위해서 관객인 비평가는, 신비의 성격을 띤 변모를 자신 안에서 이루어 내야 하고, 상상력에 작용하는 의지의 현상을 통해서 이와 같은 색다른 개화를 탄생시킨 환경에 참여하는 것을 스스로 배워야 한다. 세계주의에 대한 이와 같은 신의 은총을——완벽하게——받은 사람은 거의 없다. 그러나 모든 사람이 이 은총을 다양한 등급으로 획득할 수는 있다. 이와 관련하여 가장 재능을 타고난 자들은 고독한 여행자들이다. (……) 어떠한 학교적 장막도, 대학 수준의 어떠한 역설도, 어떠한 교육적 유토피아도 그들과 복잡한 진실 사이에 개입하지 않았다. 그들은 찬양할 만한 것과 불멸하는 것을 알고 있으며, 형태와 기능 사이의 불가피한 관계를 알고 있다. 그들은 비판하지 않는다. 그들은 관조하고 연구한다. 자신 있게 말할 수 있지만, 내가 현학자가 아니라 사교계 인사인 지적인 사람을 하나 골라서 멀리 떨어진 나라에 보낸다면, 그리고 상륙할 때의 놀라움이 크고 그 나라에 익숙해지는 데 시간이 다소간 오래 걸리고 힘이 든다면, 그가 느끼는 공감은 조만간 매우 힘차고 강렬할 것이기 때문에 그의 내부에서 관념의 새로운 세계를 창조해 낼 것이다. 그리하여 이 새로운 세계는 그 자신의 불가결한 일부를 이루고, 추억의 형태로 죽을 때까지 그를 동반할 것이다. 우선 그의 아카데믹한 눈(모든 국민은 다른 국민들을 판단할 때 아카데믹하며, 모든 국민은 판단을 받을 때 야만적이 된다)을 난처하게 만든 그 모든 건축 형태들, (……) 새로운 조화들을 이루는 그 모든 세계는 천천히 그의 내부로 들어가 끈기 있게 깊숙이 침투할 것이다.

(⋯⋯)"[23]

　더할나위없이 진정한 작가였던 보들레르는 하나의 독서 원칙들을 분명히 표명하고 있다. 이 독서는 항상 다소간 우리 같은 독서가들에게 독서가의 사회적 지위에 대한 반성적 분석을 하도록 부추기고, '아카데믹한 시선'을 통한 비판을 모든 독서에, 특히 저자들이 하는 독서에 선결해야 할 문제로 삼도록 부추기게 되어 있다.[24] 사실 독서가는 **작가를 창조한 작가**를 상대로 할 때 구조적 오해를 하기가 가장 쉬운 것이다. 이 경우 보들레르가 발견한 문학적 세계와 그가 우리에게 남겨 놓은 문학적 세계 사이의 역사적·문화적 거리에 대한 무지의 결과는, 독서가와 작가 사이의 사회적 거리에 대한 무지의 결과에 의해 배가된다. 막스 베버가 은총으로 주어진 특별한 예언 능력에 대한 성직자의 취급과 관련하여 말하고 있듯이, 학교에서 이루어지는 해설의 틀에 박히고 프로그램화된 반복이 수행하는 탈현실화·탈역사화 그리고 '평범화'는 견딜 수 없는 것을 견딜 수 있게 만들고, 적어도 일부 사람들에게는 받아들일 수 없을 것을 보편적으로 받아들이게 만드는 결과를 초래한다.

　진정한 역사화가 창출하는 '부활'(카빌 사람들은 '인용하는 것은 부활시키는 것'이라고 말한다)의 결과가 어떤 것일 수 있는지를 실제적으로 예시하기 위해, 보들레르가 텍스트를 다소 특이하게 읽는 방식을 제시하고자 한다. 이것은 세느빌(루이 메나르의 필명)의 《해방된 프로메테우스》에 대한 해설에서 취한 것이다. "이것은 철학적 시이다——철학적 시란 무엇인가?——에드가 키네는 어떤 사람인가?——철학자인가?——글쎄!——시인인가?——오오!"[25] 이 텍스트가 지닌 전적으로 비상한 폭력성에 다시 활기를 띠게 하기 위해서는 그것을 상응의 직관으로 무장한 현재의 상태에 전치시키면 충분하다. (어떤 문장을 '현재 시제로 바꾸라'고 요구된 낡은 문법서의 문제들처럼 말이다.) "이것은 철학적 시이다——철학적 시란 무엇인가? X씨(여기에는 오늘날 시인-철학자의 이름을 넣는다) 또는 Y씨(여기에는 동시대의 철학자-시인, 또는 철학자-기자의 이름을 넣는다)

는 어떤 사람인가?──철학자인가?──글쎄!──시인인가?──오오!"
'탈평범화'의 효과는 인상적이다. 그것은 심지어 매우 인상적이기 때문에 내 머리에 떠오르는 이름들을 인용하게 되면 약간 빈축을 사거나 무례할 정도다. 그리하여 구조적 역사화가 수행하는 현재화──현재적으로 만든다는 의미로서──는 진정한 재활성화인 것이다. 그것은 작가와 텍스트에 초역사성의 형태를 확보해 주는 데 기여한다. 이 초역사성은 아카데믹한 해설에 의해 불멸화와 연결된 탈현실화와는 반대로 작가와 텍스트를 활동적이고 효율적으로 만드는 결과를 낳는다. 그리고 그것은 경우에 따라서는 그것들을 언제나 이용할 수 있도록 만드는 결과를 낳는데 이는 새로운 사용을 위한 것이고, 특히 전례 없는 저작물을 생산하기 위해 실제적인 **작업 방식**을 실질적으로 부활시킬 수 있는 작가의 새로운 사용을 위한 것이다.

　그런데 이러한 독서는 추정된 막연한 유추들에 근거를 둔 미개한 투영과는 어떻게 구분되는가? 독서가는(특히 그가 자신의 독서를 2차적 '창조'로 생각하고 체험하면서 작가 같은 유희를 하려고 할 때) 자주 이러한 투영을 하게 된다. 저자의 **입장에 서려는** 노력은 이 입장을 있는 그대로, 다시 말해 사회 공간 내에서 하나의 **위치**, 한 점(관점의 원칙)으로서 구축할 수 있는 수단이 확보되었을 때만 정당한 것이다. 여기서 사회 공간은 문학장에 다름 아니며, 작가는 이 문학장 내에 위치한다. 이때부터 보들레르가 말한 그대로 '관객인 비평가'는 '신비의 성질을 띤 변모를 자신 안에서' 이룩할 수 있는 것이다. 그리고 그는 '상상력에 작용하는 의지의 현상'을 통해, '그 색다른 개화를 **탄생시킨 환경에 참여하는 것**'을 배우게 되는 것이다. 그리하여 그는 내가 사회적-논리적 문법의 훈련 속에서 그렇게 했듯이, 문화적 생산의 장들과는 다른 상태들 속에서 고찰될 수 있는 전략을 진술하고 드러낼 수조차 있는 것이다. 이 전략은 두 개의 그림을 가지고 놀면서, 서로 다른 두 개의 장(철학장과 문학장, 아니면 철학장과 언론장 등)에 속해 있는 것과 관련된 특성들과 이점들을 축적하려고 시도하는 것이다. 자질들을 결합하지 않고, 이에 대응하는 대가를 책임지지 않고 말이다. (이것이 보들레르의 "글쎄!"와 "오오!"가 기막히게 경제적으로 말하는 것이다.)

그리하여 보들레르의 작품을 실질적으로 이해할 수 있고, 독서가의 진짜든 가짜든 겸양을 보이지 않으며 '창조적' 활동에 적극적으로 참여할 수 있기 위해서는 이 이상한 작품을 '탄생시킨 환경에 참여하고,' 다시 말해 '창조적' 계획이 형성되었을 때 함께 하고 대항했던 문학적 세계에 참여하고, 저자가 자신의 예술적 의도를 규정하려고 매진하는 순간에 장(場)에 의해서 객관적으로 제안된 예술적(시적) 가능성들의 공간에 참여하는 수단들을 확보해야 한다. 이 최초의 순간에 우리는 작품 생성의 역사적 원리들을 포착할 수 있는 기회를 보다 많이 가지게 되며, 이때 작품은 일단 그것의 차별성이 창안되고 확인된 이상 상황과는 보다 독립적인 내적 논리에 따라 전개된다.

내가 보기에 보들레르가 자신의 세계를 형성할 때 머물면서 대립했던 장은, 특히 윤리적인 외적 요구들에 대한 자율성의 정도에 따라 주요한 하나의 원칙에 의해 지배되고 있다. 한쪽에는 매우 자율적인 '순수한' 시가 있는데, 이 시는 정치적이고 도덕적인 참여에 대해서, 그리고 테오필 고티에(특히 《모팽 양》과 《에나멜과 카메오》의 서문에서)에게 나타나는 것과 같은 내밀한 경험들에 관한 개인적 서정성에 대해서 차별성을 뚜렷이 나타낸다. 뿐만 아니라 그것은 서정적인 토로나 르콩트 드 릴에게서 보여지는 것처럼, 세속적인 불안에 대한 굴복의 거부를 뚜렷이 나타낸다. 또 다른 극단에는 세계에 대한 범신론적 찬양자로 개종한 라마르틴적인 그리스도교 시인 빅토르 드 라프라드처럼 대자연을 교화적으로 노래한 정신주의자들과 더불어 세계에 대해 보다 열려진 시가 있고,[26] 제2의 차원에서 이전 작가들과 대립되는 '현대파'가 있다. 이 현대파는 막심 뒤캉의 이름(그리고 문예지 《르뷔 드 파리》)과 관련되어 있는데, 그는 《현대의 노래》에서 산업과 진보 등을 찬양하고 테오필 고티에의 형식 숭상과 회화적 효과를 명백히 거부한다.

보들레르는 두 양극적 입장에 동시에 대립하면서, 이들 각각의 입장에 서로가 가장 직접적으로 대립되는 것을 부여하고 받아들인다. 그는 자율적 문학의 급진파 쪽에 자신을 위치시키는 순수 형태에 대한 숭배를 내세워, 외부적 기능들의 추종과 공식적 규범의 존중을 거부한다. 정신주의적 시인들에게 나타나는 부르주아적 질서의 교화적 규범이 되었든, 아니면 '현대파'에게 나타나는 노동의 찬양이 되었든 말이다. 그러나 그는 또한 순수 형식 신봉자들(이들 이외에도 '이교파'나 'M. 드 방빌 같은 그리스 시인'도 추가해야 한다)의 사회적 후퇴도 거부한다. 거부의 명분은 시가 지닌 주술적 기능, 비판적 상상력, 시와 인생의 공모적 공감, 그리고 아셀리노가 말하는 '현대적 감정'을 찬양한다는 것이다.

사회적으로 배타적인 입장을 이처럼 **기발하게 조합함**으로써, 그는 당시까지 불가능했던 입장을 **고도의 긴장된 장소**에 존재케 한다. 이 입장은 분리되고, 심지어 거의 화해 불가능한 두 입장인 미학적 전위주의와 윤리적 전위주의를 결합함으로써 비롯된 것이다. 그리고 사는 것에 대한 자신의 어려움을 고통스럽게 체험하기 위한 것처럼, 그는 낭만주의자들이나 아니면 더 나쁘지만 보헤미안식으로 이 어려움을 미학적인 결심으로 삼기를 거부하고, 고답파처럼 '신적인 형태들의 고요한 관조' 속에서 그것을 도피하는 것도 거부한다. 그는 '매우 박식한 골동품 연구가들'(이들 가운데 "과거에 대한 호기심이 많고 배움에 굶주린 정신의 소유자"인 화가 제롬이 들어가는데, 그는 "순수 회화의 즐거움에 한 페이지의 박식한 글이 주는 즐거움을 대체시킨다"[27])이 보여 주는 현재와 현실로부터의 탈주도 물리친다. 또한 그는 마찬가지로 '교육'을 하겠다는 걱정이나 위고가 내세우는 '도덕적 진실들의 표현,' 에드가 포가 주장하는 '주요한 현대의 이단'도 물리친다.[28]

그리하여 거부·거절·저항·격분에 의해 지시된 관계의 공간, 다시 말해 흔히 동시에 두 작가에게 대항하고, 시·예술·문학에 대한 화해할 수 없는 두 관념에 대항하여 방향이 잡혀진 그 관계의 공간을 전적으로 전개해야 하는 것이다. 이는 이중의 거부로서 이것이 함축하는 '대립되는 것들의 동시성'은 거부를 그만큼 더 **격렬하게** 만들고, 소통 불가능하게 또 수용할 수 없게 만들며, 이해할 수도 없게 만든다. 이 거부를 진술하고 느끼고, 자기 자신을 일종의 상궤를 벗어난 아니면—하나의 표현을 찾아야 한다면— '악마적인' ("나는 현대 예술은 본질적으로 악마적인 경향을 지니고 있다는 것을 말하는 것이다"[29]) 비정상으로 생각하고 체험하지 않을 수 없는 주체 자신으로 하여금 말이다.

이 모든 것은 이미 잘 알려져 있는 것이라고 사람들은 나에게 분명 말할 것이다. 그토록 많고 많은 해설, 많고 많은 성스러운 '독서들'과 경건한 독서가들이 있었는데 어떻게 다른 말을 할 수 있겠는가? 그러나 작가들과 독자들은 '독서'의 문제들을 제기하는 것이지, 삶과 죽음의 문제들을 제기하는 것이 아니라고 전제하는 **독자**가 원칙적으로 제기하는 것처럼 '독서'의 문제일 뿐인가? 독서가는 보들레르에게 시·삶·시인이 사는 기술의 문제는 총체적이고 무제한적인 **절대적 투자**, 즉 자신을 파멸시킬 위험을 무릅쓰고 **필사적으로** 몸을 던지는 기도(企圖)의 대상이라는 점을 망각할 수밖에 없다. 그 이유는 부분적으로 예언적 말씀을 전하는 (다른 사람과) 바꿀 수 있는 평범한 사제(이것이 사제의 직위에 대한 베버의 정의이다)라는 독서가의 수수한 신분이 그것(삶과 죽음의 문제를 제기하는 것)을 금하기 때문이다. 또한 부분적으로는 그의 성향, 그리고 동료들과의 경쟁의 논리가 그로 하여금 박식의 신중한 치밀함으로 이끌기 때문이다. 박식은 **전장**을 있는 그대로 이해하지 못하기 때문에, 창조의 절망적이고 고통스러운 대결이 드러내는 맹렬함을 자질구레한 논쟁과 부차적인 싸움의 한없는 열거 속에 용해시킨다. 보들레르의 입장은 통제된 파멸과 파멸 속에서—특히 예술과 생존 사이에 이루어지는 새로운 관계의 상징과 도구로서 마약의 사용에서—경계의 문제를 제기한다. 이 새로운 관계는 도덕적 전범성을 거부하고 자신의 고유한 법칙들만을 인정하는 예술의 성취로서의 윤리적 위반 속에서 표명되거나, 에드가 포처럼 '기이한 이상(理想)을 찾고 있는'[30] 예술가들의 '어둡고 비탄에 잠긴 재능'[31] 속에서 표명된다.

그러므로 여기서 보들레르의 문학적·예술적 모든 비평을 다시 고찰해야 할 것이다. 이 비평 속에서, 그리고 이 비평을 통해서 작가를 창안하는 작가는 작가로서 자신을 만들어 내는 데(우리는 여기서 만큼은 한 번 '자신을 창조하는 데'라는 말을 쓸 수 있다) 매진하는 것이다. 그런데 이 비평 속에서 독서가들은 그들이 '작가의 비평'에 대해서(약간의 친절을 가미해서) 이야기할 때일지라도 독서가의 한 비평을 볼 수밖에 없었다. 이러한 측면이 가정할 수 있는 것은, 형성되고 있는 비평의 장에 보들레르를 다시 위치시키기 위해 우리가 이 비평의 장을 재구축할 수 있다는 것이다. 비평의 장 한쪽에는 아카데믹한 비평가들이 있는데, 이들에게 회화는 지식을 과시하는 방향으로 정해진 글쓰기의 구실인 것이다. 다른 한쪽에는 전문 분야 없이 다작을 하는 하찮은 엉터리 문인들이(《작은 여행》) 있다. 이들은 야유나 빈정거림을 통해서라도 특히 부르주아를 즐겁게 하고자 한다. 보들레르는 1846년부터 이러한 세계의 암묵적인 가정들과 근본적인 단절을 나타내는데, 외관상의 알력이 이 세계의 심층적인 합의를 가리고 있었다. 단절은 불가분하게 실제적이고 이론적이다. (그는 예술에 대해 이야기하는 것으로 만족하지 못한다. 그는 예술가라는 인물을 체험하는 것이다.) 그가 비평가들에게 요구하는 것은 작품의 내적인 논리에 따르고 "편견 없이 각각의 화가가 지닌 심층적 의도를 꿰뚫어보며," 화가의 특수한 언어——형태와 색깔의 언어——를 특수한 환기 속에서, 그리고 특수한 환기를 통해서 복원하라는 것이다. "문제의 예술에 낯선 수단들을 통해서 놀라게 하려고 애쓰는" 대신에 말이다. 그가 그렇게 요구하면서 그 자신이 창안중인 자율적 시에 대한 관념을 전치시키고 일반화하는지(작가가 위대한 화가들과 음악가들을 판단할 수 있는 권리에 대한 그의 요구는 이 점을 믿게 할 수도 있다. "나는 이 음악(바그너의 음악)이 나의 음악이라 생각한다"), 아니면 그가 예술가들의 작품과 삶에서, 즉 그가 이 작품과 삶에 대해 실행하는 분석 속에서 예술가라는 인물을 **창조자로** 서 구축하려는 자신의 영웅적 노력에 대한 정당화와, 특히 영감을 구해 서 찾아내고 있는지를 알아내어 이야기하려고 시도하는 것은 헛된 일일 것이다.

아카데믹한 회화의 역사적 혹은 철학적 테마 체계에 대한 혐오와, 쿠르베와 풍경화가들 또는 풍속화의 방식으로 현실을 밋밋하게 표현하는 것에 대한 혐오 사이에 끼여, 그는 많은 모순과 혼돈의 대가를 치르고 이러한 양자 택일의 초월을 상상하려고 노력하지만 헛될 뿐이다. 회화의 영역에서 그는 작가의 관점과 동일시되려는 자신의 의지에도 불구하고, **독서가의 신분에 떨어졌기** 때문에 이 영역에서는 그러한 초월을 찾아낼 수가 없었다. 그는 이 초월을 고답파의 신아카데미즘이 보여 주는 장식과 선멋을 벗어던진 시에서 발견하게 된다. 이 시는 강렬한 단순성을 통해 '낭만주의의 로코코식'도 사실주의적이거나 감정적인 환기의 진부함도 벗어날 수 있는 것이다.

그리하여 역설적으로 역사적 박식이 창출하는 탈역사화에 대항해서, 문학적 공간이 지닌 구조의 역사적 재구축과 이 공간이 제안하는 가능성 혹은 불가능성의 역사적 재구축은 여기서 겨우 윤곽이 그려졌을 뿐이지만, 보들레르 자신이 위치했던 **불가능한 위치**를 다시 드러나게 한다. 그가 이러한 위치에 처하게 된 것은, 아마 부분적으로는 불가분하게 심리적이고 사회적인 고통 때문일 것이다. 이 고통은 가정적 소세계에 대한 그의 경험과 보다 폭넓게는 사회적 질서 전체와 연결되어 있으며, 이 소세계는 그가 제도와 가지는 관계의 모태인 그의 어머니와의 관계 속에 응축되어 있다. 비상한 **긴장**과 엄청난 **폭력**을 낳는 이러한 위치는 그 자신이 창출한 것이며, 그 자신이 창안했다고까지 말할 수 있다. 서로 대립되는 위치들에 대립하면서, 그리고 서로간에 심층적으로 대립되고 사회적으로 양립 불가능한 특성들과 계획들을 화해적인 **양보 없이** 결합시키려고 시도하면서 말이다.

내가 생각하고 있듯이 이러한 모델이 위대한 **상징적 혁명**의 모든 작가들에게 유효하다면, 아마 그 이유는 그들이 이미 만들어진 가능성들의 공간 앞에 공통으로 위치해 있기 때문일 것이다. 부재하기 때문에 이 공간은 그들에게, 그리고 그들에게만 오직 **이룩해야 할 가능성**을 지칭한다. 그들은 이 공간이 공(空)과 결핍으로 규정하면서, 거부하고 동시에 부르는 가능한 이 불가능을 존재케 하려고 매진하는 것이다. 구조적으로 배제된 가능성의 세계가 출현함으로써 나타나는 저항들에 어떻게든 대항하면서 말이다. 저항들은 이 가능성의 세계를 배제하는 구조 속에, 그리고 이 구조를 구성하는 모든 위치들을 아주 확고히 점유한 자들에게서 나타난다.

3

이성의 역사적 토대

사회학자는 일종의 정신분열증의 위협을 받고 있는 것이 아닐까? 그가 보편성과 객관성을 주장하는 담론 속에 있는 역사성과 상대성을 말하지 않을 수 없고, 모든 천진한 동조를 정지시키는 것을 함축하는 분석에 대한 믿음의 특징을 말하지 않을 수 없으며, 학구적 이성으로 하여금 이것의 가능 조건들과 표현 형태들 속에서 불가피하게 학구적 비판을 받게 하지 않을 수 없다는 점에서 말이다. 요컨대 그가 자신들이 말하거나 행하는 것을 이것과 어긋나는 메타 담론을 통해 설명하는 환자들식으로, 합리적인 논증 속에서 이성을 외관상 파괴시키지 않을 수 없다는 점에서 말이다. 아니면 이런 문제는 학문적이든 법률적이든, 이성의 역사성을 수용하는 것이 내키지 않음으로써 발생되는 환상에 불과한 것일까?

　전통적으로 말해서 역사화시킨다는 것은 상대화시킨다는 것이다. 그리고 사실 역사적으로 볼 때, 역사화는 몽매주의와 절대주의에 대항한 그리고 보다 일반적으로 개별적 사회 세계의 역사적이고, 따라서 우발적이며 임의적인 원리들의 절대화나 표본화의 모든 형태들에 대항한 **계몽의** 모든 투쟁들이 지닌 가장 효율적인 무기들 가운데 하나였다. 그런데 역설적으로 바로 이성을 가장 근본적인 역사화의 시험을 거치게 하는 조건으로, 특히 기원이 지닌 임의성의 상기를 통해서 그리고 역사적·사회학적 학문 자체가 지닌 도구들의 역사적·사회학적 비판을 통해서 토대의 환상을 파괴하면서, 우리는 이성을 임의성과 역사적 상대화로부터 떼어내는 것을 희망할 수 있다. 이때 우리가 특히 이해하려고 노력해야 할 것은 사회적 게임들의 규칙과 정연함이 어떻게, 그리고 어떤 조건들을 통해서 현상들과 집단들 속에서 확립될 수 있느냐이다. 이 규칙과 정연함은 이기적인 충동들과 관심들이 규율 있는 갈등 속에서, 그리고 이 갈등을 통해서 극복되지 않을 수 없게 만들 수 있는 것들이다.

폭력과 법

"습관은 그것이 받아들여지고 있다는 유일한 이유로 모든 공평무사를 만들어 낸다. 이 점은 그것이 지닌 권위의 신비한 토대이다. 습관을 그것의 원리로 환원시키는 자는 그것을 절멸시키는 것이다. 과오들을 바로잡는 그런 법들은 어떤 것보다도 더 과오를 저지르는 것이다. 법들이 정당하기 때문에 그것들에 복종하는 자는, 그가 상상하는 정의에 복종하는 것이지 법의 본질에 복종하는 것이 아니다. 법은 그 자체에 있어서 전적으로 압축되어 있다. 그것은 법일 뿐 그 이상이 아니다. 법의 동기를 검토하려는 자는 이 동기가 매우 약하고 가볍기 때문에, 그가 인간의 상상력이 지닌 비상한 것들을 관조하는 데 익숙지 않다면 한 세기 만에 이 상상력이 화려하고 존경스러운 그 많은 것들을 획득했다는 것에 찬탄을 나타낼 것이다. 국가들을 비난하고 전복시키는 기술은 기존의 습관들을 근원까지 살피면서 뒤집어엎어, 그것들이 권위와 정의가 결핍되어 있음을 나타내는 것이다. (……) 국민은 찬탈의 진실을 느껴서는 안 된다. 찬탈은 예전에는 이유 없이 유입되었고, 타당한 것이 되었다. 그것을 진실하고 영원한 것으로 바라보도록 해야 하고, 그것이 곧 종말을 고하기를 원치 않는다면 그것의 시작을 감추어야 한다."[1]

그리하여 법의 가능한 유일한 토대는 역사에서 찾아야 한다. 역사는 분명 모든 종류의 토대를 파괴해 버리지만 말이다. 법의 원리에는 임의성(독단성이 포함된 이중의 의미에서), '찬탈의 진실', 정당화되지 않은 폭력 이외에 어떤 다른 것도 없다. 생성에 대한 건망증은 습관에 익숙해짐으로써 비롯되는데, 거친 동어 반복──"법은 법이고, 그 이상이 아니다"

──속에 표현되는 것을 숨긴다. 법의 '동기'와 존재 이유를 '검토하고' '그것을 근원까지 살피고자' 하는 자는, 다시 말해 철학자들처럼 최초의 시작에까지 거슬러 올라가면서 그것을 설정하려 하는 자는, 충분한 부조리의 원칙 같은 종류 이외에 다른 어떤 것도 발견할 수 없을 것이다.

기원에는 습관, 다시 말해 역사적 제도의 역사적 임의성만이 있다. 역사적 제도는 역사적 제도로서의 모습을 잊혀지게 만든다. 그 방법은 그것이 민주적 종교들(이것들은 최근에 존 롤스의 《정의의 이론》과 더불어 합리성의 빛을 부여받았다[2])이 간직한 진정한 기원의 신화들인 계약 이론들을 가지고 신화적 이성으로 확립하려고 시도하는 것이고, 혹은 보다 평범하지만 스스로를 표본으로 만들어 몰인식 속에 뿌리를 둔 인정, 즉 "우리의 자연적 원리들이란 우리의 습관된 원리들이 아니라면 무엇인가? (……)"[3] 같은 인정을 획득하는 것이다. 따라서 이와 관련하여 '원리들'로부터 엄밀한 연역법을 통해 행동하면서 스스로 자신을 확립하려는 이성의 야망은 그 어떤 것보다 헛된 것이다. "철학자들은 그와 같은 확립을 이룩하였다고 다분히 주장했는데, 바로 여기서 모두가 실패했다. 이것이 바로 《사물의 원리》《철학의 원리》같은 매우 통상적인 제목들을 낳게 만들고, 비록 외관상 약간 덜하지만 명백한 또 하나의 제목《알 수 있는 모든 사물에 관하여》처럼 호화로운 유사한 제목들을 낳게 만들었던 것이다."[4]

파스칼은 분명 데카르트에 대해 생각하고 있다. 그러나 《철학의 원리》를 쓴 저자가 지식의 범주와 정치의 범주, '진리에 대한 학구적 관조'와 '삶의 습관' 사이에 엄격한 구분을 확립하면서, 결국 매우 끈질긴 태도로 인정하는 것은 최초의 영역 밖에서는 의심이 통용되지 않는다는 것이다. 몽테뉴로부터 흄에 이르기까지 근대에 회의주의를 주창한 모든 이들과 마찬가지로, 그는 언제나 그의 해설가들이 보기에 매우 놀랍게도 지식의 범주에서 시작했던 사유 방식을 정치에 확대하는 것을 삼갔다──우리는 그가 얼마나 신중하게 마키아벨리에 대해 이야기하는지를 알고 있다.

아마 그 이유는 그가 다음과 같은 것을 예감했기 때문일 것이다. 즉 마키아벨리가 파스칼의 예측에 맞게 모든 것을 이성으로 확립하려는 야망을 파괴하기에 안성맞춤인 그 궁극적 발견, 즉 '찬탈의 진실'은 "예전에 이유 없이 유입되었는데 타당한 것이 되었다"는 점을 발견하지 않을 수 없었을 것이라는 점 말이다.

그러나 습관의 힘은 모든 제도의 버팀목인 힘의 임의성을 결코 완전히 파기시키지는 못하며, 이 임의성은 언제라도 백일하에 드러나고 말 것이라고 협박을 한다. 그리하여 경찰은 자신의 유일한 존재를 통해서 법적 질서가 의존하고 있는 초법적인 폭력(이 초법적 폭력은 특히 법철학자인 켈젠이 '근본적 법'의 이론을 가지고 엄폐하려 하고 있다)을 환기시킨다. 약간 더 엉큼하기는 하지만, 쿠데타가 '계승의 질서'라는 역사 없는 흐름 속에 유입하는 위태로운 단절에 대해서도 마찬가지 이야기를 할 수 있다. 쿠데타는 권력의 재생산 사이클을 파기하고, 아니면 좀더 평범한 것으로 물리적 혹은 상징적 폭력의 합법적 실행을 사회적으로 하지 않을 수 없게 되어 있는 행동 주체(왕·대신·법관·교수 등)가 새로운 임기를 부여받는 취임의 순간들을 파기하러 오는, 비상한 폭력성을 띤 극단적 행동들을 말한다. 쿠데타는 하나의 정부가 국가의 구제처럼 생각하는 것을 확실히 하기 위해 의존하는 예외적 행동으로서의 고전적 의미(노데를 해설하는 루이 마랭에 의해 환기된 의미)를 말하거나, 보다 협소한 의미로 한 개인 또는 집단이 권력을 찬탈하거나 헌법을 바꾸는 폭력적인 기도라는 현대적 의미를 말한다. 그런데 루이 마랭이 말하는 바와 같이, 이 쿠데타와 더불어 "힘의 절대가 드러내는 광채·폭력·충격 속에서 다시 나타나는 것은 기원의 폭력과 임의성이며 동시에 권력의 정당화 문제이다. 그것은 자신을 **알게** 한다는 유일한 사실, 즉 힘을 발휘하지 않고 자신을 보여 준다는 유일한 사실에 의해 자신을 **인정하게** 할 수 있는 힘의 표현으로서의 권력의 '정당한' 행사와 단절인 것이다."[5] 군사 퍼레이드와 법률적 의전 행사에서 보여지는 힘의 과시는——E. P. 톰프슨[6]이 분석한 바와 같이——사실 힘을 지배하고 있다는 것의 과시를 함축한다. 이 지배는 이용될 수 있지만 이용되지 않는 잠재적인 힘의 지위 속에 유지되고 있는 것이다. 힘을 보여 준다는 것은 힘이 행위로 넘어가는 것을 절약할 수 있을 만큼 충분히 강하고, 그것의 효과를 충분히 확신하고 있음을 보여 주는 것이다. 힘은 힘의 거부(독일어 Verneinung의 의미에서)이고, 불가분하게 힘의 부정인 힘의 긍정이다. 이 점이 바로 질서가 잡힌 경찰력을 규정한다. 이 경찰력은 힘으로써 자신을 망각하고 망각하게 할 수 있으며, 그리하여 합법적인 힘으로 전환되고 상징적 폭력으로 인정되지 않으면서 동시에 인정되는 것이다. (쿠데타처럼 '경찰 폭력'이 스캔들을 일으킨다면, 아마 그 이유는 합법적인 것으로 인정된 힘인 '공권력'을 만드는 실제적인 믿음을 위협하기 때문일 것이다. 합법적인 힘으로 인정되는 것은 이 공권력이 그것을 당하는 사람들 자신들을 위하여——특히 실제적으로는 행사되지 않으면서도——행사될 수 있는 능력이 있기 때문이다.)

노모스와 일뤼지오

임의적인 성격은 모든 장들, 예술적 혹은 학문적인 것들과 같은 가장 순수한 장들의 원칙에도 자리잡고 있다. 이 장들 각각은 '자신의 근본적인 법,' 자신의 **노모스**(노모스는 보통 '법'으로 번역되고 있으나, 임의적인 설립 행위를 상기시키는 '제정'으로 번역하거나 어원과 보다 가까운 '비전 및 분할의 원리'로 번역하는 것이 나을 터이다)를 가지고 있다.[7] 파스칼의 말대로 "법은 법이고 그 이상 아무것도 아니다"라는 것이 아니면, 이 법에 대해 말할 것은 아무것도 없다. 법은 예외적으로 그런 일이 일어날 경우 동어 반복을 통해서만 진술된다. 다른 어떤 것으로도 환원될 수 없고 약분될 수 없는 그것은, 다른 장의 법과 이 다른 장이 강제하는 진실의 체계에 결부될 수 없다. 이런 점은 특히 예술의 장에서 현저하다. 예술의 장이 내세우는 **노모스**는, 19세기 후반에 주장된 바('예술을 위한 예술') 대로 본다면 경제의 장이 내세우는 **노모스**('장사에는 인정사정 없다')의 뒤집기이다. 바슐라르가 주목하고 있는 바와 같이[8] '법률적 정신'과 '학문적 정신' 사이에도 동일한 양립 불가능성이 나타난다. 법률적 정신에는 모든 어림치기의 거부가 있고, 어떤 대가를 치르더라도 소송을 낳는 막연한 것——예를 들어 학자의 관점에서 보면 터무니없는 일이지만, 법률가로 하여금 어떤 땅의 가격을 약 1프랑으로 산정하게 할 수 있는 것——은 폐기하려는 의지가 있기 때문이다.

이러한 측면이 말하는 것은 하나의 장을 형성하는 관점이 일단 받아들여지게 되면, 이 장에 대해 다른 외부의 관점을 채택할 수는 없다는 것이다. 결코 있는 그대로 제기되지 못하기 때문에 반박될 수 없는 '명제'로서의 **노모스**는 반명제가 없기 때문이다. 그것은 생각할 수 있는 것과 생각할 수 없는 것, 규정된 것과 폐지된 것을 규정하면서 존재가 지닌 모든 근본적 측면들에 적용될 수 있는 합법적인 분할의 원칙으로서 사유되지 않은 채 남아 있을 수밖에 없다. 그것은 모든 타당한 문제들의 모태로서 그것을 문제삼기에 알맞은 문제들을 창출할 수가 없다.

그리하여 각각의 장은 파스칼의 범주처럼 자신의 고유한 목적들 속에 행위자들을 가둔다. 이 목적들은 다른 관점, 다시 말해 다른 게임의 관점에서 보면 눈에 띄지 않거나 적어도 무의미하며, 심지어 환상으로 나타난다. "위대함이 드러내는 모든 광채는 정신의 탐구 속에 있는 자들에게는 빛이 없다. 재치 있는 사람들의 위대함은 왕·부자·장수 등 육체적으로 위대한 그 모든 사람들에게는 보이지 않는다. 지혜의 위대함은(……) 관능적인 자들과 재치 있는 자들에게는 보이지 않는다. 이것이 종류가 다른 세 범주이다."[9] 파스칼의 명제들을 확인하기 위해서는 서로 다른 각각의 장들에 의해 제안된 목적들과 이점들이 어디에서 지각되고 끌어당기는 것을 멈추는지 관찰하면 충분하다. (이것이 장들의 한계를 시험하는 방법들 가운데 하나이다.) 예를 들어 고위 공무원의 직업적 야망은 연구직 종사자를 무심하게 만들 수 있고, 예술가의 가망 없는 투자나 '1면'을 차지하기 위한 기자들의 투쟁은 은행가들이 보기에는(예술가들과 작가들이 부르주아 아버지와 일으키는 갈등은 성인 연구의 단순한 논점이 아니다) 그리고 아마 관계된 장에 낯선 모든 사람들, 다시 말해 아주 흔히 피상적인 관찰자들이 보기에는 대체적으로 여전히 이해할 수 없는 것이다.

일탈. 상식

  따라서 상식은 상식이란 이름을 마땅히 받을 만한 것이다. 그것은 다음과 같은 사람들이 예외적으로 다시 만나고, 이른바 화해의 영역을 발견하는 진정 공통적인 유일한 공간이다. 즉 학구적 성향에, 그리그 학술적 세계들의 역사적 정복에 다가갈 수 없기 때문에 상식의 세계에 갇힌 사람들과 학구적 세계들 가운데 어느 하나의 성격을 지닌 모든 사람들 말이다. (게다가 이들에게 상식은 특이 체질과 개별 언어에 닫혀 있는 이 세계들 각각의 내부에서 일어나고 있는 것에 대해 서로 이야기하기 위한 유일한 준거체와 공통의 언어를 제공한다.) 상식은 사회 세계의 한계 내에서 세계의 의미에 관한 기본적인 합의와, 암묵적으로 인정된 상투적 생각들(넓은 의미에서)의 전체를 확보해 주는 것으로 모두가 공감하는 분명한 것들의 자산이다. 이 상투적 생각들이 대결·대화·경쟁뿐만 아니라 갈등을 가능케 하는데, 그것들 가운데 세계의 인식을 구조화시키는 큰 대립들 같은 분류의 원칙들은 별도로 고려되어야 한다.
  이와 같은 분류적 형태들(구조화시키는 구조들)은, 본질적으로 사회적 질서(구조화된 구조들)를 조직하는 근본적 배분들의 구조들을 합체한 것의 산물이다. 따라서 그것들은 이러한 질서에 편입된 행위자들 전체에 공통되는 것이므로 대립된 위치들(높은 것／낮은 것, 보이는 것／어두운 것, 희귀한 것／평범한 것, 부유한 것／가난한 것 등)에 위치하고, 차별되는 특성들——이 특성들 자체가 사회 공간 내에서 서로 다르거나 대립적이다——에 의해 특징지어진 행위자들의 불일치 속에서 일치를 가능케 하는 것이다. 환언하면 그것들은 모두가 세계와 이 세계 속에서의 자신들의 위치를 생각하기 위해 동일한 대립들(예를 들어 높음 / 낮음, 고상함 / 천함, 희귀함 / 평범함, 가벼움 / 무거움, 부유함 / 가난함 등)에 준거할 수 있게 해주는 것이다. 그러면서 그것들은 때때로 이 대립들이 대립시키는 항들에 대립된 기호들과 가치들을 부여한다. 그리하여 동일한 자유스러운 매너가 어떤 이들에게는 '버릇 없고' 무례하며 거친 것으로 인식될 수 있고, 또 다른 이들에게는 '허물 없고' 단순하며 격식에 구애받지 않고 솔직한 것으로 인식될 수 있는 것이다.

상식은 대부분 민족적이다. 왜냐하면 대부분의 큰 분할 원칙들은 지금까지의 학교 제도들에 의해 주입되고 강화되었기 때문이다. 학교 제도들의 주요 임무는 민족을 동일한 '범주들,' 따라서 동일한 상식을 부여받은 국민으로 구축하는 것이다. 사람들이 외국에서 느끼는 심층적 당황은 그 나라의 언어를 마스터한다고 해서 완전히 극복되지 못하는 것인데, 그 원인의 대부분은 매순간 나타나는 있는 그대로의 세계와, 상식을 구성하는 체계——성향들과 기대들의 체계——사이의 무수한 작은 괴리들 때문이다. 초민족적인 장들(특히 학문적 장들)의 존재는 민족적 상식을 문제삼는 특수한 상식들을 창조해 낸다. 그래서 그것은 모든 나라들의 모든 **학자들**에게 (대체적으로) 공통되는 세계에 대한 학구적 비전의 출현을 조장한다.

설정된 관점들

자율적 장들이 존재하도록 이끄는 사회 세계의 차별화 과정은 존재한다는 것과 안다는 것에 동시에 관련되어 있다. 사회 세계는 차별화됨으로써 세계에 대한 인식 방식의 차별화를 창출하기 때문이다. 각각의 장에 세계에 대한 하나의 근본적 관점이 대응하는데, 이 관점은 고유한 목표를 **창조하며** 자신 안에서 이 목표에 알맞은 이해와 설명의 원칙을 찾아낸다. 소쉬르와 함께 '관점은 목표를 창조한다'고 말하는 것은 동일한 '현실'이 사회적으로 인정되지만, 부분적으로는 상호 환원될 수 없는 다원적 표상들——이 표상들을 창출한 장들 속에 사회적으로 설정된 관점들 같은 것들——의 대상이 된다는 것이다. 비록 그것들이 공통적으로 보편성을 주장하고 있지만 말이다. ('삶의 형태'로서의 각각의 장은 현실의 다양한 측면들에 접근하게 해주는 '언어 유희'의 장소이기 때문에, 우리는 지역적인 차이들을 초월하는 일반적 합리성의 존재에 대해 의문을 품을 수 있다. 그래서 통합에 대한 향수가 제아무리 강렬하다 할지라도, 비트겐슈타인과 더불어 아마 모든 언어들의 언어로서의 무언가를 찾는 것을 단념해야 할 것이다.)

하나의 특수한 표현 형태와 제휴한 하나의 장 속에 통용되는 비전 및 분할의 원칙, 그리고 인식의 방식(종교적·철학적·법률적·과학적·예술적 등)은 사회적 소세계로서의 이 장의 특수한 합법성과의 관련 속에서만 인지되고 이해될 수 있다. 예를 들어 이른바 철학적인 '언어의 유희'는 '삶의 형태'로서의 철학장과의 관련 속에서만 기술되고 설명될 수 있으며, 유희는 이 삶의 형태 내에서 통용되는 것이다. 철학자·작가·예술가·학자의 사유 구조들, 그리고 이와 더불어 그들에게 생각할 수 있거나 생각할 수 없는 것으로 불가피하게 강제되는 것의 한계들은 언제나 부분적으로는 그들의 장이 지닌 구조들에 종속적이다. 그러므로 그것들은 이 장을 구성하는 위치들의 역사와 이 위치들이 조장하는 성향들의 역사에 부분적으로 종속적인 것이다. 인식적인 무의식, 그것은 장의 역사이다. 그리하여 우리가 이해할 수 있는 것은, 엄밀히 말해서 사람들이 하고 있는 일을 알고자 하는 기회들을 가지기 위해서는 사유자와 그의 사유가 붙들려 있는 여러 가지 함축 관계들 속으로 들어가는 것, 다시 말해 그가 끌어들이는 가정들과 그가 부지불식간에 실행하는 포함들과 배제들을 전개하려고 시도해야 하는 것이다.

각각의 장은 사물들과 아비투스들 속에 하나의 관점을 제도화한 것이다. 입회의 권리로서 새로운 입회자들에게 강제되는 특수한 아비투스는, 현실의 특수한 구축 원리로서의 특수한 사유 방식(에이도스)에 다름 아니다. 이 사유 방식은 구축 도구들, 그리고 그렇게 구축된 대상들의 명백한 가치에 대한 반성 이전의 믿음(에토스)에 토대를 두고 있다. (사실 새로운 입회자가 게임에 도입해야 하는 것은 게임에서 암묵적으로 혹은 명백하게 요구되는 아비투스가 아니고, 실질적으로 양립할 수 있거나 충분히 근접한 아비투스이다. 그것은 특히 유순하고 적합한 아비투스로 전환될 수 있는 아비투스, 요컨대 재구축의 가능성에 알맞고 온순한, 다시 말해 열려진 아비투스로 전환될 수 있는 아비투스인 것이다. 그렇기 때문에 신회원 선출 작업은 자질의 표시들만큼이나 겨우 인지될 수 있는 징후들에도 주의를 기울인다. 럭비 선수와 교수·고위 공무원 혹은 경찰 등 그 어느 누구를 뽑는 일이 되었든 이 징후들은 대개의 경우 육체적인 것들로 몸가짐, 태도, 매너, 어떤 존재일 수 있는 성향, 특히 어떤 존재가 될 수 있는 성향 같은 것들이다.)

예를 하나만 들자면 예술의 장(그리고 이 장의 생산물들)이 암묵적으로 요구하고 그것의 구조들과 기능 작용이 주입하는 미학적 성향은, 예술 작품들이 그렇게 요구하고 있듯이 그것들을 예술 작품으로서(세계의 단순한 사물로서가 아니라) 미학적으로 이해하도록 유도하는 것인데, 하나의 특별한 자질과 불가분의 관계에 있다. 이 자질은 적절성의 원리로서 기능하면서 다른 구축 원리들이 무시하거나 동일한 것으로 취급한 특징들을 다른 것으로 판별하고 취급하도록 유도한다. 또한 그것은 서로 다른 현실들에 공통적인 특성들을 간파해 내게 하고, 따라서 이 특성들에 의해 특징지어진 현실들이 등가치임을 선언하게 만드는 것이다. 그리하여 양식(고딕식·로코코식 등), 유파들(인상주의 유파·상징주의 유파 등), 혹은 한 예술가의 수법 등과 같은 다소간 엄격히 규정된 등가 범주들을 도출해 낸다. (이러한 기술(記述)은 또한 종교[10]·언론·의료[11]·권투[12]·학문의 아비투스에도 적용될 수 있을 것이다. 쿤은 《학문적 혁명의 구조》에서 "하나의 공동체가 공유하고 있는 믿음·가치·기술 등의 성좌"로서 개별적 학문의 모체에 대해 이야기하고 있다.)

예술의 장처럼 각각의 학문적 세계는 불가분하게 인지적이고 가치 평가적인 가정들 전체로서의 특수한 독사를 가지고 있다. 이것을 받아들이고 있다는 것은 소속되어 있다는 것 자체에 의해 함축되어 있다. 역설적으로 커다랗고 불가피한 대립들이 대립시키는 사람들을 결합하게 만드는 것도 이 대립들이다. 왜냐하면 그것들에 대해 혹은 그것들을 매개로 하여 대립할 수 있기 위해서는, 그래서 그것들이 대항하고 그것들에 대항하는 사람들 자신이 적합하고 사려 있는 것으로 즉각적으로 인정하는 입장 결정을 창출할 수 있기 위해서는 그것들을 공통으로 받아들여야 하기 때문이다. 이러한 특수한 대립쌍들(인식론적·예술적 등등의)은 또한 장 내부에 공감적 관계에 있는 적들 사이의 사회적 대립쌍들인데, 정치적인 내용을 포함해서 합당한 논의의 공간을 제한하며, 예측되지 않은 입장('순진한 사람' '아마추어' 혹은 독학자의 불합리하거나 부적당한 침입이 되었든, 종교적·예술적 그리고 심지어 학문적 이단의 개조(開祖)가 시도하는 커다란 전복적인 변혁이 되었든 말이다)을 창출하려는 모든 시도를 터무니없고 절충주의적이거나 그저 단순히 생각할 수 없는 것으로 배제한다. 상징적인 대변혁의 주동자들——예를 들면 마네 같은 사람인데, 그는 아카데믹한 회화가 제시하는 고대와 현대, '스케치'와 '완성' 사이의 규범적인 대립들을 폐지한다——이 전복시키거나 절멸시키는 것은 가장 근본적이고 가장 심층적으로 묻혀진 대립들이다.

인정된 대립들은 결국 사물의 당연한 이치에 들어간 것처럼 나타난다. 조금만 비판적 검토를 하게 되면, 특히 이 검토가 장(구축된 그대로)에 대한 지식으로 무장한 경우 대개 다음과 같은 사실을 발견하지 않을 수 없는데도 말이다. 즉 대립된 입장들 각각은 적대적인 입장과의 관계를 떠나서는 아무런 내용도 가지지 못하고, 그것이 때로는 이 대립적 입장의 합리화된 전복에 불과하다는 점 말이다. 오늘날 사회과학에서 유효한 수많은 대립쌍들의 경우가 분명히 이것을 나타낸다. 개인과 사회, 합의와 갈등, 동의와 억압, 또는 앵글로 색슨계에서 나타나는 '구조와 기능,' 그리고 보다 명백한 방식으로 나타나는 '유파들' '운동들' '흐름들'로의 분열, '구조주의'와 '구성주의,' '모더니즘'과 '포스트모더니즘' 등 개념의 모양새를 갖춘 그토록 많은 레테르들이 그런 대립쌍들인데, 그것들은 문학 또는 예술의 장에 통용되는 동일한 종류의 분열들(19세기말의 문학장에서 자연주의와 상징주의의 대립 같은)과 마찬가지로 사회적 위치들 사이의 대립들과 관련하여 거의 자율성이 없다.

구성적 성향——이 성향은 다른 장의 관점에서 보면 임의적이면서 동시에 부적절하고 우스꽝스럽기까지 하지만, 고려되는 장의 특수한 합법성의 관점에서 보면 필요하고, 따라서 절대적으로 요구되는 것이다. (거칠고 우스꽝스럽다는 곤란을 면하기 어렵다 할지라도 말이다.)——은, 학구적 장들이 요구하고 일상적 존재의 목표들의 정지를 전제하는 **노모스**에 대한 암묵적 지지이고 믿음의 특수한 형태, 즉 **일뤼지오**인 것이다. 이러한 정지는 게임 자체에 의해 제기되고 창출된 새로운 내기들을 위한 것이다. 창설적인 명백한 것들의 모든 문제화가 야기하는 스캔들이 입증하고 있듯이, 이와 같은 최초의 믿음은 장(예를 들어 종교의 장) 속에서 명료하게 주장되는 분명한 믿음들보다 훨씬 더 심층적으로 묻혀 있고 더 '내면적이며,' 이러한 이유로 뿌리뽑기가 더 어려운 것이다.

지혜의 철학들은 모든 종류의 **일뤼지오**들, **학문적 욕구** 같은 가장 '순수한' 일뤼지오들까지도 단순한 환상들로 격하시켜 버리는 경향이 있다. 세속적 목적에 대한 정신적 자유, 모든 투자의 형태들을 정지시킴으로써 얻어지는 그 정신적 자유에 이르기 위해서는 이 환상들로부터 벗어나야 한다는 것이다. 이것이 또한 파스칼이 육체든 정신이든 하위적 범주들과 결합된 '탐욕' 형태들을 '기분 전환'이라고 단죄할 때 수행하고 있는 것이다. 왜냐하면 이 탐욕 형태들은 진정하고 유일한 믿음, 즉 자비의 범주에서 생성되는 믿음으로부터 일탈시키는 결과를 가져오기 때문이다.

하나의 장의 필연성에 대한 즉각적인 지지로서의 **일뤼지오**는, 그것이 이를테면 논의로부터 보호되어 있기 때문에 그만큼 더 의식에 나타날 수 있는 기회가 적은 것이다. 논의의 목적들이 지닌 가치에 대한, 그리고 논의한다는 사실 자체에 편입된 가정들에 대한 믿음이기 때문에 그것은 논의의 검토되지 않은 조건이다. 논거들에 대해 논의하는 것을 시도하기 위해서는 이 논거들이 논의의 대상이 될 만하다는 것을 믿어야 하고, 어쨌든 논의의 장점들에 대해 믿어야 한다. **일뤼지오**는 명료한 원칙들의 범주, 즉 제기되고 방어되는 그런 주장들의 범주에 속하는 것이 아니다. 그것은 행동과 인습에 속하고, 항상 그렇게 행해져 왔고 지금도 행해지고 있는 것들에 속하는 것이다. 정통을 주창하든 이단을 주창하든 장에 참여한 사람들은 모두 자신들의 경쟁을 가능케 하고, 이 경쟁에 한계를 부여하는 동일한 독사에 공통적으로 암묵적인 지지를 하는 것이다. (이단자는 가장 순수한 신앙 형태로의 회귀를 설파하는 신앙인으로 남아 있다.) 독사는 믿음의 원칙들에 대한 문제 제기를 사실상 금한다. 문제 제기는 장의 존재 자체를 위협할 수 있기 때문이다. 소속되고 게임에 내적으로 참여하는 이유들에 관한 질문들에 참여자들은 결국 아무런 대답을 할 수 없다. 그런 경우에 원용될 수 있는 원칙들은 자기 자신뿐 아니라 다른 사람들에게 정당화할 수 없는 투자를 정당화하는 것이 목적인 **축제 후 합리화**에 불과하다.

탈선. 권력의 분화와 합법화의 회로

상대적으로 자율적인 장들이 형성됨에 따라서 사람들은 상호 교환할 수 있는 세력들(씨족 단위들로 이루어진 고대인들이나 마을 단위의 사회들에서의 유지들) 사이의 정치적 미분화와 **기계적인 연대**로부터 멀어지거나 적은 숫자의 전문화된 기능들로 귀착되고, 나아가 전사들 및 사제들 같은 적대적인 세력쌍으로 귀착된 **지배 작용의 분할**로부터 멀어진다. 권력은 인물들이나 전문화된 제도들 속에 구현되는 것을 멈춤으로써 분화되고 분산된다. (이것이 아마 푸코가 '모세관 현상'이라는 약간 막연한 메타포를 써서, 집중화되고 단일체로 된 기구라는 마르크스의 비전에 대항해 암시하고자 했던 것이리라.) 그것은 진정한 **유기적 연대**에 의해 결합되고, 따라서 서로 다르면서도 상호 종속적인 장들 전체를 통해서만 실현되고 나타나기 때문이다. 보다 분명히 말하면, 그것은 행위자들과 제도들의 작용과 반작용——이 작용과 반작용은 외관상 무정부적으로 보이지만 사실은 구조적으로 구속되어 있다——을 통해 보이지 않고, 익명적인 방식으로 행사되는 것이다. 이 행위자들과 제도들은, 예를 들면 경제의 장과 학교의 장같이 경쟁적이고 동시에 상호 보완적인 장들 속에 편입되어 있고 점점 더 길고 점점 더 복잡한, 따라서 상징적으로 점점 더 효율적이지만 또한 적어도 잠재적으로는 권력 및 권위 다툼에 점점 더 많은 위상을 부여하는 교환 회로들(합법화하는 회로들) 속에 들어가 있다.

권력 분립의 형태는 몽테스키외가 권고한 것과는 매우 다른 것인데, 소세계들의 분화와 이로부터 비롯되는 분립된 세력들 사이의 현재적 혹은 잠재적 갈등의 분화 형태로 현상들 속에 편입되어 있다. 한편으로 여러 가지 장들(특히 의료의 장이나 법률의 장처럼 특별한 종류의 문화적 자본이 문제되는 장들) 속에서 행사되는 권력은 어떤 관계 아래서, 그리고 그것들의 고유한 질서 안에서 확실히 억압적이 될 수 있고, 따라서 정당한 저항을 유발시킬 수 있는 것이다. 그러나 그것은 정치적·경제적 권력과 관련하여 상대적인 자율성을 가지고 있으며, 동시에 자유의 가능성도 제공한다. 다른 한편으로 여러 장들에서 지배적인 위치들을 차지하고 있는 자들이 이 위치들 사이의 상동(相同)에 토대를 둔 객관적인 연대에 의해 결합되어 있는 점이 사실이라면, 그들은 또한 권력의 장 내부에서 경쟁과 갈등의 관계를 통해 대립되어 있다. 특히 지배적인 지배 원리와 관련하여, 그리고 여러 종류의 권력의 토대에 자리잡고 있는 여러 종류의 자본들 사이의 '교환 비율'과 관련하여 말이다. 그러므로 피지배자들은 승리하기 위해 아주 흔히 그들의 협력을 필요로 하는 강자들 사이의 갈등을 이용하거나 그로부터 이득을 얻을 수 있다. '계급 투쟁'의 전범적 시기들로 간주되는 많은 커다란 역사적 대결들은, 사실 권력장 내에서 지배자들 사이의 투쟁이 피지배자들과의 동맹의 논리를 통해 확산된 것에 불과했던 것이다――그러나 이 투쟁은 합법화나 동원의 목적을 가지고 개별적인 이해 관계들을 상징적으로 보편화시키는 전략으로 무장하고 있기 때문에 보편을 전진시키게 할 수 있고, 그렇게 하여 피지배자들의 이해 관계를 적어도 형식적으로는 인정하는 것을 진전시킬 수 있다.

권력의 분화에 있어서 진전은 단 하나의 인물이나(황제교황주의에서처럼) 단 하나의 집단의 손아귀에 모든 권력을 집중시키는 것에 토대를 둔, 유일하고 단선적인 계층 체계의 강제에 대항한 만큼의 보호를 의미한다. 보다 일반적으로 그것은 하나의 장에 결합된 권력이 다른 장의 기능 작용에 침입하는 것을 의미하는 **압제**에 대항한 만큼의 보호인 것이다. "압제는 자신의 범주를 벗어나 보편적인 지배를 하고자 하는 욕망에 있다. (……) 압제는 다른 길을 통해서밖에 가질 수 없는 것을, 하나의 길을 통해서 가지고자 욕망하는 것이다. 사람들은 여러 가지 가치에 여러 가지 의무를 되돌려 준다. 즐거움에 사랑의 의무, 힘에 두려움의 의무, 학문에 신뢰의 의무 같은 것 말이다."[13] 예를 들어 정치 권력이나 경제 권력이 학문의 장 혹은 문학의 장에 그것들의 계층 체계를 강제하기 위해, 그리고 특수한 계층화 원리들이 존재하고 있다는 주장을 억압하기 위해, 직접적이든 혹은 아카데미・출판사・위원회나 언론(언론은 오늘날 정치적・지적・법률적 그리고 특히 과학적 여러 장들에 대한 영향력을 언제나 더 많이 행사하려는 경향으로 나가고 있다)의 권력 같은 보다 특수한 권력을 통해서 개입할 때 압제가 나타난다.[14]

압제적 야망이 노리는 것은 비전 및 분할의 원리들 가운데 하나를 절대화하는 것이고, 그리하여 이 원리를 다른 모든 원리들의 궁극적이고 초월할 수 없는 토대로 만들고자 하는 것이다. 그런데 역설적으로 그것은 때로 자가당착인 합법성의 요구이다. 그래서 힘은 있는 그대로의 모습으로 간단 명료한 폭력으로 주장될 수 없으며, 임의는 정당화되지 않은 임의일 뿐이기 때문에 임의의 모습으로도 주장될 수 없는 것이다. 그리고 그것이 법의 미명 아래서만 영속화될 수 있다는 것은 경험적인 사실이다. 지배라는 것은 인정을 획득하게 되는 정도 내에서 지속적으로 강제되는 것이기 때문이다. 사실 이 인정은 힘의 원리인 임의를 부인하는 것에 불과하다. 달리 말하면 힘은 정당화되고 싶어한다. (따라서 인정되고 존중되며, 영광스럽게 되고 존경받기를 원한다.) 그러나 그것은 행사되는 것을 거부한다는 조건 아래서만 그렇게 될 수 있는 어떤 기회를 가지게 된다. (인정을 획득하기 위한 힘의 행사는 모두가 임의의 배가, 상징적으로 자기 파괴적인 그 배가를 가져올 수 있을 뿐이기 때문이다.) 그러므로 힘(물리적 혹은 경제적)에 근거한 권력은, 사람들이 힘에 의존하고 있다고 의심하지 않을 수 있는 권력에 대해서만 합법성을 기대할 수 있는 것이다. 그리고 하나의 인정 행위(경의, 숭배의 표시, 존경의 표현)가 드러내는 합법화시키는 효율성은 인정을 부여하는 행위 주체, 혹은 기관이 인정을 받는 자에 대해서(그리고 인정받는 자 스스로가 부여한 인정에 대해서) 유지하는 다소간 큰 독립성에 따라 다양하게 나타난다. 그것은 스스로 대관식을 거행하거나(스스로 황제에 오르기 위해 교황의 손으로부터 왕관을 빼앗은 나폴레옹) 자화자찬하는 경우(자기 자신의 송사를 쓰는 작가)에는 거의 전무하다. 그것이 약한 때는 인정의 행위가 돈에 팔린 자들(돈 받은 박수꾼들, 광고업자들, 선전자들), 공모자들이나 심지어 근친들 혹은 가족들에 의해 이루어질 때이다. 이들의 판단은 이기주의적으로 환심을 사려는 행동 형태나 정서적인 맹목의 형태를 통해서 어쩔 수 없이 그렇게 되었다는 의심을 받는 것이다. 또한 효율성이 약한 때는 인정 행위가 보다 투명해질 수밖에 없는 교환의 회로들 속에 들어갈 때이다. 교환의 회로들이 그처럼 보다 투명해지는 것은, 그것들이 그것들을 분리시키는 시간적 간격으로서(예를 들어 서평을 쓰는 작가들 사이의 '엘리베이터식 주고받기'처럼) 보다 직접적이고 보다 짧기 때문이다. 반대로 합법화의 효과가 최고조에 다다를 때는 관련된 기관들이나 행위자들 사이의 물질적 혹은 상징적 이득의 성격을 띤 현실적 또는 가시적 모든 관계가 사라질 때이고, 인정 행위의 장본인인 자신이 보다 인정되어 있을 때이다.

그리하여 힘을 부인하고 인정하게 하기 위해서는, 그리고 법이라는 정당화된 그 힘을 생산하기 위해서는 힘을 소모해야 한다. 합법화 작업의 상징적 효율성은 이 작업의 분화 정도에 따라서, 이로부터 비롯되는 일탈의 위험에 밀접하게 연결되어 있다. 군주가 시인들·화가들 혹은 법률가들로부터 현실적으로 효율적인 합법화의 상징적 봉사를 얻을 수 있는 것은, 그가 독립적 판단의 조건일 뿐 아니라 비판적 문제 제기의 원칙에 자리잡고 있는 (상대적인) 자율성을 그들에게 부여하는 만큼뿐이다. 사실 외관상의 자율이나 부인된 종속성이 실질적인 독립성과 동일한 효과를 가져올 수 있다 할지라도, 상징적 효율성의 조건은 합법화시키는 기구가 합법화되는 기구에 대해 어떤 독립성을 가져야 한다는 것인데, 이 효율성이 거의 피할 수 없는 반대 급부로서 내놓는 것은, 합법화되는 기구가 합법화된 위임된 권력을 자신의 이익을 위해 일탈시킬 수 있다는 비례적 위험이다. 그리하여 12세기 볼로냐에서 직업적인 법률가들 단체가 출현할 때부터 보이는 것은, 세속 권력과 문화 권력 사이의(다른 시대에서는 전사들과 사제들(연설가들) 사이의) 관계가 애매성을 명백히 드러낸다는 것이다. 칸토로비츠가 보여 준 바와 같이 법률장의 자율화는 군주에게 보다 합법적인 새로운 종류의 권력을 확보해 준다. 왜냐하면 이 권력은 법률가 단체가 군주에 대항해 정복하고 긍정한 권위에 토대를 두기 때문이다. 그러나 이 자율화는 또한 법률가들이 그에게 대립시키는 요구들과 권력 투쟁의 원리에 자리하고 있다. 이 권력 투쟁 속에서 텍스트들을 합법적으로 조작할 수 있는 독점권을 소유한 자들은, 군주의 권력이 지닌 임의성에 대항해 법의 특수한 권위를 원용할 수 있다.

마찬가지로 예술과 문학도 아마 지배자들에게 매우 강력한 합법화의 도구들을 제공할 수 있을 것이다. 그들이 베푸는 경축 행사를 통한 직접적인 방식이든, 특히 그들이 대상이 되는 숭배——이 숭배는 또한 숭배를 집행하는 자들을 인정한다——를 통한 간접적 방식이든 말이다. 그러나 또한 예술가들과 작가들이 직접적이든 간접적이든, 대단한 중요성이 있는 상징적 변혁들의 근원에 자리잡고 있는 경우(19세기 예술가적 삶의 양식이나 오늘날 여권주의 혹은 동성애 운동의 전복적인 도발처럼)도 있다. 이 변혁들은 세계에 대한 비전의 근본적 분할 원칙들(남성/여성의 대립 같은)의 변모를 통해서, 그리고 상식에 속한 명백한 것들의 상관적 문제화를 통해서 가정(家庭)의 구조들 같은 사회 질서의 가장 심층적 구조들을 전복시킬 수 있는 것이다.[15]

권력의 장이 분화됨에 따라서, 그리고 이와 상관적으로 합법화하는 교환의 회로들이 보다 길어지고 보다 복잡해짐에 따라서 합법화 작업을 위해 지출되는 사회적 에너지 비용은 위기의 위협이 증가하는 것처럼 증가한다. 상징적 효율성의 진보는 합법화 회로들의 점증하는 복잡성과 함께하고, 특히 학교 제도의 메커니즘들만큼이나 복잡하고 은폐된 메커니즘들의 개입과 함께 하는데, 그것의 반대 급부는 분화의 과정으로부터 나온 장들 가운데 어떤 것에 소속되는 것과 연결된 특수한 자본이 전복적으로 이탈할 가능성이 막대하게 증가한다는 것이다. (여기에는 예를 들어 특히 학교의 타이틀에 대한 '평가 절하,' 그리고 타이틀과 직위 사이의 괴리에서 비롯되는 구조적 지위 격하가 야기하는 개인적·집단적 불만족으로부터 1968년에 일어난 것과 같은 커다란 전복 운동들에 이르기까지, 교육 제도에 연결된 모든 변모 요소들이 동반된다.)

담론의 전문가들이 가지고 있는 능력은 세계를 말할 줄 알고, 흔히 표현하기 어려운 실제적 경험들을(종교적·법률적으로 등) **형태화시킬 줄**

안다는 것이다. 그리고 그것은 그들이 진술하는 내용을 공표한다는 유일한 사실을 통해서 이 내용을 보편화시킬 줄 알고, 그렇게 하여 이것에 공식적인 인정의 형식, 이성의 외양, 그리고 존재의 이유(예를 들면 예언적인 준(準)체계화를 동원해)를 부여할 줄 안다는 것이다. 그런데 이 전문가들은 많은 것들(전문 지식의 지배, 재판관들의 공화국, 신권 정치 등) 가운데 하나인 사회적 이성의 절대화에 토대를 둔 이탈에 구조적으로 기울어져 있다.

합리주의적 역사주의

그러나 역사과학이 최초의 임의성에 대한 (파스칼적인) 순수한 확인——이 확인은 그 자체로서 유익하고 해방적인 확인이다——을 하지 않을 수 없도록 되어 있는 것은 아니다. 그것은 또한 자신의 생성과 보다 일반적으로 학구적 장들의 생성, 다시 말해 이 장들이 나오게 된 출현(또는 자율화)의 과정을 이해하고 설명하는 임무를 가질 수 있다. 그것은 또한 장들이 형성됨에 따라 창안되었고, 수련 과정이 진행되는 동안 단체들 속에 조금씩 편입되는 성향들의 생성을 이해하고 설명하는 임무를 띨 수 있다. 세계에 대한 보편적 주장을 지닌 진술들이 제작되는 분리된(그리고 특권적인) 소세계들이 엄밀히 역사적으로 존재해야 하는 필연성이나 이유를 이성이 아니라 말하자면 역사, **역사적 이성**으로 설립하는 것은 본디 역사과학에 속하는 일이다. 그렇게 하여 획득된 지식은 개인적이고 집단적이라는 이와 같은 이중의 역사에 대한 반성적 지배의 가능성과, 이 지배가 사유에 대해 발휘할 수 있는 원하지도 않은 효과의 가능성을 간직하는 것이다.

우리가 학문적 이성이 역사의 산물이라는 점을 받아들이고, 학문의 장이 외부적 구속들과 결정들에 대해 지닌 상대적 자율성이 증가함에 따라, 다시 말해 이 장이 특히 논의·비판 등과 관련하여 자신이 지닌 기능 작용의 특수한 법칙들을 보다 주권적으로 강제함에 따라 학문적 이성이 항상 보다 많이 주장된다는 것을 받아들인다면, 우리는 일반적으로 인정된 양자 택일의 두 용어를 거부하게 된다. 즉 학문적 방법에 **선험적인** '논리적 토대들'을 제공하겠다고 주장하는 '논리주의적인' 절대주의와 '역사주의적'이거나 '심리주의적'인 상대주의 말이다. 이 상대주의는, 예를 들면 콰인이 그것에 부여하는 표현을 보면 다음과 같이 주장한다. 즉 수학을 논리로 격하시키려는 시도의 실패는, '인식론'을 심리학에 결부시키면서 그것을 '순화시키는 것' 이외에 다른 출구를 남기지 못한다는 것이다.[16]

우리는 오늘날 이른바 '모던'과 '포스트모던'이라는 두 '운동'의 시조격 주인공들인 하버마스와 푸코라는 이름에 의해 상징되는 새로운 양자 택일의 두 용어들 사이에 더 이상 선택을 할 필요가 없다. 한쪽에는 하버마스의 법률-논증적인 착상이 있는데, 이 착상은 법의 자율적 힘을 주장하면서 합리적 의지의 형성에 필요한 소통 형태들의 합법적 제도화 위에 민주주의를 확립하려 한다. 다른 한쪽에는 푸코의 권력분석법이 있다. 그것은 지배의 소구조들과 권력 투쟁 전략에 주의를 기울이면서 보편적인 것들, 특히 보편적으로 받아들일 수 있는 모든 종류의 도덕성 탐구를 배제하는 방향으로 나아간다.

마찬가지로(토머스 나겔이 말하는 바와 같이) '아무곳에서도 오지 않는 관점'의 객관주의적 환상, 즉 객관화되지 않은 관점의 객관성을 검토 없이 받아들이는 비판 이전의 확신을 버려야 한다면, 그것은 '포스트모던'한 형태의 자기 도취적인 반성이 추구하는 '어디에서도 올 수 있는 관점'의 편재적 환상에 빠지기 위한 것이 아니다. 이 환상은 비판의 (사회적) 토대의 문제를 교묘하게 감추는 토대에 대한 비판이고, '해체자'를 '해체시키는 것'을 누락하고 있는 '해체'이다. 끊임없이 움직임의 상태에 있고, 매우 인상적이면서도 포착할 수 없으며, 묶여 있는 **장소도 환경도**

없는 철학자는 **춤**에 대한 니체적인 메타포를 쓴다면 모든 위치 설정, 움직이지 않는 관객의 고정된 모든 관점, 객관주의적 모든 전망으로부터 벗어나고자 한다. 그러면서 그는 '해체'를 당해야 하는 텍스트 앞에서 작가나 비평가가 도달할 수 없는 무한히 많은 관점을 채택할 수 있다고 주장한다. 그는 언제나 돌출해 있고 놀라움의 상태에 있으며, 외관상으로만 초월의 꿈을 단념한 난공불락의 포착자이다. 특히 그는 사회과학을 상대로 혹 떼러 갔다가 혹 붙여 오는 게임의 대가이다. 그가 사회과학에 도전하고, 그것을 '초월하고' 부정하기 위해 그것을 흡수하지만 말이다. 그가 언제나 확신하고 있는 것은 가장 근본적인 문제 제기들을 문제화한다는 것이고, 철학에 다른 할 일이 아무것도 남아 있지 않을지라도 어느 누구도 철학자 자신보다 철학을 잘 해체시킬 수 없다는 것을 입증한다는 것이다.

이 모든 양자 택일들은 '관념'의 하늘에 장들의 사회적 분할을 투영하는 것에 지나지 않는다. 그것들의 속성은 사유가 완벽하게 임의적인 선택 속에 전적으로 필연적인 방식으로 갇혀 있다는 환상을 제공하는 것이다. 카를 크라우스는 이렇게 말했다. "내가 두 개의 악 사이에서 선택을 해야 한다면, 나는 아무것도 선택하지 않겠다." 어느쪽이나 사유의 노력(그리고 사유에 대한 사유의 노력)은 다음과 같은 사실에서 한계를 만나게 된다. 즉 귀족적인 **오만** 형태의 희생물로서의 이 노력이, 자신의 특이한 명철성으로부터만 지적 구원을 기다리는 사상가의 고독한 시도로밖에 생각될 수 없다는 점 말이다. 그리고 이것만이 외관상 완전히 대립된 이론적인 비전들이 학구적 가정들에 공통으로 참여함으로써 얻게 되는 유일한 공통된 특징은 아니다. 그리하여 언어와의 학구적 관계를 정당화시키는 변형인 '소통 행위'의 이론 속에는 언어에 대한 독서가의 맹목적 숭배가 담겨 있음을 인정하지 않기가 어렵듯이, '포스트모던파'로 분류되는 많은 사람들로 하여금 모든 문화적 실체들과 사회 세계 자체에 엄격히 내적인 비판을 받아야 할 자족적이고 자동 생성적인 텍스트들의 위상을 부여하게 만드는 것은, 자율화된 텍스트에 대한 전형적으로 학구적인 맹목적 숭배가 아닐까 싶다. 예를 들어 여권주의적인 일부 비판이 그런 경우이다. 이 비판은 여성의 육체, 여성의 조건이나 여성의 열등한 위상을 수행적인 사회적 구축의 순수한 산물로 간주하는 경향을 보인다. 그리고 그것은 독서가의 전형적인 환상을 추종해 현실을 바꾸는 데는 언어나 이론을 바꾸는 것만으로는 충분치 않다는 것을 망각하면서 텍스트적인 비판에 정치적 효율성을 검토 없이 부여한다. 그런데 인류·국민·민족 혹은 인종이 사회적 구축물들이라는 점을 환기시키는 것이 좋다 할지라도, 이것들을 파괴하기 위해서는 '저항'을 순전히 수행적으로 경축하는 가운데 이 사회적 인공물들을 '해체시키는 것'으로 충분하다고 믿는다든가 믿게 만드는 것은 순진한 따라서 위험한 발상이다. 사실상 이것은 다음과 같은 점을 망각하는 것이다. 즉 성(性)·인종 또는 민족에 따른 범주화가 인종차별주의적이고 성차별주의적이며 민족주의적인 '창안'이라 할지라도 그것은 제도들, 다시 말해 현상들과 집단들의 객관성 속에 들어간다는 점 말이다. 막스 베버가 이미 지적했듯이, "현실적 관계의 몰인식 속에 뿌리를 내리는 목표들"은 그 어느것보다 노동 운동이나 다른 운동을 더 위협한다. 그래서 어쨌든 우리는 '현실'의 저항을 제외하는 저항의 현실에 의심을 품을 수 있다.

학문적 이성의 두 얼굴

역사에 대한 현실주의적 비전이 역사의 뛰어넘을 수 없는 한계를 허구적으로 초월하는 것을 금지하기는 하지만, 그것은 역사로 귀결시킬 수 없는 진실들이 어떻게 그리고 어떤 역사적 조건들 속에서 역사로부터 벗어날 수 있는지를 검토하도록 이끈다. 우리가 인정해야 할 것은 이성이 신비롭고 여전히 설명할 수 없을 수밖에 없는 증여물처럼 하늘로부터 떨어진 것이 아니라는 점이고, 따라서 그것이 처음부터 끝까지 역사적이라는 것이다. 그러나 우리는 사람들이 보통 그렇게 하고 있듯이, 이성이 역사로 귀결될 수 있다고 억지로 결론지을 필요는 전혀 없다. 우리는 바로 역사 속에서, 그리고 단지 역사 속에서만 이성을 낳게 한 역사에 대한 이성의 상대적 독립성의 원칙을 찾아내야 하는 것이다. 아니면 보다 명확히 말하자면, 엄밀하게는 역사적이지만 전적으로 특수한 논리, 즉 이성의 특이한 역사가 이루어지는 예외적 세계들이 형성되게 만들었던 논리 속에서 이 원칙을 찾아내야 한다.

여가에 토대를 두고 특히 경제적인 필요성과 긴급성에 대한 학구적 거리에 토대를 둔 예외적 세계들은, 사회적 구속 요소들이 논리적 구속 요소들의 형태를 취하는(그리고 역으로도 이루어지는) 사회적 교환들을 용이케 한다. 그것들이 이성(raison)의 발전에 유리하다면, 그 이유는 그것들 속에서 자신을 돋보이기 위해서 이유들(raisons)이 돋보이게 해야 하기 때문이다. 그것들 속에서 승리하기 위해서는 논거들·입증들이나 반박들이 승리하게 해야 하는 것이다. 칸트가 말하는 '병리적인 동기들'은 학구적 사유의 '순수' 세계들 속에 들어가 있는 행위자들도 전혀 면제된 것이 아니다. (예를 들어 학문적 세계의 발견들을 표절하거나 도둑질하는 것들이 이를 입증하고 있다.) 그것들이 이 예외적 세계들 속에서 효율적이 될 수 있는 것은 방법적 대화 및 일반화된 비판의 법칙들에 따른다는 조건을 전제로 한다.

그러나 우리가 여기서 착각해서는 안 된다. 우리는 여기서 '최상의 논거가 지닌 힘'(또는 '학문적 공동체'에 대한 머턴의 기술(記述)이 지닌 힘)을 따르는 지적인 교환에 대한 하버마스가 환기한(다른 종파 사이에서) 평화적인 비전으로부터도 멀리 있고, 학술적 도시에 대한 다윈이나 니체의 표상과도 멀리 있다. 이 표상은 '힘 / 지식'이란 슬로건——사람들은 너무도 자주 이 슬로건 속에 푸코의 작품을 응축시킨다——을 내세워 모든 의미(그리고 지식)의 관계들을 권력의 관계들과 이해타산적 투쟁으로 난폭하게 귀결시킨다. 학문적 확인의 한계로부터 벗어나지 않고, 그리고 사람들이 이런 경우에 전통적으로 원용하는 여러 종류의 **구세주들**에 의존할 필요도 없이 학문적 담론의 특수성과 자율성을 주장하는 것은 전적으로 가능하다. 학문적 장들은 어떤 관계하에서는 권력과 자본의 집중, 독점, 힘의 관계, 이기주의적 이해 관계, 갈등 등이 동반하는 사회적 세계들로서의 소세계들이다. 그러나 그것들은 **또 다른 관계하에서는** 이성의 필요성이 구조들과 성향들의 현실 속에 다양한 등급으로 확립되어 있는 약간 기적적인 예외적 세계들이다. 아펠이나 하버마스가 원하는 것과는 달리 소통의 초역사적 일반 개념은 존재하지 않는다. 그러나 사회적으로 확립되고 보장된 소통 형태들은 존재한다. 이것들은 학문의 장에서 **사실상 불가피한** 형태들로서 보편화의 메커니즘들에 완벽한 효율성을 부여한다. 경쟁의 논리가 '불공평'이나 '윤리적 중립성'에 대한 모든 설교들보다 더 효과적으로 강제하는 상호 통제처럼 말이다.

그리하여 고유한 총칭적 차원에서 학문의 장은 장들의 일반적 이론이나 실제의 경제가 공통적으로 지닌 법칙들에 예외처럼 학문을 찬양하는 성지적(聖誌的) 비전과 상반된다. 학문적 경쟁은 이해 관계의 특별한 형태를 전제하고 생산하는데 이 형태는 권력, 특히 돈에 대한 통상적 이해 관계와 비교하여 볼 때만 사심 없는 것처럼 나타난다. 그리고 그것은 학문적 권위의 독점을 정복하는 쪽으로 방향이 잡혀 있으며, 이 정복 속에는 기술적인 능력과 상징적 권력이 실타래처럼 얽혀 있다. 그러나 특수한 차원에서는 학문의 장은 그 속에 경쟁의 모습을 띤 조직화되고 규율 있는 형태를 통해서, 이 형태가 따라야 하는 논리적이고 경험적인 구속 요소들을 통해서, 그리고 이 형태가 추구하는 지식의 목적들을 통해서 다른 장들과(학문의 장이 지닌 자율——이 자율은 전문 분야들, 사회들, 그리고 시대들에 따라 다르다——의 다양한 등급들에서) 구분된다. 따라서 약간은 형태의 이론이 드러내는 '애매한 이미지들' 식으로, 그것은 그것이 지닌 내재적 이원성 때문에 동시적인 두 개의 읽기 대상이 되는 것이다. 즉 지식의 축적을 추구하는 것은 불가분하게 인정의 탐구이자 이름을 내겠다는 욕망이라는 것이다. 또한 기술적인 자질과 학문적 지식은 상징적 자본의 축적 도구들로서 동시적으로 기능한다는 것이다. 그리고 지적인 갈등은 언제나 또한 권력의 갈등이며, 이성의 논쟁은 학문적 경쟁의 투쟁 등으로 이어질 수 있다.

어떤 사람들은 하나의 명제가 이 명제가 지닌 진실의 내용을 문제삼기 위한 역사적 출현 과정의 귀결이라는 논지를 끌어낸다. 혹은 또 어떤 사람들은 로티처럼[17] 힘의 인식적 관계는 힘의 정치적 관계로 환원된다고 주장하고, 학문은 인식론적 관점에서가 아니라 특히 수사학적 설득을 통한 그것의 정의들을 강제할 수 있는 능력이 있음으로써 지식의 다른 형태들과 다르다고 주장한다. 한 마디로 어떤 지식의 형태를 결정짓는 것은, 언어의 유희를 구조화시키면서 우리로 하여금 다른 것들에 비해 다분히 특정한 어떤 메타포들을 선호하는 방향으로 나가게 만드는 유일한 권력이라고 그들은 주장한다. 이런 사람들은 모두 본질적인 것을 망각하고 있다. 즉 확실한 것이지만 물리적 세계에 대한 학문적 주장을 지닌 모든 명제가 다른 것들에 반대해서 주장되는 하나의 구축이라는 점과, 학문의 장들 내에서 그처럼 대립되는 여러 가지 비전들이 지닌 상대적 힘의 일부는, 가장 자율적인 장들에서조차도 그것들을 방어하는 자들(또는 이들이 차지하는 위치)의 사회적 힘 때문이고, 이들의 수사학적 전략들이 드러내는 상징적 효율성 때문이라는 점 말이다. 그래도 여전한 것은 어쨌든 투쟁이 장을 구성하는 규범들의 통제하에서, 그리고 장에서 동의된 유일한 무기들을 가지고 전개된다는 것이다. 그리고 이러한 싸움에 참여한 명제들은 사물들 자체의 특성들·구조들·효과들 등에 적용되기를 주장하고, 따라서 진리들의 위상을 요구하면서 스스로가 논리정연함의 시험과 경험의 판결을 받아야 한다고 암묵적으로 혹은 명백히 인정한다. 그리하여 이성의 방어가 사실들의 통제하에 들어간 비판적 대립이라는 집단적 작업에 맡겨지는 하나의 학문적 세계를 단순히 관찰만 하더라도,

인식적 절대주의와 동시에 비이성주의적 상대주의와의 단절 속에서 비판적이고 반성적인 현실주의에 동의하지 않을 수 없게 된다.

장의 검열과 학문적 승화

성지적(聖誌的) 비전으로부터 '환원주의적인' 비전(이 비전은 때때로 학문의 사회학에서 '강력한 프로그램'으로 언급된다)으로 떨어져 보았자 질이 나쁜 몇몇 상징적 이점들 외에 대단한 것을 건질 수 없다. '환원주의적' 비전은 사회적 세계들이 수행적 규정들과 분류 작용들을 통해서 끊임없이 구축된다는 명백한 사실을 강조하면서, 지식의 이해 관계들과 전략들을 권력의 전략들과 이해 관계들로 환원시킨다. 그리고 그것은 그렇게 하여 학구적 장들의 현실이 지닌 불가분의 두 측면 가운데 하나를 순전히 사라지게 만든다. 그렇기 때문에 학문의 세계와 이 세계의 성격을 띤 모든 것이 지닌 **내재적 이원성**을 분명히 제시한 후 해야 할 것은 이 이원성의 특수한 차원을 부각시켜야 하고, 장이 생성시키는 특수한 충동이 어떻게 **승화되어** 장의 **검열**이 제기하는 한계와 구속 속에서 실현되는지 보여 주어야 한다는 것이다.

개인적인 투자와 이해 관계들이 드러내는 무정부적인 대결이 합리적인 대화로 변모하는 것은, 장이 특수하지 않은 정치적 혹은 특히 경제적 무기들을 내적 투쟁 속에 유입하는 것을 배제할 수 있을 만큼 충분히 자율적인(따라서 입구에 충분히 높은 장벽을 갖춘) 정도 내에서만 (유일하게) 이루어진다. 이 경우에 참여자들은 이와 관련하여 학문적 요구들('자비의 원칙' 같은 것들)에 일치하는 논의나 증거의 도구들에만 의지할 수 있고, 따라서 **지배코자 하는 욕망을 학문적 욕망으로** 승화시키지 않을 수 없다. 이 학문적 욕망은 하나의 반박을 입증에 대립시키고, 하나의 학문적 사실을 또 다른 학문적 사실에 대립시킴으로써만 승리를 거둘 수 있는 것이다.

　이성의 진보에 기여하는 데 적합한 행동들을 조성할 수 있는 구속 요소들은 대개의 경우 명료한 법칙들의 형태를 취할 필요가 없다. 그것들은 제도화된 절차들 속에 들어가 있다. 이 절차들은 게임에 입회(선별과 신회원 선출)하고, 교환 조건들(논의의 형태와 공간, 합당한 문제군 등)에 가입하는 것을 해결해 준다. 그것들은 또한 하나의 시장처럼 기능하면서 전적으로 특수한 법칙들——이 법칙들은 경제적 혹은 정치적 세계들을 지배하는 법칙들로 환원될 수 없다——에 따라서 개인적인 생산물들에 긍정적 혹은 부정적 승인을 부여하는 장의 메커니즘들 속에 들어가는 것을 해결해 주는 것이다. 마지막으로 그것들은 특히 이와 같은 전체 결과의 산물인 행위자들의 성향들 속에 들어가는 것을 해결해 준다. 왜냐하면 '인식론적 단절'을 실행해야 하는 경향과 적성은, 예를 들면 외부에서 이미 만들어진 문제들을 자신의 고유한 문제들로 받아들이는 대신 이 문제들을 스스로 만들어 낼 수 있는 자율적인 장의 기능 작용이 지닌 전적인 논리 속에 편입되기 때문이다. (사회과학의 경우 단절과 자율의 사회적 조건들의 확립은 특별히 필요하고 동시에 어렵다. 사회과학의 대상, 따라서 사회과학이 이 대상과 관련하여 말하는 것은 하나의 정치적 내기이므로—— 이 점이 사회과학으로 하여금 사회 세계에 대해 권위를 가지고 이야기하려는 모든 사람들, 작가·기자·정치인·종교적 인물들 등과 경쟁하게 만든다 ——사회과학은 '정치화'의 위험에 특별히 노출되어 있는 것이다. 장 속에 외부적 힘들과 형태들을 유입시키고 강제할 수 있을 가능성은 언제나 있다. 이 힘들과 형태들은 타율을 낳고, 가정들로부터 해방된 탐구가 낳은 정복들을 거부하고 중화시키며 때로는 소멸시킬 수 있는 것이다.)

　그리하여 집단적으로 축적된 학문적 자원이 증가함에 따라, 그리고 이와 상관적으로 장에 들어오는 데 지불해야 하는 비용이 상승하면서 경쟁에 효율적으로 참여하기 위해 필요한 자질이 결여된 지원자들을 권리에 있어서나 실제에 있어서 제외시킴에 따라, 경쟁에 참여한 행위자들과 기구들은 자신들의 경쟁자들 가운데 가장 무서운 자들만을 잠재적인 수신자들 혹은 '고객들'로 가지게 되는 경향을 더욱더 나타낸다. 인정을 획득하기 위해 '유효성의 요구들'은 역시 학문적으로 무장한 경쟁의 요구들과 대립하지 않을 수 없는 것이다. 발견들을 내놓는 자들은 그들의 동료들 가운데 가장 자격이 있고, 동시에 환심적인 공감에 가장 덜 기울어진 사람들한테만 이해되고 인정될 수 있는 기회를 가지게 된다. 이들 동료들은 장의 전역사가 흐르는 동안 축적된 특수한 자원들을 그와 같은 발견들의 비판, 즉 반박·교정·추가를 통해서 이성을 전진시키는 데 적합한 비판 속에 끌어들일 수 있는 경향이 가장 강하고 또 그럴 수 있는 능력이 가장 많은 자들이다.

이것이 의미하는 것은 장이 합리적 구속 요소들의 형태로 확립된 합리성의 체제가 이루어지는 장소라는 것이다. 이 합리적 구속 요소들은 사회적 교환의 어떤 구조 속에서 객관화되어 나타나는데, 연구자들이 학문적 도시의 학문들을 경험함으로써 대부분 획득한 성향들의 즉각적인 동조를 만나게 된다. 바로 이 성향들이 그들로 하여금 특수한 가능성들의 공간을 구축할 수 있게 해주는 것이다. 이러한 가능성들은 논의·의문·지식이라는 상태의 형태로 장(문제군) 속에 들어가며, 이 상태는 행위자들, 기구들, 뛰어난 인물들, ……이즘화된 개념들 등에 의해 구현된다. 또 바로 이 성향들이 그들로 하여금 장에 의해 제안된 상징적 체계를 장을 규정하는 규칙들에 따라 기능하게 만들도록 한다. 이때 이 규칙들은 **논리적이며 동시에 사회적인** 하나의 구속이 지닌 전적인 힘으로 그들에게 강제된다. 학문적, 특히 수학적 대상들이 드러내는 초월성에 대한 경험은 본질주의적 이론들에 의해 원용되는데, 사실 이 경험은 장이 사회적으로 요구하는 아비투스를 갖춘 행위자들과 상징적 체계들 사이의 관계 속에서 태어난 **일뤼지오**의 특별한 형태이다. 여기서 상징적 체계들은 그것들을 이해하고 기능케 하는 사람들에게 그것들의 요구들을 강제할 수 있고, 장의 자율성과 밀접하게 연결된 자율성을 부여받은 체계들이다. (그리하여 초월적인 필연성의 감정은, 축적된 자원의 자본이 보다 크고 입회 비용이 보다 상승될 때 그만큼 더 날카롭게 된다는 것이 설명된다.)

참고적인 이야기를 조금 하겠다. 문화적 대상들, 특히 수학적 본질들을 이해(이때 이 이해는 하나의 발견처럼 자연과학의 방식으로 기술된 것이다) 이전에 존재하는 초월적 본질들로 기술하는 사람들이 망각하고 있는 것은 이런 것이다. 즉 수학적 과정들(또는 이 과정들이 표현되는 기호들)의 강제적 힘이 적어도 부분적으로는 그것들이 지속적이고 집단적인 성향들 속에서, 그리고 이 성향들에 의해 받아들여지고 획득되고 실행된다는 사실로부터 비롯된다는 점이다. 이와 같은 초월적 '존재들'의 필연성과 명백함은, 사실 오랜 수련을 통해서 그것들을 '받아들이는 데' 필요한 능력을 획득한 자들에게만 통용된다. (자크 메트르가 상기하고 있는 바와 같은 신비 사상의 사회사가 보여 주는 것은, 종교의 초자연적 '존재들'에 대한 경험에 대해서도 사실 완전히 유사한 이유들로 해서 동일한 이야기를 할 수 있다는 점이다. 이 경험 역시 적어도 부분적으로는 특수한 전통을 지닌 장에서 획득된 성향들을 전제하고 있다는 것이다.) 동시에 비시간적이고 역사적이며 초월적이고 내재적인 수학적 기호들, 종교적 상징들, 그림들, 또는 시들이 살아 있고 영향력을 행사하게 되는 것은——그러나 이렇게 되는 것은 그것들이 지닌 특수한 합법성에 따른 것이고, 이 합법성은 하나의 요구 체계로서 강제되고, 따라서 미학적·법률적 혹은 수학적 등의 결정된 존재 양식에 따라 존재하려는 주장이 동반된다——행위자들의 공간과의 관계 속에서만 그렇게 되며, 여기서 행위자들은 이 상징적·자율적 공간을 규정하는 법칙들에 따라 그것을 기능케 하면서 존재하게 할 수 있는 마음과 능력이 있는 자들이다.

그리하여 역사화는 관념(특히 수학적·법률적 혹은 문학적)의 세계가 자율성을 지녔다는 플라톤적 환상인 그 맹목적 형태의 숭배로부터 해방시켜 준다. 이런 숭배는 여러 장들에서 대략적으로 동일한 형태로 표현된다. 이 환상은 상징·연산 기호·규칙으로 이루어진 세계와, 이것들을 합체시키며 불가피하게 받아들이는 행위자 사이의 약간은 기적적인 만남으로부터 발생하는 **필연성**의 경험 속에 들어간다. 이때 이것들은 이들로만 이루어질 수 있는 관례를 강제하고, 따라서 이것들의 기능 작용이 낳은 때로는 예기치 않은 산물들을 강제한다. 역사를 초월하는 것은 없다. 그리고 절대에 대한 자신들의 향수를 예술·문학 심지어 때로는 학문적 작품에 걸었던 자들을 절망시킬 각오를 하고 사회과학은, 가장 사심 없는 '관심들'을 강제할 수 있고 불러일으킬 수 있는 역설적 세계들인 학구적 장들의 특수한 논리 속에서 예술·학문 또는 문학 작품들의 존재 원리, 즉 이것들이 지닌 역사적이면서도 동시에 초역사적인 측면에서의 존재 원리를 찾아내야 한다. 참고적인 이야기를 마치겠다.

기원의 상기

토대가 없고 처음부터 끝까지 역사적인 것으로 스스로를 받아들일 수밖에 없는 학문인 사회과학은 모든 창설적인 야망을 무너뜨리고 현상들을 있는 그대로, 다시 말해 전적으로 역사로부터 비롯된 것으로 받아들이지 않을 수 없도록 만든다. 공통적인 인지적 성향들은 세계의 질서정연함이 수천 년 동안 살아남기 위해 적응하지 않을 수 없었던, 살아 있는 존재를 짓누르게 했던 그 구속 요소들로부터 생겨난 것으로 세계를 즉각적으로 알아볼 수 있게 해준다. 그런데 이 성향들을 포함해서 모든 것이 역사적이라는 점을 상기시키는 것은, 사람들이 때때로 성급히 그렇게 말하는 것과는 달리 역사주의적이거나 사회학적인 환원주의를 주장하자는 것이 아니다. 그것은 '영원한 진리들과 가치들'을 창조하는 하느님을 창조적 주체로 대체하는 일을 거부하는 것이고, 사람들이 초월이나 초월적 주체에 부여했던 것을 역사와 사회에 돌려 주는 것이다. 좀더 분명히 말하면, 그것은 창조되지 않은 '창조자'의 신화를 단념하는 것이다. (사르트르는 '최초의 계획'이라는 자기 파괴적인 개념을 가지고 이 신화에 대한 모범적 표현을 제공했는데,[18] 이 표현은 발생론적인 사유에 대한 혐오와 짝을 이루는 자기 자신의 원인이 되겠다는 꿈을 나타낸다.) 그리고 그것은 가장 완성된 인간 작품들의 진정한 주체는 장(아니면 거의 같은 말이지만, 이 장 속에 있는 특별한 위치, 즉 부분적으로는 장 이외의 다른 곳에서도 형성될 수 있는 성향들의 특별한 성좌와 결합된 특별한 위치)에 다름 아니며, 이 장 속에서 이 장 덕분에 그리고 이 장에 대항해서 이 작품들이 실현됨을 받아들이는 것이다. "예술은 구속으로부터 태어난다"라고 말하는 것은 옳다. 그러나 이 구속은 하나의 장 속에 들어가 있거나, 좀더 분명히 말해서 하나의 아비투스와 하나의 장 사이의 관계에서 생기는 가능성들과 불가능성들의 객관적인 구조가 행사하는 구속이다.

그리하여 한쪽에서는 모든 학구적 사유를 따라다니는 플라톤 신봉적인 숭배에 대항해 사회과학은 학구적 장들(특히 과학장)의 객관적 구조들과, 이 구조들이 낳은 산물이자 그것들의 조건인 인지적 구조들의 계보를 확립하려고 애쓰고 있다. 그것은 보편적 유효성을 주장하는 상징적 체계들과, 이에 대응하는 인지적 구조들이 생산되는 여러 사회 공간들의 특수한 논리를 분석한다. 그리고 그것은 절대적이라고 간주된, 이 논리의 법칙들을 하나의 장(또는 하나의 '삶' 형태)이 지닌 내재적 구속 요소들에 결부시키고, 특히 진술들을 논의하고 정당화하는 사회적으로 질서정연한 활동에 결부시킨다. 또 다른 한쪽에서는 그것은 상대주의적인 환원주의에 대항해 다음과 같은 것을 보여 준다. 즉 과학장이 장 속에 끌어들여진 동기들을 통해서는 다른 장들과 절대적으로 구분되지는 않지만, 구속 요소들(예를 들어 논쟁의 시련을 받지 않을 수 없는 필연성 속에 함축된 모순의 원칙 같은 것)의 관점에서 보면 다른 장들과 완전히 분리된다는 것이다. 이 구속 요소들은 사람들이 자신들의 정열과 관심들이 승리하게 만들기 위해서 따라야 하는 것들이고, 무장한 경쟁을 통해서 행사되는 교차 통제에 의해 강제되는 검열의 구속 요소들인 것이다. 그런데 전적으로 특수한 이와 같은 필연성 자체는 전적으로 특수한 역사——역사가 전적으로 특수하다는 것은 그것의 전개가 거의 목적론적인 논리 속에서 이루어지기 때문이다——로부터 비롯되는 것이다.

각각의 장이 지닌 특수한 필연성이 점진적으로 표명되는 역사적 출현의 긴 과정은 스스로 자신을 수태시키는 이성, 다시 말해 주지주의적인 비전(그리고 과학적이거나 특히 철학적인 관념들의 역사)이 상상하는 이성들의 긴 사슬로 환원될 수 있는 그런 이성의 계속된 단성 생식 같은 것이 아니다. 그러나 그것은 파스칼이 승리에 찬 이성의 오만을 보다 잘 쳐부수기 위해 때때로 암시하듯이, 우연들의 순전한 연계로 귀결되는 것은 더더욱 아니다. 그것이 지닌 엄밀히 사회학적인 특수한 논리는, 하나의 장에서 창출되는 행동들이 이 장의 특수한 필연성에 의해 이중으로 결정된다는 사실에서 비롯되는 것이다. 즉 장의 전(全)역사로부터 비롯되는 위치들의 공간이 지닌 구조가 이 구조의 요구들에 의해 성향들이 조건지어지는 행위자들에 의해 인지될 때, 그것은 매순간 이들에게 가능성들의 공간으로 나타난다는 것이다. 이 공간은 부추김을 통해 행위자들의 기대와 계획을 방향지을 수 있고, 구속 요소들을 통해서 적어도 부정적으로 이 기대와 계획을 결정짓기까지 할 수 있으며, 그렇게 하여 보다 복잡한 구조의 발전에 기여하는 데 적절한 행동들을 조장할 수 있는 것이다. 예술가·작가·학자 등 각자는 작업을 할 때, 악보를 통한——그리고 연주를 통한——창안에 외관상 무제한의 가능성들을 제공하는 피아노 앞에 있는 작곡가와 같다. 그러나 이 피아노는 그것의 구조(예를 들어 일정한 음역을 강제하는 건반의 영역) 속에 들어간 구속 요소들과 제한들을 강제하고, 이 구조는 그것의 짜임새에 의해 결정된다. 또한 예술가의 성향들 속에 존재하는 구속 요소들과 제한들도 있으며, 이 성향들은 도구의 가능성들에 종속되어 있다. 비록 이 성향들을 드러내고, 이것들을 다소간 완전히 존재하도록 만드는 것이 그런 구속 요소들과 제한들이라 할지라도 말이다.

역사적 과정들의 불투명성이 나타나는 원인은 인간의 행동들이, 역사에 의해 특징지어지고 역사로부터 비롯되는 아비투스들과 이것들의 잠재력이 실현되는 사회 세계들(특히 장들) 사이의 무수한 만남들의 산물——불확실하지는 않지만 결코 합리적으로는 통제되지 않는 산물——이기 때문이다. 아비투스들은 사회 세계들 속에서 그것들의 잠재력을 실현하지만, 이 세계들이 지닌 구조와 구속하에 있으며, 이러한 이중의 필연성으로부터 그것들이 지닌 특수하게 역사적인 논리를 받게 된다. 이 논리는 '이성적 진리들'이 지닌 논리적 이성과 '사실적 진리들'이 지닌 순수한 우발성 사이를 매개하는 것인데, 이 우발성은 연역을 허락하지 않고 이해되도록 만들거나 심지어 불가피하도록 만든다.

아마 나는 여기서 다음과 같은 반박을 받게 될 것이다. 즉 내가 요술을 부려 실증적인 것과 규범적인 것 사이의 이율 배반으로부터 벗어나면서, 과학장에 대한 **규범적인 기술**(記述)을 제안하고 있다고 말이다. 여기서 장이 수행하는 기능 작용의 진실에 대한 설명으로서의 이 기술은 장의 객관적인 필연성에 관한 지식을 전달하는 것이고, 이때 장은 이 필연성에 대해 자유의 가능성, 따라서 자유를 증가시키는 목적을 지닌 실제적 윤리의 가능성을 제공한다. 그런데 사실 장과 관련한 어떠한 확인적인 주장도 규범적인 읽기의 대상이 되지 않을 수 없다. 일부 조건들 속에서 경쟁이 지식의 증가를 유리하게 만들고 있다는 고찰이 그런 경우이고, 또는 학문적 게임의 내기 자체가 학문적 게임의 한 내기이며, 따라서 장에는 게임에 참여하는 당사자가 아닌 심판자는 없다는 확인도 그런 경우이다. (이 점은 혁명적 단절의 경우에 특히 잘 나타난다. 이론적 또는 방법론적 자질에 대한 기존의 규정을 문제삼는 이론이나 방법을 심판하는 데 누가 적임일 것인가라는 질문 속에서 말이다.) 이러한 수행적 비전은 진리와 객관성이 비폭력적이지만 사심이 없는 것이 아닌 투쟁의 사회적 메커니즘이 낳은 불가피한 산물이라고 상정함으로써 규범성의 형태를 재도입하는 것이 아닐까? 수행적인 이와 같은 표현을 진술하면서 이 표현의 '주체'는 이를테면 게임의 밖에 위치하는 것이 아닐까? 이때 그는 외부에 있는 우월한 위치로부터 이 게임을 있는 그대로 포착하고, 그렇게 하여 절대적이고 총화적이며 객관적인 관점, 즉 중립적이고 공평한 관점의 가능성을 주장하는 것이다.

우리는 언어가 지닌 자발적으로 수행적인 논리로부터 쉽게 빠져 나오지 못한다. 내가 끊임없이 상기시킨 바와 같이 언어는 특히 분류가 지닌 구축적 효율성, 불가분하게 인지적이고 정치적인 그 효율성을 통해서 그것이 말하는 것을 이루어 내는 데(또는 존재케 하는 데) 기여하는 것이다. 그래서 우리가 부정할 수 없는 것은, 학문에 대한 역사-사회학적인 반성적 분석이 과학성의 고유한 기준들을 전적으로 순환적인 방식으로 생산해서 강요하는 경향이 있다는 것이다. 그러나 현실 속에 존재하는——그것도 분석에만 존재하는 것이 아닌——순환을 벗어날 수 있는 가능성이 있는가? **구세주** 같은 인물에 호소하지 않고 말이다. 실제 특수한 법칙들의 확립을 가능케 하여 이 법칙들이 그 대가로 이성의 진보와, 나아가 장의 자율화에 기여토록 하는 것은 과학장의 자율화이다.

모든 것을 이해하기 어렵게 만들지 모르지만, 어떻게 다음과 같은 점을 회피할 수 있겠는가? (이것이 진정으로 바람직하다고 가정한다면 말이다.) 즉 과학장의 보다 전진된, 다시 말해 보다 자율적인 상태들에 대한 묘사가, 특히 그것(묘사)이 생성되는 사회과학장의 보다 덜 전진된 상태들에 대한 비판을 잉태한 것처럼 나타난다는 점 말이다. 확실한 것은 학문적 변화——입회비의 점진적 상승, 경쟁자들 사이의 동질성의 증가, 보존의 전략과 전복의 전략 사이의 괴리 축소, 외부적인 정치적 원인과 결과들로부터 해방된 항구적인 조그만 혁명들에 의한 주기적인 큰 혁명들의 대체 등——의 큰 추세들에 대한 지식이 진정으로 과학장의 근본적 법칙에 대한 규범적인 규정을 함축하고 유도한다는 것이다. 이 규정은 불일치의 합당한 대상들에 대한, 그리고 이 불일치를 해결하는 합당한 수단들에 대한 합의를 말한다. 역시 마찬가지로 확실한 것은 그러한 지식이 종교적·철학적 혹은 정치적(또는 가짜 학문의) 거짓 합의들——이 합의들은 선험적인 공감에 의거하고, 사회적으로 미리 확립된 유효화 형태들(학식 있는 자들의 공통 의견)에 의거한다——과, 말하자면 과학적일 수 있는 진짜 합의들——왜냐하면 이것들은 불일치에 제한되고 이 불일치를 해결하는 수단들에 제한된 합의에 의거하기 때문이고, 따라서 물론 필연적으로 일시적일 수밖에 없지만 진정한 합의로 나아갈 수 있기 때문이다——사이의 차이의 진정한 기준을 제안한다는 것이다.

하나의 진리가 있다면, 그것은 진리가 투쟁의 내기물이라는 것이다. 그리고 이러한 측면은 과학장 자체에서도 마찬가지이다. 그러나 그 속에서 전개되는 투쟁은 고유한 논리를 가지고 있으며, 이 논리는 급진적 전망주의가 드러내는 거울의 게임——무한히 재현되는 거울의 게임——으로부터 싸움을 끌어내는 것이다. 이러한 싸움의 객관화, 그리고 위치들의 공간과 이 공간의 논리를 드러내 주는 공간——위치 결정들의 공간——사이의 조응 모델은 총체화 및 분석 도구들로 무장하고 (통계학처럼) 객관성으로 방향이 잡혀진 작업의 산물이다. 이 객관성은 궁극적이지만 끊임없이 물러나는 지평으로서, 가스통 바슐라르와 함께 '탈주관화의 끊임없는 노력'으로 기술할 수 있는 집단적 실천들 전체의 객관성이다.

반성과 이중의 역사화

비판적 반성의 방침은 그 자체가 하나의 목적일 수 있는 순전히 이론적인 의도로부터 나오는 것이 아니라, 경험에 의해 유효성이 드러난 두 개의 확신으로부터 나온다. 첫째로 인류학적 사유의 가장 중대한 오류들과 환상들(이것들은 사회과학 전문가들——역사가·사회학자·민족학자들——과 마찬가지로 철학자들에게서도 나타난다)의 원리와, 특히 의식 있고 합리적이며 무제약적인 개인(또는 '주체')으로서의 행위자에 대한 비전이 인류학적 담론을 생산하는 사회적 조건들 속에 존재한다는 것이다. 다시 말해 그것이 '인간'에 대한 담론이 생산되는 장들의 구조와 기능 작용 속에 존재한다는 것이다. 두번째로 사유의 사회적 조건들에 대한 하나의 사유로서, 이러한 조건들에 대하여 진정한 **자유**의 가능성을 사유에 제공하는 사유가 가능하다는 것이다.

하나의 장에서 하나의 위치(정복해야 하거나 방어해야 하는 위치) 점유와 관련된 이해 관계와, 사유 습관에 연결된 모든 지지와 동의들을 탐구하고 설명하는 일은 엄밀히 말해서 한이 없는 과제이다. 또한 자신의 고유한 관점에 대해 하나의 절대적 관점을 채택할 수 있다는 가능성을 믿는다면, 사유의 전능한 힘에 대한 학구적 환상의 형태로 떨어지게 될 것이다. 반성의 명령은 약간 허영적인 명예와 관련된 문제 같은 것이 아니다. 다시 말해 그것은 학문적 세계에서의 경쟁자들과 보통의 행위자들이 드러내는 경험적 관점들에 비해 초월적인 관점──자기 세계의 게임과 내기적 목적에 참여한 경험적 행위자의 고유한 경험적 관점과는, 입문적 차단을 통한 것처럼 근본적이고 결정적으로 분리된 관점──을 점유할 수 있기 원하는 사상가의 명예와 관련된 문제가 아니다.

또한 일부 철학자들로 하여금 유일자의 야망을 반성의 고심 속에서 고발하도록 부추기는 것은 그들의 사유적 습관과 야망이다. 여기서 유일자는 절대적 지식의 난공불락의 장소에 다다르고자 하고, 진실을 말하는 권력의 배타적인 보유체로서의 권위주의적 이성이라는 공격할 수 없는 위치를 확보코자 하는 자이다. 사실 반성은 학문의 장에 참여하는 사람들 전체가 해야 하는 것이다. 그리하여 그것은 그들을 통합시키고 대립시키는 경쟁의 게임을 통해 이루어진다. 하지만 이 경쟁이 합리적인 논쟁의 명령에 따를 수 있도록, 각각의 참여자가 자신의 '이기주의적' 이해 관계를 대화적 대립의 법칙들에 종속시킴으로써 이로울 수 있도록 조건들이 충족되어야 한다.

반성을 통한 개인적 정복(예를 들어 학구적 환상의 발견)은 그 어느것이 되었든 경쟁의 논리에 의해 학문적 싸움에서 무기가 되지 않을 수 없으며, 이 싸움에 가담한 모든 사람들에게 강제되지 않을 수 없다. 어느 누구도 자신의 적들에 대항해 사용될 수 있는 무기들을 만들 경우, 이 무기들이 이 적들이나 다른 적들에 의해 즉각적으로 자신에게 되돌아올 수 있는 지경에 빠질 수 있는 것이고, 이런 현상은 무한히 이어질 수 있다. 환상적이고 위선적인 의무론이 아니라 바로 엄밀하게 사회적인 이 논리로부터 우리는 보다 큰 반성을 향한 진보를 기대할 수 있는 것이다. 이 진보는 상호적인 객관화의 효과를 통해 강제되는 것이지, 주관적인 것들의 다소간 자기 도취적인 단순한 회귀를 통해 강제되는 것이 아니다. 과학장의 기능 작용이 지닌 논리에 대한 과학적 설명 또한 이 논리를 보다 의식적이고 체계적으로 만들어 줌으로써 장의 내부에서 실행되는 상호적 감시를 튼튼히 만드는 데 기여하고, 감시의 효율성을 강화시키는 데 기여할 수 있다. 그렇다고 이러한 측면이 그렇게 제공된 지식을 파렴치하게 사용할 수 있는 가능성을 배제하는 것은 아니다.

　반성을 실천한다는 것은 객관화의 작업으로부터 임의적으로 배제된 인식적 '주체'가 지닌 특권을 문제삼는 일이다. 그것은 학문적 실천을 하는 경험적 '주체'를 학문적 '주체' 자체에 의해 구축된 객관성의 용어들 자체로——특히 사회적 시·공간의 한 지점에 그를 위치시키면서——설명하려 애쓰는 것이고, 그렇게 하여 학문적 '주체'로 하여금 경험적 '주체,' 이 주체의 이해 관계, 충동·가정들에 집착하도록 하는 모든 인연들을 통해 그에게 행사될 수 있는 구속들에 대한 보다 날카로운 의식과 보다 폭넓은 지배를 가지게 되는 것을 말한다. 여기서 이 인연들은 학문적 주체가 자신을 구축하기 위해 단절해야 하는 것들이다. 사실 전통이 찬양하는 '자유롭고' '사심 없는' '주체'의 '선택들'이 장의 기계적 장치로부터, 따라서 장을 결과로서 탄생시킨 역사로부터 결코 완전하게는 독립적이지 못하다는 사실을 어떻게 인정하지 않을 수 있겠는가? 이 역사는 장의 객관적 구조들 속에 들어가 있고, 이 구조들을 통해 인지적 구조들과 비전 및 분할의 원칙들·개념들·이론들, 사용되는 방법들 속에 들어가 있으며, 이것들 또한 주체가 이 장에서 차지하는 위치로부터, 그리고 이 위치와 불가분의 관계에 있는 이해 관계로부터 결코 완전히 독립적이지는 못한다.

지식에 대한 고전적(칸트적인) 철학(아니면 오늘날 민족학 방법론이나 온갖 형태의 '구성주의적' 관념론)이 가르치고 있듯이, 우리는 객관적 지식이 가능한 조건들과 이 지식의 한계들을 '주체' 안에서 찾는 데 더 이상 만족할 수 없다. '주체'를 가능케 하고, 대상을 구축하는 주체의 활동을 가능케 하는 사회적 조건들(이 가운데 **여가**가 들어가고, 문제들·개념들·방법들 등으로 이루어진 모든 유산이 들어간다)을 학문(사회적 공간 또는 장)에 의해 구축된 대상 속에서 찾아야 하는 것이다. 그리하여 그의 객관화 행위들이 지닌 한계를 밝혀내야 한다. 그래서 우리는 상대주의에 빠질 필요 없이 고전적 객관주의의 절대주의를 단념할 수 있는 것이다. 사실 학문적 '주체들'을 창출하는 사회적 조건들에 대한 지식의 모든 진보에는 학문적 대상에 대한 지식의 진보가 대응하는 것이고, 그 역도 마찬가지인 것이다. 이러한 측면이 가장 분명하게 드러나는 것은 탐구의 대상이 과학장 자체일 때, 다시 말해 과학적 지식의 진정한 주체일 때이다. (내가 《호모 아카데미쿠스》에서 그 결과를 제시한 탐구처럼 말이다.) 따라서 어느 누구도 과학적 지식을 가능케 하는 조건들과 이 지식 대상의 가능 조건은 동일하다는 점을 벗어날 수 없다.

그리하여 역사과학이 초역사적이고 초개인적인 이성의 초월성——이 초월성이 칸트에게서 나타나는 고전적 형태를 하고 있든, 하버마스가 이성의 보편적 형태들을 언어 속에 편입시킬 때 이 초월성에 부여하는 혁신된 형태를 하고 있든——에 대한 환상을 파괴한다 할지라도, 그것은 칸트의 합리주의가 지닌 비판적 의도를 연장하고 급진화하게 만들며, 이성을 역사로부터 벗어나게 하려는 노력에 전적인 효율성을 부여케 한다. 그러면서 그것은 모든 사람들에 의한 모든 이들의 인식론적 비판을 자유롭고 일반적으로 훈련하는 것을 사회학적으로 강화시키는데 이 훈련은 장 자체로부터, 다시 말해 경쟁이 장에 강제하는 갈등적이지만 정연한 협동으로부터 나온다.

　전혀 반대로 다음과 같은 사실 속에는 절망적인 것이라고는 아무것도 없다. 즉 우리가 이른바 영원한 진리들을 기대해야 하는 대상은 다소간 교묘하게 세속화된 계시 형태가 아니라, 각자가 승리하기 위해 이전의 투쟁 상태에 의해, 그리고 이 상태를 위해 생산된 최상의 무기들을 끌어들일 수 있고 또 끌어들여야 하는 매우 특별한 종류의 투쟁이라는 사실 말이다. 이 특별한 투쟁은 목표를 세계에 대한——그리고 투쟁이 전개되는 세계 자체에 대한——진리의 선언으로 삼으면서, 여러 입장의 주장자들이 준거 기준으로 삼고 또 삼아야 하는 현실의 승인 자체를 심판관으로 받아들인다. 역사과학은 이러한 사실을 받아들이면서, 그리고 문화적 작품들의 생산과 수용을 가능케 하는 개인적이고 집단적인 역사적·사회적 조건들을 드러내려고 애쓰면서도, 이 생산물들을 우발성이나 부조리로 귀결시켜 신뢰를 떨어뜨리고자 하는 것은 전혀 아니다. 전혀 반대로 그것은 문화적 생산의 장들을 짓누르는 경제적·사회적 구속 요소들이 가져오는 과학적으로 바람직하지 않은 결과들을 드러내도록 하면서, 이 생산물들을 그러한 우발성이나 부조리로부터 벗어나게 할 수 있는 수단들을 증가시키고 강화시키고자 하는 것이다. 역사과학은 그것이 생산하는 지식의 도구들을 그것 자체에 대항해 되돌아오게 하고, 그리고 특히 그것이 이 도구들을 생산하게 만드는 환경인 사회적 세계들에 대항해 되돌아오게 한다. 그러면서 그것은 그것이 지식에 가하는 경제적·사회적 결정론들의 결과로부터 적어도 부분적으로는 벗어날 수 있는 수단들을 갖추고 있다. 또한 그것은 우선 그것 자체를 짓누르게 하는 역사주의적 상대화의 위협을 예방할 수 있는 수단들을 갖추고 있다.

　사람들이 때때로 믿는 척하는 것과는 달리, 사유의 작업이 수행되는 조건들에 대한 분석은 이성의 가치를 떨어뜨리는 데 목표를 둔 논쟁적인 고발이 전혀 아니고, **이성의 논쟁이 지닌 특권적인 도구이다.** 그것은 사유가 생산의 사회적 조건들 때문에 가지게 되는 한계에 대한 의식을 강화하려고 노력하고, 모든 결정들에 대해서 한계가 없거나 자유롭다는 환상──이 환상이 사유를 이러한 결정들에 대해 무방비 상태로 방치하는 것이다──을 뿌리뽑고자 노력하면서, 그것이 베일을 벗기는 결정들에 대한 자유의 가능성을 제공하려고 애쓴다. 사실 학문의 성(城)이 드러내는 힘의 관계, 지배 효과, 압제 그리고 보호와 더불어 그것에 대한 현실주의적 지식을 진전시킨다는 것은, 동시에 외적 구속 요소들(오늘날 언론을 매개로 하여 나타나는 것들 같은 구속 요소들)과 내적 구속 요소들의 결과를 지배하는 이론적이고 실천적인 수단들을 전진시키는 것이다. 이 내적 구속 요소들(유명해지기 위한 것일 뿐 아니라, 신망을 얻고 사적 혹은 공적 주문을 받기 위한 경쟁의 구속 요소들)은 외적 구속 요소들의 효율성과 교대하러 오며, 또한 역설적으로 타율성에 대한 저항 능력을 약화시킬 수 있는 것들이다.

그리하여 역설적이지만 핑계를 대지 않고 이성의 근본적인 역사성을 받아들이고, 항구적인 역사화의 시련에 의해 단련된 사회과학이 과학만능주의와 실증주의에 대한 고발로 변장하는 학문의 비합리주의적인 고발에 오늘날 최상의 무기들을 제공하고 있는 것처럼 보일 때, 그것은 역사주의적 합리주의 혹은 합리주의적 역사주의에 가장 확실한 지원이 될 수 있는 것이다. 반합리주의적 허무주의가 아직도 그 향수를 드러내고 있는 존재론적 토대에 대한 환상적 탐구가 일단 배척되면, 비판적 반성의 집단적 작업은 갈등적 협력과 상호적 비판 속에서, 그리고 이 협력과 비판을 통해서 학문적 이성으로 하여금 점점 더 잘 자신을 통제하도록 해줄 것이고, 그렇게 하여 조금씩 조금씩 구속 요소들과 우발적인 것들에 대한 완전한 독립에 접근하도록 해줄 것이다. 이 독립은 칸트가 말했듯이 일종의 **가상의 중심점**으로서 합리주의적 신념이 동경하고 힘을 겨루는 대상이다.

보편화 전략의 보편성

아마도 논리는 정연한 논의의 사회적 관계 속에 들어간다 할 것이다. 이 정연한 논의는 공통의 지표들에 준거함으로써 가능하거나 보다 좋은 것으로 모든 참여자들이 동일한 관점을 채택하는 것을 토대로 한 합리적 교환 속에서 가능한 것인데, 동일한 관점은 세계에 소속되어 있다는 것을 나타내고, 나아가 의견의 상위와 이 상위 속에 표현되는 수렴을 나타내는 것이다. 그러나 이러한 측면이 다음과 같은 것을 의미하는 것은 아니다. 즉 모든 참여자들이 자신들의 입장을 방어할 수 있고, 논의를 시작하거나 계속할 수 있으며, 또 자유롭게 자신들의 느낌이나 판단을 제시할 수 있고, 설명과 정당한 이유를 요구할 수 있는 동등한 기회를 가지는 **이상적인 발언 상황**이 고유한 힘에 의해서 언제나 도처에서 확립된다는 것 말이다. '협동의 원리'("당신이 대화에 기여하는 때는, 당신이 참여하는 언어적 교환의 수용된 목표나 방향이 요구하는 대로 대화가 일어나는 순간이다")를 표현했던 그리스가 주목한 것은 이 원리가 끊임없이 우롱당한다는 것이다. (우리는 하버마스가 제안한 원리에 대해서도 동일한 이야기를 할 수 있는데, 이 원리에 따르면 합의는 논거들이 지닌 유일한 힘에 의해 도달되어야 한다는 것이다.) 이것이 의미하는 것은 그리스의 원리가 대화에 실제적으로 참여한 발언자들의 실질적 행위를 설명하는 사회학적 법칙이 전혀 아니고, 사실상 모든 대화가 지닌 암묵적인 일종의 가정, 즉 상호성 원리의 특수한 변형이라는 것이다. 이 상호성 원리는 비록 끊임없이 위반된다 할지라도 암묵적으로 인정된 이상적 질서에 대한 환기로서, 또는 진정한 대화가 되기 위한 담화는 무엇이어야 하는가에 대한 준거로서 언제라도 원용될 수 있는 것이다.

그러나 하나의 사물이 진정으로 무엇인가를, 진실로 무엇인가를 말한다는 구실 아래 언제나 사람들은 그것이 진정한 존재가 되기 위해 무엇이 되어야 하는가를 말하고 만다. 그리고 동시에 실제적인 것에서 규범적인 것으로, 존재로부터 당위-존재로 슬그머니 옮겨 가고 만다. 보편성의 명령들에 공식적으로 부여된 인정의 보편성, 즉 인류가 지닌 일종의 '정신주의적 명예 문제'에 유념해야 한다. 보편성의 명령들 가운데 인식적 보편성의 명령들은 객관적인 것과 초개인적인 것을 위해 주관적인 것과 개인적인 것의 부정을 강요한다. 그리고 윤리적 보편성의 명령들은 사심 없음과 관용성을 위해 이기주의와 개인적 이해 관계의 부정을 요구한다. 그러나 또한 유념해야 할 것은 이러한 규범들에 대한 실질적 위반의 보편성이다. 그리고 본질적 분석에 역사적 분석을 대체해야 한다. 역사적 분석만이 본질적 분석이 부지불식간에 그 결과를 접수하는 과정 자체를 기술할 수 있기 때문이다. 이 과정은 운동으로서 이 운동에 따라서 당위-존재가 윤리적·인식적 보편성의 규범들을 실천적으로 강제할 수 있는 세계들, 즉 논리적이고 도덕적인 이상에 일치하는 승화된 조건들을 실질적으로 확보할 수 있는 세계들의 출현을 통해 전진하는 것이다.

보편이 전진하는 것은 사회적 소세계들이 존재하기 때문이다. 이 소세계들은 법규에 따른 분리에 만족한 이기주의와, 특권에 갇혀 있는 것과 관련된 내재적 애매성에도 불구하고 보편을 목적으로 하는 투쟁의 장소이다. 그리고 이 소세계들 속에 자신들의 입장과 궤적에 따라, **보편·이성·진리·미덕**에 **특별한 관심**을 지닌 행위자들이 이전의 싸움들이 이룩한 가장 보편적인 정복들에 다름 아닌 무기들을 가지고 참여하는 것이다. 법률장이 그런 경우이다. 법률장은 투쟁의 장소이지만, 투쟁의 목표들 모두가 그리고 언제나 법에 일치하는 것은 결코 아니다. 하지만 투쟁이 법의 규정들을 변모시키는 것을 목표로 할 때도(오늘날 사업법의 영역에서처럼 말이다), 그것은 **이 규정들에 따라서** 이루어져야 한다.[19]

그리하여 법률가들은 수 세기 동안의 집단적 작업을 통해서 국가를 창안해 냈지만, 그들이 일반 이익, 공중, 공적인 일에 봉사하는 데 적합한 개념들·방법들·절차들 그리고 조직 형태들 전체를 진정으로 무(無)에서 창조할 수 있었다고 인정되는 것은, 다만 그들이 그렇게 하면서 그들 자신들을 공적 기능의 수행과 연결된 권력의 보유자들 또는 수탁자들로서 만들어 가고 있었다는 점 때문이며, 그리고 그들이 공공 서비스를 사적으로 적절히 자기화한 형태——출생 신분이 아니라 교육과 재능에 근거한 형태——를 확보할 수 있었다는 점 때문이다. 환언하면 자코뱅당의 비전이 찬양하는 프랑스 혁명에 의해 절정을 이룬 해방적 서사시와 이성의 빛나는 상승은 어두운 이면을 지니고 있는데, 그것은 다름 아닌 문화적 자본을 보유한 자들, 특히 법관들의 점진적 부상이다. 법관들은 중세의 교회법학자들로부터 19세기의 변호사들과 교수들에 이르기까지, 아니면 현대의 기술 관료들에 이르기까지 지속적인 오랜 투쟁에서 특히 단순한 에피소드였던 혁명을 이용하여 옛 귀족의 자리를 차지하는 데 성공하여 국가의 귀족 계급이 되었던 것이다.

보편화시키는 독점으로서의 개명시키는 찬탈이 지닌 애매성은 법의 개별적 이용에서 재생산된다. 각각의 이용이 함축하는 것은 사람들이 적어도 외관상으로는 귀납을 희생시키고 연역(원칙들이나 선례들에 입각한)을 우선시한다는 것이며, 현실들과의 현실주의적인(사회학적이라고도 말할 수 있을 것이다) 타협을 희생시키고 보편적 윤리가 지닌 원칙들의 '순수한' 긍정을 우선시한다는 것이다. 그러므로 법률가들이 극도의 신중함——특히 최고 재판소에서——을 나타내는 이유는, 그들이 각각의 법률적 행위가 선례를 창안하면서 법을 만드는 데 기여한다는 점을 잊을 수 없기 때문이다. 또한 그들의 결정들을 통해서, 특히 그들이 이 결정들을 포장해야 하는 보편적 합리성의 부분을 통해서, 그리고 그들이 이 결정들을 정당화시키 위해 사후에 창출하는 외관상 연역적인 '합리화들'을 통해서 그들 자신이 이를테면 서로가 끊임없이 연결되기 때문이다. 그러나 이 합리화들은 그것들이 정당화시키는 결정들과는 전적으로 반대되는 결정들의 원리가 될 수 있는 것이다.

통일, 그리고 국가의 출현과 관련된 상대적 보편화는 국가가 생산하여 확보하는 보편적 수단들을 몇몇 사람들이 독점하는 것과 불가분의 관계에 있다. (베버와 그뒤를 이은 엘리아스는 국가적 자본의 형성 과정을 무시했고, 이 자본을 생산하는 데 기여했던 국가 귀족 계급, 보다 잘 말하면 이 자본을 생산하면서 귀족 계급으로서 창출된 국가 귀족 계급이 국가적 자본을 독점하는 과정을 무시했다.) 그러나 이와 같은 **보편의 독점**은 보편을 차지한 사람들이 보편성의 이유들에 복종하고, 따라서 지배의 보편주의적 구현에 복종한다(적어도 표면적으로는 말이다)는 대가를 치러야만 획득될 수 있다. 마르크스처럼 국가 관료 계급이 이 계급 자체에 부여하려는 공식적 이미지를 전복시키고, 관료들을 공적 자원의 사적 소유자들로서 행동하는 보편의 찬탈자들로 묘사하는 사람들이 틀린 것은 아니다. 그러나 그들은 공적 이익에 사심 없는 헌신과 중립성의 가치들에 의무적으로 준거해야 함으로써 비롯되는 매우 현실적인 결과들을 무시하고 있다. 공적 이익은 상징적 구축을 하는 긴 작업의 역사가 전진함에 따라 국가 공무원들에게 점진적인 힘을 가지고 강제되는 것이며, 이 작업이 끝날 때 일반 이익의 봉사와 보편성의 장소로서 국가의 공식적 표상이 창안되고 강제된다.

그리하여 저명한 인사가 저지른 윤리적 위반을 언론이 폭로한 것과 같은 정치적 스캔들은 일반 이익에의 헌신의 규정, 다시 말해 집단을 공식적으로 구현하도록 지명된 모든 인물들에게 강제되는 공평무사의 규정을 상기시킨다. 마치 공적인 일을 구현하는 특권이 사생활의 비밀이 보호하는 모든 것의 단념을 함축하고 있는 것처럼, 이른바 '공인들'에 대한 사적 정보의 공표는 용인된다. (그런데 개인들과 관련된 경우에 이러한 공표는 법률적 전통들에 따라 다양한 등급으로 단죄된다.) 이러한 면은 특히 다음과 같은 점이 명백할 때 일어난다. 즉 공적인 일에 자신을 받치고 이론적으로 헌신하는 그들이, 특히 공적 수단들을 사적인 목적들을 위해 사용하게 됨으로써 사적인 것과 공적인 것의 경계를 넘어섰을 때 말이다. 왜냐하면 사적인 것에 대한 비밀이 사실상 공적인 것의 사적 이용을 감추는 데 이용되었기 때문이다.

정치장, 특히 관료장처럼 보편에 적어도 외적으로는 복종을 보다 집요히 요구하는 세계들이 있다. 비록 공평무사의 의무를 규정하는 공식적 규범과 실천의 현실 사이에 놓인 괴리를 무시하는 것이 불가능하다 할지라도 말이다. 실천의 현실에는 이러한 의무에의 위반이 있으며, 공공 재화와 용역의 횡령, 부패나 수뢰 같은 '공공 서비스의 사적 이용'의 모든 경우들이 있고, 행정적 묵인과 저촉, 직무상 부정 거래와 같이 법을 적용하지 않거나 위반함으로써 이득을 보는 데 있는 모든 불공평한 처사들이 있다. 이 세계들이 지닌 역설적 논리 때문에 (문화적 생산을 하는 장들처럼) 그것들은 **사심 없음에 대한 관심**에 부여하는 보상들을 통해 사심 없는 성향의 출현을 용이케 한다.

보편은 보편적인 인정의 대상이며, 이기주의적인(특히 경제적인) 이해관계의 희생에 보편적으로 부여된 인정은, 그것이 확보하는 명백한 상징적 이익들을 통해서 보편화 전략들을 보편적으로 장려한다. 집단들이 그 어느것보다 더 무조건적으로 인정하고 보상하며, 더 명령적으로 요구하는 것은 집단으로서의 집단에 대한 존중(특히 '민간 종교'의 외관상 완전히 별볼일 없는 의례 속에서 뚜렷이 드러나는 존중)의 무조건적 표현이다. 그래서 그것들은 보편화 전략들이 함축하는 규칙의 인정——이 인정이 가장되고 위선적이라 할지라도——에 사회적 인정을 부여한다. 보편화의 이점들은 보편에 대한 준거가 더할나위없는 무기인 상징적 투쟁에서 중대한 목표들 가운데 하나이다. 규정을 따르고 (사실상의 상황을) '질서 정연하게 만드는 일'은 집단의 규칙, 따라서 집단 자체의 인정을 표명하면서 집단을 자기 편으로 놓는 것이다. 그리고 집단의 질서를 따르는 것은 진지한 것들이든 위선적인 것들이든 모든 전략들의 원칙에 자리한다. 이 전략들은 아주 조금밖에 보편적이지 않은 원칙들을 지닐 수 있는 실천들을 보편화하려 하는데, 그 방법은 보편적인 형태화와 표명화(이것들이 '합리화들'이다)이고, 사적인 이해 관계나 이득을 감추고 억제하는 것이며, 원칙들·이유들과 가정된 동기들을 원용하는 것이다. 후자들은 다소간 허구적인 것이기는 하지만, 임의의 독단적 주장에 대한 단념을 함축하고 그만큼의 행동 방식들을 함축하는 것이다. 집단들은 현실주의 속에서 이 행동 방식들을 그것들의 정확한 가치를 통해 인정할 줄 알고 '경건한 위선들'로서, 그리고 악덕이 미덕에 바치는 '경의들'로서 보상할 줄 안다.

그리하여 우리가 순수한 의도를 내세우는 미덕주의적 도덕주의에 반대해 말하고 싶은 것은 위와 같은 사정이 잘 된 것이라는 점이다. 어느 누구도 더 이상 역사의 원리가 이성이라고 믿을 수 없다. 이성이 그리고 이와 더불어 보편이 다소라도 전진하고 있다면, 그것은 아마 합리성과 보편성의 이점들이 있기 때문일 것이고, 이성과 보편을 전진시키는 행동들이 이 행동들을 수행하는 사람들의 이익을 동일한 보조로 전진시키고 있기 때문일 것이다.

우리가 역사적인 명백성을 부인하는 것을 멈추면서 이성이 반역사적인 성격 속에 뿌리내리고 있지 않다는 점과, 그것이 인간의 창안물로서 그것의 출현과 발휘를 장려하는 데 적합한 사회적 게임들과의 관계 속에서만 표명될 수 있다는 점을 인정하는 것을 받아들이자마자, 우리는 그것이 출현한 역사적 조건들을 다루는 하나의 역사학으로 무장하여 여러 장들 각각에서 그것이 지닌 특수한 논리의 전적인 지배를 조장할 수 있는, 모든 것을 강화시키는 시도를 할 수 있는 것이다. 이 지배는 다름 아닌 외재적인 모든 종류의 권력이나 권위——전통·종교·국가·시장의 권력 같은 것——에 대한 독립이다. 그리하여 우리는 이러한 정신 속에서 과학장에 대한 현실주의적 기술(記述)을, 민주적인 이성에 일치하는 정치장이라 할 수 있는 것이 드러내는 일종의 합리적 유토피아로 다룰 수 있을 것이다. 아니면 좀더 정확히 말하면, 관찰된 현실과의 대조를 통해서 과학장에서 가장 자율적인 형태들로 관찰되는 것의 등가치를 정치장 내에서 촉진하는 것을 목적으로 하는 행동의 원칙들을 도출해 내게 해주는 모델로서 다룰 수 있을 것이다. 관찰된 사항은 스스로 통제되는 질서정연한 경쟁을 말하는데, 이러한 자율적 통제는 거리낌없는 양심에 대한 일종의 알리바이인 의무론——토론회들과 '고찰의 행위들'에서 의례적으로 원용되는 의무론——의 창안에 의해서 이루어지는 것이 아니라, 행위자들로 하여금 '합리적으로' 처신하고 충동들을 승화하지 않을 수 없도록 만들 수 있는 사회적 메커니즘들을 통한 자신의 유일한 내재적 논리에 의해서 이루어지는 것이다.

우리가 강론 이상으로 나가기를 바란다면, 정치적 행동의 일상적 수단들——협회들과 운동들의 창립, 데모와 선언 등——에 의존하면서 이성의 **현실주의적 정치**를 실천적으로 시행해야 한다. 현실주의적 정치의 목표는 민주적인 규범에 대한 위반(수임자들의 부패 같은 것)을 좌절시키는 데 적절하고, 표준적인 행위들을 장려하거나 강제하는 데 적절한, 가능한 한 자동적인 제재들을 강요할 수 있는 메커니즘들을 정치장 내에 확립하거나 강화시키는 것이다. 또한 그것은 권력의 보유자들과 시민들 사이의 왜곡되지 않은 사회적 소통 구조들의 확립을 용이케 하는 것인데, 특히 그 방법은 대규모로 정보를 생산하고 보급하는 도구들에 대한 지배에 대항하는 끊임없는 투쟁이다.

이러한 **현실주의적 정치**를 떠받치고 있는 '도덕철학'이 지닐 수 있는 것으로서, 환멸을 느끼게 하는 측면을 모르는 바 아니다. 따라서 내가 염려하는 것은 민주적 대화, 소통의 윤리, 합리적 보편주의에 대한 신념을 끊임없이 설파하는 모든 사람들이 현실적 기능 작용들의 기술(記述)이 드러내는 견유적인 현실주의를 서둘러 고발하는 것이다. 이 기술은 비록 체념의 형태를 조금도 함축하고 있지 않지만, 그것이 고발하는 것을 비준한다고 의심받는 것이다. 어떤 무책임한 유토피아주의는 흔히 청춘기처럼 거의 언제나 짧은 인본주의적인 아름다운 희망에 대한 일시적인 행복감을 얻게 해주는 것 이외에 다른 목적이나 효과가 없으며, 정치 생활에 있어서와 마찬가지로 연구 생활에 있어서도 불행한 결과들을 생산한다. 그런데 사실 최상의 경우 잘해 보았자 이러한 무책임한 유토피아주의에 빠지는 것에 불과하다 할지라도, 나는 보편이 생성되는 세계들에 대한 '현실주의적' 비전으로 되돌아와야 한다고 생각한다. 우리가 그렇게 하고 싶은 유혹이 들 듯이, 행동의 원칙들을 암시할 수 있는 '조정적 관념'의 위상을 보편에 부여하는 데 만족한다면 다음과 같은 사실을 망각하는 것일 터이다. 즉 보편이 조정을 '구성하는' 내재적 원리가 되는 세계들이 존재한다는 것 말이다. 예를 들면 과학장이나 이보다 정도는 덜하지만 관료장과 법률장 같은 것들이 그런 것들이다. 그리고 보다 일반적으로 말해서, 보편적 유효성을 주장하는 원리들(예를 들어 민주주의의 원리들)이 진술되고 공식적으로 공언되자마자 그것들이 이해다툼에서 적어도 상징적 무기들로 이용되지 않을 수 있거나, 진리 혹은 미덕에 관심을 지닌 자들(오늘날처럼 특히 국가의 작은 귀족 계층에서 국가 및 법과 관련된 보편적 지식에 승부를 거는 사람들)에게 비판의 도구들로 이용되지 않을 수 있는 상황은 더 이상 존재하지 않는다는 것도 망각하는 것일 터이다.

여기서 언급되는 모든 것은 우선 국가에 적용된다. 국가는 학구적 장들의 상대적으로 자율적인 역사와 연결된 모든 역사적 지식들처럼 심층적인 애매성에 의해 특징지어진다. 그것은 보편적 이득에 관해 거의 염려하지 않는 경제적·정치적 권력의 교대 ── 아마 상대적으로 자율적인 교대 ── 이자 동시에 중립적인 기구로서 묘사되고 취급될 수 있기 때문이다. 이 기구는 그것의 구조 자체 속에, 이전의 투쟁이 남긴 흔적들을 간직하고 투쟁으로부터 얻은 지식들을 기록하고 보장한다는 사실로 인해 일종의 중재를 실행할 수 있다. 이러한 중재는 아마 언제나 약간은 간접적일 것이다. 그러나 그것은 결국 피지배자들의 이익에, 그리고 정의라 불릴 수 있는 것에, '자유 방임'의 주창자들이 자유와 자유주의의 허위적 구실 아래 찬양하는 것보다, 다시 말해 경제적 힘의 난폭하고 압제적인 행사보다 덜 불리하다.

4

육체를 통한 인식

주체의 문제는 사람들이 습관적으로 '주체'라 부르는 것을 대상으로 삼는 학문들의 존재 자체에 의해 제기되어 있고, 이 대상이 다루는 대상들도 있다. 이 학문들은 이러한 사실 자체로 인해 '주체의 철학들'이 방어하는 가정들과 정반대되는 철학적 가정들을 끌어들인다. 사회과학의 전문가들 사이에서조차도 또 다른 주체를 객관화시키는 권리, 즉 이 주체의 객관적인 진실을 생산하는 권리를 거부하기 위한 철학적 가정들이 언제나 있게 될 것이다. 그래서 우리가 과학성을 보장해 주고 다음과 같은 점을 주목하게 만들면서, 주관성의 신성한 권리들을 방어하는 자들을 안심시킬 수 있다고 믿는 것은 천진하다 할 것이다. 즉 특수하게 개발된 방법들과 도구들로 무장하고 집단적 통제를 따르는 특수한 작업에 의거하는, 사회과학의 주장들은 일상적 존재의 단호한 판결들과는 공통적인 것이 아무것도 없다는 점 말이다. 이런 판결들은 편협하고 이해타산적인 직관에 근거한 것들로 험담·모욕·중상·소문·아첨 같은 것들인데, 지적 삶에서까지 통용되는 화폐 같은 것이다. 안심시킬 수 있기는커녕 오히려 그 반대이다. 바로 과학적 의도 자체가 견딜 수 없는 폭력 행사로서 거부되고, 모든 '창조자'가 본래 자기 자신을 또는 자신의 동료들을 위해 요구하는 진실 규정에 대한 시효 없는 권리의 압제적인 침해로서 거부된다. 특히 대상이 대체될 수 없는 특이성을 지닌 그 자신(창조자)에 다름 아닐 때 말이다. (이는 작가들·예술가들 혹은 철학자들로 하여금 평범한 형태의 과학적 조사를 받도록 하려는 모든 기도들이 야기하는 상처입은 연대감의 외침들이 증언하고 있다.) 그리고 심지어 이런 일이 일어나기도 한다. 즉 지적 세계의 일부 영역들에서 '인격체'의 정신적 차원에 대해 가장 염려하는 모습을 보이는 사람들은 사회학자의 진술들을 '고발들'로 주저하지 않고 간주하는데, 그들은 이 '고발들'을 고발할 수 있는 권리와 의무가 있다고 느낀다는 것이다. 혹은 그들은 사회학자의 그러한 진술들을 신적인 역량을 빼앗으려 들거나, 학문의 심판을 최후의 심판으로 만들려는 특유하게 악마적인 의도를 증언하는 판결들로 간주하는 데 주저하지 않는다는 것이다. 그 이유는 아마 그들이 객관화의 방법적 태도들을 논쟁의 수사학적 전략들과 혼동하기 때문이리라.

사실 그들 가운데 일부가 용이한 반성적 고발에 전념함으로써 때때로 잊어버리고 있는 점이긴 하지만, 역사학자들이나 사회학자들이 다만 계획하는 것은 보편적 설명과 이해의 원리들을 확립하는 것이다. 이 원리들은 모든 '주체'에 유효한 것이다. 물론 이 주체에는 이 원리들을 진술하면서도 이 원리들의 이름으로 비판을 받을 수 있으리라는 점을 알 수밖에 없는 주체도 포함된다. 그들의 진술들은 입증과 반박의 비인격적인 변증법에 따르는 하나의 장이 지닌 논리의 표현들로서, 경쟁자들의 비판과 현실 세계의 시험에 언제나 종속된다. 그리하여 그것들이 과학적 세계들 자체에 적용될 때, 그것들을 통해서 자기 반성적으로 수행되는 것은 과학적 사유의 모든 운동이다.

그런데 내가 확실히 자각하고 있는 것은, 필연적으로 단언적인 범주 원리들을 통해서 객관적으로 정의하려는 의도 자체와, 더 고약한 것이지만 비록 개연주의적인 추론과 언어(유감스럽게도 이러한 추론과 언어는 흔히 매우 이해가 안 되고 있다)의 방법론적이고 논리적인 모든 신중함을 동원하고 있다 할지라도 발생론적으로 설명하고 또 설명하려는 의도 자체가 다음과 같은 경우 특히 터무니없는 것처럼 나타날 수밖에 없다는 것이다. 즉 이 의도가 학구적 세계들에 적용될 때 말이다. 다시 말해 그것이 신분적으로 스스로를 창설될 객체라기보다는 '창설하는' 주체가 되어야 한다고 느끼는 사람들에게 적용될 때 말이다. 이들이 신분적으로 느끼는 것은, 자신들이 객관화에 종속되어야 한다기보다는 객관화시키는 주체이어야 한다는 것이다. 그리고 그들은 그들이 상징적 삶과 죽음의 자유 재량권(그들은 과학적 훈련이 얻게 해주는 보호적 난간들로 자신들을 둘러싸지도 않은 채, 일상적으로 이 재량권을 행사하는 것을 정상이라고 생각한다)처럼 인식하는 것을 어떤 다른 장치에 위임해야 할 어떠한 이유도 인정하지 않는다. 우리가 이해하는 것은 철학자들이 '인간'이 문제될 때, 딜타이의 오랜 구분을 따르면 자신들의 자유와 특이성을 위해 '인간학'을 외관상 보다 포괄적인 '이해' 또는 '해석학' 속에 격리시켰고, 그리하여 설명을 제시하려는 과학적 의도에 대항해 언제나 전위적 투쟁의 위치에 있었다는 점이다. 이 해석학은 그것의 종교적인 기원과 연결된 전통들로 인해 학구적인 생산이 가져온 성스러운 텍스트들의 연구에 보다 적합한 것이다.[1]

　이와 같은 끝없는 논쟁으로부터 벗어나기 위해서는, 파스칼의 매우 아름다운 표현 속에 압축된 하나의 역설적인 확인을 출발점으로 삼으면 충분하다. 이 역설적인 확인은 단번에 객관주의와 주관주의의 양자 택일을 넘어서도록 이끄는 것이다. "(……) 공간을 통해서 우주는 나를 포함하고, 나를 하나의 점으로 삼켜 버린다. 그런데 나는 사유를 통해서 이 우주를 이해한다."[2] 세계는 나를 포함하고, 나를 사물들 가운데 하나의 사물로 포함시킨다. 하지만 이 하나의 사물에는 사물들과 하나의 세계가 있고, 나는 이 세계를 이해하는 것이다. 덧붙일 것은, 이렇게 되는 것이 이 우주가 나를 포괄하고 포함하기 **때문이라는 것이다.** 사실 바로 이와 같은 물질적 포함——이 물질적 포함은 흔히 인식되지 못하거나 억제되어 있다——을 통해서 그리고 이로부터 비롯되는 것, 다시 말해 사회 구조들을 성향적 구조들의 형태로 합체시키고 객관적인 기회들을 희망과 기대의 형태로 합체시키는 것을 통해서, 나는 포괄의 주체인 공간에 대한 실제적 지식과 지배를 획득하는 것이다. (내가 어렴풋이나마 알고 있는 것은 무엇이 나에게 달려 있고 무엇이 나에게 달려 있지 않은가이며, 무엇이 '나를 위한' 것이고 무엇이 '나나 나와 같은 사람들을 위하지 않는' 것인지, 그리고 내가 행하고 희망하고 요구하는 바가 '분별 있는' 것인가이다.) 그러나 내가 이와 같은 실질적인 이해를 이해할 수 있는 것은 오직 다음과 같은 조건을 전제로 한다. 즉 의식적이고 학술적인 이해와는 대조적으로 특유하게 이 실질적인 이해를 규정하는 것을 이해하고, 이러한 두 형태의 이해가 이루어지는 조건들(사회 공간에서 위치들과 연결된 조건들)을 이해해야 한다는 것이다.

내가 암묵적으로 공간의 개념을 확장시켰다는 사실이 이해될 것이다. 이러한 확장은 공간의 개념 속에 파스칼이 생각하는 물리적 공간과 나란히, 내가 사회적 공간이라 일컫는 것을 진입시키기 위한 것이다. 사회적 공간은 상호 배타적인 사회적 위치들과 지점들이 공존하는 장소인데, 이것들을 점유하는 자들이 볼 때 관점들의 원리에 자리잡고 있는 것이다. 물리적 공간과 사회적 공간을 실제적으로 이해하는 '나'(이해한다는 동사의 주체로서 나는 반드시 의식의 철학들이 내세우는 의미에서의 '주체'는 아니고, 그보다는 하나의 아비투스이자 하나의 성향 체계이다)는 전혀 다른 의미로 이 공간 속에 포함되고 포괄되며, 등록되고 함축된다. 이 '나'는 그 속에서 하나의 위치를 점유하는데, 우리는(경험적인 상호 관계들의 분석을 통해서) 이 위치가 물리적 세계와 사회적 세계에 대해 취하는 입장(의견·표현·판단 등)과 정연하게 관련된다는 것을 알고 있다.

이중의 포함이라는 이와 같이 역설적인 관계로부터 도출되는 것은, 파스칼이 비참과 위대함의 장(章) 속에 집합시킨 모든 역설들이다. 이것들은 결정론과 자유라는 교과서적 양자 택일 속에 갇혀 있는 사람들이 숙고해야만 할 것들이다. 결정지어진(비참) 인간은 자신의 결정들을 알 수 있고(위대함), 이것들을 극복하는 데 매진할 수 있는 것이다. 이 역설들의 모든 원리는 반성의 특권 속에 있다. "(……) 인간은 자신이 비참하다는 것을 안다. 따라서 그는 비참한 이상, 비참한 것이다. 그러나 그는 자신이 비참하다는 것을 알기 때문에 매우 위대한 것이다."[3] 또는 "(……) 인간의 허약함은 이 허약함을 모르는 자들에게서보다 그것을 아는 자들에게서 한층 더 나타난다."[4] 사실 적어도 사유에 관한 한 우리가 무언가 위대함을 기대할 수 있는 것은, 다만 '비참'에 대한 인식으로부터일 것이다. 그리고 찬성으로부터 반대로의 반전이라는 전형적으로 파스칼적인 동일한 변증법에 따라서, 아마 사회학——사회학은 '사상가들'을 짓누르고, 따라서 그들의 사상을 짓누르는 사회적 결정들에 대한 인식에 도달하게 해주기 때문에 그들로부터 멸시를 받는 사유의 형태이다——은 아주 흔히 사태를 변하지 않은 상태로 방치하는 외관상 급진적인 단절들보다 더 많이, 비참과 허약함의 가장 공통적인 형태들 가운데 하나로부터 벗어날 수 있는 가능성을 그들에게 제공할 수 있을 것이다. 이 비참과 허약함은 무지나 지식의 오만한 거부가 사유로 하여금 아주 흔히 빠지지 않을 수 없게 만드는 것들이다.

상황 분석

육체와 생물학적 개인으로서 나는 사물들과 동일한 자격으로 하나의 장소에 위치해 있다. 그리고 물리적 공간과 사회적 공간에서 하나의 자리를 차지하고 있다. 플라톤이 소크라테스에 대해 이야기한 것처럼 나는 장소가 없는 것이 아니다. 또는 때때로 지식인들의 사회학을 설립한 자들 가운데 한 명으로 간주되는 카를 만하임이 약간 가볍게 말하듯이, 나는 '연고도 뿌리도 없는' 것이 아니다. 더구나 콩트에서처럼 나로 하여금 동시에 여러 장소와 여러 시간에 존재하게 해주며, 물리적·사회적 여러 위치들을 동시에 점유하도록 해주는 물리적·사회적 편재(플로베르가 꿈꾸었던 그 편재)를 부여받고 있는 것이 아니다. (장소는 하나의 일이나 행위자가 '발생하는' 곳, 요컨대 그것들이 결정된 위치로서 존재하는 곳, 또는 그것들이 하나의 질서 속에서 하나의 위치, 하나의 지위로서 관계적으로 지세학적으로 존재하는 곳으로 절대적으로 규정될 수 있다.)

전적으로 역설적인 것이지만 분리된 개인의 관념은 하이데거가 1934년의 한 강의에서 말한 것처럼 "우리에 대해 외부로부터 지각되고" "포착될 수 있는 견고한" 것, 다시 말해 육체에 대한 순진한 이해에 근거하고 있다. "우리에게 그 어느것보다 더 친근한 느낌은 인간이 많은 것들 가운데 살아 있는 개별적 존재이고, 육체는 그의 한계이자 내면은 경험들의 소재지이며, 그가 위를 가지고 있는 것과 동일한 방식으로 경험들을 가지고 있고, 그 나름으로 반응하는 다양한 영향들에 복종하고 있다는 것이다." 더할나위없이 순진한 자연 발생적인 이와 같은 유물론은 플라톤에게서 보이는 것처럼 '두 손 가득히' (하이데거는 das Handgreifliche라고 말한다) 잡을 수 있는 것만을 알고자 하는 유물론으로서 육체주의의 경향을 설명할 수 있다고 보여진다. 이 육체주의는 육체의 치수를 측정할 수 있고 무게를 잴 수 있으며 셀 수 있는 사물로 취급하면서 '인간' 과학을 어떤 인구통계학처럼 자연과학으로 변모시킬 것을 주장하는 것이다. 그러나 보다 역설적인 것이지만, 이 유물론이 또한 설명할 수 있다고 보여지는 것은 개인과 사회 사이의 학문적으로 파멸적인 대립의 토대인 인격체의 단일성에 대한 '인격주의적인' 믿음이며, 동시에 '정신주의'에 대한 성향이다. 이 정신주의는 의식의 내용인 노에마를 가두는 의식 행위인 노에시스로서의 지향성에 대한 후설의 이론 속에 테마화되어 있다.

　참고적인 이야기를 하겠다. '인격주의'가 인간 존재에 대한 과학적인 비전 구축에 주요 장애물이고, 이러한 비전을 강제하는 데 있어서 과거 및 현재의 저항을 낳는 중심점의 하나라면, 아마 그 이유는 이 인격주의가 적어도 그리스도교 전통을 지닌 사회들에서, 그리고 이 사회들의 가장 혜택받은 지역들에서 가장 공통적인 자연 발생적 철학의 이론적인 모든 기정 방침들——정신주의·유심론·개인주의 등——을 응축한 것이기 때문일 것이다. 또한 그것은 이 인격주의가 다음과 같은 모든 사람들의 즉각적인 공감을 만나기 때문일 것이다. 즉 자신을 특이성을 지닌 유일한 '창조자'로 생각하는 데 집착한 나머지 폐쇄와 개방, 순응주의와 반순응주의의 보수적인 낡은 가락에 대한 새로운 변주들을 노래할 준비를 언제나 하고 있거나, 아니면 **'비인격적인** 사회적 요구들에 의해 강요된 **명령들'**과 성인들·천재들·영웅들 같은 '인물들이 각자의 양심에 보낸 **호소들'** 사이에 베르그송이 뒤르켐에 대항해 구축한 대립을 부지불식간에 재창안하려고 언제나 준비를 하고 있는 사람들 말이다.[5] 애초에 사회과학은 흔히 논의의 여지없이 과학주의적인 절단들을 대가로 지불하고 종교적인 세계관에 대항해 구축된 것인데, 인간과 인간의 운명에 대한 비전에 관한 정치적-종교적 투쟁에서 계몽 진영의 중심 보루——특히 뒤르켐의 시도와 이 시도가 야기한 저항의 중심인 종교사회학과 더불어 ——를 구성해 왔다. 그리하여 사회과학이 주기적으로 표적이 되는 대부분의 논쟁들은 지적 삶에 정치적 투쟁의 논리를 확장시키고 있을 뿐이다. 그렇기 때문에 우리는 이 학문 속에서 지난 세기에 바레스·페기·모라스 같은 작가들이 이끌었을 뿐 아니라, 텐과 르낭의 과학만능주의에 대항하고 뒤르켐과 세뇨보의 '신소르본'에 대항한 아가톤(앙리 마시스의 필명)과 알프레드 드 타르드 같은 분노한 젊은 반동분자들이 이끈 오랜 투쟁의 모든 테마들을 만나게 되는 것이다.[6] 결정론과 자유에 대한, 그리고 창조적 천재를 그 어떤 사회학적인 설명으로도 환원시킬 수 없다는 것에 대한 질기고 진부한 되풀이 클로델이 외친 마음의 소리——"나는 마침내 텐이나 르낭 같은 자들의 혐오스러운 세계로부터 벗어났고, 준엄할 뿐 아니라 인식될 수 있고 교육될 수 있는 법칙들에 의해 통제되는 그 끔찍한 메커니즘들로부터 벗어났다"——가 오늘날 인권의 수호자들이나 '주체의 회귀'를 영감적으로 예고하는 자들로 자처하는 이들에게 전가될 수 있기 위해서는 이름을 바꾸기만 하면 충분할 것이다. 참고적인 이야기를 마치겠다.

'정신주의적인' 비전은 영혼과 육체, 정신과 물질이라는 이원론에 대한 믿음과 불가분의 관계에 있는데, 그 기원은 외재성의 상태에 있는 육체에 대한 해부학적인, 따라서 전형적으로 학구적인 관점이다. (전망적 비전이 데카르트의 《굴절광학》의 '어두운 카메라' 속에 구현되었듯이, 말하자면 이 관점은 웁살라대학에서 볼 수 있는 해부학 강의용 해부 테이블을 중심으로 배치된 그 회전식 강당에 구체화되어 있다.) 파스칼은 이렇게 썼다. "어떤 인간이 주정뱅이라고 하자. 그런데 그를 해부하면 그는 머리·심장·정맥이고, 각각의 정맥과 각 정맥의 양, 피, 각각의 혈액일 것인가?" 이 육체라는 사물은 외부로부터 단순한 기계로 인지되고, 그것의 한계는 기계론적 분해인 해부에 내맡겨진 시체이거나 그림 같은 허영심이 비워진 눈구멍을 가진 두개골이고, 이 두개골은 열림·비약·긴장 혹은 욕망뿐 아니라 효율성·공모·친근함으로 내부로부터 느껴지는 **망각된** 육체, 무언가 깃들여진 그 육체에 대립된다. 그런데 사물로서의 육체는 방관자적 세계와의 관계를 육체에 확대시킨 결과물이다. 그리하여 학구적 방관자의 인식 이론인 주지주의는 육체 아니면 육체와 관련하여 인식의 문제들을 제기하는 경향이 있다. 자신은 육체에 발휘된 효율성의 이유를 설명할 수 없고, 육체적 활동에 대해 지적인 인식을 가질 수 없다고 느끼면서 인간의 활동을 신적인 개입으로 돌릴 수밖에 없는 그런 철학자들처럼 말이다. 어려움은 언어와 더불어 가중되는 것이다. 물질적인 소리로 표현된 비육체적인 의미로서의 각각의 언어 행위는 하나의 진정한 기적, 일종의 본질 변화이다.

다른 한편 고립되고 구별된 육체의 명백성은 다음과 같은 사실을 인정케 하는 것을 막는다. 즉 추상적이고 상호 교환할 수 있으며 품격이 없는 존재로서의 개인에 대한 법률적 정의에 의해 인정되고 강화된, 개별성의 원리로서 명백하게 기능하는(육체가 시간과 공간 속에서 위치를 결정짓고 분리시키며 고립시키는 등의 일을 수행한다는 의미에서 말이다) 이 육체가 또한 현실적인 행위자로서, 다시 말해 자신의 역사와 자신의 체화된 속성들을 지닌 아비투스로서 헤겔이 말하는 '집단화'의 원리라는 점 말이다. 육체의 속성(생물학적)은 세계로 열려져 있고, 따라서 세계에 노출되어 있음으로써 세계에 의해 조건지어질 수 있는 존재이고, 처음부터 처한 존재의 물질적·문화적 조건들에 의해 만들어진 존재라는 것이다. 그리하여 육체는 개별화 자체를 낳는 사회화 과정을 따를 수밖에 없으며, '자아'의 특이성은 사회적 관계 속에서, 그리고 이 관계를 통해서 형성되는 것이다. (그리하여 우리는 P. F. 스트로슨과 함께 '집단주의적 주관주의'에 대해 이야기할 수도 있지만,[7] 정확히 그가 말하는 것이라고는 할 수 없는 의미로서 이야기할 수 있을 것이다.)

사회적 공간

스트로슨에 따르면,[8] 물리적 공간은 위치들의 상호적 외재성(이것은 공존체들의 질서를 명명하는 또 다른 방식이다)에 의해 규정됨으로써, 사회적 공간은 그것을 구성하는 위치들의 상호적 배제나 **구별**에 의해, 다시 말해 사회적 위치들(앞으로 보겠지만 이 사회적 위치들은 자본의 다양한 종류들의 배분 구조에 의해 규정된다)의 병치 구조로서 규정된다. 사회적 행위자들 그리고 또한 이 행위자들이 자기 것으로 만들고, 따라서 **소유물**들로 구성된 사물들은 사회적 공간의 한 장소에 위치된다. 이 장소는 그것이 다른 장소들과 관련하여 차지하는 상대적 위치(위·아래·사이 등)에 의해, 그리고 그것을 이 장소들로부터 분리시키는 거리(이것은 때때로 '경의를 표하는' 거리, **오랜 경의를 가지고 유지되는** 거리로 표현된다)에 의해 특징지어질 수 있는 분명하고 차별적인 장소이다. 이러한 이유로 사회적 행위자들은 하나의 상황 분석, 하나의 사회적 위상학(지세학)을 따라야 한다. (이러한 측면 자체가 《디스탱숑》이란 제목이 붙은 책의 대상이 되었다. 우리가 알다시피 아마도 오직 제목에 입각했기 때문일 테지만, 이 책은 흔히 그것에 내려진, 이해가 거의 안 되는 해석——이 해석에 따르면 구별의 추구가 모든 인간 행위의 원리라는 것이다——과는 매우 거리가 멀다. 비록 이 해석이 미리 반박되고 있긴 하지만 말이다.)

사회적 공간은 행위자들과 소유물들이 배열된 어떤 형태로 물리적 공간 속에서 다소간 변형된 방식으로 재표현되는 경향을 나타내고 있다. 따라서 사회적 공간의 구분들과 구별들(높음 / 낮음, 좌 / 우 등)은 사물화된 사회적 공간(예를 들어 포부르 생 토노레가나 생키엠 대로 같은 아름다운 거리들과 대중적 거리들, 또는 외곽 지대들 사이의 대립과 더불어)으로 확보된 물리적 공간 속에 현실적으로, 그리고 상징적으로 표현된다. 이 공간은 행위자들의 어떤 공존(또는 배분) 질서와 소유물들의 어떤 공존(또는 배분) 질서 사이의 대응에 의해 규정된다. 그러므로 다소간 항구적으로 자신의 위치가 정해지는 장소에 의해 특징지어지지 않는 사람은 없다. ('집이 없거나' '주소가 부정한' 것은 사회적 존재를 상실하고 있다는 것이다. '상류 사회'에 속한다는 것은 사회적 세계에서 높은 장소들을 점유한다는 것이다.) 또한 누구나 **물질적 혹은 상징적 수입**을 낳고, 일시적이고(예를 들어 상석, 그리고 모든 의전에서 모든 상석권) 특히 항구적인(사적이고 직업적인 주소, 예약석, 점령할 수 없는 관점, 배타성, 우선권 등) 위치 결정을 낳는 상대적 위치, 따라서 **회귀성**에 의해 특징지어진다. 마지막으로 다소간 '공간을 잡아먹는' 자신의 소유물들(집·토지 등)을 통해서 공간에서 소유하고 점유하는 자리에 의해 특징지어진다.

이 해

세계 속에 포함되는 것은 하나의 육체인데, 이 육체에는 하나의 세계가 있다. 이 육체는 세계 안에 포함되어 있지만, 물질적이고 공간적인 단순한 포함으로 환원시킬 수 없는 포함 방식에 따라서 포함되어 있는 것이다. 일뤼지오는 세계 **속에** 존재하고, 세계에 의해 점유되는 그 방식이다. 여기서 세계는 행위자로 하여금 매우 멀리 떨어져 있거나 심지어 부재하는 사물, 하지만 그가 참여하는 게임의 성질을 띤 사물에 의해 영향을 받게 하는 세계이다. 육체는 접촉이라는 직접적 관계를 통해 하나의 장소에 연결되는데, 이 관계는 세계와 관계를 맺는 많은 방식들 가운데 하나에 불과하다. 행위자는 장의 공간인 하나의 공간과 연결되고, 이 공간 내에서 가까움이란 물리적 공간에서의 가까움과 혼동되지 않는다. (비록 다른 면에서는 모든 사물들이 동등하므로 직접적으로 지각되는 것의 실제적인 특권 같은 것이 언제나 있다 할지라도 말이다.) 게임의 공간으로서의 장을 구성하는 일뤼지오는 사유들과 행동들이 모든 물리적 접촉과 나아가 모든 상징적 **상호 작용**을 떠나서, 내포의 관계 속에서 그리고 이 내포의 관계에 의해서 영향을 받을 수 있고 수정될 수 있게 만들어 주는 것이다. 세계가 이해될 수 있고 즉각적으로 의미를 부여받는 이유는 육체가 감각 기관들과 두뇌 덕분에 자기 자신의 외부에, 세계 속에 존재할 수 있는 능력과 세계에 의해 강한 인상을 받고 지속적으로 수정될 수 있는 능력을 갖추며 세계의 질서정연한 현상들에 오랫동안(처음부터) 노출되어 왔기 때문이다. 이로 인하여 이와 같은 정연한 현상들에 일치하는 성향 시스템을 획득했으므로, 육체는 **육체를 통해 인식**을 끌어들이는 행위들 속에서 이 현상들을 실제적으로 예견하는 성향과 적성을 드러내고 있는 것이다. 이 인식은 우리가 보통 이해라는 관념하에 내놓는 의식적 해독의 지향적 행위와는 전적으로 다른 세계의 실제적 이해를 보장하는 것이다. 달리 말하면, 행위자가 친근한 세계에 대한 즉각적인 이해를 하는 것은 그가 작용시키는 인식적 구조들이 그가 행동하는 세계의 구조들을 합체한 산물이기 때문이고, 그가 세계를 알기 위해 사용하는 구축 도구들이 세계에 의해 구축되기 때문이다. 소여를 조직화하는 실제적 원리들은 빈번히 마주친 상황들에 대한 경험에 입각하여 구축되며, 실패가 반복될 경우에는 수정되고 기각될 수 있는 것이다.

  참고적인 이야기를 하겠다. 의례적이기 때문에 조금만 숙고해도 큰 상징적 이점들을 가져다 주고, '성향적' 개념들을 가져다 줄 수 있는 비판을 모르는 바 아니다. 그러나 인류학이라는 특별한 경우에 있어서는 사실들의 명백성을 부정하지 않은 채 어떻게 그러한 개념들에 의지하는 것을 피할 수 있을지 우리는 알지 못한다. 성향에 대해 이야기한다는 것은 인간의 육체들이 지닌 자연적인 소질을 단순히 인정하는 것이다. 이 소질은 흄──들뢰즈가 읽은 흄[9]──에 따르면, 엄밀한 인류학이라면 전제할 권리가 있는 유일한 것으로 비자연적인 임의적 능력들을 획득하는 자연적인 능력으로서의 **조건 능력**(conditionnabilité)이다. 후천적으로 획득된 성향들을 부정하는 것은 살아 있는 존재에 관한 한, 뉴런 연접의 연결이 강화되거나 약화됨으로써 작용하는 육체의 선택적이고 지속적인 변모로서 수련의 존재를 부정하는 것이다.[10] 참고적인 이야기를 마치겠다.

실제적인 이해를 납득하기 위해서는 사물과 의식, 기계론적인 유물론과 구성주의적인 관념론이라는 양자 택일을 넘어서 위치해야 한다. 다시 말해 보다 분명히 하자면 세계와의 실제적 관계를 '지각'으로 생각하고, 이 지각을 '정신적 종합'으로 생각하도록 이끄는 정신주의 및 주지주의를 떨쳐 버려야 한다. 그렇다고 자크 부베레스가 고찰하고 있는 바와 같이[11] 언어의 개입에 아무것도 빚지지 않는 '비개념적인 조직 형태들을 이용하는' 실제적인 구축 작업을 무시해서는 안 된다.

달리 말하면, 마르크스가 《포이어바흐론》에서 표현했던 소망에 따라 관념론으로부터 실제적 인식의 '적극적 측면'을 되찾을 수 있는 유물론적 이론을 구축해야 하는 것이다. 이 측면은 유물론적 전통이 관념론에 내버린 것이다. 행위자에게 발생적이고 통일적이며, 구축적이고 분류적인 역량을 회복시켜 주는 것은 분명 아비투스라는 개념의 기능이다. 그러면서 이 기능이 환기시키는 것은 사회적 현실을 구축하는 능력──이 능력 자체가 사회적으로 구축된 것이다──이 초월적 주체의 능력이 아니라, 공간적으로 그리고 시간적으로 설정된 어떤 사회적 경험을 하는 동안 사회적으로 구축되고 획득된 조직적 원리들을 실천 속에 투자하는 사회화된 육체의 능력이라는 것이다.

학구적 맹목에 대한 여담

요컨대 그렇게 단순한 이 모든 것들이 그토록 생각하기가 어려운 우선적 이유는, 분석의 각 단계에서 상기되어야 할 배격된 오류들이 짝을 이루기 때문이고(우리가 기계론으로부터 벗어나는 것은 오직 곧바로 관념론에 빠질 위험이 있는 구성주의를 통해서이다), 거부되어야 하는 대립되는 주장들이 논쟁적인 이해 관계에 의해 부활되어 잿더미 속에서 언제나 다시 태어나려 하기 때문이다. 이처럼 다시 태어나려 하는 것은, 그러한 주장들이 과학장과 사회 공간 속에서 대립된 위치들에 대응하기 때문이다. 부분적으로 또 하나의 이유는 우리가 학구적 상황에 의해 항구적으로 지지되고, 다시 활기를 띠는 이론적인 장구한 전통에 사로잡혀 있기 때문이다. 이 전통은 재창안과 반복의 혼합을 통해 영속되는데, 이 혼합은 본질상 행동에 대한 얼치기 '철학'을 고심하여 이론화한 것에 지나지 않는다. 2천 년 동안 플라톤 철학을 보급하고, 《파이드로스》를 그리스도교화하여 읽은 결과 육체를 도구가 아니라 인식의 방해물로 보도록 하였고 실제적인 인식의 특수성을 무시하게 만들었다. 이 특수성은 인식의 단순한 장해물이거나 초기 학문으로서 취급된 것이다.

진부하게 학구적인 사유가 실제적인 논리들의 엄격한 묘사 속에서 발견한다고 믿는 모순들과 역설들의 공통된 뿌리는 이 사유가 함축하는 의식철학에 다름 아니다. 이 의식철학은 창조적인 의도가 개입하지 않는 자발성이나 창조성을 생각할 수도 없고, 목적의 의식적 표적이 없는 궁극성도 규칙들의 준수를 떠난 질서정연함도 의미 있는 의도가 부재하는 의미도 생각할 수 없다. 추가적인 어려움을 말하자면, 이 철학이 일상 언어 속에 들어가 있으며 궁극주의적 묘사를 위해 전적으로 준비된 이 언어의 문법적인 표현법 안에 들어가 있고, 또한 전기와 역사 이야기 또는 소설 같은 인습적인 서술 형태들 속에 들어가 있다는 것이다. 여기서 소설은 미셸 뷔토르가 지적하고 있듯이 한 개인이 펼치는 모험들의 서술과 거의 완벽하게 동일하며, "의지적인 숙고가 앞선 결정적인 개인의 행동들이" 연쇄적으로 이어지는 형태를 거의 언제나 취하고 있으며 "이 행동들은 서로서로를 결정짓는다."[12]

그동안 많은 논문들을 쓰게 만든 '의지적인 숙고'라는 관념이 끌어들이는 가정은, 이론적인 가능성들로 구성된 것들 속에서 이론적인 선택으로 구상된 모든 결정이 두 개의 사전 작업을 전제한다는 것이다. 첫번째로 가능한 선택들의 완벽한 목록을 작성하는 것이다. 두번째로 여러 가지 다른 전략들의 결과들을 결정하고, 이것들을 비교적으로 평가하는 것이다. 일상적 행동에 대한 이와 같이 전적으로 비현실적인 표현은 경제 이론이 다소 명료하게 끌어들이고 있으며, 모든 행동이 사전에 숙고한 명료한 의도를 따르는 것이라는 관념에 의거하는데, 학구적 비전에 특히 전형적이라 할 것이다. 학구적 비전은 자기 자신을 알지 못하는 지식이다. 왜냐하면 그것은 자신으로 하여금 이론적 관점을 우선시하게 만들고, 실제적인 근심에서 벗어나고, 하이데거의 표현을 따르자면 "세계 속에 존재하는 자기 자신으로부터 벗어난" 초연한 관조를 우선시하게 만드는 특권을 모르고 있기 때문이다.

아비투스와 합체

아비투스의 개념이 수행하는 주요 기능들 가운데 하나는, 학구적 비전을 원리로 삼은 두 개의 보충적인 오류를 제거하는 것이다. 한쪽에는 행동이 외부 원인들이 가하는 구속의 기계적인 결과라고 주장하는 기계론이 있다. 다른 한쪽에는 특히 합리적 행동의 이론을 가지고 다음과 같이 주장하는 궁극 목적론이 있다. 즉 행동이 기회와 이득을 계산해서 나온 산물이기 때문에 행위자가 자유롭고 의식적으로, 그리고 일부 공리주의

자들이 말하듯이 **완전한 이해를** 가지고 행동한다는 것이다. 두 개의 이론 모두에 반대해서 상정해야 할 것은, 사회적 행위자들이 과거의 경험들을 통해서 육체 내에 편입된 아비투스들을 부여받고 있다는 점이다. 지각·평가·행동의 형태들(schèmes)로 이루어진 이 체계들은 실제적인 인식 행위들을 수행하게 만드는데, 이 행위들은 그것들이 반응하도록 준비된 조건적이고 인습적인 자극들의 포착과 인지에 근거한다. 또한 이 체계들은 목적의 명료한 입장도 수단의 합리적인 계산도 하지 않고 끊임없이 갱신된 적절한 전략들을 생산하게 만든다. 그러나 이러한 생산은 이 체계들을 낳고 규정하는 구조적 구속 요소들의 한계 내에서 이루어진다.

전략의 언어는 모든 장들에서 관찰되는 행동들, 객관적으로 하나의 목적을 향한 그 행동들로 이루어진 시퀀스들을 지칭하기 위해 사용되지 않을 수 없는 것이다. 그러나 그것이 우리를 기만해서는 안 된다. 특히 사심 없는 가치들에 의해 지배되는 장들에서 가장 효율적인 전략들은 이런 것들이다. 즉 장의 내재적인 필요성에 의해 만들어진 성향들의 산물이기 때문에 명시된 의도도 계산도 없이 이와 같은 필요성에 자연 발생적으로 적응하는 경향을 나타내는 전략들 말이다. 이 점이 의미하는 것은, 반드시 행위자가 자신의 실천들을 수행하는 주체는 결코 아니다는 것이다. 게임에 참여하는 원리에 자리잡고 있는 성향들과 믿음을 통해서, 장의 실제적인 공리들을 구성하는 모든 가정들(예를 들어 인식적 독사)은 외관상 가장 명철한 의도들에까지 도입되고 있기 때문이다.

실천적 감각은 '하지 않으면 안 되는 당위' 또는 행위의 규칙을 설정하거나 실행하지 않고도 훌륭히(아리스토텔레스는 'ôs dei'라 말했다) 행동하게 해주는 것이다. 육체가 현시하는 성향들은 교육이 육체에 대해 지속적으로 수행한 수정으로부터 비롯되는 존재의 방식들인데, 행위로 넘어가지 않게 되면 그만큼 오랫동안 인지되지 못한 채로 남아 있다. 이때도 그 원인은 그것들의 필연성이 명백하고, 그것들이 상황에 즉각적으로 적응하기 때문이다. 아비투스의 형태들은 매우 일반적으로 적용되는 비전과 분할의 원리들인데, 이 원리들은 세계의 구조들과 경향들을 합체한 결과물이기 때문에 이들 구조들과 경향들에 다소간 거칠게 맞추어져 있다. 아비투스의 형태들은 부분적으로 바꾸어지는 전후 사정들에 끊임없이 자신을 적응하게 해주며, 상황을 의미가 부여된 하나의 전체로 구축하게 해준다. 이러한 구축은 장의 내재적인 경향들에 대한, 그리고 동일 형태를 지닌 모든 아비투스들이 낳은 행위들에 대한 거의 육체적인 실천적 **예상** 작업 속에서 이루어진다. 이때 전후 사정들은 잘 훈련된 팀이나 오케스트라에서처럼 이 아비투스들과 즉각적인 소통을 한다. 왜냐하면 그것들은 이 아비투스들에 자연 발생적으로 조화되기 때문이다.

참고적인 이야기를 하겠다. '합리적 행동 이론'의 옹호자들이 동일한 텍스트 내에서 기계론적인 비전——이 비전은 물리학에서 차용한 모델들에 의존하는 현상 속에 함축되어 있다——과 궁극주의적인 비전을 교대로 원용하는 경우가 드물지 않다. 그런데 둘 다 순수 의식과 육체-사물이라는 학구적인 양자 택일 속에 뿌리를 두고 있다. (나는 특히 존 엘스터[13]를 생각한다. 그의 장점은 자신이 합리성과 의식의 명철성을 동일시한다는 점과, 어두운 심리적 힘들에 의해 보장된 가능성들에 욕망들이 맞추어지는 것은 모두 비합리성의 형태로 간주한다는 점을 숨김 없이 분명히 말했다는 것이다.) 그리하여 그들은 다음과 같은 가정을 통해 실천들의 합리성을 냉담하게 설명하려 할 것이다. 즉 행위자들이 학자가 도출해 낼 수 있는 원인들의 직접적인 구속하에서 행동한다는 것이다. 아니면 그들은 외관상 완전히 반대되는 이런 가정을 통해서 그것(실천들의 합리성)을 설명하려 할 것이다. 즉 행위자들은 사람들이 말하듯이 사정을 잘 알고 행동하며, 학자가 그들의 입장에서 기계론적인 가정 속에서 행하는 것을 그들 스스로 행할 수 있다는 것이다.

이와 같이 대립된 입장들의 하나에서 다른 하나로 옮겨 가는 것이 그토록 쉬운 것은, 원인을 통한 외재적인 기계론적 결정론과 이유들을 통한 지적 결정론——'잘 이해된 이해 관계'의 결정론——이 서로 합류하고 혼동되기 때문이다. 변화하는 것은 거의 신적인 계산자라 할 학자가 행위자들에게, 원인들에 대한 자신의 완벽한 인식이나 이유들에 대한 자신의 분명한 의식을 제공하거나 제공하지 않는 경향이다. 공리주의 이론의 확립자들과, 특히 《의무론 혹은 도덕학》이란 주요 저서를 쓴 벤담에게 쾌락의 경제 이론은 분명하게 규범적이었다. **합리적 행동 이론**에서도 그것은 마찬가지로 분명하게 규범적이다. 그러나 그것은 스스로를 실제적이라고 믿는다. 그것은 행위자가 자신이 현실적으로 행하는 것에 대한 설명적 원리의 묘사를 위해 합리적(학자가 사용하는 의미에서)이기를 원한다면, 어떤 존재가 되어야 하는가에 대한 규범적 모델을 제공한다는 것이다.[14] 이것이 불가피한 때는 사람들이 합리적 의도와 **목적·계획** 이외에 어떠한 다른 분별 있는 행동 원리도 인정하려 하지 않고, 이유들로서 효율적인 원인들이나 이유들을 통한 설명 이외에 행동의 어떠한 설명 원리도 인정하려 하지 않을 때이다. 잘 이해된 이해 관계(그리고 유용성의 기능)는 엄밀히 말해서 행위자의 이해 관계에 다름 아니기 때문이다. 공평한 관찰자나 같은 이야기이지만 '전적으로 신중한 선호물들'[15]을 추종하는, 다시 말해 완벽하게 정보를 얻은 행위자에게 나타나는 그런 이해 관계 말이다.

잘 이해된 이 이해 관계는 우리가 보다시피 외관상 근본적으로 대립되는 이론적 전통이 원용하는 '객관적 이해 관계,' 루카치가 표현하는 '책임을 진 계급 의식'(이는 '허위 의식'이란 관념을 받쳐 주는 역시 환상적인 토대이다)이라는 관념의 토대가 되는 그 '객관적 이해 관계'로부터 그렇게 먼 것이 아니다. 이 객관적 이해 관계는 다름 아닌 "인간들이 하나의 결정된 상황을 전체적으로(다시 말해 학구적 관점에서……) 포착할 수 있다면 가질 수 있는 생각들과 의견들, 그리고 이러한 상황으로부터 파생되는 이해 관계들——이 관계들은 즉각적인 행동에 관계되고, 그것들에 부합할 사회 구조에 동시에 관계된다"[16]——을 말한다. 여기서 우리가 알게 되는 것은, 학구적 이해 관계들이 **학자들** 사이에서 가장 잘 공감된 것이 되기 위해 가장 잘 이해된 이해 관계들이 될 필요는 없다는 것이다……. 참고적인 이야기를 마치겠다.

하이데거적인 언어의 유희를 한다면, 우리는 성향은 노출이라고 말할 수 있을 것이다. 그 이유는 육체가 (다양한 등급으로) 세계 속에 노출되어 있고 위험에 처해 있으며, 감동·상처·고통과 때로는 죽음의 위험에 직면해 있고, 따라서 세계를 진지하게 받아들이지 않을 수 없기 때문이다. (육체적 기관 장치들의 가장 깊숙한 곳까지 충격을 주는 감동보다 더 진지한 것은 없다.) 그리고 육체가 세계에 대한, 다시 말해 사회 세계의 구조들 자체에 대한 개방 자체인 성향들——성향들은 사회 세계의 체화된 형태인 것이다——을 획득할 수 있기 때문이다.

세계와의 관계는 세계 속에 현존하는 관계, 다시 말해 세계에 속한다는 의미에서 세계에 존재하는 관계이고, 세계에 의해 소유되는 관계이다. 이 관계 안에서는 행위자도 대상도 있는 그대로 놓이지 않는다. 아마 이 관계 속에 육체가 투자되는 정도는 그 속에 투입된 관심 및 주의를 결정하고, 그것들로부터 비롯되는 육체적 변화들의 중요성——이 중요성은 이 변화들의 지속·강도 등에 따라 측정될 수 있다——을 결정하는 주요한 인자들 가운데 하나일 것이다. (이것이 바로 주지주의적인 비전이 망각하고 있는 것이다. 이 비전은 다음과 같은 사실과 직접적으로 관계되어 있다. 즉 학구적 세계들은 육체 및 육체와 결부된 모든 것을, 특히 욕구의 충족과 관련된 긴급성과 실질적이거나 잠재적인 육체적 폭력을 이를테면 육체가 게임에서 배제되도록 취급한다는 사실 말이다.)

우리는 육체를 통해서 배운다. 사회 질서는 다소간 드라마틱한 이와 같은 항구적 대결을 통해서 육체 속으로 들어온다. 그러나 이 대결은 정서에, 그리고 보다 분명하게 말해서 사회 환경과의 정서적 타협에 언제나 큰 위치를 부여한다. 물론 특히 미셸 푸코의 업적 이후로 사람들은 제도들의 규율이 단련시키는 표준화에 대해 생각할 것이다. 그러나 과소평가하지 않도록 주의해야 할 것은, 사물들의 일상적 질서가 지속적으로 흔히 모르는 사이에 가하는 압력이나 억압이며, 존재의 물질적 조건들에 의해 강제되고, 사회적·경제적 구조들 및 이 구조들이 생산되는 메커니즘들의 은연한 명령들과 '부동의 폭력'(사르트르가 말하듯이 말이다)에 의해 강제되는 심리적 조절이다.

가장 진지한 사회적 명령들은 지성에 호소하는 것이 아니라 **비망록**으로 취급되는 육체에 호소한다. 남성성과 여성성을 수련하는 데 있어서, 본질은 두 성들 사이의 차이를 걷고 말하고 처신하며 시선을 보내는 등과 같은 방식들의 형태로 육체 속에 새기는 경향을 나타낸다. 그리고 제도적 의식(儀式)은 집단들이 사회적 한계들을, 아니면 같은 말이지만 사회적 분류들(예를 들면 남성/여성의 구분)을 주입시키기 위해, 그리고 이것들을 구분의 형태로 육체, 육체적 헥시스, 성향——이것들은 지울 수 없는 문신처럼 지속적인 것이다——그리고 비전 및 분합의 원리 속에서 길들이기 위해 동원하는 명료한 모든 사회적 한계에 불과한 것이다. 일상에서 일어나는 교육적 행동('똑바로 앉아라' '칼을 오른손으로 잡아라' 등)에서와 마찬가지로 제도적 의식에서도 이와 같은 심신상관적 행동은 흔히 감동과 심리적이거나 나아가 육체적인 고통을 통해서, 특히 육체의 표면에 절단, 제물적 희생의 자국이나 문신과 같은 차별적인 표시들을 새김으로써 가해지는 고통을 통해서 이루어진다. 《유형지에서》의 한 대목에서 카프카는 법 위반자의 육체에 위반된 법의 모든 글자들이 새겨지는 이야기를 하는데, 이 대목은 E. L. 산트너[17]가 암시하는 바와 같이 잔인한 기억술을 "기괴한 정도로 난폭하게 급진화하며 문학화하고 있다." 내가 보여 주려고 시도했던 바와 같이 이 기억술은 집단들이 임의성을 자연스럽게 만들기 위해, 그리고 카프카의(또는 파스칼의) 또 다른 직관이지만 이 임의성에 부조리하고 불가해한 필연성을 부여하기 위해 의존하는 것인데, 이 필연성은 가장 신성한 제도들 뒤에 그 이상 나가지 않고 숨겨진다.

행동에 있어서 하나의 논리

세계로서 지각되지 않고 자기 자신을 의식하는 지각적 주체 앞에 놓인 대상으로서도 지각되지 않으며, 단 하나의 시선으로 포착될 수 있는 광경이나 표상으로서 지각되지 않는 한 세계와의 내재 관계를 인식하지 못하거나 망각하고 있는 상태가 아마도 학구적 환상의 기본적인 애초의 형태일 것이다. 실제적 이해의 원리는 인식하는 의식(후설의 초월적 의식이나, 나아가 하이데거의 실존적 존재)이 아니라 아비투스의 실천적 감각이다. 이 아비투스에는 그것이 들어앉은 세계가 들어앉아 있다. 그리고 그것은 참여·긴장 그리고 주의의 즉각적인 관계——이 관계가 세계를 구축하고 세계에 의미를 부여한다——속에서 그것이 능동적으로 개입하는 세계에 의해 **미리 점유되어** 있다.

세계와 관계를 맺는 특별하고 한결같은 방식으로서의 아비투스는 세계의 흐름을 예견하게 해주는 인식을 담고 있는데, 세계에 그리고 이 세계에서 예고되는 순간순간의 미래에 객관화하는 거리 없이 즉각적으로 현존한다. (이 점이 역사가 없는 **순간적인 정신**과 아비투스를 구분해 주는 것이다.) 육체는 세계·느낌·감정·고통 등에 **노출되어** 있다. 다시 말해 그것은 세계 속에 참여하고, 세계 속에 저당잡혀 있으며, 문제가 되고 있다. 세계에 대해서 (잘) 준비된 이 육체는 동일한 정도로 세계를 향해 있으며, 이 점은 즉각적으로 볼 수 있고 느낄 수 있으며 예감할 수 있도록 제시된다. 육체는 세계에 적응된 대답을 가져다 주면서 세계를 통제할 수 있고, 영향력을 미칠 수 있으며, 손에 확실하게 쥔 도구처럼(하이데거의 유명한 분석을 따르자면) 사용할 수 있다. (하지만 그것을 해독할 수는 없다.) 그러나 이 도구는 결코 그런 도구로 간주되지 않는다. 그리고 투명하기라도 한 것처럼 도구를 관통하는 것은 이 도구가 수행하게 해주고 방향을 잡는 의무이다.

실제 속에 참여한 행위자는 세계를 알고 있지만, 메를로 퐁티가 보여준 바와 같이 인식하는 의식의 외재 관계 속에서 확립되는 것이 아닌 지식을 통해 알고 있는 것이다. 어떤 의미에서 그는 세계를 객관화시키는 거리도 없이 당연한 것처럼 너무도 잘 이해한다. 그 이유는 바로 그가 세계 속에 붙들려 있기 때문이고, 세계와 일체를 이루기 때문이며, 의복이나 친근한 주거지처럼 세계 속에 살고 있기 때문이다. 그는 세계 안에서 자기 집에 있다고 느낀다. 왜냐하면 세계 또한 아비투스의 형태로 그의 안에 존재하고 있기 때문이다. 아비투스의 형태는 미덕이 된 필연성이며 이 미덕은 필연성을 나타내는 사랑의 형태, 즉 **숙명적 사랑**의 형태를 함축한다.

실천적 감각의 작용은 하나의 아비투스와 하나의 장(아니면 하나의 장 속에 있는 하나의 위치) 사이에 일어나는 일종의 필연적인 우연의 일치이다. 이것이 이 작용에 사전에 확립된 조화의 외양을 부여하는 것이다. 세계(아니면 어떤 특별한 게임)의 구조들을 합체한 자는 숙고할 필요 없이 즉시 '이 세계 안에 존재한다.' 그리하여 그는 '해야 하면서도' '훌륭하게' 해야 할 일들(pragmata)을 나타나게 하고, 객관적인 잠재성들과 긴급한 것들의 요구에 의해 상황 속에 점점 더 편입된 행동 프로그램들을 나타나게 한다. 이 프로그램들은 의식과 의지에 의해, 그리고 이 의식과 의지를 위해 분명하게 드러난 규범들이나 명령들을 구성하지 않은 채 그의 실천 방향을 잡아 주는 것이다. 하나의 도구를 사용할 수 있고(아니면 하나의 직위를 유지할 수 있고), 이것을 이른바 **행복하게**——이 행복은 주관적이며 동시에 객관적이고, 행동의 효율성 및 수월성에 의해, 행동을 수행하는 자의 만족과 축복에 의해 특징지어진다——만들 수 있기 위해서 필요한 것은 오랫동안 사용하고 때로는 방법적 훈련을 통해서 이 도구에 익숙해져야 하고, 암묵적인 사용설명서처럼 도구 안에 들어 있는 목적들을 자기 것으로 만들어 놓아야 하며, 요컨대 도구에 의해 자신이 사용되도록, 나아가 도구화되도록 자신을 맡겨야 한다. 이러한 조건하에서 헤겔이 이야기했던 **능란한 솜씨**에 다다를 수 있으며, 이 솜씨는 계산 해 볼 필요도 없이 맞아떨어지게 하면서 해야 할 일을 불필요한 몸짓 없 이, 밖으로부터 내밀하게 느껴지고 인지될 수 있는 경제적 노력과 필연 성을 가지고 훌륭하게 때마침 정확히 수행하게 해준다. (우리는 플라톤이 **오르테** 독사로서 묘사한 것에 대해, 즉 우연에 전혀 의지하지 않고 상황에 맞게 이루어진 일종의 조정을 통해서 딱 맞게 끊어지는 현학적인 무지에 대해 생각한다. 여기서 이 조정은 조정으로서 생각되거나 원해진 것이 아니다. 플라톤은 이렇게 말한다. "바로 이 현학적 무지를 통해서 통치자들은 도시 국가들을 성공적으로 지배하는 것이다. 학문과 관련해서도 그들은 예언자들 및 점쟁이들과 어떤 면에서도 다르지 않다. 왜냐하면 예언자들과 점쟁이들 은 자주 진실을 말하지만, 자신들이 이야기하는 것에 대해서 아무것도 모르 기 때문이다."[18])

아비투스가 하나의 노모스를 합체한 산물이고, 하나의 사회 질서나 하 나의 장을 구성하는 비전과 구분의 원리를 합체한 산물인 이상 그것은 이러한 질서에 맞추어 즉각적으로 조정된 실천들을 낳는다. 그처럼 즉각 적으로 조정되었기 때문에 이 실천들은 수행자뿐 아니라 타자들에 의해 서도 정당하고 올바르게 능란하고 적절한 것으로 인지되고 평가되는 것 이며, 명령이라는 의미에서 질서·규범 또는 법 규정에 복종한 산물이 전혀 아닌 것으로 인지되고 평가되는 것이다. 유심론적이 아니라 실천적 인 이러한 지향성은, **코지타툼**(노에마-의식의 대상면)을 향해 의식적으로 방향지어진 **코지타시오**(노에시스-의식의 작용면)의 어떤 측면도 가지고 있지 않은 것으로, 그것의 뿌리는 육체를 유지해 주고 떠받치는 하나의 방식(하나의 **헥시스**)이며, (어떤 한계 내에서) 계속적으로 자신을 변모시 키면서 스스로를 생성시키고 영속시키는, 지속적으로 변화되는 육체의 지속적 존재 방식이고 환경과의 이중적 관계, 즉 구조화되고 구조화시키 는 관계이다. 아비투스는 세계를 향해 자신의 방향을 잡고, 세계 쪽에 주 의를 기울이는 어떤 방식을 통해서 세계를 구축한다. 이 주의는 자신을 집중시키는 도약 선수의 주의처럼 임박한 미래를 향한 활동적이고 건설적인 육체적 긴장이다. (어떤 사람을 기다리면서 도착하는 모든 이들을 그 사람이라고 믿을 때 저질러지는 오류로서의 **알로독시아**는 이러한 긴장에 대한 정확한 관념을 제공한다.)

참고적인 이야기를 하겠다. 실천적 지식은 활동의 상황들과 영역에 따라 매우 불평등하게 요구되고 필요하지만, 동시에 매우 불평등하게 충분하고 또 그렇게 적응된다. 학구적 세계들과는 반대로 스포츠·음악·댄스 같은 세계들은 육체의 실제적 참여, 따라서 육체적 '지성'의 동원을 요구하는데, 이 육체적 지성은 일상적 계층 구조들의 변모, 나아가 전복을 결정짓는 데 적합한 것이다. 그래서 육체적 실천, 스포츠는 물론이고 특히 무술뿐 아니라 연극 활동과 악기 연주 같은 그런 실천들의 교수법 속에 여기저기 흩어져 있으면서, 이와 같은 지식의 형태를 한 학문에 귀중한 기여를 할 수 있을 평가적 표기들과 고찰들을 방법적으로 수집해야 할 것이다. 스포츠 트레이너들은 각자 경험이 있는 상황들 속에서 육체를 설득시킬 수 있는 효율적인 방법들을 추구한다. 이 상황들은 사람들이 육체를 통해서 진정한 이해에 도달하지 않았기 때문에 이해한 것을 실질적으로는 할 수 없지만, 해야 하거나 하지 않아야 할 동작을 지적인 이해로서 이해하는 상황들이다.[19] 그래서 많은 연출가들이 교육적 실천들에 의지하고 있다. 이 실천들의 공통점은 지적이고 논증적인 이해를 정지시키는 것을 명확히 하려고 애쓰고, 일련의 긴 훈련을 통해서 배우로부터 다음과 같은 것을 얻어내려고 애쓴다는 것이다. 즉 믿음 생산의 파스칼적 모델에 따라 배우가 육체적 자세들, 기억적인 경험들을 배태하고 있으므로 사유·감동·상상력을 움직이게 할 수 있는 그런 육체적 자세들을 되찾는 것이다. 참고적인 이야기를 마치겠다.

아비투스는 계속적인 순간들의 데카르트적인 불연속성에 처할 수밖에 없는 운명인 그런 순간적인 존재가 아니라, 라이프니츠의 언어를 쓰자면 역시 **접목의 법칙**인 접목의 힘이며 하나의 법칙을 부여받은, 따라서 불변수들과 항구성들(흔히 이것들은 명예로운 명령들처럼 **자기 자신에 대한 충실**의 명료한 원칙들에 의해 배가된다)에 의해 특징지어진 하나의 힘이다. 그렇듯이 아비투스는 공리주의적 전통과 경제학자들(그리고 이들에게 이어서 '방법론적 개인주의자들')의 고립되고 이기주의적이며 계산적인 주체가 전혀 아니다. 그것은 억누를 수 없는 지속적인 연대와 충실의 장소이다. 억누를 수 없는 이유는 연대와 충실이 합체된 법칙들과 인연들에 토대를 두기 때문이다. 그것들은 **단체 정신**(가족 정신은 이것의 특별한 경우이다)의 연대와 충실인데, 단체 정신은 사회화된 육체가 이 사회화된 육체를 만든 사회적 육체를 내적으로 깊이 지지하는 것을 말하며, 이때 사회화된 육체는 사회적 육체와 일체를 이룬다. 그렇기 때문에 아비투스는 유사한 조건들 및 심리적 조절들의 산물인 행위자들 사이의 **암묵적인 결탁**의 토대이면서, 또한 집단의 초월에 대한 실제적 경험과 집단이 존재하고 행하는 방식들에 대한 실제적 경험의 토대인 것이다. 왜냐하면 각자는 자신의 동료들의 행위 속에서, 자신의 고유한 행위의 비준과 합법화('그렇게 하는 거야')를 찾아내기 때문이다. 그 대신 이 고유한 행위는 경우에 따라서 다른 사람들의 행위를 비준하고 교정한다. 이와 같은 **결탁**은 판단하고 행동하는 방식들에 있어서 즉각적인 일치인 바 의식들의 소통을 전제하는 것이 아니며, 계약적인 결정을 전제하는 것은 더욱 아니다. 그것은 실제적인 상호 이해를 확립하는데, 이 상호 이해의 패러다임은 동일한 팀의 파트너들 사이에서 뿐만 아니라, 대립이 있음에도 불구하고 하나의 게임에 참여한 경기자들 전체 사이에서도 확립되는 상호 이해이다.

단체 정신이라는 일상적 응집의 원리가 지닌 한계는 독재 체제들이 강제하는 규율적인 훈련에서 나타난다. 이 독재 체제들이 그런 훈련을 강제하는 방법은 형식주의적인 훈련과 의례들을 통해서이거나, (사회적) 육체를 통일성과 차이로서 상징하는 데 목적을 두고, 육체에 어떤 차림(예를 들어 사제적 조건의 항구적인 환기인 수단)을 강제하면서 육체를 제어하는 데 목적을 둔 차림의 착용을 통해서이다. 또는 체조나 군사 행렬 같은 대규모 대중 행사들을 통해서이다. 이와 같은 조작 전략들이 목표하는 것은 육체들 각자가 집단의 합체물이 되도록(교회법 학자들은 **합체되어진 합체 속에서 합체를 이룬 육체**라고 말했다), 그리고 집단과 구성원들 각자의 육체 사이에 거의 마법적인 '소유' 관계가 확립되도록 육체들을 만들어 내는 것이다. 이 관계는 육체들을 통제하고, 그것들을 집단적인 일종의 꼭두각시로 만드는 암시를 통한 속박인 '신체적 아첨'의 관계이다.

어떤 아비투스들은 그것들 사이에 자연 발생적으로 오케스트라처럼 조직되고, 그것들이 기능하는 상황들——그것들은 이 상황들의 산물이다(이 현상은 특별한 경우이지만 아주 흔하다)——에 알맞게 미리 조정된다. 그런 아비투스들은 의지적인 어떠한 음모와 협의를 하지 않고도, 서로가 대체적으로 일치하고 관련된 행위자들의 이해 관계에 일치하는 행동들의 쌍들을 생산하는 경향을 나타낸다. 가장 단순한 예는 특권층 가정들이 협의도 숙고도 하지 않고, 다시 말해 따로따로 그리고 흔히 주관적인 경쟁 속에서 생산해 내는 재생산 전략들의 예이다. 이 전략들은(법률장이나 학교장의 논리 같은 객관적 메커니즘들의 협력을 받아) 기획득된 위치들 및 사회 질서의 재생산에 기여하는 결과를 낳는다.

아비투스들은 존재의 동일한 조건들 및 동일한 심리적 조절들의 산물이므로, 공감된 개인적인 이해 관계를 적절히 만족시켜 줄 수 있는 객관적인 조건들에 맞추어진 행위들을 자연 발생적으로 생산해 낸다. 그리하여 그것들의 오케스트라적 조직은 의식적이고 의도적인 행위에 호소하지도 않고, 최상 아니면 최악의 기능주의에 빠지지도 않으면서 집단적인 것들의 수준에서 흔히 관찰되는 목적론적 외양을 설명하게 해준다. 이 목적론적 외양이 나타나는 현상의 책임은 보통 '집단적 의지'(아니면 의식)에 돌려지거나, 나아가 집단적으로 자신들의 목적들을 내놓는 주체들로 취급되는 인격화된 집단적 실체들('부르주아지' '지배 계급' 등)의 음모로 돌려진다. 예를 들면 나는 육체의 방어 전략들, 즉 취학 인구가 급격히 증가했던 시기에 프랑스의 고등 교육을 담당하는 교수들이 분명한 의도나 뚜렷한 모의 없이 맹목적으로, 그리고 엄격히 개인적인 자격으로 구사한 전략들에 대해 생각한다. 이 전략들은 교육 제도의 가장 고위직들에 오르는 것을 가능한 한 옛날의 충원 원칙들에 일치하는 신진들, 다시 말해 고등사범학교 출신, 교수자격시험에 합격한 교수, 남자의 이상에 별로 다르지 않은 신진들에만 제한하게 만들었던 것이다.[20] 또한 아비투스들의 오케스트라적 조직은 공리주의적 개인주의가 **무임 승객의 딜레마**처럼 완전히 창안한 패러독스들로부터 벗어나게 해준다. 아비투스와 아비투스를 생산한 사회 세계(또는 장) 사이의 관계 속에 편입된 투자, 믿음, 정열, **운명적 사랑**은 어떤 상황들 속에서는 어떤 것은 행할 수 없게 만들고('그럴 수는 없다'), 또 어떤 것들은 행하지 않을 수 없게 만든다. (가장 좋은 예는 귀족은 귀족답게 처신해야 한다는 '노블레스 오블리즈'가 강제하는 모든 것이다.) 이 모든 것들 가운데는 공리주의적인 전통이 그 이유를 설명할 수 없는 온갖 종류의 행위들이 있다. 예를 들어 어떤 인물들이나 집단들에 대한 충성이나 충실이며, 보다 확대하면 온갖 사심 없는 행위들이다. 이 행위들의 한계는 칸토로비츠가 분석한 조국을 위한 죽음이자 이기주의적 에고의 희생인데, 이는 모든 공리주의적 계산에 대한 절대적 도전인 것이다.

우연의 일치

일상적 세계관에 대한 학구적 비전과 단절하기 위해 현상학적 기술(記述)이 불가결하다 할지라도, 그리고 이 기술이 현실과 접근한다 할지라도 그것은 실제적 이해에 대한, 그리고 실제 자체에 대한 완벽한 이해에 장애물이 될 위험이 있다. 왜냐하면 그것은 전적으로 반역사적이고, 심지어 반발생론적이기 때문이다. 따라서 세계에의 현존을 다시 분석해야 한다. 하지만 이 현존을 역사화해야 한다. 다시 말해 행위자가 세계를 구축하기 위해 사용하는 구조들이나 형태들의 사회적 구축이라는 문제를 제기해야 한다. (이 구조들이나 형태들은 칸트적 유형의 선험적 인류학과 후설과 슈르츠식의 본질론이, 그리고 그들의 뒤를 이어 민족학 방법론이나 심지어 메를로 퐁티의 매우 계몽적인 분석이 배제하는 것들이다.) 다음으로 사회 세계에 대한 경험이 당연한 것으로 기능하기 위해서 충족되어야 하는 전적으로 특별한 사회적 조건들을 검토해야 한다. 그런데 현상학은 이 경험의 이유를 설명하는 수단들을 확보하지 않고 기술한다.

모든 것이 명백한 것처럼 나타나는 한 세계에 대한 경험이 가정하는 것은, 행위자들의 성향과 행위자들이 편입된 세계에 내재하는 기대들이나 요구 사항들 사이에 일치이다. 그런데 실천적 형태들과 객관적 구조들 사이의 완벽한 우연의 일치가 가능한 것은, 세계에 적용된 형태들이 그것들이 적용되는 세계의 산물인 특별한 경우뿐이다. 다시 말해 그것은 친근한 세계(이 친근한 세계는 낯설거나 이국적 세계들과는 대립되는 것이다)의 통상적 경험 속에서 뿐이다. 이와 같은 즉각적인 지배의 조건들은 상식의 세계에 대한 경험으로부터 멀어질 때도 동일하다. 상식의 세계가 상정하는 것은 모든 사람들이 다다를 수 있고, 세계의 통상적 실제에 의해 —— 적어도 어느 정도까지는 —— 획득될 수 있는 인식 수단들을 지배하여 학구적 세계들에 대한 경험, 또는 이 학구적 세계들 속에서 예술적·문학적 또는 학문적 작품들로서 산출되는 대상들, 아무에게나 즉각적으로 자기를 내주는 것이 아닌 그런 대상들에 대한 경험으로 나가는 것이다.

안정적이고 거의 분화되지 않은 사회들은, 매우 날카로운 직관을 지녔던 헤겔에 따르면 존재하는 것 속에서 '자기 집에 있는 것'[21] 같은 구체적 자유를 주는 더할나위없는 장소들인데, 이 사회들이 지닌 매력의 원리는 아비투스들과 주거 환경 사이의, 그리고 세계에 대한 신화적 비전이 지닌 형태들과 예를 들어 동일한 대립들에 따라 조직된 순화된 공간 구조 사이의,[22] 아니면 희망들과 이 희망들을 실현시킬 수 있는 객관적 기회들 사이의 거의 완벽한 우연의 일치이다. 분화된 사회들에서 일련의 사회적 메커니즘들 전체는 성향들을 위치들에 맞추는 조정을 확실히 해 주는 경향이 있으며, 그렇게 하여 이 조정의 혜택을 받는 자들에게 사회 세계에 대한 매혹적인(또는 조작된) 경험을 제공하는 것이다. 그리하여 우리가 관찰하는 것은 여러 가지 다른 세계들(고용주들의 세계, 주교단, 대학 등) 속에서, 사회적 개인에 결부된 아비투스들을 특징짓는 데 적합한 속성들(사회적 출신, 교육, 직위 등)에 따라 배분된 행위자들의 공간 구조가 특수한 특징들(예를 들어 기업들에게는 총매상고, 고용자수, 연혁, 법률적 지위)에 따라 배분된 위치들과 직위들(기업들, 주교직, 교수단, 학과들 등)의 공간 구조에 매우 밀접히 부합한다는 것이다.

그리하여 아비투스는 이 단어가 말하고 있듯이 하나의 역사가 낳은 산물이므로, 그것이 세계에 대한 실제적 인식 속에 그리고 행동 속에 투자하는 사회적인 것의 구축 도구들은 사회적으로 구축된다. 다시 말해 그것들은 자신들이 구조화하는 세계에 의해 구조화된다. 따라서 실제적 지식은 이 지식이 정보를 제공하는 세계에 의해 이중적으로 정보를 얻는다. 그것은 그것이 세계에 제시하는 속성들의 윤곽이 지닌 구조에 의해 구속받는다. 그것은 또한 형태들을 통해 세계에 의해 구조화되는데, 이 형태들은 객관적인 속성들의 선택과 구축에 있어서 그것이 이행하는 세계의 구조들의 합체로부터 비롯된 것들이다. 이러한 측면이 의미하는 것은 행동이, 베버의 표현을 빌리자면 '순전히 반응적'인 것도 아니고, 순전히 의식적이고 계산적인 것도 아니라는 점이다. 아비투스는 그것이 움직이게 하는 인지적이고 동기 유발적인 구조들(이것들은 부분적으로는 아비투스를 생성시킨 형성적 힘들처럼 작용하는 장에 언제나 달려 있다)을 통해서 행동을 유발시키는 일들, 즉 해야 하거나 하지 않아야 할 일들 또는 긴급한 일들 등을 결정하는 데 기여한다. 그리하여 실제의 매우 다양한 영역들에 관한 통계들이 확인해 주고 있는 바와 같은, 68년 5월의 위기 같은 사건이 드러내는 차별적 반향을 설명하기 위해서는 하나의 일반적인 성향의 존재를 상정하게 된다. 이 일반적 성향은 질서와 무질서(또는 안보)에 대한 민감성으로 특징지어질 수 있는데, 사회적 조건들과 이 조건들에 연결된 심리적 조절들에 따라 다르다. 다른 성향들이 무감각을 드러내고 있는 객관적 변화들(경제적 위기, 행정적인 조치 등)을, 일부 행위자들이 실제의 서로 다른 여러 영역들에서(그리고 풍요의 전략들에 이르기까지[23]) 행동의 변화를 통해서 재해석할 수 있게 하는 것은 이 일반적 성향이다.

그리하여 우리는 인간 행위의 설명에 길버트 라일의 제안을 확대할 수 있을 것이다. 즉 유리가 깨어진 것은 돌로 때렸기 때문이라고 말하지 않고, 돌이 유리를 때렸을 때 유리가 깨어지기 쉽기 **때문이다**라고 말해야 하듯이, 하나의 역사적 사건이 하나의 행위를 결정지었다고 말하지 않고, 이 사건에 의해 영향을 받을 수 있는 하나의 아비투스가 사건에 이러한 효율성을 부여했기 때문에 사건은 이와 같은 결정적 결과를 가져왔다고 말해야 한다. 이러한 측면이 매우 분명하게 나타낼 때는 외관상 우발적이고 무의미한 하나의 사건이, 서로 다른 여러 아비투스들을 부여받은 모든 이들에게 불균형적으로 보일 수밖에 없는 엄청난 결과들을 유발시킬 때이다. **배분 이론**이 확립하는 것은, 하나의 개인이 하나의 경험에 부여하는(그리고 이 이론이 말하고 있지 않는 것이지만, 그의 아비투스에 달려 있는) 원인들이 이 경험에 대한 대답으로서 그가 하게 될 행동(예를 들어 두들겨맞은 여자일 경우, 조언자들이 견딜 수 없다고 판단하는 조건들 속에서 자신의 남편에게 되돌아가는 것 같은 행동)의 주요한 결정 인자들 가운데 하나라는 것이다. 그렇다고 해서 행위자가 행위자로 하여금 결심하게 만드는 것을 ('악의'를 품고) 선택한다고 말해서는 안 된다. (예를 들면 사르트르처럼 말이다.) 왜냐하면 행위자가 그로 하여금 결심케 하는 상황을 구축하는 정도 내에서 **자기 자신**을 결정한다고 말할 수 있다 할지라도 그가 자신의 선택 원리를, 다시 말해 자신의 아비투스를 선택한 것은 아니기 때문이고, 그가 세계에 적용하는 구축 형태들 자체도 세계에 의해 구축되었기 때문이다.

동일한 논리에서 우리가 또한 말할 수 있는 것은, 아비투스가 아비투스를 변모시키는 것을 결정짓는 데 기여한다는 것이다. 아비투스의 변모 원리가 기대와 경험 사이의 괴리, 긍정적 혹은 부정적 놀라움으로 체험된 그 괴리 속에 있다는 것을 인정한다면, 우리가 상정해야 할 것은 이러한 괴리의 범위와 그것에 부여되는 의미는 아비투스에 달려 있다는 것이다. 한쪽의 실망은 다른 한쪽의 기대하지 않는 만족일 수 있기 때문이다. 이에 대응하는 강화 혹은 억제 효과와 더불어 말이다.

성향들이 일정한 방식으로 일정한 행동으로 이끄는 것은 아니다. 그것들이 자신을 드러내 실현시키는 것은 단지 적절한 형편 속에서, 그리고 어떤 상황과의 관계 속에서 뿐이다. 따라서 그것들은 전쟁이 없을 때의 군인다운 용기처럼 잠재적 상태에 머물 수 있다. 그것들 각자는 상황에 따라서 서로 다를 뿐 아니라, 심지어 대립되는 실천들 속에서 나타날 수 있다. 예를 들면 귀족 출신인 주교들의 동일한 귀족적 성향은, 30년대의 조그만 지방 도시인 모 그리고 60년대의 '좌익 교외'인 생 드니에서처럼 서로 다른 역사적 맥락들 속에서 외관상 대립된 실천들로 표현될 수 있다. 그렇다면 (접목의 법칙으로서) 한 성향의 존재가 예견하게 해주는 것은, 일정 종류의 구상 가능한 상황들 속에서는 일정한 행위자들 전체가 일정한 방식으로 행동할 것이라는 점이다.

존재하고 행하는 성향들의 체계로서의 아비투스는 하나의 잠재력이고, 존재코자 하는 욕망이다. 이 욕망은 어떤 식으로든 자신을 실현시키는 조건들을 창조하고자 노력하고, 따라서 자기 존재의 모습에 가장 유리한 조건들을 강제하려고 애쓴다. 중대한 혼란(예를 들어 위치의 변화)을 제외하면, 그것의 형성 조건들은 또한 그것의 실현 조건들이다. 그러나 어쨌든 행위자는 존재의 조건들에 의해 생성된 능력들과, 성향들 형태로 자신의 육체 안에 편입된 잠재력들을 실현시키기 위해 자신의 역량 안에 있는 것을 행한다. 그래서 많은 행위들이 획득된 어떤 성향——예를 들면 죽은 혹은 살아 있는 언어의 지식——에 자신을 현실화시킬 수 있는 가능성과, 기회를 제공할 수 있는 사회 세계나 장의 상태를 유지하거나 창출하려는 노력으로서 이해될 수 있는 것이다. 이것이 바로 대상들이나 인물들에 관한 일상적 선택의 주요 원리들 가운데 하나이다. (이 원리는 자유로이 사용할 수 있는 실현 수단들을 동반한다.) 사람들은 공감과 반감, 애착과 혐오, 취향과 실증에 유도되어 '자기 집'에 있는 것으로 느껴지는 환경을 스스로 만든다. 이 환경은 그들이 행복과 동일시하는 존재의 욕망을 충만히 실현시킬 수 있는 그런 것이다. 그래서 사실상 우리는 행위자들이 지닌 성향들(그리고 사회적 위치들)의 특징들과, 그들을 둘러싸고 있는 대상들(가옥·가구·가정 설비 등)이나 다소 지속적으로 관계를 맺는 인물들——배우자, 친구, 교제하는 사람——의 특징들 사이에서 놀라운 일치를 관찰하는 것이다. (의미 있는 통계적 관계의 형태로.)

라 퐁텐이 구두수선공과 징세관의 우화에서 그 원리를 제시한 행복의 배분이 지닌 역설들은 다음과 같이 상당히 잘 설명된다. 달성의 욕망은 대체적으로 실현의 기회들에 따라 측정되므로, 서로 다른 여러 행위자들이 경험하는 내적 만족의 정도는 사람들이 흔히 생각할 수 있는 것과는 달리, 어떤 행위자를 위해 추상적으로 정의된 욕구과 욕망들을 만족시킬 수 있는 추상적이고 보편적인 능력으로서의 실질적 역량에 달려 있는 것이 아니다. 그보다 그것은 오히려 그들이 편입된 사회 세계나 장이 드러내는 기능 작용의 방식이 그들의 아비투스가 개화되도록 조장하는 정도에 달려 있다.

두 역사의 만남

따라서 행동의 원리는 순수한 인식의 관계 속에서 하나의 대상과 대결하듯이 세상과 대결하는 주체도 아니고, 행위자에게 기계적인 인과율의 형태를 행사하는 '환경'은 더욱 아니다. 그것은 행동의 물질적 또는 상징적 목적 속에 있는 것도 아니고, 장의 구속 요소들 속에 있는 것도 아니다. 그것은 사회적인 것의 두 상태 사이의 결탁, 즉 육체가 된 역사와 사물이 된 역사, 아니면 좀더 분명히 말해서 구조들 및 메커니즘들(사회 공간 또는 장의 메커니즘들)의 형태로 사물들 속에 객관화된 역사와 육체들 속에 구현된 역사 사이의 결탁에 있는 것이다. 이 결탁이 역사의 이와 같은 두 실현 사이에 거의 마법적인 참여 관계를 확립한다. 역사적 획득의 산물로서 아비투스는 역사적 지식을 자기 것으로 만들게 해주는 것이다. 문자가 죽은 문자의 상태로부터 벗어나는 것은, 오로지 읽고 해독할 수 있는 획득된 능력을 전제하는 독서 행위를 통해서 뿐이듯이(도구·기념물·작품·기술 등 속에) 객관화된 역사는 행위자들——자신들이 했던 이전의 **투자**로 인해 역사에 **관심을 가지도록** 되어 있고, 역사를 재활성화하기 위해 필요한 적성들을 부여받은 행위자들——이 책임을 질 때만 작용받고 작용하는 역사가 될 수 있다.

내기들이 생기고, 목적들로서 제시되지 않는 목적들과 객관적 잠재력들이 형성되는 것은 아비투스와 장 사이의 관계 속에서이고, 게임의 의미와 게임 사이의 관계 속에서이다. 여기서 객관적 잠재력들은 비록 이와 같은 관계를 떠나서 존재하지 않지만, 하나의 절대적 필연성과 명백성을 가지고 이 관계 내에서 자신을 부각시킨다. 게임은 게임에 '붙들리고' 게임에 몰입한 자에게는 조건 없이 자신의 고유한 목적들과 기준들을 강제하는 초월적 세계로서 나타난다. 신성한 것은 신성한 것의 의미를 위해서만 있다 할지라도, 게임은 신성한 것을 완전한 초월처럼 만난다. 그리고 우리가 알다시피 **일뤼지오**는 게임을 밖에서 '공평한 관전자'의 관점에서 포착하는 자에게만 환상이거나 '오락'이다.

그렇다면 우리가 위치들과 결정된 입장들 사이에 관찰하는 대응은 결코 기계적이고 숙명적인 성격을 띠고 있지 않다. 예를 들어 하나의 장에서 그것은 행위자들의 실천적 전략들을 통해서만 확립된다. 이때 행위자들은 여러 가지 특수한 아비투스들과 자산들을 부여받고, 따라서 이전의 모든 세대들이 물려준 특수한 생산력들에 대한 불평등한 지배를 부여받은 자들이고, 위치들의 공간을 다소간 개방된 가능성들의 공간——사물들이 '해야 할 일'처럼 그들에게 강제되면서 다소간 명령적으로 나타나는 공간——으로 포착할 수 있는 자들이다. (이러한 확인을 '결정론적인' 일종의 방침에 전가하는 자들이 있다면, 나는 언제나 새로워지는 놀라움, 연구의 논리가 나로 하여금 발견하게 이끌었던 필연성 앞에서 내가 여러 번 느꼈던 그 놀라움을 다만 말하고 싶다. 이는 자유에 반하는 용서할 수 없는 어떤 실수를 변명하기 위한 것이 아니라, 필요할 경우 과학적 반박의 영역 안에 위치하기 위해 형이상학적 고발이나 도덕적 비난의 언어를 포기해야 하는 결정론들을 폭로하는 데 있어서 많이 드러나는 단호한 태도에 분노하는 자들을 격려하기 위한 것이다.)

육체가 사회적 세계 속에 있지만, 사회적 세계는 육체 속에(**헥시스와 에이도스**의 형태로) 있다. 세계의 구조 자체들이 행위자들이 세계를 이해하기 위해 사용하는 구조들(아니면 보다 정확히 인식적 형태들) 속에 현존한다. 아비투스와 주거 환경, 성향들과 위치, 왕과 그의 조정, 기업주와 그의 기업, 주교와 그의 교구 속에 깃들인 것이 동일한 역사일 때, 역사는 이를테면 그 자체와 소통하고 그 자체 안에 스스로를 반영한다. 태어난 세계와의 독사적 관계는 소속과 소유의 관계이며, 이 관계 속에서 역사가 소유한 육체는 동일한 역사가 깃들인 사물들을 즉각적인 방식으로 자기 것으로 만든다. 상속자가 유산을 자기 것으로 만들 수 있는 때는, 단지 유산이 상속자를 자기 것으로 만들었을 때뿐이다. 그리고 유산이 이처럼 상속자를 자기 것으로 만드는 것은 상속자가 유산을 자기 것으로 만드는 조건(이것은 숙명적인 것이 전혀 없다)인데, 상속자의 조건 속에 들어간 심리적 조절들과 적합한 소유자들인 조상들의 교육적 행동이 결합하여 만들어 낸 결과로서 이루어진다.

유산에 적합한 상속받은 상속자는 적절한 일을 행하기 위해서, 다시 말해 유산과 유산의 보존, 유산의 증가 같은 이해 관계에 적절한 일을 행하기 위해 이것을 **원할** 필요가 없다. 다시 말해 그는 의식적으로 이것을 숙고하고 선택하고 결정할 필요가 없는 것이다. 엄밀히 말해서 그는 자기가 무엇을 행하고 무엇을 말하는지 알 수 없지만, 유산의 영속화가 요구하는 것들에 일치하지 않는 어떤 것도 할 수 없거나 말할 수 없다. (아마 바로 이 점이 특히 단체들——조직화된 집단의 의미에서——이 스스로 신회원을 선출하는 절차들, 대부분이 그것들 자체에도 모호한 절차들을 통한 직업적 세습에 주어진 역할을 설명하는 것이리라. 상속된 따라서 즉시 적절하게 맞추어진 아비투스, 그리고 이 아비투스를 통해서 행사되는 육체에 의한 구속은, 사회적 집단들의 흔히 암묵적인 요구 사항들에 대한 직접적이고 전적인 동의를 가장 확실하게 보장하는 것이다. 아비투스가 만들어 내는 전략들은 사회적 질서가 지닌 꾸준히 존재하려는 경향——요컨대 우리가 사회적 질서의 **코나투스**(노력)라 부를 수 있는 것——이 실현되게 만드는 매개물들 가운데 하나이다.)

루이 14세는 그 자신이 태양인 중력장에서 차지하는 위치에 완벽하게 동일시되었기 때문에, 이 장에 나타나는 모든 행동들 가운데 어떤 것이 그의 의지의 산물이고 아닌지를 결정하려고 시도하는 것은, 하나의 콘서트에서 어느것이 지휘자로부터 나온 것이고 어느것이 연주자들이 만들어 낸 것인지를 참작하는 것만큼이나 헛된 일일 것이다. 지배코자 하는 그의 의지 자체가, 이 의지가 지배하고 모든 것으로 하여금 이 의지를 위해 돌아가게 하는 장의 산물이다. "특권을 부여받은 자들은 이들이 상호적으로 서로에게 던지는 그물의 포로들인데, 그들의 위치들에서 말하자면 서로를 유지시켜 주었던 것이다. 비록 그들이 마지못해 체제를 지탱해 주고 있었다 할지라도 말이다. 하급자들이나 가장 덜 혜택을 받은 자들이 그들에게 가하는 압력은 그들로 하여금 자신들의 특권을 방어하지 않을 수 없게 만들었다. 그리고 그 반대도 마찬가지이다. 즉 위에서의 압력은 불리한 자들로 하여금 보다 유리한 위치에 도달한 자들을 모방하면서, 이 압력으로부터 벗어나도록 만들었던 것이다. 달리 말하면 그들은 서열 경쟁의 악순환에 돌입했던 것이다."[24]

그리하여 하나의 국가는 절대주의의 상징이 되었고, 이와 같은 표현에 가장 직접적으로 관련된 군주 자신에게서('짐이 국가이다') 최고의 수준으로 '절대적 체제'의 외양적 모습을 나타내는데, 사실 그것은 하나의 투쟁장을 감추고 있다. 이 투쟁장은 '절대 권력'의 보유자가 분할을 유지하고 이용할 수 있을 만큼, 그래서 긴장의 균형에 의해 야기된 에너지를 자신을 위해 동원할 수 있을 만큼 적어도 충분히 참여해야 하는 장이다. 장을 동요시키는 항구적 운동의 원리는 어떤 부동의 최초 동력——여기서는 태양왕——속에 있는 것이 아니라 투쟁 자체 속에 있는데, 이 투쟁은 장을 구성하는 구조들에 의해 창출된 것으로 장의 구조들과 계층 체계들을 재생산하는 경향이 있다. 이 운동의 원리는 행위자들의 작용과 반작용 속에 있는 것이다. 행위자들은 자신들의 위치를 지키거나 개선하기 위해, 다시 말해 장에서만 만들어지는 특수한 자본을 보존하거나 증가시키기 위해 투쟁하는 것 이외에 다른 선택이 없는 것이다. 그리하여 그들은 모든 사람들에게 흔히 견딜 수 없는 것으로 체험되는 구속 요소들이 짓누르게 하는 데 기여한다. 이 구속 요소들은 경쟁을 통해 태어난다. (물론 **일뤼지오**의 관점에서 볼 때 사회적 죽음, 따라서 생각할 수 없는 방침인 영웅적 체념을 통해 게임으로부터 자신을 배제시키지 않아야 한다는 조건이 따른다.) 요컨대 어느 누구도 게임에 참여하지 않고는, 그리고 게임에 열중하지 않고는 게임을 지배하는 자들조차도 게임으로부터 이득을 얻을 수 없다. 이 점이 의미하는 것은 게임에 대한 지지(마음속 깊은, 그리고 육체적인)가 없다면, 게임으로서의 게임에서 취하는 이득이 없다면 게임이란 존재하지 않을 것이라는 것이다. 이때 게임은 여러 게임자들의 다양하고 나아가 대립되는 이해 관계의 원리에 자리잡고 있으며, 이들에게 생기를 불어넣는 의지들과 동경들——이것들은 게임에 의해 초래된 것들로 그들이 게임에서 차지하는 위치에 달려 있다——의 원리에 자리잡고 있다.

그리하여 객관화된 역사가 작용을 받고, 작용을 하게 되는 것은 다음과 같은 경우뿐이다. 즉 제도화된 직위가 그것이 담고 있는 다소 코드화된 행동 프로그램을 가지고, 의복·도구·책·가옥식으로 직위에 대해 다시 책임을 지고 직위를 떠맡고 담당하는 동시에 직위에 의해 사로잡힐 수 있을 만큼 충분히 그 속에서 자신을 되찾고 자신을 알아보는 누군가를 찾아내는 경우 말이다. 웨이터는 사르트르가 원한 것과는 달리[25] 웨이터가 되는 것을 연기하지는 않는다. 큰 호텔 종업원의 충성스러운 품격의 민주화되고 거의 관료적인 형태를 표현하도록 잘 만들어진 자신의 제복을 입고, 지체나 망각을 감추기 위한 아니면 나쁜 제품을 받아들이도록 하기 위한 전략일 수 있는 친절과 배려의 예법을 보인다고 해서 그가 사물(또는 '즉자')이 되지는 않는다. 하나의 역사가 기록된 그의 육체는 그것의 기능, 다시 말해 하나의 역사, 하나의 전통과 **결합한다**. 이 기능은 그가 일찍이 육체들 속에서 구현된 것만을 보았을 뿐이거나, 보다 잘 말하면 웨이터들이라 일컬어지는 어떤 아비투스가 깃들인 그 거주처들 속에서 구현된 것만을 보았던 기능이다. 이러한 지적이 그가 분명한 모델들로 구성된 웨이터들을 모방하면서 웨이터가 되는 것을 배웠다는 것을 의미하는 것은 아니다. 그가 웨이터라는 인물의 입장이 되는 것은 하나의 역할을 하는 배우처럼 되는 것이 아니다. 그보다는 어린아이가 자신의 아버지와 자기를 동일시하고, 이야기하면서 입을 유지하거나 걸으면서 어깨를 움직이는 방식을 '척할' 필요도 없이 채택하듯이 되는 것이다. 그가 보기에 이 방식은 완성된 성인의 사회적 존재를 구성하는 것이다. 우리는 그가 자신을 웨이터로 생각한다고 말할 수조차 없다. 그는 사회논리적으로 예정된 기능——예를 들어 자신의 계산에 따라 정착에 필요한 돈을 벌어야 하는 보잘것 없는 상인의 아들로서——에 의해 너무도 완벽하게 사로잡혀 있는 것이다. 반면에 한 학생이 자신의 존재에 관해, 다시 말해 자신의 사회적 운명에 관해 지니는 관념(사회적으로 구축된 관넘)에 부합하지 않는 어떤 기능에 대해 유지코자 하는 거리를 하나의 역할처럼 유지하는 체하면서, 수많은 표시들을 통해 이 거리를 나타내는 것을 보려면 그를 그의 위치에 갖다 놓기만 하면 충분하다. (68사건 이후 '전위적인' 일부 레스토랑들에서 때때로 그런 학생들을 보았듯이 말이다.) 그가 자신에게 맞지 않다고 느끼며, 사르트르의 소비자가 말하듯이 '자신을 갇히게 하고' 싶지 않은 직업에 대해서 유지하고자 하는 거리도 마찬가지이다.

웨이터와 마찬가지로 지식인도 자신의 직위에 대해, 그리고 그를 지식인으로서 특유하게 정의하는 것에 대해 거리를 가지고 있지 않다는 증거를 대자면, 사르트르가 위에서 언급한 묘사를 연장하고 보편화시키고 있는 분석을 **인류학적 자료**로 읽으면 충분하다. "나는 웨이터의 기능들을 수행해 보았자 소용 없다. 나는 배우가 햄릿이듯이 중화된 양식으로만 웨이터가 될 수 있다. 내 상태의 **전형적 몸짓들**을 기계적으로 행하면서, 그리고 '아날로공'[아날로지에서 의미를 나타내는 요소]처럼 취해진 이러한 몸짓들을 통해서 나 자신을 상상의 웨이터로 겨냥하면서 말이다. 내가 실현코자 시도하는 것은 웨이터의 즉자이다. 마치 나의 신분상 의무들과 권리들에 그것들이 지닌 가치와 긴급성을 부여하는 것이 나의 권한 밖의 일인 것처럼 말이다. 그리고 마치 해고될 각오를 하고, 매일 아침 5시에 일어나거나 침대에 그대로 있는 것이 내 자신의 선택에 속하는 것이 아닌 것처럼 말이다. 마치 내가 존재 상태에서 이 역할을 지탱하고 있으므로 나는 그것을 어떤 곳에서도 초월할 수 없는 것이고, 나를 나의 조건을 **넘어선 존재**로서 구성할 수 없는 것처럼 말이다. 그러나 내가 어떤 의미에서 웨이터라는 것은 의심할 여지가 없다. 그렇지 않다면 나는 나를 또한 외교관이나 기자로 칭해야 하지 않을 것인가?"[26]

사회적 무의식이 낳은 이런 종류의 신기한 산물을 구성하는 한 마디 한 마디에 주의를 기울여야 할 것이다. 이 사회적 무의식은 현상학적인 **나**를, 그리고 타자와의 '이해심이 있는' 동일화(사르트르는 이 이중화를 많이 실행했다)를 모범적으로 사용함으로써 허용된 이중의 게임(또는 나)을 이용하여 지식인의 한 의식을 웨이터의 실천에, 또는 이러한 실천의 상상적 **아날로공**에 투영하고 있는 것이다. 그러면서 그것은 일종의 사회적 괴물, 즉 몸은 웨이터이고 머리는 철학자인 괴물을 만들어 내고 있다. 해고될 각오로 침대에 누워 있는 자유로부터 (자유롭게) 해방되는 것처럼, 5시에 일어나 손님들이 오기 전에 홀을 청소하고 커피포트를 작동시키기는 자를 포착하기 위해서는 해고되지 않고 침대에 누워 있는 자유가 있어야 하지 않을까? 하나의 환상에 동일화되는 논리가 인정되었던 것 같다. 이 논리에 따라서 다른 사람들은 노동자의 조건과의 '지식인' 관계를 이 조건과의 노동자 관계로 제시하면서 '투쟁'에 참여한, 아니면 반대로 단순한 전환을 통해 신화 같은 것에 참여한 노동자를 온전히 만들어 낼 수 있었다. 이 노동자는 자기 자신이 현존재에 불과하다는 것과 노동자라는 자신의 '즉자'를 절망적으로 감수하고, 외교관이나 기자 같은 위치들을 자신의 가능성들 가운데 집어넣는 자유가 박탈된 자이다.

성향들과 위치들의 변증법

'소명'과 '사명'이 다소간 완벽하게 **우연히** 일치하거나, 모스가 말하는 것처럼 대체로 위치 속에 암묵적으로 들어가 있는 '집단적 기대'와 성향 속에 묻혀 있는 기대나 희망이 마찬가지로 일치하거나, 또 객관적 구조들과 이 구조들을 포착케 하는 인식적 구조들이 일치하는 경우에, 실제에서 위치들의 효과에 기인하는 것과, 행위자들이 이 위치들 속에 도입한 성향들——이 성향들은 행위자들이 맺는 세계와의 모든 관계를 지휘하고, 특히 위치에 대한 그들의 지각과 평가를 지휘한다. 따라서 그것은 위치를 유지시키는 방법과 위치의 '현실' 자체를 지휘한다——의 결과물에 기인하는 것을 구분하려고 노력해 보았자 대개의 경우는 헛된 일이다.

행동과 역사가 있고 구조들의 보존이나 변모가 있는 유일한 이유는, 상식과 '방법론적 개인주의'가 개인의 개념 속에 집어넣는 것으로 환원되지 않는 행위자들이 있기 때문이다. 이 행위자들은 사회화된 육체들로서 게임에 참여하고 게임을 다소간 성공적으로 할 수 있는 경향과 적성을 동시에 함축하는 성향들 전체를 부여받은 것이다.

　오직 성향들에 의존하는 것만이 행동의 모든 자초지종에 대한 합리적인 계산이라는 파멸적인 가정을 하지 않고도, 행위자들이 세계의 역사와 구조로부터 비롯된 지식의 형태들을 세계에 적용하면서 세계에 대해 가지는 즉각적인 이해를 진정으로 이해하게 해준다. 그것만이 명백함의 그 감정, 즉 후설과 슈르츠 같이 이 감정을 가장 잘 묘사하는 사람들이 보기에도, 이 감정을 가능하게 만드는 특별한(그러나 상대적으로 빈번한) 조건들을 역설적이지만 매우 효율적으로 감추는 그 감정을 설명하게 해준다.

　뿐만 아니라 성향들이 상황들에 맞게 조정되는 경우들은 개인과 사회 사이에, 혹은 개인적인 것과 집단적인 것 사이에 사전 구축된 대립의 부질없음을 가장 인상적으로 확인해 주는 것들 가운데 하나이다. 사이비 현학적인 이러한 대립이 반박에 매우 잘 저항하고 있다면, 그 이유는 그것이 틀에 박힌 사고들과 기계적으로 사용되는 언어들이 지닌 순전히 사회적 힘에 의해 지탱되기 때문이다. 또한 그것이 논술의 주제들과 주요 강의들(타르드――또는 베버――뒤르켐에 대한 반론, 집단적 의식에 대항한 개인적 의식, 집단주의에 대항한 방법적 개인주의, RATS――《합리적 행동 이론》의 지지자들――CATS――《집단적 행동 이론》의 지지자들에 대한 반론 등)의 토대가 되고 있는 교과서적 대립들의 논리에 의해 지탱되기 때문이다. 그리고 그것은 사회적 권력과, 특히 국가에 대해 절대 자유주의적으로 반대하는 문학-철학적 전통에 의해 지탱되기 때문이다. 마지막으로 그것은 특히 별로 정통하지 못하고 양심적이지 못한 '이론가들'이, 때로는 간신히 완곡하게 표현된 형태로 서둘러 자신들의 것으로 삼는 암묵적인 정치적 대립들(사회주의 대 자유주의, 집산주의 대 자본주의)에 의

해 지탱되기 때문이다.[27]

아비투스의 개념은 이와 같은 치명적 양자 택일로부터 벗어나게 해주고, 동시에 실재론——이 실재론에서 볼 때는 개인(또는 개인들 전체로서 집단)만이 존재한다——과 급진적 명목론——이 명목론에서 볼 때 '사회적 현실들'은 말에 불과하다——사이의 대립을 뛰어넘게 해준다. 그것도 사회적인 것을 하나의 진정한 문제에 가짜 해결책인, 뒤르켐의 '집단적 의식' 같은 실체와 일체시키지 않고 말이다. 오케스트라적으로, 그리고 집단적으로 기능할 수 있는 초개인적 성향들이 존재하는 곳은 각 행위자의 내부이며, 따라서 그것들은 개인화된 상태로 존재한다. (우리가 이미 보았듯이 아비투스의 개념은 일종의 객관적인 궁극 목적——지배 집단들이 자신들의 고유한 영속성을 확보하려는 경향 같은 것——을 부여받은 집단적인 사회적 과정들을 설명하게 해준다. 자신들의 고유한 목적을 제시하는 인격화된 집단적인 것들에 호소하지도 않고, 개인적 행위자들의 합리적 행동들의 기계적 집합에 호소하지도 않고, 규율을 통해 강제될 수 있는 중심적 의식이나 의지에 호소하지도 않고 말이다.)

사회적인 것 또한 생물학적인 개인들 속에서 형성된다는 사실로 인해 사회화된 각각의 개인 속에는 집단적인 것이 있으며, 따라서 행위자들로 이루어진 하나의 계급 전체에 유효한 속성들——이 속성들은 통계학이 밝혀 주도록 해준다——이 있는 것이다. 사회화된 생물학적 개인 혹은 육체로 의미되거나, 하나의 육체 속에 구현을 통해 생물학적으로 개인화된 사회적인 것으로 의미된 아비투스는 집단적이거나 초개인적이다. 따라서 우리는 통계학적으로 특징지을 수 있는 아비투스의 등급들을 구축할 수 있다. 바로 이러한 이유로 아비투스는 그것이 특유하게 맞추어 조정된 하나의 사회적 세계나 장 속에 효율적으로 개입할 수 있는 것이다.

그러나 사회화가 실현시키는 생물학적 개인의 집단화가 생물학적 버팀목에 연결된 인류학적인 모든 속성들을 다 사라지게 하지는 못한다. 그래서 합체된 사회적인 것——예를 들어 합체된 상태에 있는 문화적 자본을 생각해 보라——이 그것이 생물학적 개인에 연결되어 있고, 따라서 육체의 약점과 쇠약——특히 기억 능력의 쇠퇴나 왕위계승자가 저능아일 가능성, 혹은 죽음——에 달려 있다는 사실 때문에 지니게 되는 모든 것을 또한 인정해야 한다. 그리고 또한 그것이 유기체의 기능 작용이 지닌 특수한 논리 때문에 가지게 되는 모든 것도 인정해야 한다. 이 논리는 단순한 메커니즘의 논리가 아니라, 점점 더 복잡한 조직의 수준들을 통합시킨 것을 바탕으로 한 구조의 논리로서 아비투스의 가장 특징적인 속성들 가운데 어떤 것들, 즉 일반화의 경향, 그리고 아비투스의 성향들이 드러내는 체계성 같은 것들의 동기를 설명하기 위해 원용해야 하는 것이다.

성향들과 위치들 사이의 관계가 거의 기적적이고, 따라서 눈에 띄지 않고 일어나는 조정의 형태, 아비투스들이 안정적인 구조들——아비투스들이 바로 이 구조들 속에서 현실화된다——의 산물일 때 관찰되는 그런 조정의 형태를 언제나 취하는 것은 아니다. 이런 경우에 행위자들은 그들의 최초 아비투스들을 만들어 낸 세계와 근본적으로는 다르지 않은 세계 속에서 살도록 되어 있으므로 위치와 이 위치를 차지하고 있는 자의 성향 사이의, 유산과 상속자 사이의, 직위와 직위의 보유자 사이의 일치는 어렵지 않게 이루어진다. 특히 일부 위치들을 제거하거나 수정하는 구조적 변모들 때문에, 그리고 상호적 혹은 내부적 생성의 운동성 때문에 위치들의 공간과 성향들의 공간 사이의 상응은 결코 완전하지 않다. 그래서 돌출되고 걸맞지 않으며, 자신들의 입장과 '처지'를 불만족스러워하는 행위자들이 언제나 있는 것이다. 포르 루아얄의 양반들에게서 나타나는 것과 같은 불일치가 명철성과 비판의 원칙에 자리잡고 있을 수 있는데, 이 비판은 직위의 기대나 요구들을 당연한 것으로 받아들이는 것을 거부하게 만들고, 아비투스를 직위에 맞게 조정하는 대신에 아비투스의 요구들에 맞게 직위를 변화시키도록 만든다. 성향들과 위치들 사이의 변증법, 접근 조건들과 존재 조건들에 있어서 제대로 규정이 안 된 직업들(교육자·문화사회자·커뮤니케이션 자문가 등) 같은 사회 공간 내의 불확실한 지대들에 처한 위치들의 경우에서 가장 잘 드러난다. 제대로 범위가 규정되지 않고, 제대로 보장이 되어 있지 않지만 '개방되고' 때때로 이야기되듯이 '미래가 충만한' 이 직위들은 직위들을 차지한 자들에게 그것들을 규정할 수 있는 가능성을 남겨 주면서, 그들의 아비투스를 구성하는 합체된 필연성을 가져다 줌으로써, 그것들의 변전은 그것들을 차지한 자들이 무엇을 하느냐에 많이 달려 있게 된다. 아니면 적어도 그들 가운데 '직업' 내의 투쟁에서, 그리고 유사한 경쟁적 직업들과의 대결에서 자신들이 하고 있는 일에 가장 유리한 직업의 정의를 강제하게 되는 사람들이 무엇을 하느냐에 달려 있을 것이다.

그러나 아비투스들 속에 들어간 성향들과 직위의 정의 속에 함축된 요구들 사이의 변증법이 주는 효과는 공적 기능을 가진 가장 오래 되고 가장 잘 코드화된 직업들 같은, 사회 구조 내의 가장 질서가 잡히고 가장 엄격화된 분야들에서 작지 않다. 그리하여 하위직 공무원들의 행위를 가장 특징짓는 일부 특징들, 예를 들면 형식주의, 의무의 어김이 없는 이행에 대한 맹신, 혹은 규칙과의 관계에서 엄격성과 같은 것들에 대한 경향은 관료 조직의 기계적인 산물이 전혀 아니라, 그것들이 현실화되는 데 유리한 상황에서 특히 하나의 성향 체계가 발현한 것이다. 이 성향 체계는 관료적 상황 밖에서도 일상 생활에서 또한 표현되는 것으로, 소부르주아 계급의 구성원들로 하여금 관료적 질서가 요구하고 '공공 서비스'의 이데올로기가 찬양하는 미덕들——청렴성, 세심함, 엄격성, 그리고 도덕적 분노의 경향 등——을 가지게 하는 데 충분한 것이다. 분명하게 구성되고 코드화된(다시 말해 서열과 권한 등에서 분명하게 규정된) 위치들 사이의 (힘과 투쟁의) 관계로 이루어진 상대적으로 자율적인 공간인 관료장이, '공무원'으로 하여금 규정·강령·공문 같은 법칙들의 엄격하고 기계적인 기능 및 실행과 동일시될 것을 요구하는 '전적인 제도'로 타락하는 경향은, 규모와 숫자가 구조들에 미칠 수 있는 방법론적 효과(예를 들어 커뮤니케이션에 강제된 구속 요소들을 통해서)에 기계적으로 연결된 것은 아니다. 그것은 그것이 성향들의 공모를 만나는 만큼만 실현될 수 있는 것이다.

장들의 일상적인 기능 작용의 한계에는 결코 도달된 적이 아마 없을 테지만, 이 한계에서는 모든 투쟁과 지배에 대한 모든 저항이 사라지면서 게임의 공간이, 고프만이 말한 의미에서 '전적인 제도'로 귀착되거나, 엄격한 의미에서 하나의 '기구'로 귀착된다. 그런데 우리가 이러한 일상적 기능 작용으로부터 멀어지면 멀어질수록, 더욱더 제도는 제도(예를 들어 정당·교회 혹은 기업)에 모든 것을 바치는 행위자들을 신성화하는 경향을 보인다. 이 행위자들은 그들이 제도 이외에 자본을 덜 가진 만큼, 따라서 제도와 관련하여 그리고 이 제도가 제공하는 자본 및 특수한 이득과 관련하여 **자유**를 덜 가진 만큼 이러한 **헌신**을 그만큼 더 쉽게 수행한다. 모든 것을 기구에 의존하는 **공산당 비밀정보원**은, 그에게 모든 것을 준 기구에 모든 것을 바칠 준비가 된 인간으로 된 기구인 것이다. 조직은 두려움 없이 그에게 가장 높은 책임을 부여할 수 있다. 왜냐하면 그는 자신의 이익을 얻기 위해서는, 기구의 기대와 이익을 만족시키지 않은 어떤 것도 할 수 없기 때문이다. 자신의 전재산을 수도원에 바치고 사는 사람 같은 자로서, 그는 마지막 신념을 가지고 이질적인 탈선이 제도에 가하는 위협을 방어하게 마련이다. 이 이질적인 탈선은 제도 밖에서 획득한 자본으로 인해 내부의 믿음 및 계층 구조와 어떤 거리를 가질 수 있고, 또 그런 거리를 갖는 성향을 드러내는 사람들의 탈선이다.

괴리, 불일치, 그리고 불발

아비투스가 계산도 계획도 없이 만들어 내는 대응들이 대개가 알맞게 조정되고 조리 있으며 즉각적으로 이해될 수 있는 것으로 나타난다는 사실로 인해, 아비투스가 모든 상황에 기적적으로 조정된 대응들을 언제나 산출해 낼 수 있는 확실한 일종의 본능으로 간주되어서는 안 된다. 아비투스가 객관적인 조건들에서 미리 조정되는 것은 **특별한 경우**이다. 이런 경우는 아마 매우 자주 있는 것일 테지만(우리에게 친근한 세계들 속에서 말이다), 그것을 보편화시키지 않도록 주의해야 한다.

참고적인 이야기를 하겠다. 아마 아비투스의 개념처럼 나에게 최초에 **괴리들**을 설명해 주는 유일한 수단으로서 불가피했던 개념이, 반복과 보존의 원리로 흔히 이해된 것은 아비투스 및 구조가 특별하게 조정되는 경우에 입각했기 때문에 그럴 것이다. 이 괴리들은 60년대 알제리의 경제 안에서(그리고 오늘날 이른바 '개발도상에 있는' 많은 나라들에서) 객관적 구조들과 합체된 구조들 사이에서 관찰되고, 식민화에 의해(혹은 오늘날 같으면 시장의 구속 요소들에 의해) 수입되고 강요된 경제 제도들과, 자본주의 이전의 세계에서 직접적으로 태어난 행위자들이 가져온 경제적 성향들 사이에서 관찰되는 것들이다. 거의 경험적인 이와 같은 상황은 결과적으로 당시에 '합리성'의 결여와 '근대성에 대한 저항'으로 일반적으로 묘사되었고, 흔히 이슬람 같은 신비한 문화적 요소들의 탓으로 돌려졌던 행위들을 통해서, 경제적 제도들의 기능 작용을 가능케 하는 감추어진 조건들을 음화(陰畵)처럼 나타나게 만들었던 것이다. 이 조건들은 경제적 구조들이 조화롭게 기능할 수 있게 하기 위해——경제적 제도들과 성향들이 동일한 보조로 발전된 사회들에서 그렇듯이, 매우 조화롭게 기능하기 때문에 이 구조들이 훌륭히 기능케 하는 조건 자체가 간과될 정도로 말이다——행위자들이 지녀야 하는 경제적 성향들을 말한다.

그리하여 나는 이른바 합리적인 경제적 성향들의 보편성을 문제삼게 되었던 것이다. 그리고 동시에 이러한 성향들을 획득할 수 있는 **경제적**——그리고 문화적——**조건**들의 문제를 제기하게 되었다. 이 문제는 역설적이지만 경제학자들이 제기하는 것을 생략하고 있는 문제이다. 그러면서 그들은 합리적 행동이나 기호(嗜好)의 개념과 같이 사실상 경제적으로 결정되고 사회적으로 형성되는 개념들을 반역사적인 보편 개념들로 받아들인다. 그리하여 역설적이지만, 우리는 바로 친근함과 연결된 탈역사화가 망각하게 만드는 하나의 역사적 명백함을 환기할 수 있는 것이다. "스튜어트 밀 같은 공리주의자를 만들어 내는 데는 ❡ 세기가 필요하다."[28] 다시 말해 공리주의의 창설자를 원용하는 경제학자들이 보편적 성격으로 간주하는 것을 만들어 내는 데 말이다. 초보적인 합리주의가 이성 속에 편입시키는 모든 것에 대해서도 동일한 이야기를 할 수 있으리라. 논리는 논리를 창안한 사회의 무의식이다. 파레토가 제시하는 정의에서 논리적 행동이나 베버에 따른 합리적 행동은, 이 행동을 수행하는 자와 그것을 관찰하는 자에게 다같이 동일한 의미를 지님으로써 외양적 의미나 초과적 의미가 없는 행동이다. 그것이 자기 자신에 대한 완벽한 투명성을 지니게 하는 역사적·사회적 조건들을 모르는 경우를 제외하고 말이다. 참고적인 이야기를 마치겠다.

아비투스는 반드시 알맞게 조정되어 있는 것도 아니고, 반드시 논리정연한 것도 아니다. 그것은 그 나름대로 통합의 등급들을 지니고 있다. 이 등급들은 특히 점유된 신분이 '결정화'된 정도들에 대응한다. 그리하여 우리가 주목하는 것은, 점유자들에게 구조적인 '이중적 구속'을 행사하기에 알맞은 모순적 위치들에 흔히 분열된 아비투스들이 대응한다는 것이다. 이 아비투스들은 모순에 빠져 있고, 자기 자신에게 반하는 분열에 빠져 있으며, 이 분열은 고통을 낳는다. 뿐만 아니라 비록 성향들이 현실화(특히 위치 변화 및 사회적 조건 변화의 상관적 현실화)의 부재와 연결된 일종의 '소모'를 통해서, 아니면 어떤 변모의 작업(악센트·매너 등의 교정 같은 것)과 관련된 자각의 효과를 통해서 쇠퇴할 수 있거나 약해질 수 있다 할지라도, 그것들의 생산 조건들에 부합하는 구조들을 영속화하려는 자연 발생적인 경향(이 경향은 생물학 속에 편입되어 있다)을 지닌 아비투스들의 타성(또는 **히스테리시스**)이 있는 것이다. 따라서 돈 키호테의 패러다임을 따라 성향들이 장과 불일치하고, 장의 정상성을 구성하는 '집단적 기대'와 불일치하는 일이 일어날 수 있다. 특히 하나의 장이 심층적인 위기를 경험하고, 그것의 질서정연함(나아가 그것의 규칙들)이 심층적으로 흔들리는 것을 볼 때 나타나는 것이 그런 경우이다. 이때 조정과 관련된 명백성이 이 조정을 가능하게 만드는 아비투스를 비가시적으로 만드는 일치의 상황들 속에서 일어나는 일과는 반대로, 합법성 및 질서정연함——아비투스가 구성하는 상대적으로 자율적인 정연함——의 원리는 완전히 명료하게 나타난다.

그러나 보다 일반적으로 말하면, 조건들의 다양성과 이에 상응하는 아비투스들의 다양성, 그리고 상승과 쇠퇴가 세대 내부에서 및 세대 사이에서 이루어지는 변동들의 다양성은, 많은 경우에 있어서 아비투스들로 하여금 그것들이 창출된 조건들과는 다른 현실화의 조건들에 직면할 수 있게 만든다. 특히 다음과 같은 모든 경우들에서는 그렇다. 즉 행위자들이 객관적인 조건들(사회의 노후화 같은)의 변화에 의해 사용되지 않게 된 성향들을 영속화시키거나, 그들이 최초의 조건 때문에 가지게 된 성향들과는 다른 성향들을 요구하는 지위들을 차지하고 있는 경우들 말이다. 이런 영속화나 점유가 벼락출세자들처럼 지속적이든, 가장 박탈된 자들——이들이 일부 경제적 혹은 문화적 시장들 같은 지배적인 규범들에 의해 통제되는 상황들에 직면할 때——처럼 경제적 상황에 따른 것이든 말이다.

위기나 신속한 변화의 상황들 속에서 어떤 행위자들은, 즉 흔히 게임 이전 상태에 가장 잘 적응되어 있었던 자들은 새로이 확립된 질서에 자신을 맞추기가 어렵다. 그들의 성향들은 기능 불량 상태가 되며, 그들이 이 성향들을 영속화시키기 위해 할 수 있는 노력들을 더욱 심층적으로 실패로 몰고 가는 데 기여한다. 내가 60년대 베아른에서 관찰했던 '대가문(大家門)'의 상속자들의 경우가 그렇다. 이들 상속자들은 지난날의 성향들에 의해 이끌리고, 사라져 가는 질서에 집착하는 보호적인 어머니들에 의해 격려를 받아 독신에 처하고 일종의 사회적인 죽음에 처하지 않을 수 없었던 것이다.[29] 또한 엘리트 학교들을 나온 선택된 자들의 경우도 마찬가지이다. 이들 역시 60년대에 특히 박사 학위 논문과 관련하여 대학에서의 성취 이미지를 터무니없이 영속화했던 것이다. 이 이미지는 그들 선택된 자들을 흔히 학업적으로는 덜 갖추어진 신진들, 아카데믹한 성과에 있어서 덜 까다로운 규범들을 채택할 줄 알거나 샛길들(예를 들어 국립과학연구소(CNRS), 고등연구원, 또는 새로운 학과들)을 택하기 위해 왕도로부터 벗어날 줄 알았던 그런 신진들에게 자리를 내주지 않을 수 없게 만들었다.[30] 그리하여 규범을 위반하고 싶지 않거나 위반할 수 없기 때문에(아비투스——귀족의 아비투스——는 그렇게 할 수밖에 없게 만들었다) 덜 갖추어진 사회 집단들과의 경쟁에서, 자신들의 특권이 핸디캡으로 바뀌어지는 것을 방치한 그런 귀족들의 수많은 예들을 역사에서 찾아내기는 쉬울 것이다.

보다 일반적으로 아비투스는 불발인 경우들이 있고, 집중이 안 되고 어긋나는 위기적인 순간들이 있다. 즉각적인 적응의 관계는 학구적인 사상가의 사유 형태와는 아무런 관계가 없는 사유 형태가 끼어드는 망설임의 순간에 정지된다. 이 사유 형태는 육체의(예를 들어 실패한 공격을 다시 하는 테니스 선수처럼 완료한 운동의 효과나, 이 운동과 실행해야 할 운동 사이의 거리를 눈으로 혹은 몸짓으로 측정하는 육체) 개략적 운동들을 통해서 실천을 이행할 자를 향해서가 아니라, 실천을 향해서 방향을 잡고 있는 것이다.

의식과 무의식이라는 이분법처럼, 실천의 결정에 있어서 아비투스의 성향들이나 의식적 의지들에 귀착되는 부분의 문제를 제기하도록 유도하는 사유 습관들에 따라야 하는가? 라이프니츠는 《단자론》에서 '실천적 이성'에 중요한 위치를 부여하는 미덕을 보여 주는 흔치 않은 답변을 내놓았다. "인간들은 그들의 연속적인 지각들이 기억을 통해서만 이루어지는 이상 짐승들처럼 행동한다. 그들은 이론 없이 단순한 환자들만이 있는 경험적인 의사들과 유사한 것이다. 그리하여 우리가 실행하는 행동들의 4분의 3은 경험적일 뿐이다."[31] 그러나 사실 그런 식의 배분이 쉬운 것은 아니다. 그래서 하나의 규칙을 따른다는 것이 무엇인지 고찰한 많은 사람들이 주목한 것은, 어떤 규칙이 아무리 분명하고 명료하다 할지라도(법률적 혹은 수학적 규칙처럼) 그것을 실행할 수 있게 해주는 가능한 모든 조건들을 전부 예견할 수는 없으며, 따라서 필연적으로 게임이나 해석의 어떤 여백을 남기게 된다는 것이다. 이 여백은 아비투스의 실천적 전략들에 귀속된 것이다. (이러한 점은 정연하고 합리적인 행동들은 단연코 명료하고 인정된 규칙들에 따르겠다는 의지의 결과라고 전제하는 사람들에게 몇몇 문제들을 제기할 것이다.) 그러나 반대로 피아니스트의 즉흥적 연주나 체조 선수의 이른바 자유로운 피겨는 재치 혹은 이른바 사유나 심지어 실천적 심사숙고의 어떤 형태가 반드시 동반된다. 이 숙고는 상황과 행동 속에서 이루어지는 것으로, 완료된 행동이나 몸짓을 즉석에서 평가하고, 육체의 나쁜 자세를 교정하고 불완전한 운동을 바로잡기 위해 필요한 것이다. (하물며 수련 행위에 있어서 이런 일이 사실임은 말할 필요도 없다.)

뿐만 아니라 사람들이 실천 감각의 자동 현상에 빠질 수 있는 정도는, 분명 활동의 상황들과 영역들에 따라 다를 뿐 아니라 사회적 공간에서 차지하는 위치에 따라 다르다. 사회적 세계에서 '자신의 자리'에 있는 자들이 벼락출세자들이나 낙오자들처럼 돌출한 위치들을 점유하는 자들보다 훨씬 더 완벽하게 자신들의 성향들에 빠질 수 있거나, 이 성향들을 신뢰할 수 있다는 것(이것은 훌륭한 가문 출신의 사람들이 지닌 '자재로움'이다)은 있음직한 일이다. 그러나 후자들이 다른 사람들에게는 당연한 것을 의식하게 되는 기회를 보다 많이 갖는다. 왜냐하면 그들은 스스로를 경계하지 않을 수 없고, 그다지 적응되지 못하거나 부적절한 행위들을 낳는 아비투스의 '최초 움직임들'을 의식적으로 교정하지 않을 수 없기 때문이다.

5

상징적 폭력과 정치적 투쟁

가정 내에서 초보적인 아비투스의 획득은 구속에 의해 강제된 '성격'의 인상과 유사한, 단순한 주입이라는 기계적 과정이 지닌 어떤 면도 없다.[1] 하나의 장이 요구하는 특수한 성향들의 획득도 마찬가지이다. 이 획득은 장이 부르는 성향들과는 다소 먼 초보적 성향들과, 장의 구조 속에 편입된 구속들 사이의 관계 속에서 일어난다. 특수한 사회화 작업은 태생적 리비도의 변모, 다시 말해 가정장에서 어떤 특수한 리비도의 형태로 구성되고 사회화된 감정의 변모를 용이케 하는 경향이 있는데, 이는 특히 장에 속하는 행위자들이나 제도들에 이 리비도가 전이되는 것을 이용하여 이루어진다. (예를 들어 종교장에 있어서 그리스도나 마리아 같은 위대한 상징적 인물들이 다양한 역사적 인물들로 나타나는 것이다.)

리비도와 일뤼지오

새로운 입회자들은 사회적으로 위치한 하나의 가정 집단 내에서 사전에 형성된 성향들을 도입한다. 이 성향들은 사전에 형성되었기 때문에 장의 명시된 또는 암묵적 요구들과 압력들, 혹은 간청들에 미리(특히 '소명'처럼 체험된 자동 선택이나 직업적인 유전으로 인해) 알맞게 조정되어 있고, 인정과 확고한 용인의 표시들에 '민감한' 데, 이러한 인정과 용인은 그것들을 부여하는 질서에 대한 인정을 반대 급부로 요한다. 이러한 성향들이 상황에 맞게 '능력을 발휘하거나' 혹은 반대로 '자기를 낮추기 위해' 필요한 무한히 작은 모든 조정들——이 조정들은 사회적 궤적을 구성하는 무한히 작거나 급격한 탈선들을 동반한다——이 끝난 후 특수한 성향들로 변모하는 것은 다만 일련의 전체적인 완만한 타협들, 반의식적인 중재들, 심리적 작용들(투사·동일화·전이·승화 등)을 통해서 이루어진다. 이와 같은 변모의 과정 속에서 제도적 의식(儀式), 특히 학교 제도가 마련하는 준비 및 선발의 입문적 시험——이 시험은 논리와 효과에 있어서 고대 사회들의 시험과 완전히 유사하다——같은 의식은 게임에 대한 최초의 투자를 용이하게 만들면서 결정적 역할을 한다.

　우리가 무심코 말할 수 있는 것은 행위자들이 자신들의 충동과 욕망, 그리고 경우에 따라서는 신경증을 표현하고 만족시키기 위해서 하나의 장이 제공하는 가능성들을 이용한다는 것이고, 또는 장들이 행위자들의 충동들로 하여금 장들의 구조들과 장들의 내재적인 목적들에 따르도록 하기 위해, 그것들이 복종하거나 승화되지 않을 수 없게 만들면서 그것들을 이용한다는 것이다. 사실 두 개의 결과는 아마 장들과 행위자들에 따라 불평등한 비율 속에서 각각의 경우에 따라 고찰될 것이다. 그래서 이런 관점에서 보면 특수한 아비투스(예를 들어 예술가·작가 혹은 학자의 아비투스)가 드러내는 각각의 특이한 형태를 '타협의 수련'(프로이트가 말하는 의미에서)처럼 묘사할 수 있을 것이다.

　사람들이 광부·농부·사제·음악가·교수 또는 고용주가 되도록 하는 변모의 과정은 길고 지속적이며 눈에 띄지 않는다. 그리하여 이 과정이 제도적 의식(학교 귀족 계급의 경우 긴 준비 과정과 콩쿠르라는 마법적 시험 같은 것)에 의해 인정될 때에도, 그것은 예외를 제외하고는 갑작스럽고 근본적인 전환을 배제한다. 그것은 어린 시절부터, 때로는 태어나기 전부터 시작된다. (때로는 '왕조'——음악가들·기업가들·연구자들의 왕조 등——라 일컬어지는 것 속에서 특히 잘 드러나듯이 이 과정이 아버지나 어머니의 욕망, 그리고 때로는 하나의 가문 전체의 욕망——이 욕망은 사회적으로 공들여 개발된 것이다——을 끌어들인다는 점에서 말이다.) 그것은 대개의 경우 위기도 갈등도 없이 진행되는데, 이것이 도덕적 혹은 신체적 고통이 전혀 없다는 것을 의미하지는 않는다. 이 고통은 **시련**으로서 **일뤼지오**의 개발 조건들에 속하는 것이다. 하여간 엄밀히 말해서 행위자와 제도 가운데 어느것이 선택을 하는지 결정한다는 것은 전혀 불가능하다. **온순한** 우수 학생의 모든 행위가 그가 학교를 선택하는 것을 나타낸다고 해서, 학교를 선택하는 주체가 우수한 학생인지 아니면 우수한 학생을 선택하는 주체가 학교인지 결정하는 일 말이다.

일뤼지오의 최초 형태는 가정(家庭) 공간에의 투자이다. 가정 공간은 성적인 것이 사회화되고, 사회적인 것이 섹스화되는 복잡한 과정의 장소이다. 그래서 사회학과 정신분석학은 이해 관계와 몰두의 대상이 된, 하나의 사회적 관계의 장에 투자가 생성되는 것을 분석하기 위해 서로의 노력을 결합해야 할 것이다. (그러나 그렇게 하기 위해서 그것들은 상호적 편견들을 극복해 내야 할 것이다.) 어린아이가 점점 더 연루되는 이 투자는 사회적 게임에 대한 투자의 패러다임이자 원리를 구성하는 것이다. 리비도의 자기 도취적인 조직——이 조직 속에서 어린아이는 자기 자신을(혹은 자신의 육체를) 욕망의 대상으로 포착한다——으로부터 어린아이가 다른 사람으로 방향을 잡는——그러면서 그는 최초의 사회적 소세계의 형태로 된 '대상 관계'의 세계에 접근하고, 이 세계 속에서 벌어지는 드라마의 주요 인물들의 세계에 접근한다——다른 상태로의 이동, 프로이트가 묘사하는 그 이동은 어떻게 이루어지는가?

우리는 다음과 같이 가정할 수 있다. 즉 초보적 형태의 교육적 작업이 또 다른 투자 대상을 위한 '자존심'의 희생을 얻어내기 위해서, 그리고 그렇게 하여 모든 수련의 사전 필요 조건들 가운데 하나인 사회적 게임에 투자하는 지속적인 경향을 주입시키기 위해서 의존하는 것은, 차후의 모든 투자 원리로 자리잡게 될 원동력들 가운데 하나인 **인정의 추구**라는 점이다. 거리도 분열도 없이 가정장에 행복하게 잠기는 것은 성취의 극단적 형태로, 아니면 반대로 소외의 절대적 형태로 묘사될 수 있다. 말하자면 타자들에게 **빠져** 있는 열광적인 어린아이가 타자들을 타자들로서 발견할 수 있는 유일한 조건은, 오직 자기 자신을 하나의 '주체'로서 발견하는 것이다. 이때 이 주체는 그를 '대상'으로서 포착할 수 있는 특성을 지닌 '대상들'을 지닌 주체이다. 사실 어린아이는 타자들의 관점을 자기 자신에게 적용하도록, 그리고 그가 그들에 의해 어떻게 보이고 규정되는가를 미리 발견하여 평가하기 위해 그들의 관점을 채택하도록 지속적으로 유도된다. 그의 존재는 타자들의 지각 작용에 의해 진실한 면이 규정될 수밖에 없는 피지각 존재이다.

상징적 자본——영광·명예·신용·평판·유명——의 애매성은, '자존심'의 만족에 대한 이기적 추구이자 동시에 타자의 동의에 매혹되어 추구하는 원리이다. 그런데 이 애매성의 인류학적 뿌리는 이렇다 할 것이다. "인간의 가장 큰 비열함은 영광의 추구이다. 그러나 그것이 바로 그가 훌륭하다는 것을 나타내는 가장 큰 표시이다. 왜냐하면 그가 지상에 어떠한 소유물을 지니고 있다 할지라도, 어떠한 건강과 본질적인 안락함을 누리고 있다 할지라도, 그가 인간들의 존경을 받고 있지 못하다면 만족하지 않기 때문이다."[2] 상징적 자본은 그것이 지배를 가능하게 해주는 자들에 대한 종속성을 함축하는 지배 형태들을 확보해 준다. 과연 그것은 존경·인정·믿음·신뢰와 타자들의 신용 속에만 존재하고, 이것들에 의해서만 존재하기 때문이다. 그래서 상징적 자본은 그것의 존재에 대한 믿음을 획득하게 되는 만큼 오랫동안 영속될 수 있다.

최초의 교육적 행동이 주요한 수단을 발견하는 것은, 그것이 상징적 종속성을 띤 이러한 최초의 관계 속에서 상징적 자본의 특별한 형태를 지닌 감성을 개발하는 데 목적을 둘 때이다. "영광——찬사는 어린 시절부터 모든 것을 망친다. 오! 그런 말을 할 줄 알다니! 오! 그놈 참으로 잘했구나! 그놈 참으로 지혜롭구나! 등, 이런 부러움과 영광의 자극제를 받지 못하는 포르 루아얄의 어린아이들은 무기력으로 떨어진다."[3] 충동들의 사회화 작업은 어린아이가 인정·존중 또는 찬사(그놈 참 지혜롭구나!)를 받고 있다는 증거를 대가로 단념과 희생을 치르는 항구적인 타협에 의거한다. 이런 증거들은 때때로 분명하게 요구된다. ("아빠, 나 좀 봐!") 이러한 교환은 그것이 두 당사자, 특히 어린아이와 부모의 전인격을 끌어들인다는 점에서 정서를 많이 담아낸다. 어린아이는 사회적인 것을 감정의 형태로 합체하지만, 이 감정은 사회적으로 채색되고 규정된 것이다. 이는 특히 아버지의 명령·지시 혹은 비난이 프랑신 파리앙트가 분석한 경우에서 보듯이,[4] 파리의 이공대학 출신으로서 이룩한 성공 자체 때문에 도달할 수 없고 모방할 수 없는 인물의 신분으로 되돌아간 그런 아버지로부터 나올 때, 그것들이 아마 '오이디푸스 효과'(포퍼처럼 말한다면 말이다[5])를 발휘하기 쉽기 때문이리라. 그러나 가정의 **숙명**은 어린아이에게 내려진 긍적적 혹은 부정적 평결들——이 평결들은 어린아이의 존재를 평가하는 성과적 진술들로서, 이 진술들이 진술하는 바대로 어린아이를 존재케 한다——의 총체로서 의미되거나, 보다 미묘하고 음험하게는 도덕적 질서로서의 가정 질서가 지닌 논리 자체에 의해 강제된 **무언의 검열들** 전체로서 의미된다. 그런데 이 숙명의 사회적 효과가 가장 강력하고 가장 드라마틱한 경우는 그것들(평결들이나 검열들)이 욕망으로 과중되고, 억제를 이용하여 죄의식·공포증 혹은 한 마디로 정열의 형태로 그것들이 등록된 육체의 가장 심층 속에 묻혀 있을 때이다.[6] (남성과 여성 사이의 현재 같은 일의 구분 상태에서 명예·영광 혹은 명성 같은 상징적 목적들은 그들에게 아직도 우선적으로 제안되고 있으므로, 이러한 목적들에 대한 감성을 날카롭게 다듬기 위한 교육적 행동은 특권적으로 사내아이들에 대해 이루어진다. 가정 세계를 무대로 한 **최초의 일뤼지오** 속에 들어가려는 성향을 획득하도록 특별히 격려를 받는 사내아이들은, 동시에 그들에게 사회적으로 예비된 사회적 게임들의 매력에 보다 민감하게 되는데, 이 게임들의 목적은 여러 가지 가능한 지배 형태들 가운데 하나가 된다.)

육체를 통한 하나의 구속

성향들의 수련과 획득의 분석은 정치적 질서가 지닌 특유하게 역사적인 원리로 이끈다. 법의 근원에는 임의성과 찬탈밖에 없다는 점, 권리를 이성과 권리로서 확립하는 것이 불가능하다는 점, 그리고 헌법은 아마 정치적 범주에서 데카르트적인 최초의 토대를 가장 닮은 것이겠지만, 법의 확립 원리에 자리잡은 법 없는 폭력 행위를 감추는 데 목적을 둔 창설적 허구에 불과하다는 점을 발견함으로써 파스칼은 전형적으로 마키아벨리적인 다음과 같은 결론을 끌어내고 있다. 즉 사회 질서에 대한 해방적 진리('veritatem qua liberetur')는, 이 사회 질서를 다만 위협할 수 있거나 파괴할 수밖에 없으므로 국민에게 그것을 알게 할 수가 없는 바 국민을 '속여야'만 하고, 국민에게 '찬탈의 진리,' 다시 말해 법이 뿌리내리고 있는 최초의 폭력을 감추어서 법을 '진실되고 영원한 것처럼 바라보도록' 해야 한다는 것이다.

사실 법에의 복종과 상징적 질서의 유지를 의도적으로 조직된 선전 행위에 돌리거나, 지배자들을 위해 자리잡은 '국가의 이데올로기적 장치들'이 발휘하는 효율성(물론 이것은 무시할 수 없는 것이다)에 돌리는 자들이 아직도 믿고 있는 것과는 달리 그러한 기만적인 행동은 필요하지 않다. 게다가 파스칼 자신이 "습관은 모든 권위를 만들어 낸다"는 점을 주목하고, 사회적 질서는 육체들의 질서에 불과하다는 점을 끊임없이 환기시키고 있다. 법과 습관에 익숙해지는 현상은 법과 습관이 그것들의 존재와 지속 자체를 통해 생산해 내는 것인데, 그러한 현상이 임의성——임의성은 법의 원리에 자리잡고 있다——의 무지에 토대를 둔 법의 인정을 충분히 강제하는 것이다. 본질적으로 의도적인 어떠한 개입 없이도 말이다. 국가가 행사할 수 있는 권위는, 특히 법률적 제도를 통해서 가동시키는 '존엄한 기구' 속에서 강화된다. 그러나 국가가 획득하는 복종의 본질적인 부분은, 국가가 확립하는 질서 자체를 통해(그리고 보다 특수하게는 학교 교육을 통해서) 주입시키는 복종적 성향들로부터 비롯되는 것이다. 그리하여 정치철학의 가장 근본적인 문제들은, 수련과 교육의 사회학이 제공하는 사소한 관찰들로 돌아감으로써만이 진정으로 제기될 수 있고 해결될 수 있는 것이다.

물리적 분석을 받아야 할 기계적인 길들을 통해서 작동하는 기계나 자동적 존재에 대한 행동인 조종과는 달리, 명령이 효율적이 되는 것은 오직 명령을 실천하는 자의 매개를 통해서이다. 그렇다고 이 점이 명령이라는 것은, 예를 들면 불복종의 가능성을 함축하는 명령실행자의 의식적이고 의도적인 선택을 반드시 전제함을 의미하지는 않는다. 대개의 경우 명령은 파스칼이 '자동적 존재'라 부르는 것에, 다시 말해 명령을 실천적으로 인정할 준비가 된 성향들에 의존할 수 있다. 이러한 측면이 명령에 '자동적인' 외양을 부여하고, 그것을 기계론적인 관점에서 해석하도록 유도할 수 있는 것이다. 수행적 담론의 힘과, 특히 명령의 상징적 힘은 마법에 의한 것처럼 어떠한 물리적 구속 없이 직접적으로 육체에 행사되는 권력의 형태이다. 그러나 마법은 사전에 형성된 성향들에 의거해서만 작동하며, 그것은 이 성향들을 용수철처럼 가동시킨다. 이것이 의미하는 것은 마법이 에너지(또는 자본) 보존 법칙의 외관상 예외에 불과하다는 것이다. 마법이 가능하도록 하기 위한 조건과 지불해야 할 경제적 대가(광의의 의미에서)로서 제시되는 것은, 육체의 지속적 변모를 실현시키기 위해, 그리고 상징적 행동이 일깨우고 활기를 불어넣는 항구적인 성향들을 산출하기 위해 필요한 엄청난 사전 작업이다. (변모를 가져오는 이와 같은 행동은 그것이 상징적으로 구조화된 물리적 세계와의 친근화를 통해서, 그리고 지배의 구조들이 자리잡은 상호 작용들에 대한 조숙하고 장기간에 걸친 경험을 통해서 본질적으로 눈에 띄지 않고 은밀하게 이루어지기 때문에 그만큼 더 강력한 것이다.)

흔히 선천성의 온갖 외양을 부여받은 거의 자연적인 성향 형태로 사회적 구조를 합체한 산물인 아비투스는 상징적 폭력, 특히 수행 언표들을 통해서 행사되는 상징적 폭력이 신비한 효율성을 끌어내는 접목의 힘이자 잠재적 에너지이며 잠자는 힘이다. 그것 역시 '영향'('나쁜 영향'을 포함한 어떤 인물·사상·작가 등의)이라는 상징적 효율성의 특별한 형태의 원리에 자리하고 있다. 흔히 이 영향은 수면적인 미덕의 역할을 부여받는데, 거의 마법적인 이 영향의 효과가 그것을 받도록 만들어 주는 성향들의 산출 조건들과 결부되자마자 모든 신비를 잃고 만다.

　일반적으로 외적 필요성들의 효율성은 내적 필요성의 효율성에 의존한다. 그래서 성향들은 지배 관계가 육체 속에 기록된 결과이기 때문에, 지배자들과 피지배자들 사이의 마법적 경계를 실질적으로 알아보고 인정하는 행위들의 진정한 원리인 것이며, 이 행위들은 상징적 권력의 마법이 짤깍하는 소리처럼 작용하면서 시동시킨 것에 불과한 것이다. 피지배자들은 실제적 인정을 통해 강요된 제한을 암묵적으로 사전에 받아들이면서 때로는 본의 아니게, 흔히 자신도 모르게 그들이 지배받는 데 기여한다. 이 인정은 흔히 육체적 감정의 형태(부끄러움·소심함·불안·죄의식)를 취하며, 이 형태는 어린 시절과 가정 세계의 관계라는 오래 된 관계 쪽으로 퇴행하는 인상과 종종 관련되어 있다. 그것은 얼굴의 붉힘, 언어적 궁지, 서툶, 전율 같은 눈에 띄는 표현들 속에서 드러나는데, 이러한 표현들은 본의 아니게 **마지못한 것이라** 할지라도 지배적인 판단에 따르는 그만큼의 방식들이며, 의식과 의지의 명령들을 피하는 육체가 사회적 구조들에 따라다니는 검열의 폭력과 유지하는 은밀한 공감을 때로는 내적 갈등과 '자아의 분열' 속에서 경험하는 그만큼의 방식들이다.

　이 모든 것은 특히 제임스 볼드윈이 상기시키는 조정들 속에서 읽을 수 있다. 흑인아이들은 이 조정들을 통해서 백인들과 흑인들의 차이 및 백인들에 부과된 한계를 배우고 이해한다는 것이다. "흑인아이는 이러한 차이를 인지하기 전에, 그리고 그것을 이해하기보다 오래 전에 그것에 반응하고 그것에 지배되기 시작했다. 그의 부모가 그를 보호할 수 없는 운명에 그를 준비시키려는 모든 노력은, 그가 자신도 모르게 자신의 신비롭고 준엄한 벌을 기다리기 시작하도록 두려움 속에서 은밀히 그를 결정짓는다. 그가 얌전해야 하는 것은 부모를 기쁘게 해주고, 부모에 의해 벌 받는 것을 피하기 위해서만이 아니다. 부모의 권위 뒤에는 만족시키기가 무한히 더 어렵고, 끔찍하게 잔인한 익명의 비인격적인 또 다른 권위가 있는 것이다. 그리고 이러한 측면은 그가 훈계를 받고 벌을 받거나 사랑을 받을 때, 부모의 음성이 지닌 톤을 통해 아이의 의식 속에 스며든다. 그가 어떤 한계를 넘어 과오를 저지를 때, 아버지나 어머니의 음성 속에서 들리는 갑작스럽고 통제 불가능한 두려움의 음조를 통해서 말이다. 그는 한계가 무엇언지 알지 못하고 설명을 받지 못하는데, 이것이 이미 공포스러운 것이다. 그러나 그가 부모의 음성에서 듣는 두려움은 더욱 공포스러운 것이다."[7]

　상징적 폭력은 피지배자가 지배자에게(따라서 지배에) 보내지 않을 수 없는 지지를 매개로 해서만 확립되는 그런 강제력이다. 이와 같은 지지를 보내지 않을 수 없을 때는 피지배자가 지배자를 생각하고 자기 자신을 생각하기 위한, 아니면 보다 나은 것으로 자기 자신과 그와의 관계를 생각하기 위한 수단으로서, 그와 공통으로 지니고 있는 지식의 도구들——이 지식의 도구들은 지배 관계 구조의 합체된 형태이기 때문에 이 관계를 자연스러운 것으로 나타나게 만든다——을 소유하고 있을 때이다. 또는 달리 말하면, 그가 자기 자신을 인식하고 평가하기 위해 아니면 지배자들을 알아보고 평가하기 위해(교양이 있는가/천박한가, 남성인가/여성인가, 흑인인가/백인인가 등) 사용하는 형태들(schèmes)이 자연스럽게 된 분류들을 합체한 결과물이고, 그의 사회적 존재가 이러한 분류들의 산물일 때이다.

　따라서 우리는 힘들을 통한 구속과 **이유**에 대한 동의 사이의 양자 택일, 다시 말해 기계적인 강제력과 숙고에 의한 자유롭고 의지적인 복종 사이의 양자 택일을 뛰어넘는다는 조건이 충족될 때만 이러한 특수한 지배 형태를 생각할 수 있다. 상징적 지배(성·인종·문화·언어 등의 상징적 지배)의 효과는, 인식하는 의식들의 순수한 논리 속에서 발휘되는 것이 아니라 아비투스 성향들의 어둠 속에서 발휘된다. 이 어둠 속에 인지·평가·행동의 형태들이 기록되어 있으며, 이 형태들은 의식의 결정과 의지의 통제가 미치지 않는 가운데 실천적 인식과 인정의 관계——이 관계는 그 자체에 심층적으로 어둡다——를 설정한다. 그리하여 우리가 남성 지배의 역설적 논리——이 논리는 상징적 폭력 및 여성 복종의 훌륭한 형태로서, 동시에 **자연 발생적이고 강탈된** 것이라고 모순 없이 말할 수 있다——를 이해할 수 있는 것은, 사회 질서가 여자들에 대해 행사하는 **지속적 효과**를, 다시 말해 이 논리가 그녀들에게 강제한 사회 질서에 자연 발생적으로 일치하는 성향들을 인정함으로써만 가능하다.

상징적 권력은 이 권력의 지배를 받는 사람들의 협력이 있을 때만 행사된다. 왜냐하면 그들이 상징적 권력을 권력으로 구축하는 데 기여하기 때문이다. 그러나(관념론적이거나 민족학 방법론적이거나, 또는 다른 종류의 구성주의와 함께) 이러한 확인에 집착하는 일보다 더 위험한 것은 없을 것이다. 그러한 복종은 '의지적인 예속'의 관계라는 측면은 전혀 없으며, 동조는 의식적이고 의도적인 행위에 의해 부여되는 것이 아니기 때문이다. 동조 자체가 권력의 효과이고, 이 효과는 인지의 형태들 및 성향들(존중하고 찬양하고 사랑하는 등의 성향들)의 모습으로, 다시 말해 권력의 공적 표현 같은 상징적 행사들에 **민감하게 만드는** 믿음들의 형태로 피지배자들의 육체 속에 지속적으로 기록된 것이다. 바로 이러한 성향들이, 다시 말해 대략적으로 파스칼이 '상상력'이라는 개념하에 집어넣는 모든 것이, 그가 말하는 것처럼 '평판'과 '영광'을 베풀어 주고 "인물들·저작들·법칙들·고관들에 존경과 경배를 부여해 준다." 바로 그것들이 추기경의 '진홍색 카속'과 '흰담비옷'에, 법관들의 '법정'과 (프랑스 왕가의) '흰나리꽃 문장'에, '수탄'[신부의 길고 검은 평상복]과 의사들의 '슬리퍼'에, (교수·박사·재판관의) 각모와 박사들의 '너무 헐렁한 예복'에 권위를 부여해 우리에게 발휘하도록 해주는 것이다.[8] 그러나 그런 성향들을 창출하기 위해서는, 그것들을 통해서 우리를 지배하는 무수한 권력들의 장기간에 걸친 작용이 필요했다. 그래서 파스칼은 그것들을 중화시키도록 유도하기 위해 다음과 같이 분명하게 상기시키고 있다. 그 모든 권력의 행사가 필연적으로 수반하는 '매우 확실한 과시'와, '존엄한 기구'가 창출하는 '상상력'의 효과(그가 내세우는 예들은 학교나 국가의 귀족 계층이 지고 있는 그만큼의 '책임이나 직무들'이다)는 습관으로, 다시 말해 교육 및 육체의 훈련으로 귀착된다.

우리는 '상상의 세계'라는 용어와 매우 멀리 떨어져 있는데, 이 말은 오늘날 때때로 함부로 사용되고 있다. 그것은 언어적인 우연의 일치에도 불구하고 파스칼이 '상상력'(또는 '견해')이라는 이름하에 담아내는 것, 다시 말해 육체 속에서 상징적 폭력 의지 및 효과와는 아무런 공통점이 없다. 게다가 이러한 복종은 육체가 몸짓으로 표현하며 재생산할 수 있는 것인데, 정신적인 상관물을 목표로 하는 의식 행위도 아니고, '진실한 관념들의 내재적 힘'이라는 유일한 힘에 의해 제어될 수 있는 단순한 정신적 표현('사람들이 만드는' 관념들에 대한 표현)도 아니며, 또는 일상적으로 '이데올로기'의 개념으로 드러나는 것도 아니다. 그것은 육체의 훈련으로부터 비롯되는 습관이 가능하게 만드는 암묵적이고 실제적인 믿음인 것이다. 그래서 실천들에 관한 성향적 이론이 없기 때문에 육체 속에 사회적 구조들이 등록됨으로써 비롯되는 비상한 타성을 무시하면서, 의식의 언어로 지배에 대한 저항을 기술하는 것은——마르크스주의의 모든 전통이 그렇고, 사유의 습관에 굴복하면서 '자각'의 자동 효과로부터 정치적 해방을 기대하는 여권주의 여성 이론가들도 그렇다——또 하나의 학구적 환상의 결과이다.

상징적 권력

지배는 그것이 노골적인 힘, 즉 무기나 돈의 힘에 의존할 때조차도 항상 상징적 차원을 지니고 있으며, 굴복과 복종의 행위들을 알아보고 인정하는 이와 같은 행위들이다. 행위 자체로서 알아보고 인정하는 이와 같은 행위들은 세계의 모든 사물들과, 특히 사회적 구조들에 적용될 수 있는 인식적 구조들을 이용한다. 이러한 **구조화시키는 구조들**은 소쉬르와 모스가 말하는 의미에서 역사적으로 형성된 임의적인 형태들인데, 우리는 이것들의 사회적 탄생을 재추적할 수 있다. '분류의 원시적 형태들'은 집단들의 구조들에 대응한다는 뒤르켐의 가정을 일반화시키면서, 우리는 이 형태들의 원리를 사회적 구조들의 '자동적인' 합체의 결과 속에서 찾을 수 있다. 이 합체는 국가의 행동에 의해 배가되는데, 분화된 사회들에서 국가는 보편적 방법으로 일정한 영토적 영역 내에서, 비전과 분할의 공통적 원리와 동일하거나 유사한 인식적이고 평가적인 구조들을 주입시킬 수 있다. 이러한 이유로 상기한 형태들의 원리는 '논리적 순응주의' 및 '도덕적 순응주의'(이 표현들은 뒤르켐의 표현들이다)의 토대이고, 세계의 의미에 대한 숙고 이전의(préréflexif) 즉각적인 합의의 토대이다. 이 합의는 '상식의 세계'로서의 세계에 대한 경험의 원리에 자리하고 있는 것이다. 이러한 면이 의미하는 것은 사회 세계에 대한 인식 이론이 정치적 이론의 근본적 차원이라는 것이다. 또한 그것이 의미하는 것은 우리가 '자연스러운 태도'의 현상학적 분석들, 다시 말해 당연하고 자연스러우며 분명한 것으로 사회 세계를 최초로 포착하는 행위의 현상학적 분석들을 신뢰할 수 있다는 것이다. 다만 사회적인 것에 대한 최초 경험의 보편적 본질을 포착하려는 의도가 이러한 분석들로 하여금 작동시키게 만드는 정치적 차원의 '정지'를 '정지시킨다'는 조건이 따른다. 그런데 이러한 신뢰는 기존 질서가 사회적 조직체들에 따라, 그리고 이 조직체들이 위치하는 단계(조직적 또는 비판적 단계)에 따라 여러 다른 등급들로 획득하게 되는 비상한 지지를 환기시키기 위한 것이다. 이때 이러한 지지는 이 질서의 토대들에 따라, 그리고 그것이 영속화되는 원리들에 따라 다양한 정치적 결과들을 수반한다. 이 환기가 그만큼 더 필요한 것은, 전복과 적어도 '저항'의 장소로서 '국민'의 민중주의적 비전을 규정하는 결정적인 의지주의와 낙관주의가 현실주의적인 확인을 물리치기 위해서, 전복의 야만적이고 맹목적인 힘으로서의 '대중'이 지닌 보수주의적 비전의 때로는 종말론적 비관론과 일체가 되기 때문이다.

현상학적 분석은 정치적으로 매우 완벽하게 '중립화되기' 때문에 우리가 그로부터 정치적 결과를 전혀 끌어내지 않고도 읽을 수 있다. 그것은 슈르츠가 말했듯이 '자연적 태도의 획'을 그으려고(다시 말해 사회 세계가 다르게 존재할 수 있는 가능성——이 가능성은 '당연한 것'으로서 세계에 대한 경험 속에 함축되어 있다——에 대한 의심의 정지를 정지하려고) 가장 단호한 결심을 한, 가장 **반견해적**(para-doxale)이고 외관상 가장 **위험한** 정치적 경험이 여전히 기존 질서에 부여하는 모든 것을 가시적으로 만들어 주는 미덕이 있다. 성향들이 객관적인 구조들을 합체한 결과물이라는 점과 기대는 기회들에 적응하려는 경향을 보인다는 점으로 인해, 확립된 질서가 가장 혜택을 덜 받은 자들에게조차도 당연히 필요하고 명백한 것처럼 언제나 나타나는 경향이 있다. 그것은 그만큼 무자비한 조건들 속에서 형성되지 않았기 때문에, 이러한 조건들을 자발적으로는 견디기 어렵고 불쾌하기 짝이 없는 것이라고 생각할 수밖에 없는 이들의 관점에서 볼 때 언제나 생각될 수 있는 것보다 더 필요하고, 어찌되었든 더 분명한 것으로 나타나는 경향이 있다. 이처럼 읽혀진 현상학적 분석(전혀 다른 영역에서 **아첨적 추종**에 대한 스피노자의 분석, 즉 "국가가 국가용으로 우리를 만들어 내게 해주는 조건의 심리적 조절——이 조절이 국가로 하여금 스스로를 보전하게 해주는 것이다"——이 산출한 그 '한결같은 의지'에 대한 분석처럼)은 다음과 같은 것을 환기시켜 주는 미덕이 있다.

특히 사람들이 스스로를 기꺼이 순응주의와 믿음들로부터 자유롭다고 생각하는 세계들에서 가장 특이하게 인지되지 않고 있거나 억제된 것, 다시 말해 사회 세계와의 흔히 극복할 수 없는 **복종**의 관계 말이다. 이 관계는 모든 사회적 존재들이 어떤 용기가 있든간에 이들을 사회 세계——이들은 최악이든 최상이든 이 사회 세계의 산물이다——에 결합시켜 준다. 그래서 '배턴을 반대 방향으로 비틀면서' 독사적인(doxique) 잠에서 깨우기 위해 필요한 과장이 따른다 할지라도, 이러한 진실을 환기시켜야 하는 것은 물론 개인적 혹은 집단적, 범상한 혹은 비상한 **저항** 전략들의 존재를 부정하기 위한 것도 아니고, 사회 세계와의 관계들에 대한 차별적인 사회학적 분석, 보다 정확히 말해서 사회들에 따라(특히 이 사회들의 동질성의 정도와 그것들의 유기적이거나 위험한 상태에 따라), 그리고 이 사회들에서 점유된 위치들에 따라 독사 영역——이 영역은 정통이든 이단이든 표현되고 형성되어 있으며, 명료하게 된 견해들의 영역과 관련된 것이다——의 범위의 변화들에 대한 차별적 분석의 필요성을 배제하기 위한 것도 아니다.

　그러나 가장 분화되고 변화를 가장 잘 추종하는 사회들에서조차도 독사의 가정들——예를 들어 예절 양식의 선택을 지탱해 주는 가정들——은 슈르츠가 다음과 같이 진술하는 것들과 같은, 형식적이고 보편적인 '주장'들로 이루어진 하나의 전체로 환원되지 않는다. "자연적인 태도 속에서 내가 당연한 것으로 생각하는 것은 타자들이 존재한다는 것이고, 그들이 나에게 영향을 미치고 나도 그들에게 영향을 미친다는 것이며, 상호 소통과 이해가 우리들 사이에——적어도 어느 정도 내에서——확립될 수 있다는 것이다. 이 모든 것은 기호와 상징들로 이루어진 하나의 체계 덕분에 가능하며, 나의 작품이 아닌 사회 조직과 제도들의 범주 내에서 가능한 것이다."[9] 우리는 힘들이지 않고 다음과 같은 점을 증명해 줄 수 있을 것이다. 즉 사회 질서의 '타성적 폭력'이 암묵적으로 인정하도록 강제하고 있는 것은, 일반적이고 비역사적인 인류학적 몇몇 확인 사항들을 넘어선다는 것이다. 이 점은 합법적인 문화와 언어 앞에서 드러나는 복종의 수많은 표시들(불편·죄의식 또는 부끄러운 침묵)이 입증하고 있다. 최초의 정치적 믿음은 지배자들의 관점인 특별한 관점인데, 이 관점은 보편적 관점으로 제시되고 강제된다. 그것은 직·간접적으로 국가를 지배하는 이들의 관점이다. 이들은 경쟁적인 비전들에 대항한 투쟁 끝에 국가를 통해 자신들의 관점을 설정했던 것이다. 오늘날 분명하고 확실하며 결정적으로 확립된 것이고, 논의의 여지없는 것으로 제시되는 것이 이제까지 항상 그러했던 것은 아니며, 다만 조금씩 조금씩 그렇게 강제되어 왔던 것이다. 바로 역사적 변화가 역사를 폐지시키는 경향이 있는 것이다. 특히 배격된 측면적인 가능성들을 과거, 다시 말해 무의식으로 돌려보내고, 그리하여 다음과 같은 점을 망각하게 만들면서 말이다. 즉 현상학자들이 이야기하는 '자연적 태도'가, 다시 말해 당연한 것으로서의 세계에 대한 최초의 경험이 이 경험을 가능하게 해주는 지각의 형태들로서 **사회적으로 구축된 하나의 관계**라는 것이다.

　이러한 최초의 경험을 분명하게 밝힌 현상학자들과 이 경험을 기술하려는 계획을 지녔던 민족학방법론자들은, 그것을 설명하는 수단들을 확보하지 못하고 있다. 그들이 기계론적인 비전에 반대해 사회적 행위자들이 사회적 현실을 구축한다는 점을 상기하는 것은 옳다 할지라도, 그들은 행위자들이 개인적이고 집단적인 그러한 구축 작업 속에서 사용하는 이 현실의 구축 원리들의 사회적 구축 문제를 소홀히 하여 제기하지 않고 있으며, 또한 이러한 구축에 국가가 기여한다는 점에 대한 탐구를 소홀히 하고 있다. 거의 분화되지 않은 사회들에서는 비전과 분할의 공통된 원리들(이것의 패러다임은 남성과 여성의 대립이다)이 실제적인 형태들(범주들보다는 형태들)의 모습으로 육체들 속에 확립되는 것은 사회 생활의 공간적이고 시간적인 모든 조직을 통해서이고, 의식(예를 들면 할례)을 받은 자들과 받지 않은 자들(여자들) 사이의 결정적인 차이들을 확립하는 **제도적 의식을 통해서**이다. 우리 사회들에서 국가는 사회 현실의 구축 도구들을 생산하고 재생산하는 데 결정적인 부분을 기여하고 있는 것이다. 조직의 구조이자 실생활을 조정하는 기구로서의 국가는, 그것이 행위자들 전체로 하여금 획일적으로 받게 만들어진 구속들과 기율들을 통해서 지속적인 성향들을 형성시키는 행동을 항구적으로 발휘한다. 특히 그것은 분할들을 사회적 범주들(활동적인 범주들 / 비활동적인 범주들 같은)로 강제함으로써 현실과 두뇌 속에 근본적인 모든 분류 원리들——성(性)·연령·'자질' 등——을 강제하는데, 이 범주들은 그렇게 사물화되고 자연스럽게 만들어진 인식적 '범주들'을 적용한 산물인 것이다. 그것은 모든 제도적인 의식들, 즉 학교 제도의 작용을 통해 실현되는 의식들의 상징적 효율성의 원리에 자리하고 있다. 학교 제도의 작용은 선별된 자들과 탈락된 자들 사이에 지속적인 상징적 차이들을 확립하는데, 이 차이들은 흔히 학교 제도 영역의 한계 내에서는 결정적이고 보편적인 것으로 인정되는 것들이다.

그리하여 국가의 건설은 공통적이고 역사적인 일종의 초월적인 것의 구축을 동반한다. 이 초월적인 것은 합체의 긴 과정이 끝나면 국가가 모든 '백성들'에게 내재적인 것이 되는 것이다. 국가는 실생활에 강제하는 테두리 설정을 통해 공통적인 상징적 사유 형태들, 지각의 사회적 범주들, 이해력이나 기억력, 국가 관리의 분류 형태들, 또는 보다 차원 높은 것으로 지각·평가 그리고 행동의 실제적인 형태들을 확립하고 주입시킨다. (내가 여기서 그리고 이 텍스트의 다른 곳에서 그렇듯이, 나는 대략적으로 이론적인 전통에 따라 대등한 표현 양식들을 의도적으로 다루면서 인위적으로 분리된 이론 세계들——예를 들어 카시러가 제안한 상징 형태들에 대한 신칸트학파의 철학과 분류의 원시적 형태들에 대한 뒤르켐의 사회학——사이의 허위적 경계들을 무너뜨리는 데 기여코자 하며, 그리하여 이해받는 기회들을 증가시키면서 이 이론 세계들의 이미 획득된 지식들을 축적하는 수단을 확보코자 한다.)

그렇게 하여 국가는 아비투스들의 즉각적인 오케스트라적 편성 조건들을 창조하는데, 이 편성 자체가 상식을 구성하는 공감되고 명백한 것들 전체에 대한 합의의 토대인 것이다. 그리하여 사회적 달력의 큰 리듬들과 특히 현대 사회들의 큰 '계절적 이주'를 결정짓는 학교 방학의 리듬은, 공통적인 객관적 지시 대상물과 조정된 주관적 분할 원리들을 보장해 준다. 그러면서 그것들은 체험된 시간들의 환원 불가능성을 넘어서 사회 생활을 가능하게 해줄 만큼 충분히 일치하는 시간에 대한 내적 경험들을 확보해 준다. 다른 예를 들면 대학 세계의 학과들의 분할은 전문가들 사이의 합의를 낳는 기율적인 아비투스의 형태들로 등록되는데, 이 합의가 바로 그들 사이의 불화에 책임을 지며, 그들이 견해를 표현하는 형태에 대한 책임을 진다. 그것은 또한 실천과 표현에 있어서 온갖 종류의 제한과 삭제를 유발하며, 다른 학과의 대표자들과의 관계에 있어서 온갖 뒤틀림을 유발한다.

그러나 국가 차원의 질서가 획득하는 즉각적인 복종을 진정으로 이해하기 위해서는 칸트적인 전통의 주지주의와 단절해서, 인식의 구조들이 의식의 형태들이 아니라 육체의 성향들이고 실천적 형태들이라는 점을 인지해야 한다. 그리고 우리가 국가의 명령들에 부여하는 복종은 어떤 힘에 대한 기계적인 복종으로도, 어떤 질서에 대한 의식적인 동의로도 이해될 수 없다는 것을 인지해야 한다. 사회 세계는 **질서에 대한 호소들**로 점철되는데, 이 호소들은 그것들을 알아차릴 수 있는 성향을 지닌 개인들에게만 호소로서 기능하고, 빨간 신호등이 제동 장치를 가동시키는 것처럼 의식과 계산의 길들을 통하지 않고도 깊숙이 묻힌 육체적 성향들을 가동시킨다. 기존 질서에 대한 복종은 집단적이고(다원 발생) 개인적인(개체 발생) 역사가 육체들 속에 기록한 인식 구조들과, 이 인식 구조들이 적용되는 세계의 객관적 구조들 사이의 합일의 산물이다. 국가가 내리는 명령들의 명백성은 국가가 자신을 인식시키는 인식 구조들을 강제했기 때문에 그만큼 강력하게 강요된다.

그러나 또 다른 점에서 신칸트학파의 전통을 뛰어넘어야 한다. 이 전통의 뒤르켐식 형태에서조차도 말이다. 아마 상징적 구조주의는(레비 스트로스나 《말과 사물》을 쓴 푸코식으로) 저작물을 우선시함으로써, 특히 신화적인 상징적 생산의 적극적 차원을 무시할 수밖에 없는 것이다. 다시 말해 상징적 구조주의는 **작업 방식**(촘스키의 언어에서 '생성 문법')의 문제와 특히 그것의 생성 문제, 따라서 특별한 사회적 생산 조건들과 그것의 관계 문제를 무시하지 않을 수 없는 것이다. 하지만 이 구조주의는 상징적 체계들로 간주되는 상징적 체계들의 정연함을 도출하는 데 집착할 수 있는 엄청난 장점을 지니고 있다. 그런데 이 정연함은 이 체계들의 특수한 **효율성**의 주요 원리들 가운데 하나이다. 그것이 의도적으로 추구되는 법의 경우뿐 아니라 신화와 종교의 경우에서 잘 나타나듯 말이다. 과연 상징적 질서는 행위자들 전체에, 구조화시키는 구조들의 강제에 의거한다. 이 구조들이 견고하고 질긴 부분적 이유는, 그것들이 적어도 외관상 정연하고 체계적이기 때문이고 사회 세계의 객관적 구조들에 맞추어져 있기 때문이다. (예를 들어 남성과 여성의 대립이 그런 경우인데, 이 대립은 신화적-의례적 제도가 간직한 모든 대립들의 조밀한 망 속에서 포착되며, 이 제도 자체는 육체들과 사물들 속에 기록되어 있다.) 이와 같은 즉각적이고 암묵적인 일치(이 일치는 전적으로 명시적인 계약에 대립된다)는 무의식의 모든 사슬을 통해서, 다시 말해 역사로서 스스로를 모르는 역사의 모든 사슬을 통해서 우리를 기존 질서에 연결시키는 독사적 복종 관계를 설정한다. 합법성의 인정은 막스 베버가 믿고 있는 것과는 달리, 분명한 의식의 자유로운 행위가 아니다. 그것은 시간적 리듬들(예를 들어 학교 시간표의 시간들로의 분할이 그런 것인데, 이 분할은 전적으로 임의적이다)을 조직화하는 것들과 같은 실천적인 형태들이 된 합체된 구조들과 객관적 구조들 사이의 즉각적인 합일 속에 뿌리를 두고 있다.

피지배자들이 사회 질서(그들의 인식 구조들은 이 질서의 산물이다)의 객관적 구조들에 독사적으로 복종하는 현상은, 우리가 의식철학자들의 주지주의적 전통 속에 갇혀 있는 한 확실한 미스터리이지만, 이렇게 하여 밝혀지는 것이다. 일부 마르크스주의자들이 상징적 지배의 효과를 설명하기 위해 원용하는 '허위 의식'의 개념에서 불필요한 것은 '의식'이다. 그래서 '이데올로기'에 대해 이야기하는 것은 믿음들의 범주 속에 위치하는 것, 다시 말해 육체적 성향들의 가장 심층에 위치하는 것을 '표상들' ——이 표상들은 이른바 '자각'이라는 지적 전환을 통해 변모될 수 있다——의 범주 속에 위치시키는 것이다.

참고적인 이야기를 하겠다. 상징적 권력의 동기를 설명하고, 국가 권력의 특유하게 상징적인 차원의 동기를 설명하는 것과 관련하여 마르크스의 사상은 보조자라기보다는 장애물이다. 반대로 우리는 막스 베버가 종교에 관한 글들에서 전문화된 행위자들과 이들의 특수한 관심들을 재도입하면서 상징 체계들의 이론에 가져온 기여의 도움을 받을 수 있다. 사실 베버가 마르크스와 공통적으로 상징 체계들의 구조(더구나 그는 이런 식으로 명명하지 않는다)보다는 그것들의 기능에 더 관심을 가지고 있다 할지라도, 그는 이와 같은 특수한 산물들(그의 관심을 끄는 경우를 보자면 종교적 행위자들)의 생산자들과 이들의 **상호 작용들**(갈등·경쟁 등)에 대해 주의를 끄는 장점을 지니고 있다. 우리가 법률가 집단과 관련하여 엥겔스의 어떤 텍스트를 원용할 수 있다 할지라도, 생산의 전문화된 행위자들의 존재를 묵과하는 경향이 있는 마르크스주의자들과는 달리 베버는 다음과 같은 점을 환기시킨다. 즉 종교를 이해하기 위해서는 카시러나 뒤르켐처럼 종교적 유형의 상징적 형태들을 연구하는 것만으로도 충분치 않고, 나아가 구조주의자들처럼 종교적 메시지나 신화적인 자료체의 내재적 구조를 연구하는 것만으로도 충분치 않다는 것이다. 그가 집착하는 것은 종교적 메시지의 생산자들이고, 이들에게 활기를 불어넣는 특수한 관심 사항들이며 그들이 투쟁에서 사용하는 파문 같은 전략들이다.

우리는 새로운 단절을 통해서 구조주의적 사유 방식(이 방식은 막스 베버에게 전적으로 낯선 것이다)을 작품들 및 작품들 사이의 관계(상징적 구조주의처럼)에 적용할 뿐만 아니라, 상징적 재화들의 생산자들 사이의 관계에 적용함으로써 상징적 생산들의 구조를 구조로서 구축하거나, 보다 나은 것으로 일정한 실천 분야(예를 들면 종교적 메시지들)에서 상징적 **입장 결정들의 공간**을 구축할 수 있다. 뿐만 아니라 우리는 이것들을 생산하는 행위자들(예를 들면 성직자들·예언자들, 그리고 마법사들)의 체계를 구축하거나, 보다 나은 것으로 이들을 대립시키는 경쟁 속에서 그들이 차지하는 **위치들의 공간**(예를 들면 내가 종교장이라 일컫는 것)을 구축할 수 있다. 그렇게 하여 우리는 두 공간 사이의 상동이 존재한다는 가정, 경험적으로 유효하게 된 가정을 토대로 그 상징적 생산들을 기능·구조·탄생에서 이해할 수 있는 수단을 확보하는 것이다. 참고적인 이야기를 마치겠다.

몇몇 위기 상황들을 제외하고, 역사를 통해 지배자들이 자신들의 지배를 강제하는 데서 보여 주는 수월함, 요컨대 매우 놀라운 그 수월함을 설명하는 것은 객관적 구조들과 합체된 구조들 사이의 숙고 이전의 합일이지, 기구들의 의도적인 선전의 효율성이나 시민들에 의한 합법성의 자유로운 인정은 아니다. "인간사를 철학적 눈으로 고찰하는 자들에게는 다수가 소수에 의해 지배되는 데서 보이는 그 수월함을 보고, 인간들이 지배자들을 위해 자신들의 감정과 정열을 철회하는 데서 나타나는 그 암묵적인 복종을 관찰하는 것보다 더 놀라운 일은 없다. 우리가 이러한 놀라운 일이 어떤 수단들을 통해 실현되는지 자문할 때 발견하는 것은, 힘은 언제나 피지배자들 쪽에 있기 때문에 지배자들이 그들을 두둔하기 위해 가지고 있는 것은 여론뿐이라는 것이다. 따라서 정부는 오직 여론 위에 세워지는 것이며, 이 원칙은 가장 자유롭고 가장 민중적인 정부들과 가장 압제적이고 가장 군사적인 정부들에 확대 적용된다는 것이다."[10]

흄의 이러한 놀라움은 모든 정치철학의 근본적 문제가 나타나게 만든다. 이 문제는 사람들이 일상적 생존에서는 결코 문제로 제기하지 않는 학구적 문제, 즉 합법성의 문제를 제기하면서 역설적으로 숨기는 질문이다. 사실 문제가 되는 것은, 본질적으로는 기존 질서가 문제되지 않는다는 것이다. 그리고 위기 상황들 이외에는 국가의 합법성 문제와 국가가 확립하는 질서의 문제가 제기되지 않는다는 것이다. 국가가 질서 있는 사회 세계를 창출하기 위해 명령들을 내리거나, 반드시 물리적 강제력이나 규율적인 구속을 행사할 필요가 있는 것은 아니다. 이런 측면은 국가가 객관적 구조들에 일치하는 합체된 인식 구조들을 창출할 수 있고, 그렇게 하여 기존 질서에 독사적인 복종을 확보할 수 있는 한 오래 지속된다.

참고적인 이야기를 다시 하겠다. 놀라움을 잘못 짚고 있는 얼치기 비전이 드러내는 매우 전형적으로 파스칼적인 그런 전도 앞에서, 어떻게 파스칼을 환기시키지 않을 수 있겠는가? "백성은 매우 건전한 견해들을 가지고 있다……. 얼치기 학자들은 이것들을 조롱하고, 이와 관련하여 세상 사람들의 광기를 보여 주는 데 의기양양하다. 그러나 그들이 꿰뚫어보지 못하는 이유로 인해 사람들이 옳은 것이다."[11] 그래서 진정한 철학자는 백성이 매우 놀랄 만한 많은 것들에 충분히 놀라지 않는다는 구실로 백성을 조롱하면서 '잘난 체하는' '이도저도 아닌 사람들'의 철학을 조롱한다. 자신들의 놀라움을 야기시키는 '효과의 이유'에 대해 의문을 제기하는 대신에, 그들은 놀라움을 가장 유발시킬 수 있는 현실들을 왜곡하는 데 기여한다. "인간들이 자신들의 지도자들을 위해 감정과 정열을 철회하면서 보이는 그 암묵적인 복종" 같은 것(아니면 68세대의 언어로 말하면 인간들이 '지배적인' 질서의 '억압적인' 요구들에 자신들의 '욕망들'을 희생시키면서 보이는 그 유순함 같은 것) 말이다. 정치적인 것과 권력에 대한 외관상 급진적인 많은 고찰들은 사실 탐미주의적인 청년들의 반항에 뿌리를 두고 있다. 이들은 젊은 혈기에 넘쳐 탈선을 하면서 사회 질서의 구속들을 고발하는데, 이 구속들은 대개 가정——"가정들이여, 나는 너희들을 증오하노라"——과 동일시되거나 국가와 동일시되었다. (여기에는 '단연코' 1968년 이후 프랑스 철학자들의 영감을 불러일으켰던 '억압'에 대한 '극좌적' 테마들이 동반되었다.) 그러한 고찰들은 클로델이 이야기했던 '한계에 대한 참을성 없음'을 나타내는 표시의 하나에 불과하다.

이 성급함은 사회적 구속들에 대한 현실주의적이고 주의 깊은(그렇다고 체념한 것은 아닌) 이해를 거의 하지 못하게 만든다. 그리하여 우리는 '효과의 이유'에 대한 유명한 텍스트를 과학적이고 정치적인 작업 프로그램으로서 읽을 수 있다. "찬성으로부터 반대로의 지속적인 전복. 따라서 우리는 인간이 전혀 본질적이 아닌 일들을 한다고 평가함으로써 인간이 헛되다는 것을 보여 주었다. 그래서 그 모든 견해들이 파괴된다. 다음으로 우리가 보여 준 것은 이 모든 견해들이 매우 건전하다는 것이고, 이 모든 헛됨이 매우 근거 있는 것이므로(우리는 여기서 종교를 매우 근거 있는 망상으로 정의한 뒤르켐의 정의와 아주 가까이 있다) 민중은 사람들이 말하는 것만큼 그렇게 헛된 것이 아니라는 것이다. 그리고 우리는 그렇게 하여 민중의 견해를 파괴한 견해를 파괴했다. 그러나 이제 이 마지막 명제를 파괴해야 하고, 민중의 견해들이 건전하다 할지라도 민중은 헛되다는 것이 언제나 진실임을 보여 주어야 한다. 왜냐하면 민중은 견해들의 진실이 있는 곳에서 이 진실을 느끼지 못하기 때문이고, 진실이 없는 곳에 진실을 갖다 놓음으로써 그들의 견해들은 언제나 허위이고 매우 건전하기 못하기 때문이다."[12]

이중의 길들이기와 그 효과

(섹스·문화 또는 언어의 관점에서) 지배된 아비투스의 정열들, 즉 신체화된 사회적 관계, 육체의 법으로 전환된 사회적 육체의 법 같은 정열들은 우리가 해방적인 자각에 기초한 의지의 단순한 노력을 통해 정지시킬 수 있는 것들이 아니다. 소심함에 빠진 사람은 자신의 육체에 의해 배반당하고 있음을 느낀다. 이 육체는 다른 조건들의 산물인 다른 육체 같으면 격려나 자극적인 명령을 알아차릴 수 있는 곳에서 금지 사항들이나 마비시키는 질서에의 호소들을 알아보는 것이다. 상징적 폭력이 의식과

의지라는 유일한 무기들에 의해 극복될 수 있다고 믿는 것은 전적으로 환상이다. 그 효율성의 조건들은 성향들의 형태로 육체에 지속적으로 기록되어 있기 때문이다. 이 성향들은 특히 친족 관계와 이러한 모델에 따라 구상된 사회 관계의 경우에서는 감정이나 의무의 논리 속에서 자신을 표현하고 체험하는데, 감정과 논리는 존경과 정서적 헌신 또는 사랑의 경험에서 흔히 혼동된다. 또 이 성향들은 그것들을 낳은 사회적 조건들이 사라진 후에도 오랫동안 살아남을 수 있다.

또한 이런 측면이 바로 종교적·윤리적 혹은 정치적으로 표명된 입장들을 헛되게 만든다. 이 입장들은 합리적인 설교나 교육을 통해 단순히 '정신들(지배자들이나 피지배자들의)을 개종'함으로써, 혹은 사유의 대가들이 때때로 이에 대한 환상을 지니고 있듯이, 지식인들이 조직화해야 할 책임이 있는 집단적인 방대한 사상 치료를 함으로써 지배 관계(혹은 적어도 부분적으로는 이 지배 관계의 산물인 성향들)를 진정으로 변모시키고자 하는 것이다. 우리는 논리적이거나 경험적인 반박의 유일한 무기들을 통해서 이런저런 형태의 차별주의 —— 인종·계급·성차별주의 —— 를 쳐부수려고 하는 모든 행동들이 헛됨을 알고 있다. 이 차별주의는 전혀 반대로 성향들과 믿음들(이것들은 흔히 상대적으로 불확정적이고, 언제나 여러 가지 언어적인 명시적 표현들이 가능하며 그것들 자체에도 모호하다)을 표현한다는 감정이나 환상을 주면서, 그것들의 비위를 맞출 수 있는 담론들을 양식으로 유지한다. 아마 아비투스는 운명이 아닐 것이다. 그러나 상징적 행동은 성향들을 산출하고 강화시키는 조건들의 모든 변모를 떠나 홀로서는 육체적인 믿음들 —— 인본주의적인 보편주의(게다가 이것 역시 성향들과 믿음들에 뿌리를 두고 있다)의 명령들이나 비난들에 전적으로 무심한 채로 있는 정열들과 충동들 —— 을 근절시킬 수 없다.

예를 들어 민족주의적인 정열을 생각해 보자. 이 정열은 개신교 혹은 가톨릭인 아일랜드인들이나 영국계 혹은 프랑스계 캐나다인들 등에게서 여러 가지 다른 형태로 나타날 수 있는데, 이들은 지배 관계의 대립된 두 위치들을 점유하고 있다. 주동자들이 집착하고 있는 '근원적인 진실'에서 '근원적인 오류'를, 다시 말해 정열과 맹목의 단순한 환상을 보기는 너무나 쉬울 것이다. 이 진실은 민족, '종족' 혹은 '정체성'이 오늘날 사람들이 말하듯이 사물들 속에 ── 경제적이고 공간적인 사실상의 분리 등과 같은 객관적 구조들의 형태로 ── 그리고 육체들 속에 ── 사람들이 때때로 체질적이라 말하는 취향과 싫어하는 것, 공감과 반감, 매력과 혐오의 형태로 ── 기록되어 있다는 것이다. 객관적(그리고 객관주의적인) 비판은 지역이나 민족에 대한 자연스럽게 된 비전을 그것들의 '자연적인' 국경, '언어적인 통일성,' 또는 다른 것들과 더불어 고발할 절호의 기회를 맞이하고 있다. 그래서 그것은 이와 같은 실체들이 사회적 구축물들, 역사적 인공물들에 지나지 않음을 드러내는 것이 어렵지 않다. 흔히 이 역사적 인공물들은 그것들이 해결하게 되어 있는 것들과 유사한 역사적 투쟁들로부터 비롯된 것들이지만, 역사적 인공물로 인정되지 않고 자연적인 사항들로 잘못 이해된다.

그러나 민족주의적인 본질주의(이것의 한계는 인종차별주의이다)에 대한 비판은, 공통된 정열들에 대해 이 본질주의가 유지하는 거리를 값싸게 주장하는 수단일 뿐 아니라 여전히 완전하게 비효율적이다. (따라서 그것은 다른 동기 설명들을 따른다고 당연히 의심받을 수 있다.) 모든 인종차별주의의 치명적 정열들은 고발되고 비난받고 규탄받지만 영속되고 있다. 왜냐하면 그것들은 성향들의 형태로 육체에 고정되어 있을 뿐 아니라, 그것들을 낳은 지배 관계가 객관성 속에 영속되면서 그것을 받아들이는 성향을 지속적으로 강화시키기 때문이다. 이 성향은 위기적인 단절(예를 들면 피지배 국민들의 '반동적인' 민족족의가 실현시키는 단절)을 제외하곤 지배자들 못지않게 피지배자들에게서도 강하다.

내가 조금씩 조금씩 '이데올로기'라는 말의 사용을 추방하게 된 것은, 단순히 이 말의 다의성과 이로부터 비롯되는 다의 때문만이 아니다. 그것은 특히 이 말이 관념들의 질서를 환기시키고, 관념들을 통한 관념들에 대한 행동의 질서를 환기시키면서 상징적 질서를 유지시키는 가장 강력한 메커니즘들 가운데 하나를 망각하게 만드는 경향이 있기 때문이다. 이 메커니즘은 다름 아닌 **이중의 길들이기**인데, 이것은 사회적인 것이 사물들과 육체들(피지배자들과 마찬가지로 지배자들의 육체들——성(性), 인종, 사회적 위치, 혹은 다른 차별화시키는 요소에 따라) 속에 기록된 결과이다. 여기에는 이로부터 비롯되는 상징적 폭력의 효과가 수반된다. '자연적 품위' 혹은 '천품'의 개념들 같은 일상 언어의 개념들이 상기시키고 있듯이, 기존 질서의 합법화 작업은 그것이 사회적 세계의 현실 속에서 거의 자동적으로 실현된다는 점 때문에 비상하게 수월해진다.

사회 질서를 창출하고 재창출하는 과정은 예를 들면 미술관들과 같은 사물들 속에서, 다시 말해 상속된 문화적 자본을 가장 많이 지닌 자들에게만 미술관들에 접근케 하는 경향이 있는 것들과 같은 객관적 메커니즘들 속에서 이루어질 뿐 아니라, 성향들의 유전적 전달을 확보해 주는 메커니즘들을 통한 육체들 속에서도 이루어진다. 그런데 이 과정은 언뜻 보기에는 논의의 여지가 없는 구체적으로 명백한 것들을 지각(知覺)에 풍부하게 제공한다. 이 명백한 것들은 환상적인 표상에 실제로 어떤 토대가 있는 것 같은 온갖 외양을 제공하기에 안성맞춤인 것이다. 요컨대 본질적으로 자신의 고유한 사회변호론을 창출하는 것은 사회 질서 자체인 것이다. 그리하여 부지불식간에 기존 질서를 인준하기 위해서는 객관적 메커니즘들을 방임하거나, 이 메커니즘들에 자신을 맡기면 충분한 것이다. 그리고 위기나 비판에 의해 위협받는 상징적 질서를 구하려는 사람들은 양식상 분명한 것들을 원용하는 것으로 만족할 수 있다. 이 분명한 것들은 비범한 경우를 제외하고는 사회 세계가 결국 강제하게 되는 자신에 대한 비전을 말한다. 어설픈 말을 한다면, 기존 질서가 잘 방어되고 있는 것은 이 질서를 방어하는 데는 어리석으면 충분하기 때문이라고 말할 수 있을 것이다. (예를 들어 이 점이 바로 여론학자들과 이들의 여론 조사들이 지닌 거의 당해 낼 수 없는 사회적 힘을 만들어 내는 것이다. 이 여론 조사들은 질문들의 선택과 표현에 있어서, 그리고 분석의 범주들의 개발에 있어서나 결과들의 해석에 있어서 사유 습관과 '양식'상 분명한 것들을 따른다는 무의식적인 방침에 토대를 둔다.)

사회과학은 일차적으로 명백한 것들과 비판적 단절을 하지 않을 수 없는데, 적어도 이론의 범주에서 이를 실현하는 데는 길들이기의 효과를 중화시켜 주고, 특히 어떤 소여의 개인적이고 집단적인 발생의 건망증을 중화시켜 주는 역사화보다 더 좋은 무기가 없기 때문이다. 이 소여는 온갖 자연스런 외양을 갖춘 채 주어지며, **고지식하게 믿어 주길 요구하는** 소여이다. 그러나 인류학적 조사를 극도로 어렵게 만드는 것으로 잊어서는 안 되는 점은, 길들이기의 효과 또한 사유하는 사고 자체에 대해 발휘된다는 것이다. 성향들의 형태로 학구적 질서의 합체는 우리가 본 바와 같이 사고에 전제들과 제한들을 강제할 수 있는데, 이것들은 육체가 되었기 때문에 의식의 영향력 밖에 묻혀 있다.

일상적 삶에서 사회적 행위자들이 사회 세계를 구축하는 분류 작업들은, 가정·종족·지역·민족과 같이 그것들이 생산하는 사회적 단위들 속에서 실현됨으로써 분류 작업으로서는 망각되게 하는 경향이 있다. 이 사회적 단위들은 사물들의 온갖 외양(초월, 또는 저항 같은)을 부여받고 있다. 마찬가지로 문화적 생산의 장들에서 권력·권위·노동·사회같이 우리가 사용하는 개념들, 그리고 우리가 명료하게(특히 정의들이나 개념들을 통해서) 또는 암묵적으로(특히 학과들과 전문 분야들로의 분할을 통해서) 끌어들이는 분류들은 우리가 그것들을 이용하는 만큼 우리를 이용한다. 그래서 '자동화'는 사유의 도구들 자체를 무의식으로 보내 버리는 억제의 특수한 형태인 것이다. 반성의 주요한 수단인 역사적 비판만이 사유를 구속들로부터 해방시킬 수 있다. 이 구속들은 사유가 로보트의 틀에 박힌 작업에 빠지면서, 사물들을 사물화된 역사적 구축물들로 다룰 때 사유에 작용하는 것들이다. 이것이 의미하는 바는 역사화의 거부가 얼마나 치명적인가 하는 것이다. 이 거부가 많은 사상가들에게 철학적 의도 자체를 구성하고 있으며, 자유로운 장을 이것이 모르는 체하는 역사적 메커니즘들에 내맡기는 것이다.

실천적 감각과 정치적 작업

그리하여 우리가 행위자들과 세계들 사이의 관계를 진정으로 기술하려면, 이 관계의 중심에 육체를 위치시키고 합체의 과정을 위치시켜야 한다는 조건을 충족시켜야만 하는데, 이것들(육체와 합체의 과정)은 물리주의적 객관주의와 주변주의적 주관주의가 공통으로 무시하고 있는 것이다. 사회 공간(또는 장들)의 구조들은 이 공간 속에서의 위치와 연관된 심리적 조건의 조절들을 통해서, 그리고 이 조건의 조절들이 육체들에 적용하는 인식 구조들을 통해서 육체들을 만들어 낸다. 보다 분명히 말한다면, 사회 세계는 그 속에 포함된 사람들에게 인식의 대상이기 때문에, 그것은 부분적으로 그것을 대상으로 하는 여러 가지 다양한(그리고 경쟁적인) 인식 행위들의 사물화되거나 합체된 산물인 것이다. 그러나 세계에 대해 결정된 입장들은 내용과 상징적 힘에 있어서 그것들을 생산하는 사람들이 차지하는 위치에 달려 있다. 그래서 **상황분석**만이 그러한 관점들을 관점들로서, 다시 말해 사회 공간의 한 점으로부터 취해진 부분적 관점들로서 구축할 수 있게 해준다. 그것도 이런 결정된 관점들이 또한 결정을 취하는 것들이라는 점을 잊지 않고 말이다. 그것들은 관점들·전망들·분류들의 투쟁(예를 들어 분배에 대한 투쟁, 보다 분명히 말하자면 아리스토텔레스가 분배의 정의를 정의하기 위해 말했듯이 '분배의 평등'에 대해 생각해 보라) 속에서 공간을 다양한 수준에서 구성하고 해체하고 다시 구성하는 데 기여하는 것이다.

따라서 사회 공간은 상호작용주의의 의미에서 단순하게 **의식의 맥락**으로 환원되지 않는다. 다시 말해 그것은 무한히 서로를 반사하는 관점들의 세계로 환원되지 않는 것이다.[13] 그것은 관점들이 공존하는 상대적으로 안정된 장소이다. 이 공존은 자본(경제적·정보적·사회적 자본)의 배분의 구조에 있어서 위치들 및 이에 상응하는 영향력뿐만 아니라, 이 공간에 대한 **실천적 반응들**이나 이 공간의 상들이라는 이중의 의미를 띤다. 이러한 반응들이나 상들은 구조화된 아비투스들을 통해 관점들로부터 산출되고, 공간의 구조에 의해 그리고 공간에 적용된 지각 형태들의 구조에 의해 이중으로 형태가 부여된다.

사회 공간에서, 또는 특별한 장 위에서 구조화되고 구조화시키는 입장 결정들이라는 의미에서 관점들은 본래 서로 다르고 경쟁적이다. 모든 장들이 경쟁과 갈등의 장소라는 점을 설명하기 위해서 이기주의적이거나 공격적인 '인간성', 또는 알 수 없는 어떤 '힘에의 의지'를 원용할 필요는 없다. 내기에의 투자는 게임에의 소속을 규정하고, 모든 게임자들에게 공통되어 있어 그들을 대립시키고 경쟁에 끌어들이는데, 이러한 투자 외에도 장의 구조 자체가, 다시 말해 여러 가지 다양한 종류의 자본의 (불평등한) 배분 구조가 일부 위치들의 희귀성과 그에 상응하는 이득들을 창출하면서 용이케 하는 것은, 희귀한 위치들을 가로챔으로써 이 희귀성을 파괴하거나 축소시키고자 하는 전략들이거나, 이 위치들을 방어함으로써 이 희귀성을 보존하려는 전략들이다.

사회 공간, 다시 말해 배분들의 구조는 공간에 대한, 특히 배분에 대한 대립적인 입장 결정들의 토대이자 동시에 관점들(학구적인 환상에서 벗어나기 위해 재삼 언급해야 할 것인데, 이 관점들이 반드시 명료한 언어적인 표현들이나 입장 결정들은 아니다) 사이의 투쟁과 대결의 목적이다. 이 투쟁은 공간에 대한 합법적인 비전과 표현·정통성을 강제하기 위한 것인데, 이것들은 정치장에서 흔히 예언과 **선견**에 의존하며 비전과 분할의 원리들——인종·지역·민족·계급 등——을 강제하는 것에 목표를 두고 있다. 이 원리들은 스스로 **성취되는 예언**의 효과를 통해서 집단들이 존재케 하는 것에 기여할 수 있다. 투쟁의 필연적 결과는, 특히 그것이 정치적 장에서 설정될 때(예를 들어 고대 사회들에서 남성과 여성 사이의 은밀한 투쟁과는 달리) 독사를 구성하는 것 가운데 다소간 확대된 부분이 명료하게 나타난다는 것, 다시 말해 구성된 여론의 상태가 된다는 것이다. 그러나 투쟁은 가장 비판적인 사회 세계들의 가장 비판적인 상황들에서조차도 사회과학이 추구하는 총체적인 폭로, 다시 말해 기존 질서에 대한 독사적 복종의 총체적 정지에는 결코 이르지 못한다.

각각의 행위자는 사회적 공간 속에서 자신의 위치에 대한 실천적이고 육체적인 지식을 지니고 있으며, **위치 설정 감각**으로 전환된 **자신의**(현재적이고 잠재적인) **자리에 대한 감각**을 지니고 있다. 이 위치 설정 감각이 서열로서 절대적으로, 그리고 특히 상관적으로 규정되어 점유된 자리에 대한 그의 경험을 지휘하고, 이 자리를 유지하고 지키기 위해('자기 자리에 남아 있는 것' 등) 유지해야 할 행실을 지휘한다. 이러한 위치 감각이 얻게 해주는 실천적 인식은 감동의 형태(자리에 걸맞지 않다고 느끼는 불편이나 자기 자리에 있다는 느낌과 결합된 편안함)를 띤다. 그래서 그것은 회피와 같은 행실로 표현되거나, (상급자 앞에서) 어투의 교정이나 2개 언어 공용의 상황에서 때에 알맞은 언어의 선택 같은 실천의 무의식적 교정을 통해 표현된다. 바로 그것이 일상적 삶의 상징적 투쟁에의 개입에 방향을 설정하는 것이다. 이 투쟁은 정치적·관료적·법률적, 그리고 특히 학문적 장들과 같은 전문화된 장들 내에서, 다시 말해 대개의 경우 담론적인 상징적 표현들의 범주에서 전개되는 특유하게 이론적인 투쟁보다는 덜 가시적이지만, 동등하게 효율적인 방식으로 사회 세계의 구축에 기여한다.

그러나 실천적 감각으로서의 현재적이고 잠재적인 이 위치 설정 감각은, 우리가 본 바와 같이 언제나 여러 가지 명시적 표현들로 나타날 수 있다. 이 점이 명료한 입장 결정, 그리고 언어적으로 진술된 의견으로 하여금 위치에 대하여 상대적 독립을 가지게 해주며, 특유하게 정치적인 **대변** 행동에 성공의 길을 열어 준다. 이 행동은 대변자의 행동으로서 한 집단의 전제된 경험을 언어적인, 혹은 말하자면 극적인 대변의 범주에 이르게 하며, 집단으로 하여금 존재케 하는 것에 기여할 수 있다. 기여의 방법으로는 집단이 자신의 목소리로(단 하나의 목소리로) 이야기하는 사람처럼 나타나게 하거나, 나아가 행렬·행진·분열이나 현대의 데모 같은 공적인 전시에서 자신을 드러내도록 부추기고, 그렇게 하여 모든 사람들이 보는 앞에서 자신의 존재·(수와 연결된) 힘·의지를 선언하도록 부추김으로써 집단이 집단으로서 보이도록 하는 것이다.[14]

자신의 자리에 대한 감각은 실천적 감각(이 감각은 사람들이 습관적으로 '계급 의식'이라는 개념 속에 집어넣는 것과는 아무런 관계가 없다)이고, 자신을 인식하지 못하는 실천적 인식이며, '박학한 무지'이다. 이 무지는 무지로서 독사가 표현되고 공적으로 명시되는 특별한 형태 속에서는 스스로를 제대로 알아보지 못하는 데 있는, 몰인식의 그 특이한 형태인 알로독시아의 희생물일 수 있다. 특히 한계 감각의 형태로 사회 세계의 필연성을 합체함으로써 얻어지는 인식은, 그것이 함축하는 복종처럼 매우 현실적이다. 이 복종은 때때로 체념의 절대적인 확인들 속에서 표현된다. 예를 들면 "그건 우리를(또는 우리와 같은 사람들을) 위한 것이 아니야," 혹은 좀더 진부한 표현으로 (우리에게는) "그건 너무 비싸다" 같은 확인들이 그것이다. 그러한 인식은(내가 실업의 원인에 대해 알제리 노동자들에게 질문하면서 증명하려고 시도했던 바와 같이) 어떤 명시적 표현과 나아가 설명의 최초 기본 토대를 담고 있다.[15] 그리고 그것은 저항의 형태들을 배제하지 않는다——어떻게 이것의 반대를 생각할 수 있겠는가? 이 형태들이 수동적이고 내적이 되었든, 적극적이고 때로는 집단적이 되었든 말이다. 그런데 그것들은 특히 노동과 착취의 가장 진저리나는 형태들을 벗어나는 데 목표를 둔 전략들(생산의 제동, 유출, 태업)을 동반한다. 그러나 그러한 인식은 여전히 상징적 일탈에 노출되어 있다. 이 상징적 일탈은 이 인식이 자신을 대변인들에 맡기지 않을 수 없는 구속이다. 대변인들은 프락시스에서 로고스로의, 실천적 감각에서 담론으로의, 실천적 비전에서 재현으로의 이동, 다시 말해 특유하게 정치적인 여론 질서에의 접근이 전제하는 일종의 그 존재론적 도약에 대한 배타적 책임이 있다.

정치적 투쟁은 사회 세계의 합법적 비전을 강제하는 권력을 위한, 아니면 보다 정확히 말해서 저명과 존엄성의 상징적 자본의 형태로 축적된 인정을 위한 인식적(실천적이고 이론적인) 투쟁이다. 이 인정은 사회 세계의 의미, 즉 그것의 현재적 의미를 부여하고, 그것이 가고 있으며 가야 할 방향에 대한 합법적 인식을 강제하기 위한 권위를 부여한다. 세계 형성 작업은 넬슨 굿맨이 지적하고 있듯이, "별도로 따로 떼어 놓고 함께 놓는 데 있으며——흔히 이 두 가지가 동시에 이루어진다"[16]——규합하고 분리시키는 데 있다. 그런데 그것은 사회 세계가 관계될 때는 세계 분할에 대한 비전, 따라서 세계를 구성하는 집단들에 대한 그리고 이 집단들의 관계에 대한 비전을 변모시키면서 이 세계를 변모시키거나 보존하는 데 알맞은 분할의 원칙들을 구축하여 강제하는 경향이 있다. 어떤 의미에서 그것은 사물들의 질서가 지각되는 범주들을, 그리고 그것이 표현되는 말들을 변모시키거나 보존하면서 이 질서를 유지하거나 전복시키는 데 목적이 있는 지각(知覺) 정책이다. 지각을 형성하고 그것에 방향을 부여하기 위한 노력과, 세계에 대한 실천적 경험을 명료하게 만들기 위한 노력은 함께 간다. 왜냐하면 상징적 투쟁의 목적들 가운데 하나는 지식의 지배력, 다시 말해 합체된 지식 도구들에 대한, 사회 세계를 지각하고 평가하는 형태들에 대한, 그리고 시간의 어느 순간에 세계관을 결정하는 분할의 원리들(부유한 자/가난한 자, 백인/흑인, 내국인/외국인 등)에 대한 지배력이고, 이 지배력이 함축하는 보게 하고 믿게 하는 권력이기 때문이다.

합법적인 상징적 폭력의 독점권을 지닌 주체로서의 국가라는 제도는, 제도라는 존재 자체를 통해서 이 독점을 위한(다시 말해 자신의 고유한 비전의 원리를 강제할 수 있는 권리를 위한) 만인의 만인에 대한 투쟁에 한계를 부여하며, 그렇게 하여 이 투쟁으로부터 일정 수의 분할들과 분할 원칙들을 떼어낸다. 그러나 동시에 그것은 국가 자체를 상징적 권력을 위한 투쟁의 주요 목적들 가운데 하나로 만든다. 사실 국가는 세계 구축의 공식적이고 효율적인 원리로서의 **노모스**를 강제하는 훌륭한 장소이다. 이 강제에는 예를 들어 인정과 승인의 모든 행위들이 수반되는데, 이 행위들은 결합(결혼, 다양한 계약 등) 또는 분리(이혼, 계약의 파기)의 상황들이나 행위들을 인준하고 법제화하며 합법화하고 '규제한다.' 그리하여 결합이나 분리의 행위들은 우발적이고 비공식적이며, 나아가 은폐된 사실(하나의 '사통(私通)')의 상태에서 모든 사람들에게 알려져 인정되고 공표된 공적이고 공식적인 사실의 지위로 상승된다.

사회적으로 확립되고 공식적으로 인정된 상징적 구축 역량의 뛰어난 형태는 법률적 권위이다. 왜냐하면 법은 합법적인 것으로 인정된 지배적인 비전, 아니면 이런 표현이 좋다면 국가에 의해 보장된 합법적 세계의 비전의 객관화이자 정통의 객관화이기 때문이다. 기존 질서를 인정하는 이 국가적 역량의 모범적 예시는 판결이다. 판결은 존재하는 것을 말하는 권력의 합법적 행사이고, 판결이 진술하는 것을 보편적으로 인정된 수행적 확인 속에 존재케 하는 권력의 합법적 행사이다. 또 다른 예시는 호적인데, 이는 **신의 최초 관점**이 실행하는 것들과 유사한 창조적 확인으로서, 말라르메 타입의 시인처럼 하나의 '정체성'(신분증)을 부여하거나, 때로는 (헌법에 의해) 구성된 국가 기관의 구성 원리로서의 칭호를 부여하면서 이름들을 고정시키고 명명 방식에 대한 논의를 종식시킨다.

그러나 국가가 정체성들을 배분하고 재배분하는 이 합법적 권한을 직접적으로 위임을 받은 관리들에게만으로 제한하고 있긴 하지만, 국가는 개인들이나 사물들의 인정(예를 들면 건물 같은 부동산권리증이 수반된 인정)을 통해 이들에게 이 정체성들의 파생된 형태들을 위임할 수 있다. 파생된 형태들은 적성·부적격·무자격을 드러내는 학력 혹은 의료 **증명**서 같은 것인데, 이는 이점이나 특권을 합법적으로 얻게 해주는 인정된 사회적 권력이다. 또 다른 형태는 **진단서**이다. 진단서는 과학적으로 정체성을 확인해 주는 임상적 증서로서, 의학적 처방을 통해 법률적 효율성을 부여받을 수 있으며, 권리소유자들을 판별해 내는 사회적 경계를 확립함으로써 특권의 사회적 배분에 참여할 수 있다. (여기서 멈추어 사회학적 확인——예를 들어 여기서 내가 진행하고 있는 확인 같은 것——에 대해 성찰해 보아야 할 것이다. 사회학적 확인은 비록 경험적 공문서의 지위를 요구하고 있다 할지라도 비준이나 공인으로 인식될 위험이 있다. 다시 말해 그것은 외관상으로는 존재하는 것을 말하는 것 같지만, 실재로는 암묵적으로 존재해야 하는 것을 추가로 말하는 경향을 보이는 슬그머니 수행적인 확인으로 인식될 위험이 있다. 이러한 측면은 특히 통계적 확인에서 표현되는 애매성이다. 통계적 확인은——공식적 통계일 때는 국가적인 범주들에 따라——배분들을 기록하는데, 이 배분들 자체는 합법적인 재분배의 결정을 위한, 다시 말해 사회 안전이 문제될 때 합법적인 무능의 규정과 재규정을 위한 투쟁의 결과만을 기록하게 한다.)

따라서 사회 세계는 인식과 인정을 위한, 불가분하게 인식적이고 정치적인 상징적 투쟁의 산물이자 동시에 목적이다. 이 투쟁 속에서 각자는 고프먼이 훌륭하게 분석한 '자기 소개'의 전략으로서 자신의 유리한 묘사를 강제하려 추구할 뿐만 아니라 자신의 사회적 존재(예를 들어 집단들의 한계에 대한 투쟁을 동반한 개인적·집단적 존재)에, 그리고 인정의 상징적 자본 축적에 가장 유리한 사회 세계의 구축 원리들을 합법적인 것으로 강제할 수 있는 역량을 추구한다. 이 투쟁은 일상적인 존재의 질서 속에서, 그리고 문화적 생산의 장들 속에서 전개되는데, 이 장들이 모두 그와 같은 유일한 목적을 향해 있지는 않다 할지라도, 그것들은 정치적 장처럼 사회 현실의 구축 및 평가 원리들의 생산과 강제에 기여한다.

합법화라는 특유하게 정치적인 행동은 언제나 있는 그대로의 세계에 대한 최초 동의인 후천적인 그 근본적 지식에 입각해 실현된다. 그래서 양식(良識)과 같은 편인 상징적 질서수호자들의 작업은, 정통성의 분명한 양식에 따라 독사의 원초적인 명백성들을 복원하려는 데 있는 것이다.

반대로 전복적인 동원을 수반하는 정치적 행동은 몰인식에 의해 중화된 거부의 잠재적 힘을 해방시키는 것이 목적인데, 그 방법은 사물들의 질서와 육체들의 질서 사이의 일치가 은폐하고 있는 창설적 폭력을 위기를 틈타 비판적으로 폭로하는 것이다.

독사의 침묵하는 명백성으로부터 벗어나기 위해, 그리고 여론이 감추고 있는 임의성을 진술하고 고발하기 위해 필요한 상징적 작업은 표현과 비판의 도구들을 전제하는데, 이 도구들은 다른 자본 형태들처럼 불평등하게 배분되어 있다. 따라서 모든 것을 고려할 때, 이 작업은 명료화 작업 전문가들의 개입 없이는 불가능하다고 생각할 수 있다. 이 전문가들은 어떤 역사적 상황들에서는 부분적인 연대를 토대로, 그리고 어떤 문화 생산의 장에서는 지배되는 위치와 사회 공간에서 피지배자들의 위치 사이의 상응에 근거한 사실상의 결합을 토대로 피지배자들의 **대변인들**이 될 수 있다. 바로 애매성이 없지 않은 이와 같은 연대를 이용하여, 예를 들면 중세 천복년설 운동의 환속한 성직자들이나 근대 혁명 운동의 지식인들(베버나 기타 다른 사람들은 이들을 프롤레타로이드라 말한다)과 더불어 **문화적 자본의 전이**가 실현될 수 있는 것이다. 이 전이는 피지배자들로 하여금 집단적인 동원을 가능케 할 뿐 아니라, 기존의 상징적 질서에 대항한 전복적 행동을 가능케 한다. 그러나 이 행동의 반대 급부로는 피지배자들의 이익과 피지배자-지배자들(지배적 피지배자들)의 이익이 불완전하게 우연히 일치하는 현상 속에 들어가는 일탈의 잠재적 가능성이 있다는 것이다. 이 피지배자-지배자들은 지배의 여러 가지 다른 경험들 사이의 부분적인 유사에 근거하여 피지배자들의 요구들이나 저항들의 대변자가 되는 것이다.

이중의 진실

우리는 물리주의로 이끄는 객관주의적 비전에 만족할 수는 없다. 이 비전의 입장은 학자가 행위자들의 필연적으로 부분적이고 편협한 관점들을 단순한 환상들로 다룰 수 있기 때문에, 우리가 사물로 취급할 수 있는 사회 세계가 물 자체로서 존재한다는 것이다. 우리는 주관주의적 또는 주변주의적 비전에는 더욱 만족할 수 없다. 이 비전의 입장은 사회 세계가 모든 표현들과 모든 의지들의 집합의 산물일 뿐이라는 것이다. 사회과학이 모든 객관적인 데이터들에 대항해 자신들에 대한, 그리고 세계에 대한 주관적 표상들을 구축하기 위한 행위자들의 노력을 대체할 수 없는 객관화로 귀결될 수는 없다. 그것은 자연 발생적인 사회학들과 **민속 이론들**의 기록으로 요약될 수도 없다. 이것들은 학술적 담론 속에 너무 많이 존재할 뿐인데, 이 담론 속에 그것들은 몰래 도입되고 있다.

사실 사회 세계는 이 사회 세계에 속하는 사람들에게는 인식의 대상이다. 그 속에 포함된 그들은 그것을 이해하고 생산하지만, 그들이 그 속에서 점유하는 관점으로부터 출발한다. 따라서 우리는 인정을 위한, 그리고 상징적 권력을 위한, 다시 말해 분할·인식·인정의 원리들을 강제하기 위한 투쟁의 원리에 자리잡고 있는 **포착한다는** 것과 **포착된다는** 것, 안다는 것과 알려진다는 것, 인정한다는 것과 인정된다는 것을 배제할 수 없다. 그러나 우리가 더욱더 무시할 수 없는 것은 행위자들이 세계에 대한 표상들을 수정하면서 세계를 수정하기 위한, 이처럼 특유하게 정치적인 투쟁 속에서 입장들을 결정한다는 것이다. 이 입장들은 현상론적 전망주의가 원하는 것처럼 결코 상호 교환할 수 없는 것으로, 사실상 언제나 사회 세계——그들을 산출하지만, 그들이 산출하는 데 기여하는 사회 세계——속에서의 그들의 위치에 달려 있다.

근본적 비전에도 만족할 수 없고, 객관화 작업이 접근하게 해주는 비전에도 만족할 수 없는 우리는, 대상으로 택해진 행위자들의 관점과 분석 작업이——입장의 결정들을 이것들이 결정된 위치들과 연결시키면서——도달하게 해주는 이 관점에 대한 관점을 **함께 취하여** 통합할 수밖에 없다. 인식론적 단절은 언제나 사회적 단절을 전제한다. 사회적 단절은, 특히 그것이 무시되어 있을 때는 파괴해야 할 장애물이 아니라 이해해야 할 대상으로 다루어지는 공통의 인식에 대한 입문자의 멸시 형태를 불러 일으킬 수 있다. 아마 이러한 이유 때문에 객관주의적 순간에 '얼치기'의 부분적 비전에 멈추고자 하는 유혹이 매우 강한 것이리라——많은 사람이 이 유혹에 넘어간다. 이 얼치기는 환상을 깬다는 악랄한 기쁨에 사로잡혀 자신의 분석에서 근본적 비전, 즉 파스칼이 말한 것처럼 '건전한 국민의 진실'을 도입하는 것을 **빠뜨린다**. 그는 이 진실과 대립하는 자신의 구축물들을 세웠던 것이다. 그리하여 흔히 과학적 객관화가 야기하는 저항들은 고유한 이해의 독점을 방어하려는 학자적 세계들에서 특별히 강렬하게 느껴지고 표현되는데, 모두가 항상 전적으로 정당화되지 않는 것은 아니다.

어쨌든 사회적 게임들은 그것들이 지닌 이중의 진실을 살려 묘사하기가 매우 어렵다. 사실 사회적 게임들에 가담하고 있는 사람들은 게임의 객관화에서 얻는 것이 거의 없다. 그리고 게임에 가담하지 않는 사람들은 게임에 참여하는 조건으로만 배울 수 있고 이해할 수 있는 모든 것을 경험하고 느끼는 데 흔히 좋지 않은 위치에 있다. 그리하여 그들의 묘사는 믿음이 있는 자의 매혹된 경험에 대한 환기가 없으며, 참여자들에게는 시시하고 모독적인 것으로 나타날 확률이 높다. '얼치기'는 허구에서 깨어나게 하고 고발한다는 즐거움에 온통 **빠져** 다음과 같은 점을 모르고 있다. 즉 그가 각성시키거나 가면을 벗기고 있다고 믿는 자들이, 그가 그들에게 드러낸다고 주장하는 진실을 알고 있으면서 동시에 거부한다는 것 말이다. 그는 **자기 기만**의 게임들을 이해할 수 없고 고려할 수도 없다. 이 게임들은 자신에 대한 환상을 영속화시켜 주고, 현실과 현실주의로 되돌아오라는 환기에 대항한 '주관적인 진실'의 용인할 수 있거나 살맛나는 형태를 간직하게 해주는 것이다. 여기에는 흔히 제도의 방조가 동반된다. (제도──예를 들면 분류와 계층화를 매우 좋아하기는 하지만 대학을 들 수 있다──는 언제나 자존심에 보상적인 만족을 제공하고, 자신과 타자들의 인지 및 평가를 혼란스럽게 하기에 알맞은 많은 위안을 제공한다.)

그러나 개인들이 그들의 진실의 발견에 대립시키는 방어들은, 사회 질서의 가장 근본적인 메커니즘들을 숨기기 위해 이용되는 집단적인 방어 체계들에 비하면 아무것도 아니다. 상징적 교환의 경제를 지배하는 메커니즘들 같은 것 말이다. 그리하여 사회적 출신과 학업적인 성공 사이의 또는 교육 수준과 미술관을 드나드는 빈도 사이의, 혹은 과학적 또는 예술적 세계들의 가장 가치화된 위치들에 도달할 가능성과 성(性) 사이에 강력한 상관 관계가 존재한다는 것과 같은 가장 명백한 발견들이 스캔들을 일으키는 거짓으로 거부될 수 있는 것이다. 사람들이 이 거짓들에 대립시키게 되는 것은 반박의 여지가 없는 것으로 제시되는 반증의 예들("우리 집 수위 아들이 문과대학에 다니고 있어" 혹은 "나는 폴리테크니시앵(파리 이공대학 졸업생)들의 아들들을 알고 있는데 완전한 낙오자들이야")이거나, 고상한 대화와 폼잡는 글들에서 실수처럼 나타나는 부인들이다. 이것들의 전범적 형태는 최고 상류층 부르주아 계급의 한 늙은 인물이 명철한 작가처럼 던지는 말이다. "선생, 교육이란 타고나는 것입니다." 사회학자의 객관화 및 폭로 작업이 많은 경우에 있어서 **부인**(否認)의 **부정**을 산출하도록 이끈다는 점에서, 그는 자신의 발견들이 시시한 확인들로서 취소되거나 평가 절하되는 것을 예상해야 한다. 그것들은 태곳적부터 알려져 있고, 이 확인들에 의해서 논쟁적인 악의나 시샘적인 원한 이외에는 다른 근거가 없는 명백한 오류들로서 맹렬하게 논박된 것들이라는 것이다.

그렇다면 그는 정신분석학이 잘 알고 있는 저항들과 매우 유사하지만, 집단적인 메커니즘들에 의해 지지되고 있기 때문에 아마 더 강력한 그

저항들을 자신에게 허용해서는 안 된다. 억제의 작업과 이 작업이 창출하는 다소 환상적인 구축물들이 이것들이 감추려고 애쓰는 것과 동일한 자격으로 진실에 속한다는 것을 잊기 위한 그 저항들을 말이다. 후설이 그렇게 하고 있듯이 "최초의 지심(地心)은 움직이지 않는다"는 것을 상기시키는 것은, 코페르니쿠스의 발견을 거부하여 그것에 직접적으로 경험된 진실을 무조건적으로 대체하라고 권유하는 것이 아니다. (일부 민족학방법론자들과 '자유사회학'의 구성주의적 옹호자들이 그러하듯이 말이다. 이들은 모든 객관화 작업이 가져온 지식—— '주체의 회귀'에, 그리고 '사회적인 것' 및 사회과학의 그토록 고대했던 종말에 향수를 품은 자들 모두에 의해 곧바로 환영을 받은 지식——을 거부한다.) 역시 그것을 상기시키는 것은 객관화의 확인과 최초 경험의 객관적인 확인을 함께 고려하기 위한 것이다. 이 최초의 경험은 원래 객관화를 배제하는 것이다. 보다 분명히 말하면, 객관화하는 주체로 하여금 실생활에 참여한 행위자들의 관점에 대한 관점을 취하게 만드는 학구적 관점을 객관화하기 위해서 필요하고, 실생활에서 절대적으로 접근하기 불가능한 낯선 관점을 채택하는 시도를 하기 위해서 필요한 작업을 항구적으로 자신에게 강제하는 것이 중요한 것이다. 이 낯선 관점은 초점이 두 개인 이중의 관점으로서 이런 사람의 관점이다. 즉 그는 세계 속에 포함되어 있고, 따라서 연루라는 사실과 이 사실에 함축적인 모든 것을 이해할 수 있는 경험적 '주체'로서의 자신의 경험을 다시 자기화했기 때문에, 필연적으로 학구적일 수밖에 없는 이론적인 재구축 속에 다음과 같은 사람들의 진실을 삽입하려고 시도한다. 즉 자신들이 수행하는 것과 자신들의 현존재의 객관적이고 주관적인 진실을 자기 것으로 만들기 위해, 필요한 이해 관계도 여가도 도구들도 없는 사람들 말이다.

추서 1: 증여의 이중적 진실

아마 이같은 이중적 시선은 애매성으로 인해 충격을 줄 수밖에 없는, 증여에 대한 경험의 경우에서 가장 절대적으로 불가피할 것이다. 한편으로 증여는 이해 관계나 이기주의적 계산의 거부로서, 그리고 보상을 바라지 않는 무상한 관용의 찬양으로서 체험된다. (또는 그런 거부와 찬양이고자 한다.) 다른 한편으로 그것은 교환의 논리에 대한 의식도, 나아가 억제된 충동들의 증언도, 관용적 교환의 부정된 또 다른 진실의 폭로도——섬광처럼 나타나는 폭로——즉 구속적이고 대가를 많이 치러야 하는 그것의 성격의 폭로도 결코 완벽하게는 배제할 수 없다. 이로부터 증여의 **이중적 진실**과 사회적 조건들이라는 중심적 문제가 나타나는데, 이 사회적 조건들은 개인적이고 집단을 향한 자기 기만처럼 기술될 수 있는(상당히 부적절하게) 것을 가능케 하는 것들이다.

내가 《실천 이론의 개괄》과 《실천 감각》[17]에서 제안한 모델은 두 진실 사이의 괴리, 그리고 동시에 레비 스트로스가 모스를 생각하면서 (상당히 특별한 의미에서) '현상학적'이라고 부르고 있는 비전과 구조주의적 비전 사이의 괴리를 인정하고 그것의 동기를 설명한다. 관용적이고 무상하며 보답이 없는 행위로서의 증여의 의도적 진실과 모델이 도출하는 진실, 즉 이 의도적 진실을 교환의 특이한 행위들을 초월하는 교환 관계의 순간으로 만들어 주는 진실 사이의 모순을 숨기게 해주는 것은 증여와 역증여 사이의 시간적 간격이라는 것이다. 달리 말하면, 객관적 교환을 일련의 불연속적인 자유롭고 관용적인 행위들로 체험하게 해주는 간격이 자기 기만을 수월케 하고 조장하면서 증여의 교환을 살아 있게, 그것도 심리적으로 살아 있게 하는 것이다. 이때 자기 기만은 교환의 논리에 대한 인식과 몰인식이 공존하는 조건이다.

그러나 분명한 것은 자기 자신에 대한 개인적인 거짓이 가능한 이유가 다만 그것이 집단을 향한 자기 자신에 대한 거짓에 의해 뒷받침되기 때문이라는 것이다. 증여는 사회적 행위들 가운데 하나인데, 이것의 사회적 논리는 경제학자들이 말하는 것과는 달리(하나의 정보는 각자가 그것을 소유하고 있다는 것을, 각자가 알고 있다는 것을 안다면 이른바 **일반적 지식**이다) **일반적 지식**이 될 수 없는 것이다. 보다 정확히 말하면 그것은 공적이 될 수 없고 **공적인 지식**이, 다시 말해 예를 들면 공화국의 커다란 표어들처럼 공적으로 선언된 공식적 진실이 될 수 없다. 집단을 향한 이 자기 기만이 가능한 유일한 이유는, 이 기만의 원리(이 원리를 실천적으로 가능케 하는 조건이 바로 시간적 간격이다)에 자리잡고 있는 **억제**가 상징적 재화의 경제의 토대에 **일뤼지오**로서 들어가 있기 때문이다. 이 반경제적('경제적'이라는 말의 제한적이고 현대적 의미에서) 경제의 근거는 이해 관계와 계산의 부인이다. 보다 분명히 말하면, 그것은 보편적 가치에 대한 집단적 믿음을 영속화시키는 것을 목적으로 하는 몰인식의 집단적 유지 작업인데, 이 믿음은 개인적이고 집단적인 불성실(자기 기만의 사르트르적인 의미에서)의 한 형태에 불과하다. 달리 말하면 이 경제는 제도들에 대한 영속적인 투자에 근거하는데, 이 제도들은 증여물의 교환처럼 신뢰를 창출하고 재창출하는 것이다. 보다 심층적으로 말하면 그것들은 신뢰, 즉 사적이든 공민적이든 아량이나 미덕은 보상받을 것이라는 사실에 대한 신뢰를 창출하고 재창출한다. 교환의 논리를 정말로 모르는 사람은 아무도 없다. (예를 들어 그것은 사람들이 선물이 충분하다고 판단될 것인지 자문할 때에는 끊임없이 분명하게 떠오른다.) 그러나 게임의 법칙에 따르는 것을 받아들이지 않는 사람은 아무도 없다. 이 게임은 우리가 마치 게임의 법칙을 모르는 것처럼 게임하는 것이다. 우리는 각자가 교환의 진실을 알고 있다——그러면서 알기를 원치 않는다——는 점을 각자가 알고 있는 이 게임을 지칭하기 위해서 **공유된 몰인식**에 대해 이야기할 수 있을 것이다.

 사회적 행위자들이 기만자이자 동시에 기만당한 자로 나타날 수 있는 것은, 다시 말해 그들이 자신들의 (관대한) '의도들'에 대해 남을 기만하고 자신이 기만당하는 것으로 나타날 수 있는 것은, 그들의 기만(또한 어떤 의미에선 이 기만이 아무도 기만하지 않는다고 말할 수 있다)이 그들의 행위가 직접적으로 향하는 자들과 이 기만을 제삼자로서 관찰하는 자들의 공감을 동시에 확실하게 만날 수 있기 때문이다. 이 점은 그들이 증여물의 교환이 상징적 재화의 경제 형태로 **제도화된** 사회 세계 속에 서로가 오래 전부터 빠져 있기 때문이다. 전적으로 특별한 이와 같은 경제는 특수한 객관적 구조들과 합체된 구조들, 즉 **성향들**에 동시에 토대를 두는데, 이 성향들은 객관적 구조들이 미리 전제하는 것들이고, 그것들이 실현될 수 있는 조건들을 제공하면서 창출하는 것들이다. 구체적으로 말하면, 이 점이 의미하는 것은 관대한 행위로서의 증여가 오직 다음과 같은 사회적 행위자들에게만 가능하다는 것이다. 즉 보상(단순히 역증여의 형태만이 아니다)과 인정을 보장할 수 있는 경제, 다시 말해——외관상 이런 환원적인 표현이 허용된다면——시장이 지닌 객관적 구조들에 알맞게 조정된 관대한 성향들을, 이 성향들이 기대되고 인정되고 보상되는 세계들 속에서 획득한 자들 말이다.

상징적 재화의 시장은 (긍정적 혹은 부정적) 이득의 객관적인 확률 시스템 형태로 나타나거나, 아니면 마르셀 모스처럼 말한다면 믿을 수 있고 고려해야 하는 '집단적 기대' 전체의 형태로 나타난다.[18] 그러한 세계에서 증여를 하는 사람은 자신의 관대한 행위가(순진한 짓이나 터무니없는 짓, '미친 짓'으로 나타나는 대신) 관대한 행위로서 인정되고, 증여의 혜택을 받는 사람의 인정을 획득할 수 있는 가능성이 아주 높다. 그 이유는 특히 이 세계에 참여하고 이 세계의 필연성에 의해 만들어진 다른 모든 행위자들 역시 그렇게 되길 기대하기 때문이다.

달리 말하면, 일련의 교환을 개막하는 (명백한) 증여와 관대한 행위의 원리에는 고립된 개인의 (계산적이거나 아닌) 의식적 의도가 있는 것이 아니라 관용이라는 아비투스의 그 **성향**이 있는 것이다. 이 성향은 명시적이고 확실한 의도 없이 상징적 자본의 보존이나 증가를 지향한다. 명예(출발점에서 이것은 증여물의 교환과 동일한 논리에 따르는 일련의 살인일 수 있다)의 감각처럼 이 성향은 명백한 교육을 통해 획득되든가(노베르트 엘리아스가 환기한 젊은 귀족의 경우가 그러한데, 이 귀족은 아버지로부터 받았던 금화 지갑을 그대로 돌려 줄 때 아버지가 그것을 창 밖으로 던져 버리는 것을 본다), 그것이 실생활에서 누구나 인정하는 법칙이 되고 있는 세계를 일찍부터 오랫동안 출입한 결과로 획득된다. 상징적 재화의 경제 논리에 조정된 성향들을 부여받은 자에게 관대한 행실은 자유와 미덕을 선택한 산물도 아니고, 달리 행동할 수 있는 가능성을 대체하는 숙고의 결과 수행된 자유로운 결정의 산물도 아니다. 그것은 '하지 않으면 안 될 유일한 일'처럼 제시되는 것이다.

우리가 윤리적 궤변의 미묘하면서도 해결 불가능한 역설들을 나타나게 할 수 있을 때는 오로지 다음과 같은 때이다. 즉 우리가 본론에서 제도——그리고 이 제도를 낳은 특히 교육적인 작업——를 배제함으로써, 주는 자와 받는 자가 전적인 사회화 작업을 통해서 이익의 의도도 계산도 없이 관대한 교환을 하도록 준비되어 있고 증여를 있는 그대로, 다시 말해 그것의 진실 속에서 인식하고 인정하도록 준비되어 있다는 점을 망각할 때이다. 사실 극복할 수 없는 모순들이 나타나게 하고, 그리하여 무상 증여란 불가능하다는 식으로 결론을 내리기 위해선 의식철학의 관점을 채택해 증여의 의도적 의미에 대해 탐구하고, 다음과 같은 점을 알려고 고심하면서 일종의 '의식 탐구'를 하면 충분하다. 즉 고립된 개인의 자유로운 결정으로 이해된 증여가 진정한 증여이고 진정으로 증여인지, 아니면 같은 말이지만 그것이 그것의 본질적인 모습에, 다시 말해 결국 그것의 당위적 모습에 일치하는 것인지 아는 것 말이다.

그러나 우리가 증여하려는 의도가 증여로서의, 다시 말해 사심 없는 행위로서의 증여를 파괴하고 취소시킨다고 말할 수 있는 정도까지 갈 수 있는 것은 이러한 이유 때문이다. 즉 우리가 학구적 관점 및 이와 불가분의 관계에 있는 주지주의적 오류의 매우 날카로운 형태에 빠지면서 증여에 참여한 두 행위자들을 계산하는 자들로 생각하기 때문인데, 여기서 이 행위자들은 그들이 객관적으로(레비 스트로스의 모델에 따라) 행하는 바를 행한다는 것을, 다시 말해 상호성의 논리에 따르는 교환의 이행을 주관적 계획으로 삼는다는 것이다. 달리 말하면 우리는 행위자들의 의식 속에, 학문이 그들의 실천(여기서는 증여물의 교환이라는 실천)의 동기를 설명하기 위해 구축하여야 했던 모델을 집어넣는 것이다. 이것이 결국 실질적으로는 불가능한 일종의 이론적 괴물을, 즉 관대하고 무상한 증여에 대한 자기 파괴적인 경험을 만들어 낸다. 이 경험은 역증여를 획득한다는 의식적 계획을 가능한 목적으로 담고 있다.[19)]

그리하여 우리가 증여를 이해할 수 있는 유일한 조건은, 의식적 의도를 모든 행위의 원리에 놓는 의식철학으로부터 벗어나고, 경제적 이익으로 귀착된 이익 및 합리적 계산의 경제 이외는 다른 경제를 알지 못하는 경제제일주의로부터 벗어나는 것이다. 경제적 장이 경제적 장으로 구축되었던 과정의 결과들 가운데 인식의 관점에서 가장 해로운 것의 하나는 일정 수의 분할 원칙들을 암묵적으로 받아들인 것인데, 이 원칙들의 출현은 정열들과 이해 관계들 사이의 대립으로서의, 즉 분리된 세계("장사에는 인정사정이 없다"라는 금언에 바탕을 둔 세계)로서의 경제적 장의 사회적 구축과 상관 관계에 있다. 이 원칙들은 출생 때부터 경제적 경제의 차가운 물에 잠긴 모든 이들에게 음험하게 강제되기 때문에 경제학을 지배하는 경향이 있는데, 경제학 자체가 이러한 분리에서 나온 것이다.[20)] (경제학자들이 유일한 이익에 의해 동기가 부여된 행동의 분석에 전문화되는 경향을 보이는 이유는, 그들이 논리적 행동과 '찌꺼기'나 '파생물' 같은 비논리적 행동 사이의 **역사적으로 설정된** 그 대립——이 대립은 파레토의 창설적 구분 속에 분명하게 표현되었다——을 언제나 부지불식간에 받아들이기 때문일 것이다. 새뮤얼슨은 이렇게 말했다. "많은 경제학자들이 합리적 행동과 비합리적 행동 사이의 구분에 근거하여 경제학을 사회학과 구분짓는 경향을 보이고 있다."[21]

증여의 경제는 서로 주고받는 교환의 경제와는 달리 (제한적 의미에서) 경제적인 것의 부인에 의거하며, 경제적 이익을 최대화한다는 논리의 거부, 다시 말해 계산적인 정신과 물질적 이익의 배타적 추구의 거부에 의거한다. 이 거부는 제도들과 성향들의 객관성 속에 편입된 것이다. 증여의 경제는 상징적 자본(인정·명예·고귀함 등의 자본)을 축적하기 위해 조직되고, 이 축적은 특히 상징적 교환(증여물, 말, 도전과 응전, 살인, 여자 등의 교환)의 연금술에 의해 이루어지는 경제적 자본의 변모를 통해 실현되며, 연금술에 접근할 수 있는 자는 '사심 없음'의 논리에 맞추어진 성향들을 부여받은 행위자들뿐이다.

서로 주고받는 경제는 유럽 사회에서 점진적으로 실현된 상징적 변혁의 산물이며, 이와 같은 실현은 예를 들어 공개 및 '탈애매화'의 눈에 띄지 않는 모든 과정들이 수반된다. 이러한 과정들의 흔적은 '인도유럽계 제도들이 드러내는 어휘' ——이 어휘는 벤베니스트에 의해 분석되었다—— 가 간직하고 있으며, 과정들은 (포로의) 되사기에서 사기로, (빛나는 행동에 대한) 보상에서 임금으로, 도덕적 인정에서 빚의 인정으로, 특정한 믿음에서 일반적 신뢰로, 도덕적 의무에서 법정 앞에서의 집행적인 의무로 이끌었다.[22] 이와 같은 '존경할 만한 커다란 변혁'이 사회를 증여의 경제——모스의 고찰에 의하면 이 증여의 경제는 '당시에 요컨대 반경제적이다'——로부터 벗어나게 할 수 있는 것은, 인간 생존의 경제적 토대들을 집단적으로 부인하는 것을 조금씩 조금씩 정지함으로써(종교·예술·가정 같은 일부 예외적 분야들을 제외하고), 그리하여 순수한 이득의 출현과 계산 및 계산 정신의 일반화(이 일반화는 임금 노동의 창안과 화폐의 사용에 의해 수월하게 되었다)를 가능케 함으로써만 이루어질 수 있는 것이다.

그렇게 하여 열려진 가능성, 즉 모든 종류의 활동을 계산의 논리("장사에서는 감정에 빠져서는 안 된다")에 종속시킬 수 있는 가능성은, 특히 법에서(예를 들면 가장 비관적이고 그야말로 고백하기 어려운 돌발 사태들을 예견하는 계약들과 관계될 때), 그리고 경제 이론(경제 이론은 처음에는 경제를 만드는 데 기여했다. 법률가들의 국가론들이 그것들이 외관상 기술하는 국가를 만드는 데 기여했듯이 말이다. 오늘날 우리는 흔히 이 국가론들을 정치철학론들처럼 읽고 있다)에서 드러나는 일종의 그 **공식적인 견유주의**를 합법화하는 경향이 있다. 이 경제는 특히 거래의 애매성의 결과와 '거래 비용'——이 거래 비용은 상징적 재화의 경제에 매우 무겁게 부담을 지운다. (인격화되고 그럼으로써 개인적 메시지로 형성되는 선물과 동일한 금액의 수표 사이의 차이에 대해 생각해 보면 충분하다)——을 없애 줌으로써 고도로 경제적인 것으로 드러나는데, 가장 신성한 영역들에까지(면죄부의 구매나 티베트 불교의 경전함) 계산의 이용을 결국 합법하고 관대한 성향의 완전한 반명제인 **계산적 성향**을 일반화한다. 이 계산적 성향은 베버가 말하듯이 계산성과 예측성에 의해 특징지어지는 경제적·사회적 질서의 발전과 짝을 이룬다.

우리가 증여를 생각하는 데 가지는 특별한 어려움은 다음과 같은 사실 때문이다. 즉 증여의 경제가 대양과 같은 서로 주고받는 경제에서 작은 섬에 불과한 경향을 보임에 따라 그것의 의미가 변화되기 때문이다. (식민지를 다루는 일부 기술인류학이 증여의 경제에서 하나의 신용 형태만을 보는 경향은, 민족중심적인 귀결의 경향이 지닌 한계에 불과한 것이다. 이러한 귀결의 결과는 외관상 가장 반성적인 분석들에서 여전히 보여지고 있다.) 정열과 이득(또는 미친 듯한 사랑과 정략 결혼) 사이의, 무료와 유료 사이의 대립에 근거한 경제적 세계 내에서 증여는 구속과 자유 사이의, 개인적 선택과 집단적 압력 사이의, 사심 없음과 이해 관계 사이의 구분을 넘어서 위치한 행위의 진정한 의미를 상실하여 사회적 자본의 축적을 향한 투자의 합리적 전략이 되는 것이다. 공적 관계나 작전상의 선물, 또는 극히 어려운 일종의 윤리적 공훈 같은 제도들과 더불어 말이다. 이 윤리적 공훈이 극히 어려운 이유는 진정한 증여——의무도 기대도 없고 이유도

목적도 없이 그냥 준, 완벽하게 무상하고 무보수적인 행위의 의미로서 증여——의 이상에 따라 측정되기 때문이다.

경제제일주의의 탐구 원칙과 학구적 철학의 원칙에 자리잡은 민족중심적인 비전과 진정으로 손을 끊기 위해서 필요한 것은, 증여물의 교환의 논리가 어떻게 비역사적인 인류학에 토대를 둔 경제 이론들로서는 이 이해할 수 없는 지속적 관계를 산출하게 되는가를 검토하는 것이다. 주목되는 것은 증여를 재발견하는 경제학자들[23]이 언제나 그런 것처럼 이와 같은 (제한적 의미에서) '반경제적인' 행위들의 경제적 조건들의 문제를 제기하는 것을 망각하고, 이러한 행위들을 가능하게 만드는 상징적 교환들의 경제를 무시한다는 것이다. 그리하여 (선천적으로) 이기적이라고 상정된 개인들 사이의 "협력이 어떻게 나타날 수 있는지" "어떻게 상호성이 오직 자신들의 이익에 의해——**원래**——움직이는 것으로 간주되는 개인들 사이의 협력, 즉 관례의 경제를 나타나게 하는지" 설명하기 위해서, 경제학과 사회학의 이러한 빈 교차점은 '관례'라는 개념적인 인공물을 원용할 수밖에 없는 것이다. 이 개념적 인공물이 경제학자들 사이에서 성공한 것은 아마 다음과 같은 사실 때문일 것이다. 즉 프톨레마이오스의 모델을 개념적 짜깁기를 통해 구축하려 했던 티코 브라헤식으로 이 인공물이 패러다임의 근본적 변화 하나를 절약하게 해준다는 것이다. (하나의 규칙성은 각자가 그것을 따르고, 각자가 다른 사람들도 마찬가지일 것이라고 기대한다면 관례인 것이다. "관례는 도덕적 행동의 규칙과 도구적 행동의 규칙 사이의 균형을 맞추면서 내적 고심을 한 결과물이다.") 이와 같은 따분한 미덕은 증여의 경제에서와 마찬가지로 주고받는 경제에서도 사회적 응집력을 진정으로 설명할 수 없다. 증여의 경제에서는 이 사회적 응집력이 아비투스들의 대대적 조직화에 결코 배타적으로는 의거하지 않으며, 계약의 초보적인 형태들에 언제나 자리를 마련해 준다. 주고받는 경제에서는 이 응집력이 계약의 구속 요소들에 크게 의존하고 있다 할지라도, 그것은 또한 많은 부분 아비투스들의 대대적 조직화에 의존하며 객관적 구조들과 인식적 구조들(또는 성향들) 사이의 일치에 의존하는데, 이 일치는 개인적인 예상과 '집단적인 기대' 사이의 부합을 확립하기에 적합한 것이다.

상징적 자본의 축적으로 방향지어진 경제의 애매성이 나타나는 원인은, 구조주의적 시각에 의해 부당하게 특별한 취급을 받는 커뮤니케이션이 지배의 길 가운데 하나라는 것이다. 증여는 의무의 언어로 표현된다. 의무화된 그것은 의무를 강제하고, 의무화된 것들을 이행하며, '이른바 의무들을 창조한다.' 그것은 합법적인 지배를 확립한다. 이 점은 무엇보다도 그것이 증여와 역증여(혹은 살인과 복수)를 갈라 놓은 간격을 형성하면서 시간을 설정하기 때문이다. 이 간격의 형성은 역증여나 인정의 **집단적인 기대** 속에서, 아니면 보다 분명히 말하면 인정되고 합법적인 지배 속에서, 즉 받아들이거나 좋아하는 복종 속에서 이루어진다. 이것이 바로 라 로슈푸코가 말하는 것이며, 주고받는 경제와 증여의 경제 경계에 있는 그의 위치가 (파스칼처럼) 상징적 교환의 미묘한 점들, 구조주의 인류학이 무시한 그 미묘한 점들에 관한 극도의 명철성으로 밀어올린 것이다. "사람들이 의무로부터 벗어나려는 너무나 큰 열성은 일종의 배은망덕이다."

열성은 보통 복종의 표시인데, 여기서는 종속에 대한 참을 수 없음의 표시이며, 따라서 그 속에 표현되는 서두름과 성급함으로 인해 거의 배은망덕의 표시이다. 이 성급함은 의무를 다하고 채무를 면하고 자유롭게 떨쳐 버리고(일부 카메스——5분의 1 권리의 소작인——처럼 부끄러운 도피에 의존할 필요 없이), 의무와 빚의 인정을 벗어 버리고자 하는 성급함이다. 그것은 관대한 증여물의 교환을 거친 주고받음과 구분해 주는 시간의 간격을 축소시키고자 하는 성급함이다. 이 시간의 간격이 보답을 해야 한다고 느끼는 만큼 오랫동안 의무가 있게 만드는 것이다. 또한 동시에 그러한 성급함은 최초의 관용적 행위가 이루어진 순간부터 쫓아다니는 의무를 무화시키려는 성급함인데, 이 의무는 언제라도 갚을 수 있는 빚의 인정이 합체된 인정으로, 즉 육체 속의 기록으로 전환됨에 따라 증가할 수밖에 없는 것이다. 그것은 육체 속에 정열·사랑·복종·존경의 형태로, 그리고 흔히 말하듯 갚을 수 없는 영원한 빚의 형태로 기록되는 것이다.

힘의 상징적 관계는 인식과 인정의 중재로 확립되고 영속화되는 힘의 관계이다. 다시 말해 그것은 의도적인 의식 행위들을 통해서 그런 것이 아니라는 것이다. 상징적 지배가 확립되기 위해서는 피지배자들과 지배자들이 양자를 서로가 인식하게 해주는 인식 및 평가의 형태들을 공통으로 지니고 있어야 한다. 피지배자들은 그들이 지배자들에 의해 인식되는 것처럼 스스로를 인식해야 한다. 달리 말하면, 그들의 인식 및 인정의 원칙이 지지와 복종의 실천적 성향들 속에 자리잡아야 한다. 이 성향들은 숙고와 결정을 통하지 않으므로 동의와 구속의 양자 택일을 벗어나는 것이다.

우리는 여기서 커뮤니케이션 및 상징적 교환을 통해서 창조되고 축적되며 영속되는 권력으로서의 상징적 권력의 토대에 자리잡은 변모의 중심에 있다. 커뮤니케이션은 그 자체로서 질서에 인식과 인정을 도입하기 때문에(이것이 함축하는 것은 커뮤니케이션이 소통할 수 있고 상호 이해할 수 있으며, 따라서 동일한 인식 형태들을 부여받은 행위자들 사이에서만 이루어질 수 있다는 것이다. 이 행위자들은 합법적이고 명예상 평등한 대화상대자로서 상호 인정할 마음이 있으며, 서로에게 이야기하는 것을 받아들이고, **대화할 수 있는 관계에 있는 것을 받아들일 마음이 있는 것이다**) 야만적 힘의 관계——언제나 불확실하고 정지될 수 있는 힘의 관계——를 상징적 권력의 지속적 관계로 전환시키며, 사람들은 이 지속적 관계에 의해 유지되고, 또 그것을 지킬 의무가 있음을 느낀다. 커뮤니케이션은 경제적 자본을 상징적 자본으로 변모시키며, 경제적 지배를 개인적 종속으로(예를 들면 부자(父子)주의), 나아가 헌신·효성(효심)·사랑으로 변모시킨다. 관대함은 소유적인데, 아마 정서적 교환(부모와 아이들 사이의,

또는 심지어 연인들 사이의 정서적 교환)에서처럼 그것이 보다 진지하게 관대하고, 또 그렇게 보이면 그만큼 더 소유적일 것이다. "비록 그것이 즐겁고 또 의지적이라 할지라도, 누군가 나에 대해 애착을 느끼는 것은 부당하다. 나는 나에게 그러한 욕망을 생기게 하는 사람들을 기만하고 있을 것이다. 왜냐하면 나는 어느 누구의 목적도 아니며, 그들을 만족시킬 만한 것을 지니고 있지 않기 때문이다. 나는 죽을 준비가 되어 있지 않은가? 그러면 그들이 애착을 가지는 대상도 죽을 것이다. 따라서 내가 거짓을 부드럽게 믿게 하고 사람들이 그것을 기꺼이 믿는다 할지라도, 그리고 이 점이 내 마음에 든다 할지라도, 내가 그것을 믿게 하는 것은 죄를 짓는 일일 테니까, 나를 사랑하게 하는 것은 죄를 짓는 것이다."[24] (증여의 경제가 드러내는 언제나 특별히 비극적인 위기들은 상징적 교환의 논리를 경제적 교환의 범주로 추락시키는 매혹의 단절과 동시에 일어난다. "요컨대 우리가 너를 위해 한 그 모든 것을……"라는 식으로 말이다.)

여기서도 또한 시간은 결정적 역할을 한다. 커뮤니케이션을 확립하는 (말을 건네고, 증여물을 제공하고, 초대나 도전을 한다든가 하면서 말이다) 최초의 행위는 언제나 침입의 어떤 것, 심지어 문제 제기의 어떤 것을 함축한다. (이것이 함축하는 것은, 이 행위가 밸리가 주목했듯이 질문적인 신중을 수반한다는 것이다. "시간을 물어보아도 되겠습니까?") 뿐만 아니라 그것은 언제나 우리가 원하든 원치 않든 어떤 영향력의 잠재성이나 의무의 잠재성을 포함한다. 이에 대해 다음과 같은 반론이 제기될 것이다. 즉 구조주의자들의 기계적인 모델이 믿게 할 수 있는 것과는 반대로 이 행위가 불확실성, 따라서 시간적인 개방을 담고 있다는 것이다. 심문·질문·초대 혹은 도전에 응하지 않을 수 있거나, 즉석에서 응하지 않을 수 있는 것을 언제나 선택할 수 있으며, 연기하고 대기 상태로 남겨두는 것을 선택할 수 있는 것이다. 그래도 여전한 사실은 무응답도 하나의 응답이라는 것이고, 최초의 문제 제기로부터 그렇게 쉽게 벗어날 수 없다는 것이다. 이 문제 제기는 일종의 **운명**처럼 작용하는 것이다. 아마 즉답·

역증여·대꾸 같은 적극적 응답의 의미는 명예상 평등의 인정을 긍정하는 것으로서 명확하다 할 것이다. 이 긍정은 일련의 긴 교환에 있어서 출발점으로 간주될 수 있다. 반대로 응답의 부재는 본질적으로 애매하며, 언제나 교환의 주도권을 잡은 사람이나 제삼자에 의해 대답의 거부나 일종의 멸시로 해석될 수 있거나, 무능이나 소심으로부터 나온 회피——이 회피는 이에 대한 책임이 있는 자를 불명예스럽게 만드는 것이다——로 해석될 수 있다.

교환의 분석이 적용되었던 대상들, 예를 들면 포틀래치〔태평양 연안 인디언들 사이에서 축제일에 행하는 선물 교환의 한 형태〕 같은 것들이 지닌 이국적이고 비상한 성격이 실제로 망각하게 만들었던 것은 다음과 같은 점이다. 즉 보시처럼 보답을 기대할 수 없는 관대한 행위들은 말할 것도 없고, 배려·친절·주의 혹은 충고와 같이 외관상 더할나위없이 무상하고 가장 비용이 적게 드는 교환 관계는, 그것이 지속적인 불균형의 조건들 속에서 확립될 때(이러한 불균형은 특히 그것(교환 관계)이 결합시키는 사람들이 극복할 수 없는 경제적 혹은 사회적 괴리들에 의해 분리되어 있기 때문이다), 그리고 그것이 보답물의 가능성을 배제하고, 진정한 자율을 가능케 하는 조건인 적극적 상호성의 희망 자체를 배제할 때 지속적인 종속 관계를 창출할 수 있다는 것이다. 이 종속 관계는 고대 사회에서의 부채로 인한 노예 상태가 완화되어 표현된 변형인 것이다. 실제 교환 관계는 믿음·신뢰·애정·정열의 형태로 육체 속에 기록되는 경향이 있으며, 그것을 의식과 의지로 변모시키려는 시도는 감정들의 은근한 저항에 부딪치고, 죄의식의 명령에 따르라는 집요한 환기에 부딪친다.

구조주의 인류학은 교환을 사회적 관계를 창조하는 원리로 삼고, 신한계주의 경제학자는 고립된 원자들의 상태로 떨어진 행위자들 사이의 특유하게 경제적인 협력 원칙들에 대해 절망적으로 탐구한다. 비록 이들이 모든 면에서 대립하고 있지만, 그들은 (수련을 통해) 지속적 성향들을 부여받는 역사적 행위자들이 창출되고 재창출되는 경제적·사회적 조건들을 무시하는 공통점을 지니고 있다. 이 지속적 성향들은 지속적인 종속 관계를 낳는 평등하거나 불평등한 교환을 할 수 있도록 행위자들을 적합하게 만들고, 또 마음 내키게 만드는 것들이다. 가족 관계를 적어도 이상적인 면에서 지배하는 사랑(필리아)이 되었든, 하나의 인물 혹은 하나의 제도에 부여된 신뢰가 되었든, 이 '신뢰'나 '신용'의 관계는 반드시 합리적인 경제적 계산 속에서, 그리고 그런 계산에 의해(옛날의 모험들에 부여된 신뢰를 그것들이 극복하여야 했던 위기적 시련들의 길이를 통해 설명하려 할 때 생각하는 것과 같은 계산) 설정되는 것은 아니다. 그래서 그것은 상징적 폭력이 보장하는 지속적 지배에 언제나 무언가를 빚질 수 있는 것이다.

이러한 전망 속에서 필연적으로 과시적인 모든 **분배** 형태들을 분석해야 할 것이다. 이 분배 형태들을 통해서 개인들(폴 베인이 분석한 그리스의 에베르제티슴의 경우나 왕족이나 군주의 하사품들의 경우에서 보듯이,[25] 분명 거의 언제나 가장 부유한 개인들)·제도들·기업들(큰 재단을 가진), 나아가 국가 자체도 선행에 부여된 신용에 근거한 인정(감사가 포함된 이중의 의미에서)의 지속적인 불균형 관계를 확립하는 경향을 보인다. 포틀래치에서처럼 우선 단 한 사람을 위해 축적되는 상징적 권력이 개인적 권력의 원리(피보호자들의 개인적 차지를 통한, 그리고 절대주의 시대에 군주제에서처럼 증여품·성직록·직책·명예의 배분을 통한)가 되는 것을 조금씩 멈추는 긴 과정을 또한 분석해야 할 것이다. 이 과정을 통해서 상징적 권력은 관료의 재분배를 통한 비인격적이고 국가적인 권위의 원리가 되는 것이다. 이 재분배는 "국가가 (개인에게) 선물을 하지 않는다"라는 법칙을 원칙적으로 따른다 할지라도 부패 때문에 개인적인 착복과 클리앙텔리슴[개인적인 보호와 피보호 관계]을 완전히는 배제하지 못한다. 그리하여 재분배를 통해서 조세는 경제적 자본이 상징적 자본으로 변모되는 상징적 생산의 주기 속에 들어간다. 포틀래치에서처럼 재분배는 분배의 인정을 확보하기 위해 필요한 것이다. 물론 재분배는 공식적인 읽기가 원하는 것처럼 분배의 불평등을 수정하는 경향이 있다. 하지만 그것은 특히 국가의 합법성의 인정을 창출하는 경향도 있다. 이 점이 복지 국가의 적들이 단견적인 계산을 통해 망각하는 많은 것들 가운데 하나이다.

증여물의 교환을 통해서, 다시 말해 사회가 미덕과 사심 없음이라는 자신의 꿈에 경의를 표하는 그 집단적인 위선을 통해서 상기되는 것은 다음과 같은 사실이다. 즉 미덕이 정치적인 것이라는 점이고, 그것이 막연한 '의무론' 이외의 다른 수단 없이는 개인적인 의식들과 의지들의 특이하고 고립된 노력에, 또는 고해 신부의 결의론(決疑論)에서 보이는 의식의 검사에 내맡겨지지 않으며, 또 그럴 수도 없다는 점이다. 신자유주의의 확장을 동반했던 개인적인, 특히 경제적인 성공의 찬양이 '희생자들을 비난하는' 수단을 보다 잘 확보하기 위한 것처럼 정치적인 문제들을 도덕적 표현으로 제기하는 경향이 그 어느 때보다 강한 이 시기에 망각하게 한 것은, 미덕의 경제적·사회적 조건들을 창출하는 제도들, 다시 말해 단체에 기부하는 증여처럼 사심 없음과 헌신의 시민적 미덕들이 집단에 의해 고무되고 보상되게 하는 그런 제도들에 집단적으로 투자해야 하는 필요성이다. 관대함과 사심 없음이 가능한지를 아는 순전히 사변적이고 전형적으로 학구적인 문제에 다음과 같은 정치적 문제를 대체해야 한다. 즉 증여의 경제에서처럼 행위자들과 집단들이 사심 없음과 관대함을 보임으로써 이득을 볼 수 있는 세계들, 아니면 보다 나은 것으로 보편적으로 존중하는 보편의 존중 형태들에 대한 존경의 지속적 성향을 획득할 수 있는 세계들을 창조하기 위해 사용되어야 하는 수단들의 문제 말이다.

추서 2: 노동의 이중적 진실

증여처럼 노동도 우리가 **두번째 전복**을 실현할 때만 그것이 지닌 이중적 진실, **객관적으로** 이중적인 진실 속에서 이해될 수 있다. 이 두번째 전복은 이론 속에 '주관적' 진실을 포함하는 것을 빠뜨리는 학구적 오류와 단절하기 위해 필요한 것인데, '주관적' 진실은 분석의 대상을 구축하기 위해 최초의 반견해적(para-doxal) 전복을 통해 단절하여야 했던 것이다. 객관적인 진실 속에서 임금 노동을 확립하기 위해 필요했던 객관화시키는 폭력 행사는, 이 진실이 주관적인 진실에 대항해 정복되어야 했다는 것을 망각하게 했다. 주관적 진실은 마르크스 자신이 지적하고 있듯이, 예외적인 노동 상황들 속에서만 객관적 진실이 되는 것이다.[26] 따라서 노동에의 투자는 착취로서의 노동의 객관적 진실의 몰인식——이 몰인식이 단순한 화폐 수입으로 환원될 수 없는 내재적 이익을 노동 속에서 찾아내도록 한다——이 노동 실현의, 그리고 착취의 현실적 조건들에 속하는 것이다.

극단으로의 (이론적인) 이동이 드러내는 논리가 망각케 하는 것은 이러한 조건들이 매우 드물게만 실현된다는 것이고, 노동자가 자신의 노동으로부터 임금만을 기대하는 상황이 적어도 어떤 역사적 문맥들 속에서는(예를 들어 60년대 알제리) 심히 비정상적으로 자주 체험된다는 것이다. 노동의 경험은 두 개의 한계 사이에 위치한다. 하나는 외부적 구속에 의해서만 결정되는 강제된 노동이고, 다른 하나는 학구적 노동인데 이것의 한계는 예술가나 작가의 거의 유희적인 활동이다. 우리가 전자로부터 멀어지면 멀어질수록, 우리는 돈을 위해서 보다 덜 직접적으로 일하게 된다. 그리고 보다 더 노동의 '관심'을 위해 일하면, 노동을 실현한다는 사실에 따르는 심리적 만족은 증가한다. 더불어 직업의 이름이나 직업적 신분과 관련되고 노동 관계——이 노동 관계는 노동의 내재적 관심과 짝을 이룬다——의 질과 관련된 상징적 이익들에 연결된 관심도 증가한다. (고용의 상실이 임금의 상실로 돌릴 수 있고 노동 및 노동 세계와 **연결된 존재 이유들**의 상실로 돌릴 수 있는 상징적 절단을 야기하는 것은, 노동이 그 자체로 하나의 이득을 얻게 해주기 때문이다.) 노동자들은 그들의 노동을 자신들의 것으로 만들기 위해 기울이는 노력 자체로 인해 자신들의 착취에 기여할 수 있다. 이 노력은 그들에게 남겨진 흔히 미미하고 거의 언제나 '기능적인' 자주권의 중재로, 그리고 장으로서 기능하는 직업적 공간을 구성하는 차이들——전문화된 노동자들, 이민 온 자들과 젊은이들·여성들과 관련된 차이들——에서 생겨난 경쟁으로 인해 그들을 노동에 **집착하게 만든다.**[27] 특히 다음과 같은 경우가 그러하다. 즉 마르크스가 '직업적 소명의 편견들'('직업 의식' '생산 도구들의 존중' 등)이라 일컫는 것들로서, 어떤 조건들(특히 직업적 세습이 따르는)에서 획득되는 것들과 같은 성향들이 노동 자체의 일부 특징들 속에서 현실화되는 조건들을 만날 때 말이다. 직업적 공간 내에서의 경쟁——예를 들어 상징적 프리미엄이나 특혜가 따르는 경쟁——이 되었든, 아니면 임무들을 조직화하는 데 있어서 술책을 부릴 수 있는 어떤 여지를 부여하는 일이 되었든 말이다. 이러한 여지는 노동자로 하여금 자유의 공간들을 마련케 하고, 노동 계약에서는 예견되지 않은 모든 가중치를 자신의 노동에 투자하게 만드는데, 이 가중치는 열성 파업(절차를 어김없이 지킴으로써 일을 마비시키는 파업의 일종)이 분명히 거부 또는 철회코자 하는 것이다.

그리하여 우리가 가정할 수 있는 것은, 일에 대한 노동자의 지배가 보다 커지면 주관적 진실은 객관적 진실로부터 더욱 멀어진다는 것이다. (그래서 하청받는 장인들이나 농식량 산업에 종속된 세분화된(토지상) 농민들의 경우 착취는 자기 착취의 형태를 띨 수 있다.) 마찬가지로 이 주관적 진실은 노동의 장소(사무실·서비스·기업 등)가 보다 경쟁의 공간——엄밀하게 경제적 차원으로 축소될 수 없는 목적들이 생성되는 공간——으로서 기능하면 그만큼 더 객관적 진실로부터 멀어진다는 것이다. 이 목적들은 보답으로 받은 경제적 이익들과 불균형적인 투자들을 창출하기에 적합하다. (이 이익들에는 예를 들면 산업적인 탐구와 광고, 현대적인 소통 수단 등에서 문화적 자본을 가진 자들의 새로운 착취 형태들이 수반된다. 경제적으로는 거의 비용이 들지 않는 상징적 이득들로 된 모든 지불 형태들이 수반된다. 생산성에 대한 장려금은 그것의 경제적 가치에 의해서 만큼 그것의 차별적 효과에 의해서도 작용하기 때문이다.)

결국 이러한 구조적 요소들의 효과는 분명 노동자들의 성향에 달려 있다. 노동에 투자하면서도 노동의 객관적 진실을 인식하지 못하는 경향은, 직위 안에 들어 있는 집단적 기대들이 이 기대들을 차지한 자들의 성향들(예를 들면 하급 감독 공무원들의 경우에서 선의·엄격주의 등)과 보다 완전하게 일치하면 아마 그만큼 더 클 것이다. 그리하여 외관상 가장 '주관적이고' 가장 '개인적인' 것이 현실의 불가결한 일부를 이룬다. 이것은 각각의 경우에 행위자들의 표상들을 통합할 수 있는 모델들 속에서 분석을 통해 설명되어야 한다. 행위자들의 표상들은 때로는 현실주의적이고 자주 허구적이며 때때로 환상적이지만 언제나 부분적인데, 언제나 부분적으로 효율적이다.

연쇄 작업(여러 사람의 손을 거치며 진행되는 일)처럼 가장 구속적인 노동 상황들에서 노동에의 투자는, 노동에서의 외부적 구속이라는 반대적 이유 때문에 다양하게 변화하는 경향이 있다. 따라서 많은 노동 상황에서 노동자에게 남겨진 **자유의 여지**(게임의 가능성을 제공하는 임무들의 규정에서 막연함의 부분)는 중심적인 목적이다. 그것은 무노동의 위험이나, 심지어 사보타주·유출 등의 위험을 끌어들이기 때문이다. 그러나 그것은 노동에의 투자 및 자기 착취의 가능성을 열어 준다. 이러한 측면은 많은 부분 그것이 인식되고 평가되며 이해되는 방식에 달려 있다. (따라서 이러한 측면은 인식의 형태들, 특히 직업적이고 조합적인 전통에 달려 있을 뿐 아니라 자유의 여지가 획득되거나 정복된 조건들의 기억과 이전 상황에 달려 있다.) 역설적으로 자유의 여지가 그것의 모든 가치를 만들어 주는 전반적 구속을 감추는 데 기여할 수 있는 것은 그것이 하나의 정복(예를 들어 담배 한 대를 피울 수 있고, 자리를 뜰 수 있는 등의 자유)으로, 또는 심지어 특혜(최고참자들이나 가장 능력이 있는 자들에게 부여된)로 인식되기 때문이다. 가장 집착되는 하찮은 것이 나머지 모든 것을 망각하게 한다. (그리하여 수용소에서 고참들이 누리는 조그만 이점들은 수용소를 망각하게 만들고 '수용소화'의 과정, 즉 고프먼이 묘사하고 있는 것과 같은 수용소에의 적응 과정에서, '공장 적응화' 과정에서 나타나는 개인적 혹은 집단적 작은 정복들과 유사한 역할을 한다.) 지배자들의 전략들은 우리가 소크라테스의 편자 원리라 부를 수 있는 것에 의거할 수 있다. 이 원리는 구속 및 긴장의 강화와 부분적인 이완을 교대하는 것인데, 이 이완은 이전 상태로의 복귀를 특권으로 나타나게 하고, 아주 조그만 악행을 선행처럼 나타나게 한다. (그리고 그것은 고참들과 이러한 교대의 기억과 효과를 보존하는 자들인 조합의 간부들을 애매한 지리에 위치시키는데, 이 애매한 위치가 외관상 때때로 보수적인 입장의 결정을 탄생시키는 것이다.)[28]

그리하여 행위자들이 확보하는(그리고 이른바 '저항'의 이론들이 복귀하려는 고심 속에서 창의성의 증거들처럼 서둘러 찬양하는) 게임의 자유는, 그들이 자신들을 착취하는 데 기여하는 조건일 수 있다. 바로 이러한 원리에 의거하여 현대의 경영은 이익 도구들의 통제를 간직하려고 주의를 기울이며, 노동자들에게 자신들의 노동을 조직하는 자유를 남겨 주고 있는 것이다. 그리하여 그것은 그들의 복지를 증진시키는 데 기여할 뿐만 아니라, 노동의 외적 이익(임금)에 대한 그들의 관심을 내재적 이익 쪽으로 이동케 하는 것에 기여한다. 기업 관리의 새로운 기술들, 특히 '참여적 경영'의 이름하에 포함되는 모든 것은 노동의 애매성이 고용주의 전략들에 객관적으로 제공하는 모든 가능성들로부터 방법적으로, 그리고 체계적으로 이익을 보려는 노력으로 이해될 수 있다. 예를 들어 관리책임자에게 초과 노동과 자기 착취를 얻게 해주는 관료적인 카리스마와는 반대로, 새로운 조종 전략들——'임무들의 풍요화,' 혁신 및 혁신의 소통 고무, '품격 있는 서클들,' 계속적인 평가, 자동 통제——은 노동에의 투자를 용이케 하는 데에 목적을 두고 있는데, 일반적이거나 특별한 기업에 적용된 과학적 연구를 토대로 하여 명시적으로 표현되고 의식적으로 개발된다.

그러나 노동자가 자신의 노동을 완전히 지배하는 유토피아가 적어도 몇몇 장소에서 실현되어 있다고 해서 때때로 우리가 품을 수 있는 환상이 망각해서 안 되는 것은, 새로운 경영에 의해 자행되는 상징적 폭력의 숨은 조건들이다. 이 부드러운 폭력이 옛날의 통치 방식들이 지닌 보다 난폭하고 보다 가시적인 구속들에의 의존을 배제하고 있다 할지라도, 그것은 계속해서 힘의 관계에 의존하고 있다. 힘의 관계는 해고의 위협 속에서, 그리고 차지한 위치의 불안정과 연결된 다소 교묘히 유지되는 두려움 속에서 다시 나타난다. 이로부터 간부급 직원들이 오래 전부터 그 효과를 알고 있는 모순이 나오는 것이다. 이 모순은 지배 관계의 객관적 진실을 속이고 변모시키는 모든 작업을 강제하는 상징적 폭력의 절대적 필요성과 이 폭력의 행사를 가능하게 만드는 구조적 조건들 사이의 모순이다. 그것은 상업적이고 금융적인 조정 기술로서의 일자리를 없애는 방책이 구조적인 폭력을 적나라하게 드러내는 경향이 있기 때문에 그만큼 더 강화된다.

6

사회적 존재, 시간, 그리고
실존의 의미

학구적 상황은 원래 이른바 시간이라는 것과 자유로운 관계를 함축한다. 왜냐하면 해야 할 일의 긴급성·다급성·압력의 정지로서의 그것은 '시간'을 외재성의 관계, 즉 하나의 대상 앞에 있는 주체의 관계가 유지되는 사물처럼 간주하도록 만들기 때문이다. 이러한 시간관은 일상 언어의 습관에 의해 강화되는 비전인데, 이 습관은 우리가 시간을 가지고 얻고 잃으며 부족하거나 어떻게 해야 할지 모르는 사물로 만든다. 데카르트 신봉자들식의 관념론적인 비전에 나타나는 육체-사물처럼 괘종 시계의 시간이나 학문의 시간으로서의 시간-사물은 학구적 관점의 산물이다. 이 학구적 관점은 시간과 역사에 대한 형이상학 속에서 표현되었는데, 이 형이상학은 시간을 그 자체로서 실제에 앞서고 실제에 외부적인 미리 주어진 현실로 간주하거나, 모든 역사적 과정의 **선험적인** (비어 있는) 배경으로 간주한다. 우리는 이러한 관점과 단절하여 행동하는 행위자의 관점, 즉 '시간화'로서의 실천의 관점을 재구축할 수 있으며, 그리하여 실천이 시간 **속에** 있는 것이 아니라 실천이 시간(이 시간은 특유하게 인간적인 시간으로서 생물학적이거나 천문학적인 시간과 반대되는 것이다)을 만든다는 것을 나타나게 할 수 있다.

우리는 후설이 말하는 바와 같이, 우리가 방금 시사적으로 현실화한 것을 비시사적 세계로 눈에 띄지 않는 배경의 상태로 보내 버리고, 우리와 과거에 관계가 있었고 앞으로 다시 관계가 있을 수 있는 주변부로 보내 버리면서 그것을 '탈현재화'하지 않고는, 아직은 비시사적인 하나의 현실을 시사적 관심의 중심으로 설정할 수 없고 '현재화'할 수 없다.[1] 따라서 관심을 갖고 어떤 현실을 관심의 중심으로 설정한다는 것은, '현재

화-탈현재화' '시사화-탈시사화' '관심-무관심'의 과정을 작동시키는 것
이다. 다시 말해 그것은 '자신을 시간화시키는 것'이고, 계획이라고는 아
무것도 없는 현재, 직접적으로 지각되는 그 현재와의 관계 속에서 시간
을 만드는 것이다. 세계를 흥미도 중요성도 없는 것으로 포착하는 무관
심과는 반대로 **일뤼지오**(또는 게임에 대한 관심)는 게임과 게임의 순간순
간 미래에 투자하고, **기회들**[2]에 투자하도록 이끌면서 실존에 의미(방향
을 포함한 이중적 의미에서)를 부여하는 것이다. 이 기회들은 게임이 게임
에 빠져 그것으로부터 무언가를 기대하는 사람들에게 제안하는 것들이다.
(이러한 측면은 다음과 같은 믿음에 토대를 제공한다. 즉 시간을 정지시키기
위해서는 **일뤼지오**를 환상으로 설정하고, 관심을 정지시키며 미래로의 달아
남――이것은 달아남이 결정짓는 기분 전환 속에서 이루어진다――을 정
지시키키만 하면 된다는 믿음 말이다.)

그리고 몰두의 일상적 경험, 또한 시간이 느껴지지 않고 지나가는 순
간순간의 미래(순간순간 다가오는 미래) 속에 함몰되는 경험을 진실하게
재구성할 수 있기 위해서 문제삼아야 할 것은 시간적 경험에 대한 주지
주의적 비전이다. 이 비전은 의식적인 계획 이외에는 미래와의 어떤 다
른 관계도 인정하지 않게 만들며, 목적들이나 가능성들을 제시된 그대로
겨냥한다. 전형적으로 학구적인 이와 같은 구상의 근거는, 언제나 그렇듯
이 실제적 비전을 반성적 비전으로 대체하는 것이다. 실제 후설이 명쾌
하게 확증한 것은, 진실하게 드러난 우발적 미래로서의 미래에 대한 의
식적 목표로서의 **계획**이 순간순간의 미래――이 미래는 입방체의 면들
처럼 가시적 세계에서 거의 현재처럼 넘어오는 미래, 다시 말해 직접적
으로 지각되는 것과 동일한 믿음의 지위(동일한 독사적 양태)로 넘어오는
미래이다――에 대한 반성 이전의 목표인 **프로탕시옹**(protention)과 혼동
되어서는 안 된다는 것이다. 다만 이 프로탕시옹이 학구적 반성 속에서
재포착될 때만이 그것은 회고적인 계획처럼 나타날 수 있는데, 이것은
실제에서는 그렇게 되지 않는다. (우발적 미래에 관한 모든 역설들은 다음

과 같은 사실 때문에 생겨난다. 즉 사람들이 실제에 진실——내일 진실인지 허구인지 드러날 것이 이미 오늘 진실이거나 허구이어야 한다는 것——의 문제들을 제기한다는 사실 말이다. 이 문제들은 관찰자에게 제기되는 것이지만, 행위자는 '시사화와 탈시사화'의 과정이 정지되는 위기의 상황들을 제외하고는 모르고 있는 것이다. 왜냐하면 행위자의 게임 감각은 게임의 순간순간의 미래에 즉각적으로 맞추어져 있기 때문이다.)[3]

임박한 순간순간의 미래는 사물들의 현재적 속성처럼 현재이며, 즉각적으로 가시적이다. 그리하여 그것은 그것이 일어나지 않을 가능성——이 가능성은 그것이 일어나지 않는 동안만큼 오랫동안 이론적으로 존재한다——을 배제하기까지 한다. 이러한 측면은 예를 들면 두려움과 같은 감정에서 특히 두드러져 보인다. 육체의 반응, 특히 예상된 상황이 유발시킬 수 있는 것과 유사한 내분비 같은 반응이 증명하듯이, 이 감정은 순간순간의 미래를 체험하고 위협적인 개나 갑자기 나타나는 자동차를 이미 돌이킬 수 없이 '나는 끝장이다' '나는 죽었구나'처럼 체험한다.[4] 그러나 육체가 세계 속에서 실제적으로 위태롭게 되어 있기 때문에 세계의 순간순간의 미래에 의해 덥석 물리는 이와 같은 제한적인 상황들 밖에서도, 우리가 일상적인 행동에서 목표로 하는 것은 우발적인 미래가 아니다. 훌륭한 게임자는 파스칼적인 예에 따르면 자신의 공을 보다 '잘 위치시키는' 자이거나, 공이 위치한 곳이 아니라 공이 떨어질 장소에 그 자신이 위치하는 자인 것이다. 두 경우에 있어서 게임자가 스스로를 결심하는 것과 관련된 순간순간의 미래는, 일어날 수 있거나 일어나지 않을 수 있는 가능한 무엇이 아니다. 그것은 이미 게임의 윤곽 속에 들어 있고, 파트너들과 적들의 현재 위치와 자세 속에 들어 있는 무엇이다.

순간순간 미래에의 현존

그리하여 시간의 경험은 아비투스와 사회 세계 사이의 관계 속에서, 존재하고 행하려는 성향들과 (하나의 장의) 자연적 혹은 사회적 세계의 규칙성들 사이의 관계 속에서 생성된다. 보다 분명히 말하면, 그것은 사회적 게임에의 투자로서의 **일뤼지오**를 구성하는 실제적 기대 혹은 소망과, 이 게임에 내재하는 추세나 이 추세가 그러한 기대에 제공하는 실현 가능성, 아니면 보다 분명하게 말해서 관련된 게임을 특징짓는 수학적 찬스의 구조 사이에서 설정된다. 즉각적인 현재 속에 편입된 순간순간의 미래에 대한 실제적 예상, 즉 프로탕시옹이나 몰두는 시간 경험의 가장 공통적인 형태인데, 이 경험은 친숙한 이 세계의 명백성에 대한 경험처럼 역설적인 경험이다. 왜냐하면 시간은 이 세계에서 경험되도록 주어지는 것이 아니고, 말하자면 우리가 알아차리지도 못하는 사이에 지나가기 때문이다. (어떤 일에 매우 열중하고 난 다음, 우리는 때로 이렇게 말한다. "나는 시간이 가는 줄도 몰랐다.")

시간(아니면 적어도 우리가 그렇게 부르는 것)이 실질적으로 느껴지는 것은 다만 희망과 찬스 사이의, **일뤼지오와 뤼지온느들**(기회) 사이의, 그리고 기대와 이 기대를 실현시키게 될 세계 사이의 거의 자동적인 우연의 일치가 끊길 때이다. 이때 우리는 세계의 흐름——천문학적인(계절의 주기와 같은) 혹은 생물학적인(늙음 같은) 운동이나, 우리가 전적인 영향력을 가지고 있지 않거나 전혀 영향력을 가지고 있지 않은 사회적 과정들(삶의 가정적(家庭的) 주기나 관료적 생애)——과, 이 흐름과 관계된 내적 운동(일뤼지오) 사이의 암묵적인 결탁의 결렬을 직접적으로 느끼는 것이다. 예상되는 것과 이 예상이 형성되는 데 관계된 게임의 논리 사이의 괴리로부터, '주관적'(주관적이라는 말은 내적·정신적임을 의미하는 것이 아니다) 성향과 객관적 추세 사이의 괴리로부터 시간과의 관계들이 태어난다. 이 관계들의 예를 들면 기다림이나 성급함——이 성급함은 파스칼이 말하듯이 "우리가 미래를 너무 천천히 오는 것처럼 느끼고, 그것의 흐름을 앞당기려는 것처럼 느끼는" 상황이다——아쉬움이나 향수——이 향수는 우리가 현존하기를 바라는 것이 더 이상 존재하지 않거나 사라지겠다고 위협할 때, 그리고 "너무 빠르기라도 하듯이 우리가 그것을 정지시키기 위해 과거를 환기시킬 때 느끼는 감정이다"[5]——권태나 헤겔이 말하는 의미에서(에릭 베유가 해석한 헤겔)의 '불만,' 다시 말해 현재의 부정을 함축하고 현재의 초월에 매진하는 경향을 함축하는 현재를 향한 불만 같은 것들이다.

참고적인 이야기를 하겠다. 미래에의 현존으로 체험되지 않는 미래에의 현존으로서, 시시각각의 미래 속에 잠김은 '자유로운 시간'에 대한 일부 경험 형태들——과로한 간부들로부터 특별히 높이 평가받는 형태들——과 대립된다. 예를 들면 **일뤼지오**와 몰두로부터 해방되었기 때문에 시간으로부터 해방된 실존으로 바캉스의 일시적 **여가**를 체험하는 것이 그런 형태이다. 시간으로부터 이러한 해방은 장 속에, 따라서 경쟁 속에 끼어드는 것을 정지시킴으로써——사람들은 일반적으로 '욕망을 비운다'거나 '손을 떼는 것'에 대해 이야기한다——또 경우에 따라서는 가정이나 어떤 바캉스 클럽들 같은 경쟁이 없는 세계들 속에 끼어 들어감으로써 이루어진다. 이러한 세계들은 흔히 해방되고 '해방시키는' 것으로 체험되는 허구적 사회 세계들이다. 그것들이 그처럼 체험되는 이유는 그것들이 공통된 목적이 없고, 사회적 투자를 벗어던진——그들이 벗어던진 것은 저널리즘적 비전이 원하는 것과 같은 그들의 의복과 계층적 속성뿐만이 아니다——미지의 사람들을 규합시키기 때문이다. 사실 특별한 노력을 제외하면 '자유로운 시간'은 '해야 할 일들'에의 투자 논리를 벗어나기 힘들다. 이 투자는 여성 잡지들의 규범에 따라 '자신의 바캉스를 성공적으로 끝내고자 하는' 명시적 염려를 나타내는 데까지는 가지 않는다 할지라도, 다양한 형태로 상징적 자본을 축적하기 위한 경쟁을 연장한다.

다양한 형태들에는 선탠, 이야기해 주거나 보여 주어야 할 추억들, 사진이나 캠코더에 담은 필름·기념물·미술관·풍경이 들어가고, 관광안내서들의 절대적 제안에 따라 방문하거나 발견해야 하거나 사람들이 때때로 말하듯이 '돌아다녀야 할' —— '우리는 그리스를 돌아다녔어' —— 장소들이 들어간다. 참고적인 이야기를 마치겠다.

실천적 감각의 몰두가 목표로 하는 것, 이 몰두가 목표로 하는 것에의 앞지른 현존은 미래로서 설정되지 않은 즉각적 현재 속에 이미 현존하는 순간순간의 미래이다. 반대로 계획, 즉 미리 생각하는 것은 목표를 목표로서, 다시 말해 다른 많은 것들 중에서 선택되고 일어날 수도 있으며 일어나지 않을 수도 있는 우발적 미래의 양태가 딸린 목표로서 제시한다. 계획은 표상과 의도 —— 이 의도는 그것 자체가 추상을 전제하고, 주체와 대상 사이의 분리를 전제한다 —— 를 전제한다는 헤겔적 논증을 우리가 받아들인다면, 우리는 우리가 의식적인 것과 반성적인 것의 범주에 있으며, 하나의 가능한 것을 현실화시킨다는 객관적 진실로 사유되는 행동의 범주에 있다는 것을 알게 된다.[6]

현재는 우리가 현재적으로 몸담고 있는 것, 우리가 흥미를 느끼는(무관심이나 부재와는 반대로) 것의 총체이다. 그런만큼 그것은 정확한 한순간으로 귀결되지도 않는다. (이 한순간은 내가 보기에 순간순간의 미래가 정지되고 객관적으로, 혹은 주관적으로 문제될 때만이 나타나는 것으로 보인다.) 그것은 즉각적인 소여 속에 있는 객관적인 잠재력이나 흔적들처럼 들어 있는 실제적 예상과 회고를 포함하는 것이다. 아비투스는 순간순간의 미래에 현재의 현존을 가능케 하는 현재 속에 과거의 그 현존이다. 따라서 우선 그것은 그 자체 안에 자신의 논리 렉스(lex)와 역학 비스(vis)를 가지고 있으므로 외적 인과 관계에 기계적으로 따르지 않으며, 현재 상황들에 의한 직접적이고 즉각적인 결정과 관련된 자유를 준다 —— 이것은 기계론적인 순간주의와 반대된다. 아비투스는 결정적이라기보다는 시동적인 즉각적 사건에 대한 자율(이 자율은 《등대로》에 나오는 에리카

〔진달랫과의 상록소관목〕빛깔의 양말처럼, 우연적이고 시시한 어떤 자극물이 불균형적인 반응을 유발할 때 터진다[7])을 부여하는데, 이 자율은 아비투스에 의해 도입되어 순간순간의 어떤 미래를 향해 가는 과거에 대한 종속과 상관적이다. 아비투스는 동일한 목표 속에 과거와 순간순간의 미래를 결합하는데, 이 둘의 공통적인 면은 그것들이 과거와 순간순간의 미래로서 제시되지 않는다는 것이다. 이미 현존하는 순간순간의 미래는 하나의 과거로부터만 현재 속에 읽혀질 수 있는데, 이 과거는 그 자체가 결코 과거로서 표적되지 않는다. (합체된 기득물로서 아비투스는 과거의 현존——혹은 과거에의 현존——이지 과거의 기억이 아니다.)

미리 예견하고 보는 능력은 하나의 장과의 친숙해짐 및 실생활 속에서 그리고 그것들을 통해서 획득되는데, 기억에 대한 노력의 대가를 지불하고 의지적으로 동원될 수 있는 지식의 측면은 전혀 없다. 그것은 상황 속에서만 나타나며, **상호 간청의 관계**에 의한 것처럼 그것을 부르는 기회와 연결되어 있다. 그것은 이 기회를 포착해야 할 찬스처럼 존재케 하는 것이다. (그런데 다른 사람 같으면 이 기회를 알아차리지 못하고 놓쳐 버릴 수 있는 것이다.) 관심은 '흥미로 가득 찬' 사물들의 객관성과의 만남의 형태를 띤다. 파스칼은 이렇게 말한다. "우리는 우리를 밖으로 내던지는 것들로 가득 차 있다. 우리의 관심은 우리의 행복을 우리 밖에서 찾아야 한다는 것을 느끼게 한다. 사물들이 우리의 정열을 자극하기 위해 나타나지 않을 때조차도 정열은 우리를 밖으로 몰아붙인다. 외부의 사물들은 그것들 스스로 우리를 유혹하며, 우리가 그것들에 대해 생각지 않을 때도 우리를 부른다. 그리하여 철학자들이 이렇게 말해 보았자 소용 없는 것이다. '당신 자신 속으로 돌아가시오. 그러면 당신은 그 속에서 당신의 행복을 발견할 것입니다.' 우리는 그들을 믿지 않는다. 그리고 그들을 믿는 자들은 가장 공허하고 가장 어리석은 자들이다."[8] 해야 할 일들, 실제적 지식의 상관물인 일들(pragmata)은 하나의 아비투스를 구성하는 희망이나 기대들의 구조와 사회 공간을 구성하는 개연성들의 구조 사이의 관계로 규정된다. 이것이 말하는 것은 객관적인 개연성들이 게임의 순간순간의 미래를 예견하는 능력으로서의 게임 감각을 부여받은 행위자에게만 결정적이 된다는 것이다. 게임 감각은 게임의 순간순간의 미래에 대한 감각이며, 순간순간의 미래가 도래하기 위해 해야 할 일("그것만이 해야 할 일이었다" 또는 "그는 해야 할 일을 했다")에 대한 감각인데, 이 순간순간의 미래는 이 미래를 예견하는 성향을 가지도록 만들어진 아비투스에게 게임 속에서 알려지는 것이다. 게임 감각은 게임의 역사에 대한 감각으로서 게임에 대한 경험을 통해서만 획득되는 것이다. 이 점으로 인해 순간순간의 미래가 드러내는 임박성과 항구성은, 과거의 산물인 하나의 성향을 조건으로 하고 있는 것이다. 게임 감각에 의해 방향이 잡혀진 전략들은 장의 내재적인 추세들에 대한 실천적 예상들이다. 이 예상들은 결코 명료한 예측의 형태로 표현된 적이 없으며, 행동 규범이나 법칙의 형태로 표현된 적은 더더욱 없다. 특히 가장 효율적인 전략들이 가장 사심 없는 것들처럼 나타나는 장들에서는 말이다. 게임은 게임에의 투자와 게임에 대한 관심을 유발하고 동시에 전제하는데, 게임으로부터 무언가를 기대하는 자에게는 순간순간의 미래를 창출한다. 거꾸로 하나의 아비투스의 소유와, 최소한의 이익을 확보해 주기에 적절한 자본의 소유를 전제하는 투자나 관심은 게임에 참여하게 해주고, 게임에 고유한 시간 속으로 들어가게 해주는 것이다. 다시 말해 그것은 그것이 제안하는 순간순간의 미래와 절박한 것들 속에 들어가게 해주는 것이다. 그것은 이익을 가져오는 힘으로서의 자본 같은 차원에 있는데, 내 것으로 만들 수 있는 찬스들이 어떤 문턱 아래로 내려갈 때는 취소되는 것이다.

참고적인 이야기를 하겠다. 미래처럼 과거는 현재에의 투자, 다시 말해 하나의 장을 구성하는 게임과 목표물에의 투자의 산물이다. 과거의 문화적 대상——기념물·건물·텍스트·그림 등——이 화석·폐허 또는 다락방 속에 잊혀진 '고문서들'처럼 그것의 물질성을 보존할 수 있을 뿐 아니라, 상징적 죽음과 사(死)문서의 상태로부터 벗어날 수 있고, 생명력이 유지될 수 있다는 점에 우리는 별로 놀라지 않는다. 생명력이 유지된다는 것은, 그것이 역사적 대상물을 규정하는 그 애매한 지위 속에 있다는 것이다. 이 역사적 대상물은——박물관의 수장품으로 변모한 재배 연장들·기계들 혹은 도구들처럼——그것의 최초 사용과 원래의 장으로부터 벗어나 사용되지 않고 있으나, 동시에 논문과 명상이라는 이중적 의미에서 사색과 관조의 대상으로서 지속적으로 사용되고 재활성화되고 있는 것이다. 우리는 헤겔이 박물관에 보존된 '골동품들'이 '과거의 것'이라고 간주하게 만드는 것이 무엇인지 분석하는 가운데 이 문제를 제기한 노고를 인정할 수 있다. 그러나 그가 이 대상들이 '고고학과 인류학'의 역사기술적인 관심의 대상물들로서 역사적인지를 아는 문제와 부딪친 것은, 다만 그가 그 비밀을 알고 있는 반전들 가운데 하나를 통해 이 문제를 곧바로 배격하기 위한 것이다. 이 반전은 그로 하여금 '순진한 인류학'을 넘어서 언제나 위치하게 해주는 것이다. 역사적 대상물을 만드는 것은 역사에 대한 역사가들의 현재적 관심이 아니라는 것이다. 역사성과 역사적 관심을 만들어 내는 것은 실존적 분석의 대상인 **현존재**의 역사성이다. 카빌 사람의 신앙에 따르면 인간이 죽고 난 후 영생할 수 있는 찬스들은 그가 생산해 내게 되는 후손들, 자신의 이름을 인용하고 그렇게 하여 그를 부활시킬 그 후손들의 수와 질에 달려 있다는 것이다. 그런데 이런 신앙이 상기시키고 있듯이, 과거의 선택적인 사후 존속의 원칙은 현재 속에 있는 것이다. 기술적이거나 문화적인 대상물들이 보존되고 지속적으로 찬양될 만한 옛 작품의 지위에 오르는 것은, 오로지 그것들이 물질적이든 상징적이든 내 것으로 만드는 독점을 위한 경쟁의 목표물이 되는 정도 내에서이다. 역사의 주어진 순간에 합법적인 것으로 간주된 해석·읽기·처분 같은 독점 말이다. 그리하여 상속받은 글들——전문가들의 대립 때문에 살아남은 불가사의한 텍스트들이 되었든, 집단들에 부여된 **믿음**의 이름으로 인식 형태들과 그에 따른 관행들을 수정하면서 집단들을 동원할 수 있는 종교적 혹은 정치적 대예언서들이 되었든

——은, 그것들이 야기시키는 분쟁의 실질적인 원인도 순수한 구실도 결코 아닌 것이다. 비록 목표물이 지닌 모든 가치의 원리가 게임 속에서 발견되는 것이 아니라, 목표물의 내재적 속성들 속에서 발견되는 것처럼 사람들이 언제나 행동하고 있다 할지라도 말이다.

그리하여 사회적 행위자들이 자신들을 시간화하는 것은 실제 속에서, 그리고 실제를 통하여 이루어지며 실제가 함축하는 실제적인 예상을 통하여 이루어진다. 그러나 그들은 그들이 장에 맞춰진 아비투스들을 부여받는 정도, 다시 말해 게임의 구조 자체 속에 주어지는 순간순간의 미래들의 실제적 양식을 앞지르는 능력으로서의 게임(또는 배치) 감각을 부여받은 정도 내에서만 시간을 '만들' 수 있는 것이다. 환언하면 그런 식으로 형성된 정도 내에서, 그들은 현재의 구조에서 그들에게 해야 할 일들로 불가피하게 드러나는 객관적 가능성들을 포착할 수 있는 것이다. 시간은 칸트가 원했던 것처럼 구축 행위의 산물인 것이다. 그러나 이 구축 행위는 사유하는 의식의 몫이 아니라 성향들과 실제의 몫이다. 참고적인 이야기를 마치겠다.

'계승의 질서'

투자는 불확실에 연결되어 있지만, 제한되고 이를테면 질서가 잡힌 불확실에 연결되어 있다. (이 점이 게임과의 유사의 타당성을 설명해 준다.) 실제로 투자·관심·일뤼지오를 한정하는 객관적 찬스들과 주관적 희망들 사이의 그 특별한 관계가 설정되기 위해서 필요한 것은, 객관적 찬스들이 절대적 필연성과 절대적 불가능성 사이에 위치해야 하고, 행위자가 성공할 가능성이 전혀 없지도(매번 잃는다) 전적이지도(매번 딴다) 않은 찬스들을 가져야 하는 것이다. 달리 말하면 어떤 것도 절대적으로 확실하지 않아야 하지만, 그렇다고 모든 것이 가능해서도 안 된다는 것이다.

게임 속에 불확정적이고 우발적인 부분이 있어야 할 뿐 아니라 우발성 속에는 어떤 필연성이 존재해야 하고, 따라서 어떤 인식의, 즉 합리적인 예상 형태의 가능성이 있어야 한다. 이 가능성은 습관이 확보해 주거나, 습관이 없다면 '방침들의 규칙'이 확보해 주는 것으로 파스칼이 개발하려고 시도하게 되는 가능성이다. 그것은 그가 말하듯이 '불확실한 것을 위해' 일하게 해주는 것이다. (그리고 사실 사회적 질서는 두 개의 한계 사이에 위치한다. 한쪽에는 근본적이고 논리주의적이거나 물리주의적인 결정론이 있는데, 이것은 '불확실한 것'에 어떤 여지도 남겨 주지 않는다. 다른 한쪽에는 전적인 불확정이 신조처럼 자리잡고 있는데, 이것은 헤겔이 '도덕적 세계의 무신론'이라는 이름으로 강하게 비난한 것이다.[9] 그것은 물리적 세계와 정신적 세계의 데카르트적인 구분을 내세워, 자연 세계에 부여되는 필연성을 사회 세계에는 거부하는 사람들의 불확정이다. 수많은 사람들 가운데 하나만 인용한다면 도널드 데이비드슨 같은 사람인데, 그는 물리적 영역에만 '진지한' 결정론에 토대를 둔 '엄밀한' 법칙들과 '분명한' 예측들이 있을 수 있다고 주장한다.[10])

단지 한 사회 세계의 내재적 추세들과의 관계, 그리고 이 사회 세계의 정연함 및 규칙들 속에 들어 있는 개연성들과의 관계 속에서만, 다시 말해 서로 다른 여러 '시장'에서 이득을 볼 수 있는 찬스들의 배분을 확보해 주는 메커니즘들 속에서만 게임에 무관심하지 않고, 동시에 게임에서 차별을 드러낼 수 있는 성향들(선호하는 것들, 기호들)이 형성될 수 있고, 이 성향들은 희망이나 절망, 기다림이나 성급함을 낳을 수 있으며, 우리에게 시간을 경험하게 해주는 다른 모든 경험들을 낳을 수 있는 것이다. 좀더 분명히 말하면, 아비투스가 명백한 정연성을 나타내는 사회 세계와의 지속적인 대결의 산물이기 때문에, 그것은 객관적인 찬스들에 대략적으로(계산은 전혀 안 된 것이다) 맞춰진 예상들, 이 정연성의 순환적 강화에 기여할 수 있는 '합리적'인 그 예상들을 통해서 이 세계의 개연적인 흐름에 최소한의 적응을 확보해 줄 수 있는 것이다. (그리하여 합리적 행

동이라는 가정을 토대로 한 모델들, 특히 경제적 모델들에 토대의 외관을 제공하는 것이다.[11])

사회 세계는 우연의 게임이 아니며, 룰렛(이것의 매력은 도스토예프스키가 《도박사》에서 암시하고 있듯이, 사회적 계층 체계의 가장 낮은 곳으로부터 가장 높은 곳으로 한순간에 이동할 수 있도록 한다는 점이다) 게임들처럼 완전히 독립적인 게임들로 이루어진 불연속적인 일련의 게임이 아니다. 찬스들의 평등에 대해 이야기하는 사람들이 망각하고 있는 것은 경제적 게임뿐 아니라, 문화적 게임들(종교장·법률장·철학장 등) 같은 사회적 게임들이 **페어 게임들**이 아니다라는 점이다. 엄밀히 말해서 속임수가 없다면 경쟁은 여러 세대 전부터 지속되는 핸디캡이 붙은 경주를 닮거나, 각각의 경기자가 그를 앞서간 모든 사람들의 긍정적 혹은 부정적 이득, 다시 말해 그의 모든 조상들의 축적된 스코어를 지닌 게임들을 닮는다는 것이다. 그래서 사회적 게임들을 차라리 경기자들이 긍정적 혹은 부정적 이득, 따라서 다소간 중요한 자본을 점차적으로 축적하는 게임들과 비교해야 할 것이다. 이 자본은 그들의 아비투스와 불가분의 관계에 있고, 부분적으로는 그들의 자본의 양과 연결된 경향들(신중·과감 등의 경향)과 더불어 그들의 게임 전략들에 방향을 제시한다.

사회적 게임은 역사가 있고, 이러한 이유로 그것은 경기자들의 의식 및 의지와는 독립적인 내적 역학이 전개되는 장소이다. 그것은 객관적 개연성들의 구조, 좀더 분명히 말하면 자본 및 이와 상관적인 이익 찬스들의 분배 구조를 재생산하는 경향이 있는 메커니즘들의 존재와 연결된 일종의 **코나투스**(노력)의 장소이다. 추세나 **코나투스**에 대해 이야기한다는 것은 포퍼의 말대로, 개연성의 기능들에 의해 선택된 가치들이 이에 대응하는 사건들을 스스로 생산하는 경향의 힘을 나타내는 척도들로 간주된다는 것을 말한다——이것을 라이프니츠는 그것들의 **존재를 향한 요구**라 불렀다. 그렇기 때문에 이 사회 세계의 시간적 논리를 지칭하기 위해 우리는 '계승의 질서'에 대해 이야기할 수 있을 것이다. 사실 '계승'이라는 낱말의 이중적 의미 덕분에 시간에 대한 라이프니츠의 정의는 또한 사회적 재생산의 논리를 환기시키고, 권력 및 특권을 이양하는 데 있어서의 정연함과 법칙들을 환기시킨다. 이 이양(移讓)은 뢰지온느(기회들), 객관적인 개연성들 또는 희망들의 규칙적인 배분으로서의 사회 질서의 항구성을 보장하는 조건이다.

무엇이 사회 세계의 그 장황한 넘침을 결정하고, 가능성들의 공간을 제한하면서 사회 세계를 살기 좋게 만들고 아비투스의 실제적 귀납을 통해서 실제적으로 예측될 수 있도록 만드는가? 그것은 한편으로 책임 있고, 동시에 오케스트라처럼 조직된 아비투스들의 형태로 행위자들에 내재하는 경향들이다. 이 아비투스들은 그것들을 낳은 구조들을 재구성하는 방향으로 나아간다. (통계적으로) 다른 한편 그것은 사회 세계들, 특히 장들에 내재하는 추세들이다. 이 추세들은 의식들 및 의지들과는 독립적인 메커니즘들의 산물, 다시 말해 기존 질서의 보존을 확실히 하기 위해서 분명하게 마련된 규칙들이나 코드들의 산물이다. (자본주의 이전의 사회들은 사회를 재생산하기 위해 특히 아비투스들에 의존했다. 반면에 자본주의 사회들은 주로 경제적 자본과 문화적 자본의 재생산을 보장하는 방향으로 나가는 것들과 같은 객관적인 메커니즘들에 의존하고 있다. 이들 자본에 조직의 구속 형태들——우리는 알프레드 슈츠에 의해 환기된 우체국원에 대해 생각한다[2]——과, 습관·인습·법 같은 실생활의 코드화된 형태들을 모두 추가해야 한다. 이 형태들 가운데 어떤 것들은 막스 베버가 주목하고 있듯이, 예측성과 계산성을 확보하기 위해 명시적으로 마련된 것들이다.)

희망과 찬스의 관계

지금까지 나는 마치 시간적 경험을 구성하는 두 차원, 즉 주관적 희망과 객관적 찬스, 다시 말해 좀더 분명히 말하면 찬스를 지배하는 사회 세계의 내재적 추세들에 대한 현실적 혹은 잠재적 역량(한 행위자 또는 그의 위치에 결부된 역량)──나는 '힘'이라 말하고 싶다──이 모두에게 똑같은 것처럼 추론해 왔다. 달리 말하면 마치 모든 행위자들이 물질적이고 상징적인 이득에 대한 동일한 찬스들을 가지고 있고(따라서 어떤 식으로든 동일한 경제적·사회적 세계를 상대로 하고 있으며), 투자하는 데 동일한 성향들을 가지고 있는 것처럼 말이다. 그런데 행위자들은 매우 불평등한 역량들(그들 자본의 양과 구조에 의해 한정된)을 가지고 있다. 그들의 희망과 열망에 대해 말하자면, 그것들 역시 다음과 같은 법칙에 의해 매우 불평등하게 배분되어 있다. (만족의 능력과 관련해 포기하는 경우들이 있음에도 불구하고.) 이 법칙에 따르면, 아비투스의 성향들(이 성향들 자체가 대부분의 경우 위치들에 맞춰져 있다)을 중재로 하여 희망은 객관적 찬스들에 대략적으로 일치되는 보편적 경향을 보인다.

인간 행위들의 이와 같은 경향적인 법칙은 이익에 대한 주관적 희망이 이익의 객관적 개연성에 스스로를 맞추는 경향을 보이도록 하는데, 서로 다른 여러 장들에의 투자(돈·노동·시간·감정 등의 투자) 경향을 지배한다. 그리하여 교육에 투자하는 가정들과 아이들의 경향(이 경향 자체가 학업 성공의 중요한 요소들 가운데 하나이다)은, 그들이 자신들의 세습 자산과 사회적 위치를 재생산하기 위해 교육 제도에 의존하는 정도에 달려 있으며, 그들이 소유한 문화적 자본의 양을 고려할 때 이러한 투자에 약속된 성공의 찬스들에 달려 있다. 이 두 전체 요소들은 학교에 대한 태도에서, 그리고 학업의 성공에서 중요한 차이들을(예를 들어 교수의 아들과 노동자의 아들을 구분시키거나, 심지어 교사의 아들과 소상인의 아들을 구분시키는 차이) 결정짓도록 축적되기 때문이다.

항상 우리는 얼마나 의지가 가능성에, 욕망이 욕망을 만족시킬 수 있는 역량에 스스로를 조정하는지를 보고 놀라며, 속설과는 반대로 플라톤이 이야기한 언제나 더 많이 가지고 싶은 욕망, 플레오넥시아(pleonexia)가 예외(더구나 이 예외는 우리가 앞으로 보겠지만 근본적 법칙에 따라 이해될 수 있다)라는 사실을 발견하고 놀란다. 이러한 점은 학교와 관련된 타이틀의 평가 절하와 연결된 구조적인 사회적 지위 격하를 낳는 취학의 일반화로 인해, 그리고 임금 불안의 일반화로 인해 희망과 찬스의 어긋남이 보다 빈번한 사회들에서도 마찬가지이다. 전략들을 생산하는 성향들 자체가 그것들이 사용되는 조건들과 동일하거나 유사한 조건들로부터 비롯될 때마다. 행위자들이 사회 공간 내에서 그들의 현재적·잠재적 위치를 방어하기 위해 끌어들이는 이 전략들, 그리고 좀더 넓게는 그들이 지닌 자신들에 대한 이미지——이 이미지는 언제나 다른 사람들에 의해 매개된다——는 이 조건들에 객관적으로 맞춰져 있다. 이것은 전략들이 전략을 만든 자들의 이익에 반드시 일치한다는 것을 의미하지는 않는다. 그리하여 다른 성향을 지닌 행위자들이라면 참을 수 없고 격분을 일으키는 것이라고 판단할 수 있는 객관적 조건들을, 피지배 계급의 구성원들로 하여금 감수하도록 만드는 현실주의적이고 나아가 체념적이거나 숙명론적인 성향들이 외관상 적응의 모습을 띠는 것은 다만 우리가 다음과 같은 점을 망각할 때이다. 즉 현실에의 적응이 지닌 역설적인 반목적성(contre-finalité)을 통해서 이 성향들이 압제의 조건들을 재생산한다는 것이다.

그래서 역량(다시 말해 자본과 사회적 에너지)은 각각의 게임자에게 객관적으로 제공된 잠재성, 그가 지닌 가능성과 불가능성, 그가 지닌 잠재력의 정도와 힘을 발휘할 수 있는 정도를 지배한다. 동시에 그것은 그의 힘에의 욕망을 지배하는데, 이 욕망은 근본적으로 현실주의적인 것으로 그가 지닌 '힘들'에 대략적으로 맞추어져 있다. 일정한 역량의 정도에 의해 규정된 조건 속에 조기에 지속적으로 편입되는 현상은, 이 조건이 제공하거나 거부하는 가능성들의 경험을 통해 이 가능성들에 따라 (경향적으로) 조절되는 성향들을 육체 속에 지속적으로 설정하는 경향을 보인다. 아비투스는 특히 현재의 상황 속에 들어와 있는 가능성들의 인지와 평가에 방향을 제시하면서, 가능성들에 객관적으로 맞추어진 실천들을 생산하는 경향을 보이는 '역량의 존재'이다.

이와 같은 조정의 현실주의를 이해하기 위해서는 다음과 같은 점을 고려해야 한다. 즉 생존의 조건들에 의해 강제된 심리적 조절들의 자동적 효과에 가정, 동료 집단, 학교 당국자들의 특유하게 교육적인 개입들(평가·자문·명령·권고)이 추가되어야 한다는 것이다. 이 개입들은 열망을 찬스에, 욕구를 가능성에 조정하는 일을 수월하게 만들고, 가시적 혹은 비가시적·명시적 혹은 암묵적 한계들의 예상과 수용을 수월케 하는 것을 분명한 목표로 하고 있다. 이룰 수 없고, 따라서 비합법적인 요구들을 구성하는 목표들로 방향이 정해진 열망들을 좌절시킴으로써 질서로 회귀토록 하는 이러한 작업들은, 필연성의 제재를 배가시키거나 앞질러 하는 경향이 있으며 열망들을 보다 현실주의적인 목표들, 다시 말해 점유한 위치에 들어온 찬스들과 보다 양립할 수 있는 목표들을 향해 방향을 잡는 경향을 보인다. 도덕적인 모든 교육의 원칙은 이렇게 진술된다. 사회적으로 현재의 너 자신이 되어라(그리고 네가 마땅히 되어야 할 사람이 되어라), 네가 해야 할 일, 너에게 부과된 일, 아니면 특별히 너에게 속한 것을 해라——이것이 플라톤의 ta autou prattein이다——이러한 의무-존재는 자신의 극복("귀족은 귀족답게 처신해야 한다")에 호소할 수 있고, 분별 있는 것("그건 네가 나설 일이 아니야")의 한계에 되돌아오게 할 수 있다.

제도적 의식에서는 열망의 사회적 취급이 기술적 수련의 작용을 통해 다른 데보다 덜 감추어지기 때문에 아주 명료하게 드러난다. 그런데 이 제도적 의식은 집단이 행사하려는 경향이 있는 강한 의미에서 암시의 모든 행동들이 지닌 한계에 지나지 않는다. 엄숙한 재촉과 주의로서, 그것은 비상한 제도적인 수행적 행위(예를 들면 할례를 위한 소년으로서의 소년의 행위)에 집단적이고 공적인 형태를 부여한다. 이 수행적 행위는 사회적으로 매우 강도 높은 하나의 불연속적인 개입 속에, 모든 집단이 새로운 구성원들에게 행사하는 연속적이고 무한히 작으며 때로는 느껴지지 않는 모든 개입들을 응축한다. 나는 특히 어린아이에게 내려지는 모든 명령들과 모든 금지들——예를 들면 지침 용어들이나 호칭 용어들 같은 모든 명명 행위들에 함축된 금지들——에 대해 생각한다. 이것들은 암묵적이고 암시되어 있거나 단순하게 상호 작용 속에 실제적 상태로 들어 있는데, 어린아이가 자신의 행동 능력(종에 속하는 총칭적 또는 개별적 능력), 자신의 가치, 자신의 사회적 존재를 표현하는 것을 결정하는 데 기여한다.

탈선. 또 다른 몇몇 학구적 제외들

우리가 막스 베버처럼 '전형적'이거나 '평균적인' 찬스들에 대해 이야기할 수 있는 것은, 함축된 메커니즘들의 실제적 이해를 방해하기에 적합한 하나의 제외를 통해서 뿐이다. (그러나 이 점은 경제적 이론이 암묵적으로 만들어 내는 많은 가설들을 명료하게 해주는 장점이 있다. 특히 이 이론이 투자가 이전 시기에 기대되었거나, 실질적으로 획득하게 된 이득률에 스스로를 조정하는 경향이 있다고 상정할 때 말이다.) '객관적으로 그리고 평균적으로 존재하는' 총칭적 찬스들과, '주관적 기대들'[13] 사이에 명료한 인과율의 관계가 있다고 가정하는 일이 우선적으로 상정하는 것은, 행위자들 사이의 차이들과 이 차이들을 결정짓는 원칙들이 제외될 수 있다는 것이다. 그것이 두번째로 상정하는 것은 행위자들이 '합리적으로' 혹은 '현명하게' 행동한다는 것이다. 다시 말해 그들이 '객관적으로 가치 있는'[14] 것을 참조하면서, 아니면 마치 자신들이 '참가자들의 모든 상황과 의도를 알고 있었던 것처럼'[15] 학자식으로 행동한다는 것이다. 사정을 완전히 알고 수행되는 행동이라면 마땅히 순응해야 할 객관적 찬스들의 체계를, 계산을 통해서——그리고 일반적으로는 단지 싸움이 끝난 후에 ——유일하게 구축할 수 있는 학자처럼 말이다.

'잠재적인 기회들'——서로 다른 여러 시장들이 제공하는 평균적 이득률 같은——에 대한 상호 교환될 수 있는, 불확정적인 행위자의 '합리적 응답'으로서의 '합리적 행동'에 대한 베버의 정의는 내가 보기에는 학구적 비현실주의의 전형적 예라고 생각된다. 과연 어떻게 다음과 같은 사실을 부인할 수 있단 말인가? 즉 행위자들이 합리적인 결정이라면 요구하게 될 상황에 대한 모든 정보를 실제로 다 수집하기는 전혀 불가능하다는 것과, 어쨌든 그들이 이에 관해서 매우 불평등하게 조건을 부여받았다는 것 말이다. 궁지에서 빠져 나오는 데는 허버트 시몬처럼 '제한된 합리성'——마음대로 이용할 수 있는 정보의 불확실성과 불완전성, 그리고 인간 정신의 계산 능력의 한계(언제나 일반적이지만⋯⋯)에 의해 제한된 합리성——에 대해 이야기하면서, 그리고 최대화하려는 의도를 '최소한 수용할 수 있는 것들'의 추구로 낮게 재정의하면서 쇠락하는 패러다임을 마련하는 것만으로는 충분치 않은 것이다.

우리는 더더욱 '합리적 예상' 이론에 머무를 수는 없다. 이 이론은 예상과 가능성 사이의 대응을 확립하기 때문에 언뜻 보기에는 사실과 더 가깝게 보이지만, 여전히 비현실적이고 추상적이다. 희망과 찬스가 불평등하게 배분되어 있다는 점과, 이러한 배분이 여러 가지 다양한 종류의 자본의 불평등한 배분에 대응한다는 점을 무시하면서, 그것은 학자의 특별한 경우를 부지불식간에 보편화할 뿐이다. 학자는 경제적 구조들과 성향들 사이의 고도의 대응으로 특징지어지는 경제 세계와 합리적으로 대결할 수 있을 만큼 필요성으로부터 충분히 벗어나 있는 것이다. 마찬가지로 결정에 관한 베이스의 이론[16]이, 인습적이고 조건적인 자극물들에 반응하게 만드는 심리적 조절들의 산물로서의 아비투스 이론과 외관상 매우 가깝다 할지라도, 개연성이 '믿음의 합리적 정도'(개인적 정도)로서 해석될 수 있다는 이 이론은 '조건화'(믿음의 구조 속에 새로운 정보를 동화시키는 작용이라는 의미로서[17])에 어떠한 지속적인 효과도 줄 수 없다. 그것이 가정하는 것은 여러 사건들에 부여된, 믿음의 합리적 정도——주관적 개연성——가 새로운 사건들에 따라서 지속적으로(이 점은 거짓이 아니다) 그리고 완전하게(이 점은 완전히 사실은 아니다) 변화한다는 것이다. 그래서 행동이 정보에 달려 있고 정보는 완전하지 않을 수 있다는 것이 인정되고, 합리적 행동의 한계가 마음대로 이용할 수 있는 정보의 한계이고 정보가 뛰어난 합리적 행동만이 마땅히 '신중한—— 'prudential'——행동'이라 불리어야 한다는 것이 인정된다 할지라도, 여전한 것은 가장 개연성이 있는 가장 좋은 결과를 돌려 주는 행동으로 이해된 합리적 행동이 숙고에 바탕을 둔, 따라서 다양한 행동 가능성들의 선택에서 비롯되는 다양한 결과들의 검토에 바탕을 둔, 그리고 다양한 행동들이 낳을 결과들의 관점에서 내려진, 이 행동들이 지닌 장점들의 평가에 토대를 둔 **결정**의 산물로 생각된다는 것이다.

언제나 그렇듯이 이와 같은 구축물 앞에서 우리는 이 구축물에 합당하게 주어야 할 위상에 대해 탐구할 수 있을 뿐이다. 규범적인 이론인가——어떻게 결정해야 하는가?——아니면 기술적(記述的) 이론인가——어떻게 행위자들은 결정하는가? 질서정연함의 의미에서 규칙인가——규칙적으로 어떤 일이 일어난다——아니면 규범의 의미에서 규칙인가——……하는 것은 관례로 되어 있다——? 이런 질문의 궁지에서 벗어나기 위해서는 무의식이나 신비스러운 직관을 원용하는 것만으로는 충분치 않다. "문제는 사람들이 결정을 할 때 결정의 형식적 이론 장치를 의식적으로 다루고 있는지 아는 것이 아니다. 역학 법칙들의 직관적이고 무의식적인 이해가 자전거 선수나 줄타기 곡예사의 능란한 솜씨에 기초가 되고 있듯이, 마찬가지로 결정 이론의 무의식적이고 직관적인 포착이 인간의 결정들에 기초가 될 수 있는 것이다."[18] 바로 이 경우에 따분한 미덕에 대해 이야기해야 한다고 생각된다. 그러나 특히 막스 베버가 '평균적 찬스들'의 언어에 대해 명료히 이야기하면서 자신의 층 형성 이론의 중심에 놓은 찬스들의 불평등을 암묵적으로 고려하는 최소한의 장점이 있었음에도, 합리적 결정에 관한 전형적으로 학구적인 이론이 무시하고 있는 것은 객관적 개연성에서와 마찬가지로 믿음이나 이용할 수 있는 정보에서 경제적·문화적 자본의 불평등과, 이 불평등으로부터 비롯되는 불평등이다. 사실 전략들은 노동 시장의 상태나 평균 이득률 같은 추상적 상황에 대한 추상적 답변들이 아니다. 그것들은 긍정적 혹은 부정적 징후들의 형태로 세계 자체 속에 들어 있는 유혹들과 관련하여 규정된다. 이 징후들은 아무한테나 향하는 것이 아니라, 어떤 자본과 아비투스를 소유한 특징이 있는 행위자들에게만(이들에게 아무것도 말하지 않는 모든 것과는 반대로) '이야기를 하는' 것이다.

하나의 사회적 경험: 미래가 없는 인간들

그리하여 실제의 일상적 질서를 가능케 하는 경제적·사회적 조건들, 특히 경제 세계의 조건들이 매우 규칙적으로 망각되고 있다. 그런데 사회 세계에는 하나의 범주, 즉 하급 프롤레타리아 범주가 존재해 이와 같은 조건들을 상기시킨다. 그러면서 이 범주는 삶이 알제리의 실업자가 말했듯이 '우연의 게임'으로 변모되어 있을 때, 그리고 아비투스라는 힘에 대한 제한된 욕망이 이를테면 가장 완벽한 무능에 대한 다소간 지속적인 경험 앞에서 취소될 때 일어나는 일을 나타나게 한다. 심리학자들이 고찰한 바와 같이 위기의 상황들과 연결된 찬스들의 소멸이 심리적 방어의 소멸을 야기시키듯이, 여기서 그것은 미래의 정연한 모든 목표의 무너짐에 연결된 사유와 행동의 일반화되고 지속적인 일종의 무질서를 야기시킨다. 그리하여 이 분석 도구는 그 어떤 '상상의 변동'보다 세계에 대한 학구적 비전 속에 암묵적으로 끌어들인 가정들(이 가정들은 **합리적 행동 이론**이나 베이스 정리의 현상학적 분석과 합리적 행동 이론화에 공통된다)을 잘 나타나게 하면서, 일상적 질서의 명백한 것들과 단절하지 않을 수 없게 한다.

그날그날 자신들에게 일어나는 일의 요행에 맡겨지고 몽환과 포기, 즉 상상의 세계 속으로의 도피와 소여의 판결에의 숙명적 복종이라는 양자 택일을 할 수밖에 없는, 미래가 없는 그런 사람들의 흔히 무질서하고 나아가 일관성 없으며 끊임없이 담론에 의해 반박되는 행동들이 증거하는 것은, 객관적 찬스들이 어느 문턱 아래로 내려가면 순간순간 다가오는 미래——산아 제한에서처럼 때로는 매우 먼 미래——에 대한 실제적인 참조를 전제하는 전략적 성향 자체가 성립될 수 없다는 것이다. 미래를 실제적으로 지배코자 하는 실질적 야망(하물며 합리적 예상 이론이 **주관적 기대 효용**이라 부르는 것을 합리적으로 생각하고 추구하는 계획)은 실상 이 미래를, 다시 말해 우선 현재 자체를 지배하는 실질적 역량에 비례한다. 따라서 가장 박탈당한 자들이 표현하는 꿈의 야망들과 천복년설적인 희망들은 구조들과 아비투스들, 다시 말해 위치들과 성향들 사이의 조응 법칙을 부인하기는커녕 다음과 같은 점을 또한 증언한다. 즉 위와 같은 상상의 요구와는 달리 실질적 요구의 토대와 한계는 동시에 실질적 역량 속에 있다는 것이다. 과연 우리는 60년대 알제리의 실업자들인 하급 프롤레타리아들이나 90년대 대단지의 도시 미래 없는 청년들의 이야기를 들으면, 가능성들을 절멸시킴으로써 사회적 목표들에 대한 투자를 절멸시키는 무력이 어떻게 환상을 완전히 창조하도록 조장하는지 발견하게 되는 것이다. 현재와 미래와의 관계는 끊긴 것 같다. 현재로부터 완전히 분리되고, 즉각적으로 현재에 의해 부인되는 다음과 같은 계획이 입증하듯이 말이다. 즉 이미 학교를 떠나 버린 것이 확실한 계집애를 대학까지 가도록 밀어붙이거나 극동에 여가 클럽을 만드는 일 말이다. 여행할 돈이 한푼도 없는데 말이다······.[19]

실업자들이 자신들의 노동과 더불어 잃어버린 것은, 사회적으로 알려지고 인정된 하나의 **직책**이 구체적으로 실현되고 나타나는 수많은 사소한 것들이다. 다시 말해 모든 의식적 계획 이외에 필요한 것들과 긴급한 것들의 형태로 미리 제기된 목적들 전체를 잃어버린 것이다. 중요한 약속, 다시 시작해야 할 일, 끊어보내야 할 수표, 준비해야 할 견적, 지켜야 할 기간·날짜·시간표의 형태로 즉각적인 현재 속에 이미 주어진 모든 미래, 타야 할 버스, 유지해야 할 리듬, 끝내야 할 일 등을 말이다. 행동과 행동을 통한 사회적 삶 전체에 방향을 주고 자극하는 격려들과 단서들로 이루어진 이러한 객관적 세계를 박탈당한 그들은, 그들에게 남겨진 자유로운 시간을 죽은 시간으로밖에 체험할 수 없는 것이다. 이 자유로운 시간은 모든 의미가 비워진 아무짝에도 쓸모없는 시간인 것이다. 시간이 절멸하는 것은 임금 노동이 대부분의 관심거리들·기대들·필요들·희망들, 그리고 현재와 미래 혹은 현재가 함축하는 과거에의 투자들, 이 모든 것들의 원리는 아니라 할지라도 이것들의 지주이기 때문이다. 요컨대 임금 노동이 삶의 게임과 현재에의 참여로서의, 그리고 시간을 만들고 시간 자체가 **되는** 가장 중요한 투자로서의——모든 지혜들이 시간으로부터 벗어남을 세계로부터 벗어남과 동일시하면서 항상 이 점을 가르쳐 왔다——**일뤼지오**의 주요한 토대들 가운데 하나이기 때문이다.

게임으로부터 배제된 인간들, 하나의 직책이나 임무를 가지고 있으며 무언가가 되어야 하거나 무언가를 해야 한다는, 생명력을 지닌 환상을 빼앗긴 이 인간들은 아무것도 일어나지 않고 기대할 것도 전혀 없는 삶의 비시간으로부터 벗어나기 위해, 그리고 자신이 존재한다는 것을 느끼기 위해 승마 복권·**토토칼키오**·**조고 도 비코**, 그리고 모든 빈민가와 슬럼의 온갖 도박 같은 활동들에 의존할 수 있다. 이 활동들은 정당화되지 않고, 특히 투자 가능성이 없는 삶의 취소된 시간으로부터 벗어나게 해준다. 왜냐하면 그것들은 시간의 벡터를 재창조하고, 잠시 동안 게임이 끝날 때까지 또는 일요일 저녁까지 기대를 재도입하기 때문이다. 다시 말해 그 자체에 의해 자기 만족의 원천인 궁극적으로 목적화된 시간을 재도입하기 때문이다. 그리고 알제리의 하급 프롤레타리아들이 매우 잘 표현했던 감정, 즉 외부적 구속들의 장난감이라는 감정("나는 물 위에 떠 있는 껍질 같다")으로부터 벗어나려고 시도하고, 세계의 힘들에 숙명론적으로 종속되어 있는 상황과 단절을 시도하기 위해 그들은, 특히 그 가운데 가장 젊은 이들은 폭력 행위들——이 폭력 행위들은 그것들이 얻게 해주는 이득에 의한 것보다 그 자체로 더 가치 있거나 동등하게 가치가 있다——속에서, 혹은 자동차나 오토바이가 가능하게 해주는 죽음과의 게임 속에서 절망적 수단을 강구할 수 있다. 이 수단은 다름 아닌 다른 사람들 앞에서 존재케 하고, 다른 사람들이 보기에 인정된 사회적 존재 형태에 다다르게 해주거나, 그저 단순히 아무것도 일어나지 않는 것보다는 무언가 일어나게 해주는 수단이다.

그리하여 하급 프롤레타리아들처럼 일상적(경제적) 세계로부터 배제된 사람들의 제한된 경험은 일종의 근본적인 의심의 미덕들을 지니고 있다. 그것은 시간이 흘러가고 있다는 것을 느끼지도 못할 정도로 당연히 흐르고 있다는 경험을 체험 가능하게 해주는 경제적·사회적 조건들의 문제를 제기하지 않을 수 없게 만드는 것이다. 사실 확실한 것은 학구적 경험이라는 것이 그것의 원칙 자체 속에 시간과의 매우 특별한 관계——이 관계는 행동의 일상적 논리에 대한 구성적 자유에 토대를 두고 있다——를 끌어들이는 것인데, 세계와 시간의 여러 가지 경험들을 이해하게 만들지도, 특히 그것이 지닌 시간적인 특성 속에서 스스로를 전혀 이해하게 만들지도 못한다.

하급 프롤레타리아——그가 이미 일할 수 있는 나이에 있든, 학창 생활과 실업이나 불완전 고용(민중 계급의 많은 청년들이 흔히 상당히 오랫동안 이 상태를 유지하고 있다) 사이의 일종의 그 불확실한 지대에 있든 말이다——의 극도의 박탈은, 다음과 같은 점을 보여 줌으로써 시간과 역량의 관계가 지닌 그 명백성을 드러나게 한다. 즉 시간의 경험이 생성되는 순간순간의 미래와의 관계가 역량에 달려 있고, 이 역량이 열어 주는 객관적 찬스들에 달려 있다는 점 말이다. 그리하여 우리는 게임의 순간순간 미래에의 투자는 게임에 붙는 최소한의 찬스를 전제하고, 따라서 게임과 게임의 현재에 대한 최소한의 지배력을 전제한다는 사실을 통계적으로 확인할 수 있다. 그리고 또한 확인할 수 있는 것은, 미래에 따라서 실제를 조정하는 재능이 미래를 지배할 수 있는 실질적 찬스들에 엄밀하게 달려 있다는 것이다. 이 찬스들은 현재의 조건들 속에 들어 있는 것이다. 요컨대 경제적 세계의 암묵적 요구들에 대한 적응은 최소한의 경제적·문화적 자본을 지닌 자들, 다시 말해 이들이 지배해야 하는 메커니즘들에 대한 최소한의 지배력을 지닌 사람들만이 가능한 것이다. 이러한 환기가 그만큼 더 필요한 이유는, 보이지 않게 남아 있으면서 우리가 생각하는 모든 것에 중력처럼 영향을 미치는 그 학구적 조건의 효과에 공적인 시간의 고유한 효과가 추가되기 때문이다. 이 천문학적인 시간은 수학적 혹은 물리적 용어로 규정되면서 길들여지고 탈역사화되고 외적인 무엇이 된다. 이 외적인 무엇은 뉴턴이 말했듯이 '그것의 성격 자체로 인해 스스로' 흐르며, 그리하여 역량과 가능성들의 관계를 창출하는 데 기여한다는 점을 합의의 미명 아래 감추는 데 협력한다.

시간의 다양성

사실 본질적 분석(나는 내가 합리적 결정의 주지주의적 비전에 대립시킨 시간적 경험의 묘사에서 이 본질적 분석에 부분적으로 매진해야 했다)의 보편주의적 환상과 진정으로 단절하기 위해서는 자신을 시간화하는 여러 가지 방식들을, 그것들을 가능케 하는 경제적·사회적 조건들과 결부시키면서 기술해야 할 것이다. 죽여야 하는 빈 시간은 전적으로 자신의 일에 열중해 있으며, 이른바 시간이 지나가는 것을 느끼지 못하는 자의 충만한(채워진) 시간과 대립된다. 그런데 역설적으로 임박한 것 속에 잠기는 관계를 단절하는 무력은 시간의 흐름을 기다림처럼 의식하게 만든다. 그러나 빈 시간은 또한 자유롭게 선택된 무상한 목적들에 사용되는 시간인 여가와도 대립된다. 이러한 목적들은 지식인이나 예술가에게서 보여지듯이 어떤 일의 목적들이지만, 이 일은 그것의 리듬·순간 그리고 지속 기간에 있어서 외부적 모든 구속으로부터, 특히 직접적인 금전적 제재를 통해 강제되는 구속으로부터 해방된 것이다. 화가나 대학생의 삶과의 연속적 관계에서 보헤미안의 삶으로서의 예술가의 삶이 창안될 때, 바로 시간표와 긴급성(자기 자신에게 과하는 긴급성을 제외한)을 무시하는 막연한 틀과 밤낮이 전도된 리듬을 가진 그러한 시간성이 개발되는 것이다. 이 시간성은 세계에서 순전히 자유자재로움으로써의 시적 성향 속에 구현된 시간과의 관계인데, 사실 이 자유자재로움은 보통 사람들의 일상적 삶의 하찮은 걱정거리들과 세계에 대한 거리에 토대를 두고 있다. 그래서 동일한 관점에서 우리는 놀라울 것도 없고, 극단적으로 말해서 사건도 없는 하나의 삶 전체가 전개되는 원리를 담고 있는 일종의 라이프니츠적인 본질로서의 생애의 개념을 구성하는 시간적인 보증들이 어떻게 대학 생활의 조건에 의해——특히 노동과 여가의 일상적 구분이 흐릿한 상황과 더불어——허용되는 시간의 완전한 역설적 경험을 조장할 수 있는지 보여 줄 수 있을 것이다. 이 특이한 경험은 학구적 환상의 가장 한결같은 결과들의 하나인 시간으로부터의 일탈과 관련될 수 있다. 그리고 이 일탈 자체는 실제의 세계 밖으로 제외시키는 것과 관련된 박탈을 인식적 특권으로 변모시키는 경향과 상관 관계에 있다. 이와 같은 변모에는 게임으로서의 게임에 대한 전망들을 열어 주는, 관점들에 대한 관점에 도달할 수 있는 배타적 수혜자들인 '공평한 관객'이나 지멜의 말을 빌리자면 '이방인'의 신화가 따른다.

거의 자유로운 시간이나 하급 프롤레타리아의 취소된 시간과 비교할 때, 노동자·하급 관리·식당 웨이터와 과로하는 간부가 겪는 것과 같은 여러 가지 경험들은 공통적인 무엇이 있다. 그것들은 그들이 속해 있고 의지할 수 있는 경제적·사회적 질서의 한결같은 경향들의 존재 같은 이미 상기한 일반적 조건들 이외에도 특별한 조건들을 전제한다. 이 특별한 조건들은 예를 들면 안정적 직업을 가지고 있으며, 보장된 미래를 함축하는 사회적 위치를 차지하거나 경우에 따라서는 예측 가능한 궤적으로서의 직업을 가지고 있다는 것이다. 보험·보증·보장으로 이루어진 이것들 전체는 그것들의 효과 자체에 의해 눈에 띄지 않는 것이지만, 이른바 '합리적인' 모든 행위의 원리에 자리잡은 안정적이고 질서 있는 미래와의 관계의 구성 조건이다. 이 합리적 행위들에는 기존 질서를 다소간 급진적으로 변모시키는 목적을 지닌 행위도 포함된다. 지속적인 직업과 이와 관련된 안전 장치들을 가지고 있는 것 속에 들어 있는 최소한의 보장, 현재 및 미래와 관련된 이 보장은 사실 그와 같이 갖추어진 행위자들에게 미래와 적극적으로 대결하는 데 필요한 성향들을 부여해 준다. 대결의 방법은 찬스들에 대략적으로 조정된 열망들을 지닌 채 게임을 시작하든지, 나아가 개인적인 차원에서 인생의 계획을 통해, 또는 집단적인 차원에서 천복년설적인 반항의 불꽃과는 근본적으로 다른 개혁적인 혹은 혁명적인 계획을 통해서 게임을 지배코자 시도하든지 하는 것이다.[20]

역량들이 불평등하게 배분되어 있을 때 경제적·사회적 세계는 가능한 모든 주체가 평등하게 도달할 수 있는 가능성들——차지할 수 있는 직위들, 할 수 있는 공부들, 정복할 수 있는 시장들, 소비할 수 있는 재화들, 교환할 수 있는 소유권들 등——의 세계로 제시되는 것이 아니라, 그보다는 명령들과 금지들, 내 것으로 삼고 타자를 배제하는 기호들, 의무적인 방향들이나 넘을 수 없는 장벽들로 점철된, 경계 표시가 있는 세계로서 제시된다. 한 마디로 이러한 세계는, 특히 그것이 안정적인 기대들을 조장하고 충족시키기에 적합한 안정적인 찬스들을 제안하는 정도에 따라 심층적으로 분화된 세계이다. 여러 종류로 된 자본은 미래에 대한 선매권들 전체이다. 어떤 사람들에게 그것은 공식적으로는 모두에게 보장된 어떤 가능성들(교육받을 권리 같은 것)에 대한 독점을 보장한다. 권리가 인정하는 배타적 권리들은, 내 것으로 삼은 찬스들과 선매한——따라서 다른 사람들에게는 권리상 금지된 것들이나 사실상 불가능한 것들로 전환된——가능성들로 이루어진 그런 전체의 명시적으로 보장된 가시적인 형태에 불과하다. 이러한 전체 형태를 통해서 현재의 힘의 관계들은 미래에 투시되며 그 대신 현재의 성향들에 방향을 제시한다.

또한 세계의 순간순간 미래에 대한 즉각적인 투자로서의 시간적 경험의 기술이, 하급 프롤레타리아들과는 달리 세상에서 할 일이 있기 때문에 자신의 일에 매달리고 미래가 있기 때문에 순간순간 미래 속에 참여하는 모든 이들에게는 진실이라 할지라도, 여전히 분명 그것은 세계의 필연성들이 강제되는 긴급성의 형태나 정도에 따라 특수화된다. 객관적 찬스들에 대한 지배력은 열망들을 지휘하고, 따라서 미래와의 관계를 지휘한다. 우리가 세계에 대해 가지는 지배력이 크면 클수록 우리는 실현될 수 있는 찬스들에 맞추어진 열망들을 보다 많이 갖는다. 이러한 열망들은 합리적이며 안정적이고 상징적 조작에 그다지 취약하지 않다. 반대로 어느 한계 밑으로 가면 열망들은 현실에서 벗어나 부유하며, 때로는 약간 무모하기까지 하다. 마치 아무것도 진정으로 가능하지 않을 때 모든 것이 가능하게 된 것처럼 말이다. 마치 예언·점·예견·천복년설의 예고 등과 같은 미래에 대한 모든 담론들이 욕구들 가운데 아마 가장 고통스러운 것, 즉 미래의 결핍을 채워 주는 것 이외에 다른 목적이 없는 것처럼 말이다.

시간이 아무런 가치가 없기 때문에 재화는 부족하고 시간은 넘치는 하급 프롤레타리아들과는 반대로, 과로하는 간부들은 재화는 넘치고 시간은 비상하게 부족하다. 전자들은 되팔 수 있는 시간이 있고, 부조리할 정도까지 교묘한 대강 때우기를 통해서 시간을 '낭비한다.' 그들은 어떻게 하든 사물들의 지속을 연장하기 위해, 다시 말해 많은 빈국의 거리나 시장에서 볼 수 있는 제품들의 교묘하게 정리된 그 대체물들을 산출하기 위해 이 대강 때우기에 전념한다. 반대로 역설적으로 후자들은 언제나 시간이 부족하고 지속적으로 **분망함**(askholia) ── 이 분망함은 플라톤이 철학적 **여가**와 대립시키는 것이다──속에서 살 수밖에 없다. 그리고 그들은 자신들이 소화해 낼 수 있는 능력을 초과하는 재화와 서비스에 휩쓸린 채, 특히 유지하고 보수하는 일을 포기하면서 이 재화와 서비스를 소비한다. 이렇게 된 이유는 여러 시장에서 그들의 시간(그리고 그들 자신)이 지닌 경제적·상징적 가치 때문에 매우 수익성이 있는 상당히 많은 투자 기회를 가지고 있기 때문이며, 그들의 모든 경험에 방향을 제시하는 시간의 희귀성에 대한 실제적 감각을 획득하고 있기 때문이다.

한 인물의 시간, 특히 가장 개인적이기 때문에 가장 값진 증여물로서──어느 누구도 그를 대신해서 이것을 할 수 없으며, 그가 가진 시간을 줄 수가 없다. 그것은 진정으로 '혼신의 노력을 다한 것'이다──그가 제공하는 시간에 부여된 희귀성, 따라서 가치는 이 인물의 사회적 가치를 나타내는 근본적 차원이다. 그것은 한편으로 간청·기대·요구를 통해서, 다른 한편으로는 물론 노동 시간에 부여된 가격 같은 대상물(代償物)뿐만 아니라 열성의 표시 같은 상징적 반대 급부를 통해서 지속적으로 환기되는 가치이다. 이 열성의 표시는 '중요한' 사람들에게 부여되는 존경의 형태이며, 사람들은 그들이 바쁘고 그들의 시간이 값지다는 것을 알고 있는 것이다.

시간의 희귀성과 가치의 증가는 노동 가치의 증가(이 증가는 생산성의 증가와 연결되어 있다)를 수반하는데, 그것의 효과는 그 증가로부터 비롯되는 이익의 증가가 발휘하는 직접적인 한 효과에 의해, 즉 역시 시간을 잡아먹는 소비에(재화와 서비스의) 제공된 가능성들의 증가에 의해 배가되어 나타난다. 소비란 모든 것을 다 소비할 수는 없다는 생물학적 불능 속에 그 한계를 드러내지만, 모든 것을 즉시 다 가지게 해줄 수 있는 사회적인 절대적 힘이다. 그리하여 특권층의 과로가 드러내는 역설은 이렇게 설명되는 것이다. 경제적·문화적 자본이 증가하면 할수록 사회적 게임들에서 성공할 수 있는 찬스들은 더 증가하며, 그로 인해 이 게임들에 시간과 에너지를 투자할 수 있는 경향 역시 증가하고, 확장할 수 없는 생물학적 시간의 한계 내에서 생산과 물질적 혹은 상징적 소비의 모든 가능성들을 유지토록 하는 일은 더욱 어려워진다.

또한 이러한 모델은 보수적인 철학들이 풍속의 타락과 다양한 도덕적 원인에 그 책임을 돌리는 많은 사회적 변화들을 매우 단순하게 설명해 준다. 도덕적 원인들로 내세워지는 것들에는 예전의 농민들이 지닌 '히이데거식' 삶의 양식이 사라지고, 그들의 '수제품들'과 그들이 보여 준 언어의 절도 있는 사용이 사라졌다는 것이라든가, 사회적 교환의 한 체계 전체가 소멸했다는 것이다. 이 사회적 교환은 어린아이들, 노인들, 이웃들, 일터의 동료들, 친구들 등에게 재물보다는 시간, 다시 말해 선물을 주거나 아니면 보다 단순하고 간편할 때는 돈까지 주는 기술에 근거했다는 것이다.[21] 평등한 사람들 사이의, 또는 나아가 불평등한 사람들 사이의 관계 유지에 할애된 부분이 상당한 시간의 사용을 전제하기 때문에 이 관계는 매혹적이다. 그런데 이 부분은 애정·인정·감사·우의 등의 감정을 통해서 지속적으로 관계를 얽어매고 '유지하는' 데 필요한 부분이다. 그러나 그것은 사회 전체에서, 또는 특별한 범주에서 시간의 가치가 증가함에 따라(그리고 경제적 구속이나 계약 같은 지속적 관계를 설정할 수 있는 보다 경제적인 수단들이 개발됨에 따라) 감소할 수밖에 없다. 그래서 마치 하나의 숙명이나 유행인 것처럼, 혹은 가증스러운 '집단주의'와의 선택적이고 보편적인 단절인 것처럼, '개인주의의 회귀'에 대해 이야기하는 사람들은 마음대로 이용할 수 있는 재원들이 상승하고 있는 측면에서 실제적이고 습관적인 연대 현상과, 협동적이거나 집단적인 조정들이 점차적으로 많이 소멸하는 원리를 찾을 수도 있을 것이다. 이런 조정들은 재화와 서비스의 분배를 보장해 주는 데 목적이 있는 것인데, 이와 같은 분배는 모든 것이 평등하다면 개인들과 집단들의, 특히 화폐적인 재원이 증가함에 따라 관찰되는 것이다.

시간과 권력

권력은 사회 세계의 객관적 추세들, 즉 객관적 가능성들이 측정해 주는 추세들에 대해, 그리고 이를 통한 주관적 열망들이나 희망들에 대해 행사될 수 있다. 사실 그만큼 당연한 것이기에 사람들이 망각하는 것은, 시간적(세속적) 권력이 재분배의 원리들을 유지하거나 변모시킴으로써 여러 종류로 된 자본의 분배를 영속시키거나 변모시키는 권력이다는 점이다. 안정적 재분배의 원리들에 토대를 둔 세계는 위험을 부담할 정도까지 믿을 수 있는, 예측할 수 있는 세계이다. 반대로 절대적 임의는 세계를 임의적이고 터무니없게(예를 들어 나치즘의 인종차별주의적인 폭력에서 이런 현상이 나타나는데, 이 폭력의 한계는 모든 것이 가능하게 되는 포로수용소이다) 만드는 권력이다. 전적인 예측 불가능성은 열망의 온갖 조작 형태들(소문 같은)에 유리한 영역을 만들어 주며, 그것이 강제하는 예상들에 의해 야기되는 절대적 당황은 일상적 질서의 분별 있는 행위들과의 과도한 단절 속에서, 혹은 단절이 이루어지지 않은 채 절망의 전략들(테러리즘 같은)을 조장한다.

절대적 권력은 자신을 예측 불가능하게 만들고 다른 사람들에게 모든 분별 있는 예상을 금하는 권력이며, 타자들의 예측 능력에 어떠한 영향력도 주지 않으면서 그들을 절대적인 불확실 속에 배치시키는 권력이다. 사악한 신의 부당하고 전능한 힘과 더불어 신학적인 상상력 속에서가 아니고는 결코 도달된 적 없는 한계로서 그것은, 그것을 지닌 자를 무능으로서의 시간 경험으로부터 해방시켜 준다. 전능한 자는 기다리지 않고, 그 반대로 기다리게 하는 자이다.

기다림은 권력을 느끼고, 시간과 권력 사이의 관계를 느끼는 특별한 방식들 가운데 하나이다. 그래서 타자들의 시간에 대한 권력 행사와 연결된 모든 행위들을 검토하고 분석해야 할 것이다. 힘 있는 자 쪽(뒤로 보내고 미루고 기대하게 하고, 연기하고 시기를 기다리고 유예하고 늦게 도착하며 또는 반대로 서두르고 갑자기 들이닥치는 행위)과 마찬가지로 의료계의 말을 빌리자면 '환자'(인내심이 강한 자와 동일한 낱말이다) 쪽도 말이다. 환자는 불안하고 무력한 기다림의 훌륭한 장소들 가운데 하나인 것이다. 기다림은 복종을 함축한다. 열렬히 욕망된 사물의 타산적 목표로서 그것은 기대되는 결정에 이른바 매달린 자의 행위를 지속적으로, 다시 말해 기대가 지속되는 시간 내내 수정한다. 따라서 '천천히 일을 하고,' 세르반테스가 말하듯이 '시간을 시간에 맡기고,'[22] 기다리게 하며, 기대하게 하면서 연기하고, 유예하지만 너무 완벽하게 실망시키지 않는──너무 실망시키면 기다림 자체를 죽이는 결과를 가져올 것이다──기술, 그것은 권력의 행사에 있어서 없어서는 안 될 부분이다. 무엇보다 특히 다음과 같은 권력일 경우는 말이다. 즉 대학의 권력처럼 '환자'의 믿음에 크게 기대고 있는 것들 말이다. 이 권력들은 열망에 대해서 열망을 통해 행사되고, 시간에 대해서 시간을 통해 행사되며, 시간의 지배와 기다림을 메우는 템포의 지배를 통해 행사된다. (대학의 평결들이 절차를 거치지 않고 때때로 이렇게 말하듯이 말이다. "그는 시간이 있다." "그는 젊다." 또는 "너무 젊다." "그는 기다릴 수 있다.") 이 기술은 불쾌하게 만들지 않고 기각하며, 절망하게 만들지 않고 숨돌릴 겨를을 주지 않는 기술이다.[23]

우리는 카프카의 《소송》에서 절대적이며 예측 불가능한 그런 권력──매우 강한 불안정과 연결된, 매우 강한 투자를 하지 않을 수 없게 만들면서 극도의 불안을 느끼게 할 수 있는 권력──에 의해 지배되는 사회 세계의 모델을 읽을 수 있다. 이 소설이 환기시키는 사회 세계가 비상한 모습을 보이고 있긴 하지만, 그것은 보통의 사회 세계에 많이 보이는 일상적 상태들이나 이 세계 내의 특수한 상황들, 예를 들면 오명을 쓴 일부 집단들──카프카의 공간과 시간에서 유대인들, 미국의 격리 지구에 사는 흑인들, 또는 많은 나라에서 보이는 가장 박탈당한 이민자들──혹은 일부 사회적 고립 집단들의 상황들의 한계에 지나지 않는다. 하찮거나 위대한 한 우두머리의 절대적 독단에 내맡겨진 이 고립 집단들은, 사기업들이나 심지어 공기업들 내에서도 우리가 생각하는 것보다 더 자주 보여진다. (요아힘 언셀트의 분석[24]이 보여 주는 바에 따르면 출판업자의 판단만이 하나의 작품이 출간되게, 다시 말해 공적인 존재가 되게 할 수 있기 때문에, 그는 문학 생산의 절차와 과정에서 재판관의 위치와 유사한 위치를 차지한다는 것이다. 그런데 이 분석은 《소송》에서도 역시 문화적 생산의 장들——이 장들에서 권력들은 대학 범주의 권력들처럼 다른 사람들의 시간에 대한 영향력을 원리로 하고 있다——의 매우 현실주의적인 모델을 보도록 고무시킨다.)

K는 모함을 받았다. 처음에 그는 아무것도 아닌 것처럼 행동한다. 그리고 나서 그는 불안해하기 시작하고 변호사를 접촉한다. 그는 게임 속에 따라서 시간·기다림·불안 속에 들어간다. 이 게임은 매우 고도의 예측 불가능성에 의해 특징지어진다. 그 속에서 신뢰할 만한 것은 아무것도 없다. 성실하게 계속하고 자기 자신에 견실하겠다는 계약, 다시 말해 데카르트의 신학에서 진실한 하느님에 의해 보장된 그것 자체가 정지된다. 객관적인 안전도 보장도 없으며, 따라서 주관적인 보장도 없고 자신을 회복할 가능성도 없다. 모든 것을 각오할 수 있다. 가장 나쁜 것도 배제되지 않는다. 독단, 즉 재판권을 제한하기 위해 일상적으로 위임된 제도가 여기서는 독단의 훌륭한 장소가 되는 것은 우연이 아니다. 독단은 스스로를 숨기는 수고를 할 필요조차 없이 독단으로서 뚜렷이 나타난다. 예를 들면 그것은 자기 자신이 언제나 늦으면서도 늦는 것을 비난하게 하며, 규칙은 또한 그것을 규정하는 자에게도 적용된다는 원칙을 우롱한다. 이 원칙은 보편적인 모든 규범의 암묵적인 토대인데도 말이다. 요컨대 그것은 사물들의 질서의 원칙 자체에 독단, 즉 요행을 설정한다.

절대적 권력은 법칙이 없다. 아니면 보다 정확히 말하면, 그것의 법칙은 법칙이 없는 것이다. 아니면 더 고약한 것이지만, 즉 매번 뜻에 따라 관심에 따라 법칙을 바꾸는 것이다. 동전을 던져 뒷면이면 내가 이기고, 앞면이면 네가 이기는 것과 같은 것이다. 분별 있고 효율적인 활동의 장소인 은행과는 반대로, 분명하게 규정된 목적들을 위해 방법적으로 조직된 절차들과는 반대로, 재판소는 절차와 결과에 있어서 전적으로 불투명하고 불확실한 작용 방식을 가지고 있다. 그것은 아무때나 열리고, 아무것이나 한다. 은행의 구성원들처럼 그것의 구성원들은 총칭적인 이름들만 가지고 있지만, 그 경우 그들의 이름을 사용하는 것은 터부이다. 그래서 K가 티토렐리에게 그가 묘사하는 재판관의 이름을 물을 때, 티토렐리는 "이름을 말하는 것이 자신에게 허용되어 있지" 않다고 대답한다.

K는 우선 상당히 무관심하다가 점차로 말려들어 게임의 극단적인 불확실성을 발견한다. 그런 그가 이와 같이 설정된 무질서 앞에서 무엇을 할 수 있는가? 대다수의 다른 인물들처럼 변호사도 자기 딴에는 게임을 지배하고 있다는 것을 내세워 K를 막연한 희망으로 현혹하고, 모호한 위협으로 고통을 주면서 그의 희망과 기대를 조종한다. (그렇게 도식적 상태로 떨어진 변호사는 매우 광범위한 한 계급의 패러다임처럼 나타난다. 이 계급에 속한 행위자들은 모든 완전한 제도들——기숙학교·감옥·보호소·병영·공장·포로수용소——의 고참들이나 간부급 직원들처럼, 또는 보다 광범위하게는 정보에 밝은 그 모든 매개인들처럼 힘 있고 동시에 불안을 주는 어떤 제도——학교·병원·관청 등——와 제 딴에는 친근하다는 것을 내세워 '환자'(참을성 있게 기다리는 자)가 느끼는 불안에 따라 지배력과 영향력을 행사할 수 있다. 치켜올렸다 내렸다 하고, 불안과 안심을 차례로 주며, 그리하여 게임에 대한 투자와 게임의 내재적 구조를 합체하는 일에 대한 투자를 배가시키면서 말이다.)

압제적 제도나 포로수용소에서처럼 독단과 예측 불가능성에 더 이상 한계가 없기 때문에, 불확실과 투자가 동시에 최대한에 이르는 극단적 상황들에서는 삶과 죽음을 포함한 모든 궁극적 내기들이 매순간 관계되어 있다. 그 속에서 각자는(K나 하급 프롤레타리아들처럼) 구속과 기대를 조종하는 가장 난폭한 형태들에 무방비로 내맡겨진다. 객관적인 찬스들을 수정하는 힘을 통해서(예를 들어 한 범주의 개인들 전체에 주어진 찬스들을 취소시키거나 축소시킬 수 있는 조치들——화폐의 평가 절하, **입학생 수의 제한**이나 나이 제한의 설정, 또는 머턴이 말하듯이 '**사회적으로 기대된 존속**'[25]을 바꾸는 데 목적을 둔 모든 다른 결정 같은 조치들——을 통해서),

시간에 대해 작용하는 권력은 열망들의 직접적 조종에 토대를 둔 권력의 전략적 행사를 가능하게(그리고 있음직하게) 만든다.

절대적 권력의 상황을 제외하면 권력이 있는 곳에서는 어디서나 이루어지는 시간과의 게임들(예를 들면 원고에 대한 자신의 결정을 기다리게 하는 출판업자와 작가들 사이에서, 논문 발표 날짜에 대한 결정을 미루는 지도교수와 박사 학위 과정자 사이에서, 관청의 간부와 제대로 일을 진척시키지 못하는 부하 직원들 사이에서 일어나는 게임들)이 확립될 수 있는 것은, 오로지 희생자의 연루와 희생자의 게임에 대한 투자의 (강요된) 연루가 있음으로써 가능하다. 사실 우리가 어떤 사람을 지속적으로 '붙들어' 둘 수 있는 것(그리고 그렇게 하면서 그로 하여금 기다리게 하고 희망을 가지게 하는 등의 가능성을 확보할 수 있는 것)은 다만 그가 게임에 투자되는 정도 내에서, 그리고 우리가 그의 성향들의 가담을 이를테면 기대할 수 있는 정도 내에서 뿐이다.

기대와 찬스 사이의 관계로의 회귀

기대를 찬스에 맞추는 것을 수월케 하는 경향이 있는 '있음직한 것의 인과 관계'는, 아마 사회 질서를 보존하는 가장 강력한 요소들 가운데 하나일 것이다. 한편으로 그것은 세계와의 독사적 관계가 함축하는 기존 질서에 대한 피지배자들의 무조건적 복종을 확실히 해준다. 이 복종은 극도로 참을 수 없는(다른 조건들 속에서 형성된 아비투스의 관점에서 볼 때) 존재의 조건들이 문제화되고 이의가 제기되는 것을 막아 주는 즉각적인 동조이다. 다른 한편으로 이 인과 관계는 일부 성향들의 획득을 수월하게 해준다. 이 성향들은 쇠퇴하고 있으며, 사라지거나 추월될 위험이 있는 불리한 위치들에 맞추어져 있으므로 사회 질서의 요구들과 대결할 준비를 제대로 갖추지 못하게끔 하는 것들이다. 특히 그것들이 여러 형태의 자기 착취를 고무시킨다는 점에서 말이다. (예를 들면 나는 하급 직원들이나 중간 간부들이 금리가 비싼 대출을 받아 아파트나 집을 소유하게 됨으로써 동의하여야 했던 희생에 대해 생각한다.[26])

피지배자들은 민중주의적 신비 사상이 믿는 것보다, 그리고 그들의 생존 조건들의 단순한 관찰——특히 정치적 기구나 조합의 기구들에 의해 조직되고 매개된, 그들의 요구들의 표현——이 생각하게 만들 수 있는 것보다 언제나 훨씬 더 체념하고 있다. 그들은 그들을 만들어 낸 세계의 요구들에 익숙해 있으므로 그들의 존재에서 가장 큰 부분을 당연한 것으로 받아들인다. 뿐만 아니라 특히 기존 질서가 극도로 짓누른다 할지라도 경솔하게 포기할 수 없는 질서적 이익들을 얻게 해주기 때문에, 분노·반항·위반(예를 들어 파업을 시작함으로써 드러내는)은 물질적으로 심리적으로 언제나 어렵고 고통스러우며, 거의 언제나 극도로 값비싼 대가를 치러야 한다.

그리고 이러한 측면은 외관상 보기와는 반대로 청년들에게서도 나타난다. 집·학교 혹은 공장에서 '나이 든 자들'에 대한 그들의 태도로 판단하면, 그들이 사회 질서와 근본적 단절 속에 있다고 생각될 수 있는데도 말이다.[27] 그리하여 폴 E. 윌리스(그의 작업은 '재생산'이란 말의 대립항의 요구에 따라 '저항' 쪽에, 학교식 사유가 찬양하는 그 대립쌍들 가운데 하나로 등록되었다)는 피지배 계급의 청년들이 학교 제도와 그들의 '선배들'에 대립시키고, 이 선배들을 통해 민중적 전통과 가치들에 대립시키는, 흔히 무정부적이고 경범죄에 가까운 저항 행위들을 당연히 강조하고 있지만, 그는 또한 냉혹함과 남성성의 숭배에 바쳐진 냉혹한 이 세계(이 세계에서 여성들은 남성들에 의해서만 존재하고 자신들의 종속을 인정하고 있다[28])의 경직성을 환기시킨다. 그는 '냉혹한 자들'의 찬양(이 찬양은 특히 언어에 있어서 민중주의적인 신화의 진원지이다)이 그 한계인, 남성적 힘의 숭배가 어떻게 단단하고 안정적이며 한결같은 세계의 긍정에 근거하는지 잘 보여 주고 있다. 이 단단한 세계는 집단적으로 보장되고——도

당이나 집단에 의해——특히 그것의 고유한 명백성들 속에 갇혀 있으며 다른 것에 대해 공격적이다. 충격적인 이미지들과 인신공격적 호칭들, 극화된 욕설들, 그리고 한 무더기의 관례——틀에 박힌 호칭 용어들과 별명, 가장된 싸움, 폭언 등——를 통해서 감정적으로 지탱되고 리듬을 타면서 구체적인 것과 상식을 위해 추상을 거부하는 딱딱한 말투가 증거하듯이 이러한 세계관은, 특히 사회적 계층 체계들과 관련된 모든 것처럼 본질적인 점들에 관해서 매우 순응주의적이다. 특히 단지 남성과 여성 사이의 사회적 계층 체계만이 아니다. (그래서 우리는 미국의 흑인 집단 지구들에 대한 작업——특히 로이크 바퀀트의 작업으로부터 나온 것과 매우 유사한 결론을 끌어낼 수 있을 것이다.[29]) 반항이 표현될 때, 그것은 즉각적인 세계의 한계에서 멈춘다. 그리고 불복종, 권위 앞에서의 허세, 또는 욕설을 넘어설 수 없기 때문에 그것은 구조들보다는 오히려 인물들을 탓한다.[30]

성향들을 자연스럽게 길들이는 것을 피하기 위해서는 지속적으로 존재하는 그 태도들——예를 들면 나는 감동의 순간들에 나타나는 솔직한 말투나 거칢, 그리고 매우 감동적인 무뚝뚝한 순박함에 대해 생각한다——을 그것들이 획득된 조건과 결부시켜야 한다. 필연의 아비투스들은 필연성에 대항한 방어의 메커니즘이다. 역설적으로 이 메커니즘은 필연성을 앞지르고, 그렇게 함으로써 그것의 효율성에 기여하면서 그것의 엄격성으로부터 벗어나는 경향이 있다. 심층적으로 현실주의적인(그리고 때때로 숙명론에 가까운) 이 성향들은, 도덕적 질서로서도 작용하는 사회 질서의 제재나 명령들에 의해 강제된 수련의 산물이기 때문에 지평들을 다소간 총체적으로 폐쇄하면서 예상들과 실현들 사이의 불일치를 축소하는 경향을 보인다. 체념은 **행함으로써 배우는** 형태의 가장 공통적인 결과이다. 이 형태는 사회적인 자연과의 매개 없는 만남 속에서 사물들의 질서 자체에 의해 주어지는 수련(특히 학교 시장과 노동 시장의 제재의 형태로 된 수련)인데, 이 수련에 비하면 '국가 이데올로기 기구들'이 실시하는 의도적 길들이기 행동들은 별로 중요치 않다.

그래서 오늘날 '저항'의 단순주의적인 수사를 자양으로 삼는 민중주의적 환상은, 피지배자들의 조건이 낳은 가장 비극적 결과들 가운데 하나를 잊게 만든다. 이 결과는 너무 일찍부터 계속적으로 폭력에 노출됨으로써 생기는 폭력에의 경향이다. **폭력의 보존 법칙**이 있으며, 그래서 모든 의학적·사회학적·심리학적 연구가 증명하는 것은, 어린 시절 학대에 복종하는 현상(특히 부모에 의해 두들겨맞는 것)이 범죄·절도·성폭력, 나아가 테러 행위를 통한 다른 사람들에 대한(그리고 특히 불행한 자신의 동반자들에 대한) 폭력과, 특히 알코올 중독이나 마약 중독이 수반되는 자기 자신에 대한 폭력을 차례로 행사하는 기회들이 증가하는 것과 의미심장하게 연결되어 있다는 것이다. 그렇기 때문에 우리가 명백히 비난할 만한, 눈에 띄는 이러한 폭력 형태들을 실질적으로 줄이고자 한다면 남의 시선과 제재를 벗어나는 폭력의 전체적 양, 즉 매일같이 가정·공장·작업장·은행·사무실·경찰서·감옥, 또는 심지어 병원과 학교에서 자행되는 폭력의 양을 줄이는 수밖에 다른 길이 없다. 그런데 이 많은 폭력은 결국 경제적 구조들이 행사하고, 인간들의 적극적 폭력으로 이어지는 사회적 메커니즘들이 행사하는 '움직이지 않는 폭력'의 산물인 것이다. 상징적 폭력, 특히 상흔을 간직한 민중에 대해 행사되는 폭력의 결과는, 인문주의적 전원극들의 아마추어들이 믿고 있는 것으로 보이는 것과는 달리, 언제나 인간 이상의 성공적 실현의 개화를 조장하도록 이루어지는 것은 아니다. 비록 행위자들이 타락적인 조건들에 의해 강제된 타락에 개인적이고 집단적인, 순간적 혹은 지속적——왜냐하면 아이러니·유머, 또는 앨프 루트케가 고집(Eigensinn)이라 일컫는 것, 그리고 알려지지 않은 많은 다른 저항의 형태들 같은 아비투스들 속에 지속적으로 새겨져 있기 때문에——방어들을 결국 언제나 대립시키고야 만다 할지라도 말이다.[31] (바로 이 점이 피지배자들을 침몰시키거나 열광케 하는 것처럼 보일 위험성에 노출되지 않고, 정확하고 사실적으로 그들에 대해 이야기하는 것을 어렵게 만드는 것이다. 특히 무지에 따른 실망이나 놀라움으로 인해, 사태를 있는 그대로 말하기 위한 시도들(정보에 바탕을 둔 시도)에서 비난이나 찬양을 읽어내게 될 사이비 군자들의 눈에는 그런 위험성이 있는 것이다.)

자유의 여지

그러나 기대와 찬스의 순환은 끊길 수 없다고 결론을 내리지 않도록 주의해야 한다. 한쪽에서는 교육에의 접근이 일반화되고——이 일반화에는 보유한 자격증, 따라서 기대되는 위치와 획득되는 직위 사이에서 비롯되는 구조적 괴리가 뒤따른다——직업적 불안정이 일반화됨으로써 긴장과 좌절을 낳는 어긋난 상황들이 증가되는 경향이 나타난다.[32] 객관적인 추세들과 기대들의 거의 완벽한 우연의 일치가 세계에 대한 경험을 연쇄적인 계속적 예상들의 확인으로 만들어 주었던 그런 영역들은 이제 영원히 끝났다. 지금까지 '지상의 저주받은 자들'에게 한정되었던 미래의 부재는 양태적이지는 않다 할지라도 점점 더 확산되는 경험이다. 그러나 또한 상징적 질서의 상대적 자율도 있다. 이 자율은 모든 상황에서, 그리고 특히 기대와 찬스가 어긋나는 시기들에 가능성의 공간을 다시 열어 주기 위한 정치적 행동에 자유의 여지를 남겨 줄 수 있는 것이다. 특히 미래에 대한 다소간 영감적이고 열광적인 수행적 환기——예언·진단 또는 예측——를 통해서 기대와 희망을 조종할 수 있는 상징적 권력은 기대와 찬스의 상응 속에 어떤 게임을 도입시킬 수 있고, 유토피아·계획·프로그램 또는 플랜 같은 다소간 있을 법하지 않은 가능성들에 대한 주의설적인 입장을 통해 자유의 공간을 열어 줄 수 있다. 이 가능성들은 확률의 순수한 논리를 따른다면 실제적으로는 배제된 것으로 간주될 수 있는 것들이다.

합체 과정의 힘은 아비투스를 지속적 투자의 지속적 원리로서 **미래 속의 존재**——이 존재는 교육학적 행동의 명료하고 뚜렷한 개입을 통해 강화된다——로 설정하는 경향이 있다. 그런데 아마 이 합체 과정의 힘 때문에 상징적 행동들은 그것들이 아무리 전복적이라 할지라도 실패할 운명에 처할 각오 속에서 성향들을 고려해야 하고, 이 성향들이 개혁적인 상상력과 행동에 강제하는 제한을 고려해야 할 것이다. 사실 그것들의 성공은 그것들이 확산된 불편이나 불만족들과 사회적으로 형성된 다소간 모호한 욕망들을 명료화와 공표를 통해서 경매하고 승인할 수 있는 시동 장치들이나 나아가 상징적 가동 장치들처럼 작용하면서, 이전의 주입 행동들이 육체 속에 등록시켜 놓은 성향들을 재활성화시키게 되는 한에서만 가능한 것이다.

그러나 상징적 권력이 작용할 수 있기 위해서는, 그것이 보존하거나 변모시키고자 하는 구조들 자체 속에 효율의 조건들이 들어 있어야만 한다는 것을 우리가 확인한다고 해서, 그것이 이 구조들에 대해 지닌 모든 독립성을 모두 다 부정하는 것은 아니다. 표현하고 발현하는 이 권력은 산만한 경험들을 공식화로서의 '공표'로 충만한 존재로 올려 놓으면서 실제가 기호·상징·담론으로 전환되는, 사회적 존재의 그 불확실한 장소에 개입한다. 그리하여 그것은 한편으로 객관적 찬스들이나 이 찬스들에 암묵적으로 맞추어진 은연한 성향들과, 그리고 다른 한편으로 **명료한** 열망들·표상들·표시들 사이에 자유의 여지를 도입한다.

이 장소는 이중의 불확실한 장소이다. 세계 쪽에서 볼 때, 그것은 **객관적 여지**가 있다. 이 여지의 의미는 이 의미가 종속되어 있는 미래처럼 개방적이기 때문에 여러 해석이 가능하다. 또 행위자들의 쪽에서 보면 그것은 **주관적 여지**가 있는 것이다. 이 여지의 게임 의미는 여러 방식으로 나타나거나 표현될 수 있으며, 혹은 여러 표현들 속에서 알아볼 수 있다. 바로 이와 같은 자유의 여지에 사회 세계의 의미·방향·변전, 미래에 대한 투쟁의 자율이 근거한다. 바라거나 두려운 어떤 미래가 가능하고,

있음직하고 또는 피할 수 없다는 믿음은 어떤 상황들에서는 그것의 주위에 어떤 집단을 동원시킬 수 있으며, 그리하여 이 미래의 도래를 수월케 하거나 방해하는 데 기여할 수 있다.

이단(이 말은 선택의 관념을 담고 있다)과 온갖 형태의 비판적 예언들은 미래를 여는 경향이 있다. 반면에 정통 사상은 상징적 질서를 유지하는 담론으로서, 위기에 이은 복구의 시기들에서 보여지는 바와 같이 이를테면 시간이나 역사를 멈추려고 애쓴다. 그러기 위해 그것은, 게임은 영원히 끝났다고 믿게 하기 위해 가능성들의 영역을 다시 막아 버리고, 확인 사항으로 위장된 수행 언표를 통해 천복년설적인 모든 유토피아의 안심시키는 전도(顚倒)인 역사의 종말을 예고한다. (이와 같은 형태의 숙명론은 사회학적 법칙들을 거의 자연적인 무자비함을 지닌 법칙들로 설정하는 사회학주의 형태를 띠거나, 불변의 인간성에 대한 믿음에 근거한 본질주의적 비관론의 형태를 띤다.)

이러한 상징적 행동들은 아비투스들의 형태로 육체 속에 미래를, 이를테면 기록하고자 노리는 모든 작업들, 흔히 의례들에 위임된 그 작업들을 배가시키게 할 뿐이다. 우리는 도처에서 제도적 의식(儀式)에 부여되는 아주 중요한 위치를 알고 있다. 이 위치를 통해서 기관들, 즉 좀더 명확히 말하면 헌법적 **국가 기관들**은 그것들이 인정된 구성원으로서 설정하는 사람들의 육체 속에 그것들의 요구들에 즉각적으로 동의한다는 돌이킬 수 없는 규약을 매우 일찍이, 그리고 일생 동안 내내 새겨두고자 노린다. 본질적으로 이러한 의식들은 구조들의 자동적인 행동을 배가시킬 뿐인데, 거의 언제나 시간과의 관계를 가지고 작용하며, 통합에 대한 열망을 기다리고 희망하면서 이 열망을 만들어 내려고 목표한다. 뿐만 아니라 그것들은 그것들이 인정하는 사람에게 권리와 존엄성을 엄숙히 부여함으로써, 이와 같은 예외적 대우의 수혜자로 하여금(이 대우가 허용하는 때로는 극단적인 고통에서조차도) 이러한 존엄성, 이러한 권리나 권한에 자신의 모든 심리적 에너지를 쏟아붓거나 이 부여가 주는 존엄성에 걸맞는 모습을 보여 주도록("양반은 양반답게 행동해야 한다"는 속담처럼) 고무한다. 달리 말하면 그것들은 임무(이것의 가장 훌륭한 보증은 물론 표준적 아비투스인데, 이 아비투스 자체가 구성원들 스스로 새로운 구성원을 선출하는 작업이 탐지하고자 노리는 것이다)의 명시적이고, 특히 암묵적인 의무들을 당당하게 책임지겠다는 지속적 약속——이 약속은 **데뷔** 의식, 합체(이 말이 지닌 모든 의미에서) 의식에 의해 상징화된다——을 대가로 지속적인 사회적 신분을 보장해 준다.

그러나 효율적인 모든 상징적 행동이 미리 존재하던 성향들에 대해 드러내는 종속은 또한 전복적 담론들이나 행동들에서도 상기된다. 그런데 이 담론들과 행동들의 기능, 그리고 어떤 경우에도 그 결과는 선동들과 모든 형태의 성상 파괴적인 단절처럼[33] 실제상으로는 다음과 같은 점을 입증하는 것이다. 즉 강제된 제한들, 그리고 특히 뇌 속에 기록된 가장 강직한 제한들을 위반하는 일이 가능하다는 것 말이다. 이런 위반은 힘의 관계를 변모시킬 수 있는 실제적 기회들에 주의를 기울이는 전복적 담론들이나 행동들이 열망들을 객관적 찬스들보다 더 높이 끌어올리는 데 매진할 줄 안다는 정도 내에서 가능한 것이다. 이때 열망들은 자연 발생적으로 이 객관적 찬스들에 스스로를 조절하는 경향을 띠지만, 그렇다고 그것들이 비현실적이고 무모하게 되는 한계 너머로 찬스들을 밀어붙이지는 않는다. 사회적 경계의 상징적 위반은 그 자체에 의해 해방적인 결과를 낳는다. 왜냐하면 그것은 생각할 수 없는 것을 실제적으로 도래하게 만들기 때문이다. 그러나 그것이 사람들이 말하듯이 위반자에게 되돌아가는 스캔들로서 단순하게 거부되는 대신에, 그 자체가 가능하고 상징적으로 효율적이 되는 것은 오로지 일부 객관적인 조건들이 충족될 때뿐이다. 객관적 구조들을 문제삼고자 하는 하나의 담론이나 행동(성상 파괴·테러리즘 등)이 (분별 있는 것은 아닐지라도) 합법적인 것으로 인정되고 모범적 본보기의 효과를 발휘하는 찬스를 가지려면, 이의가 제기된 구조들 자체가 그것들(구조들)에 관한 불확실을 조장하고, 그것들의 임의

성과 취약성에 대한 비판적 자각을 조장하기에 적절한 불확실과 위기의
상태에 있어야 한다.

정당화의 문제

K로 되돌아올 필요가 있다. 그가 미래와 관련해 처해 있는 불확실은
그의 현모습, 그의 사회적 존재, 말하자면 오늘의 그의 '신분'에 대한 불
확실의 다른 형태에 지나지 않는다. 이중의 의미에서 자신의 삶에 의미
[sens라는 말은 의미와 방향의 이중적 의미를 지닌다]를 주고, 자기 존재의
의미와 방향을 말할 수 있는 지배력을 박탈당한 그는 다른 사람들이 방
향을 잡아 준 시간, 소외된 시간 속에서 살 수밖에 없다. 이것이 바로 타
자들로부터 모든 것을 기대해야 하는 피지배자들의 운명인 것이다. 이
타자들은 게임을 지배하는 권력과 이 게임이 제공할 수 있는 이득에 대
한 객관적·주관적 희망을 지배하는 권력을 소지한 자들이며, 따라서 기
대의 강렬함과 만족의 실현 희박성 사이의 긴장으로부터 필연적으로 발
생되는 불안을 잘 다룰 줄 아는 명수들이다.

그러나 사실 이 게임이 노리는 것이 존재 이유의 문제, 보편성 속에서
본 인간 존재의 정당화 문제가 아니라 사회적 존재로서——인종 차별의
오명처럼 기원이 없는 일종의 원죄인 최초의 비방을 통해——문제시되
어 있는 특별하고 특이한 존재의 정당화 문제가 아니라면 무엇인가? 이
문제는 한 존재의 **합법성**의 문제이고, 한 개인이 **자신이 존재하는 대로
존재하는 것이 정당하다고 스스로 느끼는** 권리의 문제이다. 불가분하게
종말론적이고 사회학적인 문제인 것이다.

어느 누구도 다른 사람들 앞에서, 그리고 특히 자기 자신 앞에서 "나는
아무런 정당화도 필요치 않다"고 진정으로 선언할 수 없다. 그런데 신이
죽었다면, 이런 정당화를 누구에게 요구한단 말인가? 불확실과 불안정의

주요 근원일 뿐만 아니라 모순 없이 확실·보증·인정의 주요 근원인 타자들의 판단에 요구하지 않는다면 누구에게 요구한단 말인가? 어느 누구도——보다 덜 비극적인 성격이긴 하지만 프루스트를 제외하면——카프카만큼 융화할 수 없는 관점들의 대립과 보편성을 모두 주장하는 특별한 판단들의 대립을 환기시킬 줄 몰랐고, 의심과 부인, 비방과 찬사, 중상과 명예 회복의 항구적인 대결을 환기시킬 줄 몰랐다. 이 대결은 사회의 끔찍한 게임으로서 그 속에서 타자들이 내리는 무수한 판단의 준엄한 산물인 사회 세계의 판결이 만들어진다.

《소송》이 그 모델을 제공하는 이런 종류의 진실 게임에서 무고하게 중상의 대상이 된 요제프 K는 관점들에 대한 관점, 즉 최후의 기관인 최고 법정을 악착같이 추구한다. 우리는 블로크가 그에게, 그들의 공동 변호인이 스스로를 '위대한 변호인들' 사이에 끼워넣는 잘못을 저지르고 있다고 설명하는 순간을 기억한다. "어느 누구나 마음에 내킨다면 자신을 위대하다고 자연스럽게 규정할 수 있다. 그러나 이와 관련하여 결정을 하는 것은 법정의 관례이다." 그래서 각자에 대해서 그의 진실한 존재 모습을 말할 수 있는 기관에 의해 엄숙히 내려진 심판인 판결의 문제는, 소설에서 요제프 K의 궁극적 질문들을 통해 다시 나타난다. "내가 결코 본 적이 없는 판사는 어디에 있는가? 내가 결코 다다른 적이 없는 최고 법정은 어디에 있는가?"

모두가 모두에 대항해 싸우는 상징적 투쟁보다 더 생명력이 있고, 더 총체적인 게임에 어떤 것이 있겠는가? 각자가 자신의 존재, 자신의 가치, 자신에 대한 관념을 거는 이 투쟁의 목표는 **임명**의 권한, 아니면 이런 표현이 더 좋다면 (범주에 따른) 분류의 권한이다. 어떤 것도 경주에 참여토록 강제하지 않으며, 게임에 빠지는 기회들을 가지려면 게임에 응해야 한다고 반박이 제기될 것이다. K가 관계를 유지하는 정보제공자들 각자, 즉 변호사·화가·상인·목사 역시 중재인들이다. 그들은 자신들이 영향력이 있다고 그에게 믿도록 하면서, 그리고 그가 포기하겠다고 위협할 때는 그가 계속하도록 고무시키기 위해 자기들 딴의 지식을 이용하면서 그에게 지배력을 행사하려고 한다. 그런데 이 관계가 잘 보여 주고 있듯이, 기계적 장치는 원하거나 두려운 미래의 객관적 불확실과 기대나 불안 사이의 관계 속에서만 가동될 수 있다. 마치 변호사의 주요 직무가 K를 변호하는 것이 아니라 그를 소송에 **투자하도록** 부추기는 것이라도 되는 것처럼, 그는 "그를 막연한 희망으로 현혹하고 모호한 위협으로 괴롭히려고" 궁리한다. 게임의 결말에 관한 객관적·주관적 불확실과 관련된 기대나 두려움이 게임에 대한 동참의 조건이라면, 블로크는 법률적 제도의 이상적 고객이다. "마치 너에 대한 결정적 판결이 내려지려고 하는 것처럼 네가 사람들을 쳐다보지 않고는 한 문장도 표명될 수 없다." 그는 게임에 매우 적응되어 있기 때문에 재판관의 처벌을 미리 알아챈다. 그가 재판관에게 부여하는 절대적 인정은 제도가 그에 대해 지닌 절대적 지배력의 토대를 이룬다. 마찬가지로 K는 자신이 소송에 **관심**을 가지고 소송을 걱정하는 한에 있어서만 사법 기구의 대상이 된다. 그는 변호사로부터 자신에 대한 변호를 철회함으로써 변호사가 그로 하여금 게임에 투자토록 하기 위해, 그리고 그를 자신에 종속시키기 위해 사용하는 전략들을 실패하게 만든다.

그러나 법정이 그것의 권력을 법정에 부여되는 인지로부터 얻고 있다는 점을 상기하는 것은 좋긴 하지만, 상징적 삶과 죽음을 내기로 걸고 있는 게임들에서 벗어나는 일이 가능하다는 것을 믿게 하자는 것은 아니다. 첫 문장부터 중상이 나타나는 《소송》에서처럼, 가장 단호한 범주 원리들은 처음부터 삶 속에 들어올 때부터 존재한다. 이 삶의 시작은—— 프라하의 유대인인 카프카가 잘 알고 있다——하나의 범주·계급·민족·성(性) 또는 인종차별주의의 시선에서 볼 때, 하나의 '인종'에 향하는 정체성의 지정을 통해 시작된다. 사회 세계는 본질주의적이다. 그래서 우리가 상징적으로 더 빈곤하고 덜 인정되거나 더 오명을 쓰고, 따라서 파스칼이 말하듯이 '인간들의 존경'을 위한 경쟁에서 더 불리한 입장에 있고, 현재 및 순간순간 미래에서의 자신의 사회적 존재——이 사회적 존재는 역량이나 무능력에 비례한다——에 대한 불확실에 처할 운명에 있다면 주관적 열망과 기대의 조종으로부터 벗어날 기회는 그만큼 적은 것이다. 게임에의 투자를 조건으로, 그리고 다른 사람들과의 협력적인 경쟁이 가져다 줄 수 있는 인정을 조건으로 사회 세계는 인간들에게 그들이 가장 전적으로 결여된 것, 즉 존재의 정당성을 제공해 준다.

사유의 습관은 하나의 인류학적 기지 사항, 즉 인간 존재의 우발성, 특히 인간 존재의 유한성——이 유한성에 대해 파스칼은 이렇게 주목한다. 즉 비록 그것이 삶 속에서 유일하게 확실한 것이라 할지라도, 우리는 유흥 속에 빠져들거나 '사회 속에' 피신하면서 그것을 망각하기 위해 온갖 수단을 다 쓴다는 것이다——을 형이상학적 질서 속으로 밀어내도록 유도한다. 그런데 이 인류학적 기지 사항을 유념하지 않고도 상징적인 하찮은 것들——장식·메달·종려나무 또는 리본 같은 것들——과 그것들이 나타내고 영속화시키는 인정 행위들, 또는 심지어 사회적 게임에의 투자에 대한 가장 일상적인 버팀대들——위임된 직무나 사명들, 성직이나 교두(敎頭)의 직위들——이 거의 보편적으로 행사하는 유혹을 과연 이해하는 것이 가능한가? "우리는 우리의 동료들 사회에서 휴식하는 것이 즐겁다. 우리처럼 비참하고 무력한 그들은 우리를 도와 주지 못할 것이다. 우리는 홀로 죽을 것이다. 따라서 홀로인 것처럼 행동해야 하는 것이다. 그렇다고 기막힌 집들과 같은 것들을 지어야 할 것인가? 우리는 망설이지 않고 진리를 찾아야 할 것이다. 그리고 우리가 이것을 거부한다면, 진리의 탐구보다 인간들의 존경을 더 존중한다는 것을 증언하는 것이다."[34]

그리하여 우리는 '죽음을 위한 존재(S.-zum-Tode)'의 실존적인 열광에 빠지지 않고도 다음과 같은 세 개의 분리할 수 없는 명백한 인류학적 사실들 사이의 필연적 관계를 확립할 수 있다. 즉 하나는 인간은 존재한다는 것이고, 다른 하나는 자신이 죽어야 한다는 것을 알고 있다는 것이다.

자신이 곧 죽을 것이라는 생각은 그에게 견딜 수 없거나 불가능하지만 말이다. 그리고 마지막으로 목적으로 간주될 수 없는 종말——왜냐하면 이 종말은 하이데거의 말을 빌리자면 '불가능의 가능'을 나타내기 때문이다——로서의 죽음을 피할 수 없는 그는 존재의 이유가 없고, 정당화·합당화, 인정의 필요성이 깃들인 존재라는 것이다. 그런데 파스칼이 암시하고 있듯이, 존재의 정당성 탐구에 있어서 그가 '세계' 또는 '사회'라고 일컫는 것은 신에의 의지와 경쟁할 수 있는 유일한 장치이다.[35]

이러한 동등함으로 무장한 우리가 이해하게 되는 것은 파스칼이 '신 없는 인간의 비참'이라고 묘사하는 것, 다시 말해 존재의 이유가 없는 인간의 비참이라고 묘사하는 것이 사회적 존재 이유가 없는 남녀들——이들은 부조리에 방치된 필요치 않은 존재의 무의미함에 버려진 자들이다——이 드러내는, 특유하게 형이상학적 비참의 형태로 사회학적으로 입증된다는 것이다. 그리고 **이와 반대로** 우리가 또한 이해하는 것은, 우리가 원하든 원치 않든 사회 세계가 보유하고 있는 거의 신적인 지배력, 우발성과 무상함으로부터 벗어나게 해주는 그 신적인 권력이다. 이 신적인 권력은 특히 국가적 제도를 통해서 행사된다. 상징적 자본의 중앙 은행으로서의 국가는 이러한 형태의 자본을 수여할 수 있기 때문인데, 이 자본의 특징은 그 자체 안에 고유한 정당성을 간직하고 있다는 것이다.

상징적 자본

사회 세계는 그것이 제안하는 사회적 게임들을 통해서 외관상의 목적들보다 더 많은 것을, 그리고 다른 것을 확보해 준다. 파스칼이 상기하고 있듯이, 사냥은 노획물보다 더 중요하지는 않더라도 그만큼은 중요한 것이다. 그래서 임금·상·보상 같은 빤한 이익들을 넘어서는 행동의 행복이 있는 것이다. 이 행복은 무관심(또는 의기소침)으로부터 벗어나고 몰두하고 목적들을 향해 투사되고 있다는 사실과, 객관적으로 따라서 주관적으로 사회적 사명을 부여받았다고 느끼는 사실 속에 있다. 기대를 받고 간청을 받고 의무와 약속으로 들볶인다는 것은, 단지 고독이나 무의미로부터 벗어난다는 것이 아니다. 그것은 다른 사람들에게 내가 소용이 있으며, 그들에게 본질적으로 **중요하다는** 감정을 가장 지속적으로, 그리고 가장 구체적으로 느끼는 것이고 호의의 끊임없는 표시들——요구·기대·초대 같은 것들——인 이러한 종류의 항구적인 민중적 결의 속에서 존재의 지속적인 정당화 같은 것을 발견하는 것이다.

그러나 인지되고 인정된 사회적 직무를 부여함으로써 불필요한 존재의 무의미와 우발성의 감정으로부터 벗어나게 해줄 수 있는 인정의 효과를 아마 덜 부정적인 방식으로 명백하게 드러내기 위해서, 우리는 《자살론》[36]——이 책에서 뒤르켐은 과학만능주의적인 신념을, 존재 이유들의 문제를 최고 수준에서 제기하는 행위의 존재 이유를 배제하는 정도까지 끌고 간다——을 다시 읽으면서 다음과 같은 점에 주목할 수 있다. 즉 자살하는 경향은 인정된 사회적 중요성에 반비례하여 달라진다는 것이고, 사회적 행위자들이 배우자·아버지, 가정의 어머니 등과 같은 인정된 사회적 신분을 부여받고 있으면 있을수록 더욱더 그들은 그들 존재의 의미를 문제시하는 것을 피한다는 것이다. (다시 말해 독신자들보다 기혼자들이, 자녀가 없는 기혼자들보다 자녀 부양을 책임지고 있는 기혼자들 등이 더 그렇다는 것이다.) 사회 세계는 보다 희귀한 것, 인정과 존경 같은 것, 다시 말해 단순하게 존재 이유 같은 것을 준다. 그것은 삶에 의미를 줄 수 있고, 죽음을 최고의 희생으로 인정함으로써 죽음 자체에 의미를 줄 수 있다.

모든 배분들 가운데 가장 불평등하고 어찌되었든 아마 가장 잔인하다 할 것은 상징적 자본, 다시 말해 사회적 중요성 및 삶의 이유들의 분배이다. 그래서 우리가 예를 들어 알고 있는 것은, 제도들과 양로원 종사자들이 죽어가는 자들에게 부여하는 보살핌과 고려조차도 의식적이라기보다는 더 무의식적으로 이들의 사회적 중요성에 비례한다는 것이다.[37] 고귀한 사람들과 비천한 사람들의 계층 구조는 재산과 권력의 계층 구조와 결코 완벽하게는 겹쳐질 수 없는데, 이 계층 구조에서 고귀한 사람은 전통적인 변형이든 현대적인 형태——나는 이 형태를 국가 귀족 계급이라 부른다——이든 오명을 쓴 하층 계급과 대립된다. 이 하층 계급은 카프카 시대의 유대인, 혹은 오늘날의 특수 지역의 흑인, 유럽 도시의 노동자들이 사는 교외의 아랍인이나 터키인처럼 부정적인 상징적 자본의 저주를 지니고 다닌다. 상징적 자본을 만드는 사회적 인정의 모든 표시들과 인지되고 가시적이며(눈에 띄는 것을 부여받은), 유명하고(또는 찬양되고) 경탄을 받고 인용되고 초대되고 사랑받는 등의 사회적 존재를 만들어 주는, 인지된 존재의 모든 형태들은 그만큼의 은총이다. 이 은총은 그것을 받는 자들을 정당화되지 않는 존재의 궁지로부터 벗어나게 해주며, 그들에게 막스 베버에 따르면 종교처럼 '그들의 특권에 대한 변신론'을 제공할 뿐 아니라——이러한 측면은 이미 대단한 것이리라——그들의 존재에 대한 변신론을 제공한다.

반대로 인정을 획득하고 사회적으로 인정된 사회적 존재, 다시 말해 인류애를 획득하기 위한 상징적 투쟁에서 패한 자들의 박탈보다 더 나쁜 박탈은 없을 것이다. 이 투쟁은 자신에 대한 유리한 모습을 제공하기 위한 고프먼적인 싸움으로 환원되지 않는다. 그것은 다른 경쟁자들로부터만 획득될 수 있는 권력을 위한 경쟁이다. 다른 경쟁자들도 이 동일한 권력을 위해 경쟁한다. 이 권력은 자신의 존재를 타자들로부터 그들의 시선·인식·평가로부터 획득하는, 타자들에 대한 권력(이것은 홉스의 **이리 같은 인간**과 스피노자의 **신적 인간** 사이의 선택을 할 필요가 없게 만든다)이다. 따라서 그것은 권력의 욕망에 대한, 그리고 이 욕망의 대상에 대한 권력이다. 비록 그것이 의미를 부여하는 주관적 행위의 산물이라 할지라도, 매력·유혹·은총으로서의 이 상징적 권력은 객관적 현실을 부여받고 있는 것처럼 나타나고, 그것을 창출하는(벤베니스트가 묘사하는 바와 같은 믿음이나 막스 베버가 분석하는 바 같은 은총식으로 말이다. 베버는 그 자신이 사회적 구조들과 합체된 구조들의 부합으로부터, 그리고 시선들의 집합으로부터 태어난 초월과 물신화의 결과가 낳은 희생물이다) 시선들을 결정하는 것처럼 나타난다.

모든 종류의(경제적·문화적·사회적) 자본은 그것이 명시적인 혹은 실제적인 인정, 즉 그것이 만들어진 공간과 동일한 구조들에 따라 구조화된 하나의 아비투스의 인정을 획득할 때 상징적 자본처럼(여러 수준에서) 기능하는 경향이 있다. (그리하여 아마 엄밀하게 **자본의 상징적 효과**에 대해 말하는 편이 나을 것이다.) 달리 말하면, 상징적 자본(중세 사회에서 남성적 명예, 중국의 명사나 문관의 명망, 저명한 작가의 명성 등)은 특별한 종류의 자본이 아니라 모든 종류의 자본이 자본으로서 인정되지 않고, 다시 말해 (현재적 혹은 잠재적) 착취의 능력이나 힘·권력으로서 인정되지 않고, 합법적인 것으로 인정될 때 변화해서 되는 것이다. 좀더 분명히 말하면, 자본은 자본을 기호로서 그것도 중요한 기호로서 인식하도록 만들어진 아비투스, 다시 말해 자본을 인식적 구조들——이 구조들은 자본에 인정을 부여할 자격이 있고, 그럴 성향이 있는 구조들이다. 왜냐하면 그것들은 자본의 존재 양태에 합치하기 때문이다——에 따라 인식하고 인정하도록 만들어진 아비투스와의 관계 속에서 상징적 자본으로서 존재하고 작용한다. (그러면서 그것은 예를 들면 이러한 확인-규범이 말하듯이 이익을 얻게 해준다. 즉 **정직이 최선의 방책이다**.) 힘의 관계가 의미의 관계로 변모한 결과물인 상징적 자본은 중요성 및 의미의 부재 같은 무의미로부터 벗어나게 해준다.

인지되고 인정된다는 것은 또한 인지되고 인정될 가치가 있는 것을, 성공적으로 인정하고 승인하고 말할 수 있는 권력을 보유하는 것이다. 보다 일반적으로 말해서 그것은 존재하는 것, 아니면 더 나은 것으로 존재하는 것이 도달한 상태, 존재하는 것에 대해 생각해야 할 것, 이런 것들이 말해진 것을 말에 일치하여 존재케 할 수 있는 수행적 말(또는 예언)을 통해서 말할 수 있는 권력을 보유하는 것이다. (이 권력의 관료적 변형이 법률적 행위이며, 카리스마적 변형이 예언적 개입이다.) 제도적 의식(儀式)은 인정된 존재가 현존재대로 존재하는 것을 정당화시키기 위한 상징적 승인 행위인데, 이 의식이 적용되는 사람을 사기꾼의 불법적 권력 행사나 망상적인 픽션(이 픽션의 한계는 자신을 나폴레옹으로 생각하는 미치광이이다)으로부터, 또는 찬탈자의 임의적 강제로부터 벗어나게 해주면서 그를 글자 그대로 **만들어 내는** 것을 마무리한다. 이러한 마무리는 그가 자신이 존재하려는 모습 그대로라는 것, 그가 원하는 바대로 존재하는 것이 인정된다는 것, 그가 허구이든 사기이든 직무를 시작하는 것이 합당하다는 것을 공개적으로 표명하면서 이루어진다. 이러한 사기는 다른 사람들이 보기에 보편적으로 인정될 만한 것으로 공표되기 때문에, 오스틴의 말을 빌리자면 '합법적인 사기'[38)]가 된다. 다시 말해 그것은 사기꾼 본인에서부터 시작해서 모두에 의해 사기로서 **인정되지 않고** 부정되는 합법적 사기가 되는 것이다.

수행적 마법을 지닌 이런 행위들은 취임식——중세 장색의 데뷔식, 사제의 서품, 기사의 서임식, 왕의 대관식, 취임 연설, 법원의 개정(開廷) 등과 같은 것들——을 통해 신참을 규정하는 명칭이나 직위를 엄숙히 그에게 강제함으로써 그로 하여금 그의 현존재가 되도록, 다시 말해 그가 마땅히 되어야 할 존재가 되도록 허용하고 명령하며 몸과 마음을 다하여 자신의 직무, 다시 말해 자신의 **사회적 허구**를 이행하도록 허용하고 명령한다. 그것들이 또한 허용하고 명령하는 것은 명칭·칭호·학위·직위·명예의 형태로 그에게 수여된 사회적 이미지나 본질을 감당하는 것이고, 동시에 이것을 도덕적 개인으로서 한 집단의 평범하거나 비범한 구성원으로서 구현하는 것이다. 그렇게 함으로써 그 역시 이 집단에 모범적 구현을 제시하므로 그것이 존재하도록 만드는 데 기여한다.

제도적 의식은 비인격적인 모습을 하고 있지만(비상한 예외를 제외하고 사람들은 서임 의식에 자신을 나타내게 할 수 없다) 언제나 매우 인격적이다. 그것은 인격이 존재하는 가운데 인격화되어 수행되지 않을 수 없기 때문이다. 그리고 사실 고위직——고위직은 사라지지 않는다는 말이 있다——에 자리잡는 사람은, 그것을 차지한 자의 육체가 죽고 난 후에도 살아남는 것을 의미하기 위해 그것을 자신의 전 존재로, 다시 말해 몸으로 맡아야 한다. 두려움과 떨림 속에서, 또는 예비적인 고통이나 고통스러운 시련 속에서 말이다. 그는 자신의 서임에 인격적으로 투자되어야 한다. 다시 말해 그는 자신의 소명·믿음·육체를 참여시켜야 하고, 이것들을 담보로서 제공해야 하며, 자신의 행실과 말을 통해 직무와 이 직무를 수여하는 집단——집단이 이와 같은 기막힌 **보증**을 부여하기 위해서는, 그것이 그 대신 전적으로 확고하게 된다는 조건이 충족되어야만 한다——에 대한 신의를 입증해야 한다. 이것이 의례적인 취임사가 수행하는 기능이다. 그 대신 이와 같이 보장된 신분은 사회적 규정이 창출하게 되어 있는 존재에 정체성과 동일성의 보장을 제공해야 한다. 사회적 규정이 창출하게 되어 있는 이 존재는 집단을 집단으로서 존재케 하는 데 목적이 있고, 그것을 인식하고 인정케 하면서 창출하는 데 목적이 있는 개인적·집단적 표상 작업을 통해 유지되게 되어 있다.

달리 말하면 서임식이 존재하는 이유는, 사령장을 받는 자가 전적인 권리를 가진 집단 구성원으로서의 자신의 존재와 이 존재의 합당성에 대해서 안심하도록 하기 위한 것이다. 뿐만 아니라 그것은 집단이 인정되고 인정할 능력이 있는 집단으로서의 자신의 고유한 존재에 대해서, 그리고 집단이 창출하고 재창출하는 사회적 허구들, 즉 명칭·칭호·명예 같은 것들의 현실에 대해 안심하도록 하기 위한 것이다. 신참자는 이 허구들을 받아들임으로써 그것들을 존재케 하는 것이다. 집단이 **자기 창출을 하게 만드는 수단**으로서 표상은 육체를 속박당해야 하고(사실 반성적인 성향은, 특히 서임 의식과 이 의식이 확립하는 것과 관련하여 상징적 권력과 권위의 순조로운 순환에 위협이 되거나, 나아가 무책임하고 불안한 주관성을 위해 상징적 자본의 일탈 같은 것이 될 수도 있는 것이다[39]), 무조건적인 믿음에 순진하게 투자된 아비투스를 안전하게 보장해야 하는 행위자들에게 그 책임이 떨어질 수밖에 없다. 왜냐하면 이 행위자들은 **모든 행위에 대한 위임장을** 부여받은 수임자의 자격으로 그들이 연극과 권리의 의미에서 나타내는 집단을 상징하는 책무를 지녔기 때문이다. 생물학적 개인으로서 전권 위원·수임자·대표자·대변인은 어리석거나 정열적일 수밖에 없으며 죽음을 면치 못한다. 대표자로서 그들은 집단의 영원성과 편재성에 참여한다. 그들은 집단이 영속하고 편재하고 초월적인 것처럼 존재케 하는 데 기여하며, 자신들의 입을 통해서 집단이 이야기하게 만들고, 상징과 동원적인 표징으로 전환된 자신들의 육체를 통해서 집단을 표상함으로써 일시적으로 그것을 구현하는 것이다.

　이와 관련하여 에릭 L. 산트너가 보여 주고, 프로이트의 분석이 인정하고, 다니엘 폴 슈레버 재판장——슈레버는 1893년 6월 때마침 최고항소법원 제3법정 재판장으로 임명되었을 때, 편집광적인 착란을 일으키게 된다——의 분석이 인정하는 바와 같이 위기의 가능성이나 위협은 언제나 잠재적으로 현존한다. 특히 제도의 임의성이 환기되는 최초의 순간들에는 말이다.[40] 그렇게 되는 이유는 사령장 수령자가 직무를 자기 것으로 만드는 것이, 직무가 사령장 수령자를 자기 것으로 만드는 것과 같기 때문이다. 직함을 가진 자는 서임식이 그에게 요구하고 있듯이, 직무가 그의 육체를 소유하도록 내버려두겠다고 마음먹을 때만 직무를 소유할 수 있는 것이다. 서임식은 하나의 의복——흔히 유니폼——유니폼처럼 표준화되고 양식화된 하나의 언어, 하나의 표준적인 육체적 **헥시스를** 채택하도록 강요하면서 그를 비인격적인 존재 방식에 지속적으로 얽어매고자 하며, 그가 사적인 개인의 때로는 지나친 희생을 받아들이고 있다는 것을 이와 같은 준익명화를 통해서 나타내고자 한다. 계승을 통해 자기 것으로 만드는 이와 같은 자기화는 계승될 수 있는 권리가 있기 위해서는 필요한 것인데, 그것이 당연하지 않은 것은 아마 그것이 예측되기 때문일 것이다. (아니면 그것이 시작의 임의성 속에서 갑자기 발견되기 때문일 것이다.) 그리하여 제도적 의식은 흔히 미미하고 무한히 작기 때문에 감지되지 않고 눈에 띄지 않는, 무수한 모든 행동들과 말들을 농축하여 존재한다. 이것들은 각자가 질서로 되돌아오게 하는 경향을 띤다. 다시 말해 그것들은 사회적 질서가 그에게 부여하는 사회적 존재('그녀는 너의 누이다' '너는 형이다'), 즉 남자나 여자, 형이나 동생이라는 사회적 존재로 되돌아오게 하는 경향을 띠고, 그렇게 하여 우선 가정 내에서 다음으로 각종 제도들 속에서 세대들 사이의 상징적 자본의 순환을 조절하면서 상징적 질서의 유지를 확실히 하는 경향을 띤다. 고관이든 관리이든 합법적인 계승자는 사람들이 말하듯이 자신의 직무에 몸과 마음을 다 바치고, 이 직무를 통해서 이것을 그에게 맡기는 **공공 기관**, 즉 교회법학자들이 말한 것을 빌리자면 대학·단체·수도회 같은 기관에 몸과 마음을 다 바친다. 그러면서 그는 그 자신보다 앞서 존재하고, 그가 죽고 난 후에도 존재하게 될 직무의 영원성과 그가 구현하는 불가사의한 기관의 영원성을 확실히 하는 데 기여한다. 그는 이 신비한 기관의 영원성에 참여하면서 그것의 성질을 띠는 것이다.

제도적 의식은 제도의 효과에 대한 과장되고 매우 가시적인 이미지를 제공하는데, 제도는 임의성으로부터 벗어나게 할 수 있고, 존재 이유들 가운데도 존재 이유를 부여할 수 있는 권력을 지닌 임의적 존재이다. 이 존재 이유는 질병·불구·죽음에 격파당하기 쉬운 우발적 존재가 그에게 부여되는, 사회적 질서 같은 초월적이고 불멸하는 존엄성을 받을 만하다는 주장이 구성하는 존재 이유이다. 그래서 신분증이나 질병확인증, 또는 불구확인증의 부여 같은 일상적인 성격의 가장 사소한 관청의 일부터 귀족 계층들을 인정하는 가장 엄숙한 일들에까지, 임명 행위들은 일종의 후퇴를 무한히 하고 나면 지상에 신을 구현하는 것과 같은 정도에 이르게 된다. 신의 구현은 다름 아닌 국가로서, 결국 국가는 합법적 존재(환자, 불구자, 교수자격증 소유자, 신부 같은 존재) 증명의 유효성을 위임을 통하여 확인해 주면서 무한히 계속되는 일련의 권위적 행위들을 보장해 준다. 그리하여 사회학은 최후 기구에 대한 일종의 신학으로 마감된다. 카프카의 법정처럼 진실을 말하고 창조적 인식을 하는 절대적 권력을 부여받은 국가, 즉 칸트의 말을 빌리자면 **신적인 최초 관점**을 지닌 기구로서의 국가는 임명하면서 그리고 차별화시키면서 존재하게 한다. 우리가 알다시피 뒤르켐이 카프카도 그렇게 말할 수 있었을 테지만, "사회, 그것은 신이다"라고 말했을 때, 그는 사람들이 바라는 것처럼 그렇게 순진하지는 않았던 것이다.

원 주

머리말

1) P. Bourdieu, 〈독신과 농부의 조건〉《농촌 연구》 5-6, 1962, 4-9월, p.32-136. 《호모 아카데미쿠스》, 미뉘, 1984.

2) 나 자신의 업적이든 나에게 유용했던 다른 연구자들의 업적이든, 나는 여기서 연구를 연장코자 하는 자들에게 불가피하다고 생각되었던 참고 자료들에 만족했다. 그리고 내가 매순간 원용할 수도 있었으며, 또 아마 원용하여야 했던 많은 철학자들·인류학자들·사회학자들·역사가들·경제학자들·심리학자들 등의 이름을 자세히 열거하는 것과 참고 자료를 완전히 제시하지 않는 것 사이에 택한 중간 방법이 분명 부득이한 방편에 불과하다는 것을 잘 알고 있다.

3) S. Mallarmé, 〈음악과 문학〉《말라르메 전집》, H. 몽도르 및 G. 장-오브리 간행, 파리, 갈리마르, 〈비블리오테크 드 라 플레야드〉, 1970, p.647. 나는 부재의 이 천사 같은 시인을 찬양하는 경건한 사제들——이들은 이 부재를 의식에서 사라지게 만들었다——을 전율케 하는 데 안성맞춤인 이 텍스트의 분석을 제시한 바 있다. In P. Bourdieu, 《예술의 규칙, 문학장의 기원과 구조》, 파리, 쇠이유, 1992, p.380-384.

4) Pascal, 《팡세와 소품》, 브룅스빅판, 파리, 아셰트, 1912, p.114.

1 학구적 이성 비판

1) A. W. Gouldner, 《서구 사회학의 다가오는 위기》, 뉴욕, 베이식 북스, 1970 참조 바란다.

2) 그리하여 내가 연속적으로 매진했던 교육사회학·문화생산사회학, 그리고 국가 사회학은 사회적 무의식을 다시 소화하여 내 것으로 만들고자 한 동일한 시도의 세 시기를 나에게 구성한다. 이 시도는 본서에서 제시되는 〈추서 1: 비인격적 고백〉이나 반성적 객관화를 띤 지난날의 에세이에서 제시되는 '자기 분석'의 공개적 시도들로 환원되지 않는다. 이 에세이와 관련하여 P. Bourdieu 및 J. -C. Passeron, 〈1945년 이후 프랑스에서 사회학과 철학: 주체 없는 철학의 죽음과 부활〉《사회 연구》, XXXIX, 1967년 봄, p.162-212 참조 바란다.

3) E. Fox Keller, 《성별과 학문에 관한 고찰》, 뉴 헤이븐, 예일대학교출판부, 1985. (이른바 '딱딱한' 사회학들과 소위 '부드러운' 학문들, 특히 예술 및 문학 사이의 대립은 여전히 남성과 여성 사이의 구분에 상당히 밀접하게 대응하고 있다.)

4) Pascal, 《팡세》, 브룅스빅판, P. 252.

5) 같은 책.

6) J. L. Austin, 《분별과 다감》, 런던-옥스퍼드-뉴욕, 옥스퍼드대학출판부, 1962, p.3-4.

7) H. Vaihinger, 《알스 오프 철학. 관념론적 실증주의에 나타난 지상 인간의 이론적·실제적·종교적 작위 체계. 칸트와 니체에 관한 부록》, 2, 라이프치히, 펠릭스 마이너 베를라그, 1924.

8) Platon, 《테아이테토스》, 172-176c. 플라톤은 '자유와 여가 속에서 교육을 받고' '젊은 시절부터' 광장가는 길을 모르는 사람들을 '거짓말을 하고 불의를 교환하도록 교육' 받았거나, 아니면 목동들처럼 '여가가 없어서 시골뜨기나 무식쟁이'가 된 사람들과 구분한다. 그럼으로써 그는 생활 방식들이나 교육 방식들에 따라, 또는 심지어 존재의 조건들에 따라 자신이 구분짓는 사유 방식들을 설명하는 것처럼 나타날 수 있다. 그러나 이러한 점이 그로 하여금 자유와 사심 없음 같은 미덕들과 이기주의·거짓말·불의 같은 악덕들——길들여진 사회적 계층 체계 속에서 확립된 악덕들——을 대립시키는 것을 막지는 못한다. 그리하여 그는 하이데거의 분석들처럼 존재의 조건들과 삶의 방식들('진실하거나' '진실하지 않은' 조건들과 방식들)을 마치 선택적 삶의 기술인 것처럼 다루게 될 분석들의 서막을 연다.

9) 이와 같은 '학창생활화(estudianisation)'의 결과에 대한 보다 자세한 분석은 P. Bourdieu 및 P. Champagne의 〈내부의 배제된 자들〉 in P. Bourdieu(책임 편집), 《세계의 비참》, 파리, 쇠이유, 1993, p.597-603 참조 바란다.

10) 이 점에 관하여, 그리고 특히 교육적 상호 작용에 부여된 위치와 이 위치가 지닌 자유는, 동물들의 진화가 전진됨에 따라 증가해 간다는 사실에 관하여는 J. S. Bruner, 《제도 이론을 향하여》, 케임브리지, 하버드대학출판부, 1966, 《가난과 어린 시절》, 디트로이트, 메릴 팔머 연구원, 1970, 《어린아이의 발달: 행동하고 말할 줄 아는 것》, 파리, PUF, 1987(2판) 참조 바란다.

11) 이 과정은 E. Cassirer, 《개인과 코스모스》, 파리, 미뉘, 1983에서 훌륭하게 기술되고 있다.

12) J. P. Sartre, 《지식인들을 위한 변론》, 파리, 갈리마르, 1972.

13) J. Habermas, 《공적 공간의 구조적 변모. 부르주아 사회의 범주에 관한 검토》, 노이바이드 암 라인 베를린, 헤르만 루히테르한트 베를라그, 1965. (《공적 공간. 부르주아 사회를 구성하는 차원으로서의 공개성의 고고학》, M. B. de Launay 번역, 파리, 페이요, 1978, p.157-198)

14) 특히 M. Baxandall, 《15세기 이탈리아에서 회화와 경험: 회화 양식의 사회사 입문》, 옥스퍼드, 클라렌던, 1972(《15세기 이탈리아 예술 운동의 눈》, Y. Delsaut 번역, 파리, 갈리마르, 1985) 그리고 M. Biagioli, 《가이드 갈릴레오: 절대주의 문화에서 과

학의 실천》, 시카고, 시카고대학출판부, 1993을 참조 바란다.

15) 데카르트, 《Œuvres et Lettres》, 파리, 갈리마르, 〈비블리오테크 드 라 플레야드〉, 1953, P. 205-216 그리고 특히 p.207.

16) E. Panofski, 《상징적 형태로서의 전망》, 파리, 미뉘, 1975.

17) E. G. Schachtel, 《정서 · 지각 · 주의 · 기억의 발달과 관련한 변모》, 뉴욕, 베이식 북스, 1959.

18) L. Fevre, 《16세기에 나타난 무신앙의 문제, 라블레의 종교》, 파리, 알뱅 미셸, 1942, M. Bakhtine, 《프랑수아 라블레의 작품과 중세와 르네상스의 민중 문화》, 파리, 갈리마르, 1970.

19) 중국의 전통에서 육체와 정신의 유대 및 상관성에 관해서는 J. Gernet, 《중국의 거성. 사회적인 것과 정신적인 것》, 파리, 갈리마르, 1994. p.271을 참조 바란다. (기원후 약 5백 년경에 Fan Shen은 육체와 정신의 완전한 유대를 주장하고 있다. "나의 손과 내 육체의 다른 모든 부분들은(⋯⋯) 모두 내 정신의 부분들이다." J. Gernet, 같은 책, p.273-277)

20) M. Weber, 《음악의 합리적 · 사회학적 토대》, 튀빙겐, UTB / 모오르 자이벡, 1972.

21) 칸트 미학의 토대로서, '쉬운 것'과 구강적(그리고 성적) 만족물에 대한 혐오에 관해서는 P. Bourdieu, 《차별. 기호(嗜好) 판단의 사회적 비판》, 파리, 미뉘, 1979, p.566-569 참조 바란다. 뒤르켐도 훌륭한 칸트의 제자로서 문화를 금욕과 동일시하고, 육체 · 욕망 · 여성적이고 전사회적인(présociaux) 갈망의 훈련과 동일시한다. (É. Durkheim, 《종교 생활의 초보적 형태들》, 파리, PUF, 7판, 1985, p.450-452 참조)

22) R. Williams, 〈즐거운 전망들. 풍경의 창안과 농부의 소멸〉 in 《사회과학연구지》 17-18, 1977, 11월, p.29-36.

23) 박물관을 드나드는 통계가 입증하고 있듯이 예술 작품들, 그리고 보다 일반적으로 세상일들을 관조 이외의 다른 목적이 없는 하나의 광경 · 표상 · 실재처럼 포착하는 능력은 매우 불평등하게 배분되어 있다. 박물관 방문객들에게 보편적으로 요구되는 이 성향은 일부 가정적 · 학업적 획득 조건들에 밀접히 달려 있고, 유람의 관행(이 유람의 관행은 예술 도시들의 '대(大)일주'와 더불어 영국의 귀족 계급과 부르주아 계급에 의해 만들어졌다) 같은 일부 조건들의 실천에 달려 있기 때문에 보편적인 것은 아무것도 없다. (P. Bourdieu, 《예술의 사랑, 유럽의 미술관들과 관중》, 파리, 미뉘, 1966)

24) 일부 예술 사진들은 그것들이 지닌 무상한 성격으로 인해, 그리고 즉각적으로 알아볼 수 있는 인정된 사회적 의미와 기능이 없으므로 인해 노동자들과 농민들로부터 격렬하게 거부되고 비난을 받으며, 눈살을 찌푸리는 반응을 야기시키는데, 이러한 반응의 근원은 우리가 '기능주의적'이라고 말할 수 있는 취향이다. 보통 이 취

향은 일상적 삶에서 '실천적인 것'과 '실체적인 것'에 대한 애호로 표현된다.

25) P. Bourdieu, 《마르틴 하이데거의 정치적 존재론》, 파리, 미뉘, 1988.

26) 이와 관련하여 독자는 Jeffrey Andrew Barash, 《하이데거와 그의 세기. 존재의 시간, 역사의 시간》(파리, PUF, 1995)을 참조할 수 있을 것이다. 이 책이 매우 분명하게 상기시키는 것은, 하이데거 사상의 최초 시기와 《존재와 시간》의 저자가, 특히 20년대의 강의에서 역사학과 역사의 문제와 벌이는 대결이다. 또는 Theodore Kiesiel의 《하이데거의 존재와 시간의 기원》(버클리, 캘리포니아대학출판부, 1995)를 참조할 수 있을 것이다. 이 책은 《존재와 시간》 이전의 텍스트들(특히 강의들)에 대한 상세한 분석을 제시하고 있다.

27) 우리는 Louis Pinto(구두 소통으로)와 더불어 다음과 같은 점을 보여 줄 수도 있을 것이다. 즉 그가 '일상에 대한 해석자들'이라 부르는 자들──이들 가운데 최초의 사람은 다른 사람들과 한때 《휴머니즘에 관한 편지》를 쓴 하이데거에게 매력을 느낀 앙리 르페브르이다(P. Bourdieu, 《마르틴 하이데거의 정치적 존재론》, 앞의 책, p.107-108 참조)──은 '소비 사회'의 '분석' 속에서, 만족할 줄 모르는 오래 된 가짜 욕구들(이것은 《플레오넥시아》에 나타난 플라톤의 주제이다)에 대한 국민의 비난에 근거한, 그리고 다른 사람들에게는 올가미에 불과한 것에서 신호들을 볼 줄 아는 자들이 지닌 허구를 깨우치는 명철성에 근거한 귀족주의를 되살리는 방법을 되찾았다는 점 말이다.

28) 보편을 '신빙할 수 없는 것'과 동일시하는 태도는 엘리자베트 블로흐만과의 교신 속에서 매우 분명하게 표현되고 있다. "우리가 원하는 새로운 삶, 아니 그보다는 우리 내부에서 싹트기를 원하는 삶은 보편적이기를 단념했습니다. 다시 말해 그것은 신빙할 수 없고, 외연적이기를(피상적으로 넓혀지는 것을) 단념했습니다." (M. Heidegger, 《카를 야스퍼스와의 교신(엘리자베트 블로흐만과의 교신 수록)》, Pascal David 번역, 파리, 갈리마르, 1996, p.216-217 및 267-268)

29) E. Husserl, 《유럽 학문의 위기와 선험적 현상학》, G. Granel 번역 및 서문, 파리, 갈리마르, 1976, p.142.

30) C. Soulié, 〈철학적 취향의 해부〉《사회과학연구지》, 109, 1995년 10월, p.3-28. R. Rorty, J. B. Schneewind 그리고 Q. Skinner, 《역사에서 철학: 철학의 역사 기술에 관한 에세이》, 케임브리지, 케임브리지대학출판부, 1984.

31) 철학이 저지르는 역사의 탈역사화에 관해서는 〈추서 2: 역사의 망각〉을 참조 바란다.

32) 내가 이 추서를 헌정하는 루이 마랭은 파스칼과 관련하여 "나는 누구인가?"를 아는 문제를 훌륭하게 구상해 냈다. (L. Marin, 《파스칼과 포르 루아얄》, Paris, PUF, 1997, 특히 p.92 이하 참조)

33) 나는 이 작업을 《국가 귀족. 그랑 제콜과 단체 정신》, 파리, 미뉘, 1989, p.19-182에서 수행했다.

34) J. -L. Fabiani, 《공화국의 철학자들》, 파리, 미뉘, 1988, p.49.

35) 이 점에 관해서 독자는 P. Bourdieu, 《호모 아카데미쿠스》, 앞의 책, p.120 및 그 이하, 그리고 C. Soulié, 앞의 책에서 상세한 설명을 만날 수 있을 것이다.

36) 이 모든 점에 관해서는 Lucien Braun, 《철학사의 역사》, 파리, 오프리스, 1973, p.205-224 및 《초상학(肖像學)과 철학. 하나의 연구장(場)에 관한 에세이와 정의》, 2 vol. 스트라스부르, 스트라스부르대학출판부, 1996 참조 바란다.

37) B. Erdmann, 《순수 이성 비판을 위한 칸트의 사색》, 라이프치히, 1882-84, L. Braun, 앞의 책에서 재인용, p.212.

38) Reike, 《칸트의 유산에서 비롯된 대수롭지 않은 파편》 II, p.278, L. Braun 앞의 책에서 재인용, p.215. 철학의 선험적 역사로서의, 경험적 인과 관계가 낳은 사건들의 논리적 질서와 연대기적 질서 사이의 구분에 관해서는 마찬가지로 L. Braun 앞의 책 p.235 및 그 이하 참조.

39) G. W. F. Hegel, 《철학사에 관한 교훈 입문: 철학의 체계와 역사》, J. Gibelin 번역, 파리, 갈리마르, 8판, 1954, p.109.

40) 같은 책, p.110.

41) 같은 책, p.40.

42) 같은 책, p.44.

43) 같은 책, p.41.

44) 같은 책, p.30.

45) Spinoza, 〈신학적 · 정치적 권위〉 in 《스피노자 전집》, 파리, 갈리마르, 〈비블리오테크드 라 플레야드〉 p.716-7 및 p.725-6.

2 학구적 오류의 세 형태

1) C. C. Geertz, 《문화의 해석. 선택된 시도들》, 뉴욕, 베이식 북스, 1973, 그리고 《발리섬. 한 문화의 해석》, D. Paulme 및 L. Evrard, 파리, 갈리마르, 1983, p.165-215.

2) 〈추서: 한 작가의 작품을 어떻게 읽을 것인가?〉 참조.

3) 여기서 나는 《실천적 감각》(파리, 미뉘, 1980)에서, 특히 p.333-439에서 자세히 전개한 분석들을 환기시키고 있을 뿐이다.

4) 나는 표준적인 예를 나타내는 학구적 질문(SOFRES 질문서)을 먼저 받은 사람들이 제시한 대답들의 의미에 관한 이차적 질문을 그들에게 제시함으로써 이 점을 확인할 수 있었다.

5) P. Bourdieu, 《예술의 규칙》, 앞의 책 및 본서의 〈추서: 한 작가의 작품을 어떻

게 읽을 것인가?〉 참조 바란다.

6) Pascal, 《설득술》, 브룅스빅판, p.193.

7) 내가 끊임없이 아쉬워하게 될 것은, 사회과학에 대한 인식론적 고찰이 본질적으로 사회과학 전문가들 자신에게 내맡겨진다는 것이다. 이들이 필요한 특수한 자질과 고요함을 항상 가지고 있는 것이 아닌데도 말이다. 그리고 또한 아쉬워하게 될 것은 몇몇 주목할 만한 예외——예를 들어 나는 장 클로드 파리앙트를 생각한다——를 제외하면, 철학자들이 적어도 프랑스에서는 이 인식론적 고찰로부터 멀어져 있었다는 점이다. 아마 그 이유는 학문들 사이의 계급적 장벽이 프랑스에서 더 높기 때문일 것이다.

8) J. Habermas, 《소통 행위의 이론》, 파리, 페이야르, 1987. 《지식과 관심》, 파리, 갈리마르, 1976.

9) 우리가 '담론의 이상적 상황'과 이 상황 속에서 기적처럼 만들어지는 '소통 윤리'에 대한 하버마스의 묘사를 읽으면서 생각지 않을 수 없는 것은 독일 철학자들과 이들의 완벽한 기술이다. 이 기술을 통해서 그들은 '혁명적인 프랑스 부르주아 계급의 의지가 나타난 역량'을 '순수 의지, 당위로서의 의지, 진정으로 인간적인 의지의 법칙'을 드러낸 표현으로 변모시켰던 것이다.(K. Marx, 〈공산당 선언〉 in 《마르크스 전집》, 파리, 갈리마르, 〈비블리오테크 드 라 플레야드〉 1963, p.185-186) 유추가 급격하고 너무 거칠며 그 자체로서 단순 지향적이다. 그러나 확실한 것은 하나의 사상을 그것의 이용과 파장으로 축소시키는 것은 결코 가능하지 않지만, 하버마스의 작품이 얻고 있는 보편적 관심의 일부는 다음과 같은 사실에 기인했다는 것이다. 즉 그의 작품이 그리스도교 휴머니즘의 천진함이 너무도 분명하게 드러난, 민주적 대화에 대한 경건한 고찰에 대(大)독일 철학의 특징을 부여했다는 점 말이다.(A. Wellmer, 《윤리와 대화. 담론 윤리에서 칸트의 도덕적 판단의 요소》, 프랑크푸르트, 1986)

10) 나는 이와 같은 비판을 《이야기한다는 것이 의미하는 것. 언어적 교환의 경제》(파리, 페이야르, 1982)에서, 그리고 특히 《언어와 상징적 힘》(케임브리지, 폴리티 프레스, 1991)에서 심도 있게 다루었다.

11) 나는 〈여론은 존재하지 않는다〉 in 《사회학의 문제들》(파리, 미뉘, 1980), p.222-235에서 이와 같은 통계적 변화를 보다 분명하게 분석했다.

12) 모든 민중주의적인 환상과는 반대로 가장 박탈당한 자들이 또한 정치적 '생산 수단'을 박탈당하고 있다는 사실을 인증하는 것은, '과두 정치의 견고한 법칙'에 보수적 사유가 부여하는 보편적 유효성을 거부하는 것이다. 위임자들의 손에 권력이 집중되는 것은 박탈의 결과이고, 이 박탈이 조장하는 무조건적인 자기 위탁의 결과라는 것이며, 그렇기 때문에 교육의 보급으로 정치적 의견의 생산 수단들에 대한 접근이 일반화됨에 따라 이 무조건적인 위탁은 감소할 수밖에 없다는 것이다.

13) 의견에 대한 다양한 '철학들'에 관해서는 P. Bourdieu, 〈정치의 문제들〉《사회과학 연구지》, 16, 1977년 9월, p.55-89를 참조 바란다.

14) P. Bourdieu 및 공동 저자, 《알제리에서 노동과 노동자들》, 파리-헤이그, 무통, 1964.

15) 사회와 기존 질서의 정당화라는 의미에서.

16) O. Weininger, 《성별과 성격. 하나의 원리적 연구》(뮌헨, 마테스 & 세이츠, 1980), E. L. Santner, 《나의 사적 독일, 다니엘 폴 슈라이버의 근대성 비밀 이야기》(프린스턴, 프린스턴대학출판부, 1996), p.141-142에서 재인용.

17) Pascal, 《팡세》, 브룅스빅판, 253.

18) P. Bourdieu 및 공동 저자, 《평균적 예술. 사진의 사회적 이용에 관한 에세이》, 파리, 미뉘, 1965(2판, 1970) 참조.

19) W. Labov, 《일상적인 말. 미국의 흑인 집단 지역에서의 언어》, A. Kihm 번역, 파리, 미뉘, 1978.

20) J. Rawls, 《정의의 이론》(하버드, 1971), C. Audard 번역, 파리, 쇠이유, 1987. 롤스와 하버마스의 뚜렷한 차이에도 불구하고 그들을 결합시키고 있는 심층적 유사성에 대한 개념을 얻기 위해서는 J. Habermas, 〈이성의 대중적 사용을 통한 화해──정치적 자유주의에 관한 고찰〉《철학 저널》, 1995, n° 3, p.109-131을 참조 바란다.

21) H. L. A. Hart, 〈자유와 자유의 우선권에 관한 롤스〉 in N. Daniels(편집) 《롤스 읽기》, 뉴욕, 베이식 북스, 1975, p.238-259.

22) E. Husserl, 《경험과 판단. 논리의 계보 연구》, 파리, PUF, 1991, p.60-61. (Erfahrung und Urteil. Untersuchungen zur Genealogie der Logik, 함부르크, 펠릭스 마이너 베를라그, 1972, p.51 이하) 후설이 그의 마지막 연구에서 어떻게 순수 에고의 초월적 이론──이때 아비투스는 한결같고 '집요한 목표물들'을 제기할 수 있는, 순수 주체의 자신에 대한 충실(constantia sibi) 같은 것에 불과하다──과 습관성으로서의 경험적 에고의 인류학적 이론──후설이 사용하는 것과 같은 아비투스와 습관성(Habitualität)이라는 말들은 '경험적인 것,' 다시 말해 발생론적인 것과 역사적인 것으로의 귀결로부터 '순수' 주체를 구하기 위해 그가 전개하는 약간은 절망적인 노력들에 의해 야기된 긴장의 장소 바로 그것이다──사이에서 흔들리지 않았는지 보여 줄 필요가 있다 할 것이다. "절대적인 단자적 의식의 흐름 내부에 이제 통일체의 어떤 형성들이 나타난다. 그러나 이것들은 실질적 자아 및 이 자아의 속성들의 의도적 통일체와는 완전히 다르다. 이러한 유형에 예를 들면 단 하나의 동일한 주체의 '집요한 목표물들' 같은 통일체들이 속한다. 우리는 이 통일체들을 어떤 의미에서 '습관적'이라고 명명할 수 있다. 마치 우리가 습관이라 일컫는 완전한 성향들을 획득할 수 있는 경험적 주체가 문제인 것처럼, 비록 엄밀히 말해서 습관에 속하는

아비투스를 말하는 것은 아니지만 말이다. 여기서 문제되는 아비투스는 경험적 에고에 속하는 것이 아니라 순수 에고에 속한다." (E. Husserl, 《순수 현상학과 현상학적 순수 철학을 위한 지도적 개념들. 제2권. 구성을 위한 현상학적 연구》, 파리, PUF, 1982, p.164-165)

23) M. Oakeshott, 《정치학 및 다른 시론들에 있어서 자유주의》, 런던, 매수인 앤 시오, 1967.

24) C. Baudelaire, 〈1855년의 만국박람회〉 1, 《보들레르 전집》 II, C. 피슈아판, 파리, 갈리마르 〈플레야드〉, 1985, p.576 이하.

25) 아마 우리는 직업적 비판에 대한 이와 같은 많은 예들을 만날 수 있을 것이다. 예를 들어 우리가 이미 〈포에 관한 연구〉에서 만난 '심사원 교수들'의 '현학적 태도'와 '박학'을 비난하는 내용이 만국박람회에 대한 동일한 텍스트 속에 있다.(C. Baudelaire, 앞의 책, p.579) "그러나 심사원 교수들이 생각지 못한 것은 삶의 움직임 속에서 어떤 분규나 결합은 그들의 유치한 지혜로서는 완전히 예기치 않게 나타날 수 있다는 점이다."(C. Baudelaire, 〈포에 관한 연구〉, 앞의 책 p.320) 그리고 우리는 보들레르가 회화와 예술 비평에 나타나는 교훈성을 자주 비난했다는 것을 알고 있다. (예를 들어 C. Baudelaire, 앞의 책, p.640 참조)

26) C. Baudelaire, 《보들레르 전집》, 앞의 책 II, p.9.

27) 여기서 보들레르가 1855년 데스노이에게 자연에 관해 보낸 편지를 인용해야 할 것이다. 이 편지 속에서 그는 진정한 정신성을 내세워('모든 정신적 존재를 위해') '특이한 새로운 종교'를 거부하고 있다.(C. Pichois 및 J. Ziegler, 《보들레르》, 파리, 쥘리아르, 1987, p.301-303)

28) C. Baudelaire, 앞의 책 II p.640.

29) 같은 책 II, p.336-337.

30) 같은 책, II, p.168.

31) 같은 책, II, p.250.

32) 같은 책, II, p.337.

3 이성의 역사적 토대

1) Pascal, 《팡세》, 브룅스빅판, p.294.

2) J. Rawls, 《정의의 이론》, 앞의 책.

3) Pascal, 《팡세》, 브룅스빅판, p.92.

4) 같은 책, p.72.

5) L. Marin, 〈정치적 행동의 야릇한 이론을 위하여〉, G. Naudé의 《쿠데타에 대한 정치적 고찰》(파리, 파리출판사, 1989)의 서문, p.7-65, 특히 p.19-20.

6) E. P. Thompson, 〈Modes de domination et révolutions en Angleterre〉, *Actes de la recherche en sciences sociales*, 2-3, 1976, p.133-151.

7) 나는 다음에 나오는 책에서 보다 체계적으로 장들의 이론을 설명할 생각이다. 그때까지는 나의 책 《예술의 규칙》, 앞의 책, 특히 p.254-259를 참조 바란다.

8) G. Bachelard, 《새로운 과학 정신》, 파리, 리브레리 펠릭스 알캉, 1934.

9) Pascal, 《팡세》, 브룅스빅판, p.793.

10) C. Suaud, 《소명》, 파리, 미뉘, 1978.

11) J. Cassell, 《기대된 기적들. 현역 외과 의사들》, 필라델피아, 템플대학교출판부, 1991.

12) L. Wacquant, 〈육체와 정신. 수습 권투 선수에 대한 기술인류학적 노트〉 《사회과학 연구지》, 80, 1989, p.33-67.

13) Pascal, 《팡세》, 브룅스빅판, 332.

14) 나는 《텔레비전에 대하여》(파리, 리베르 레종 다지르, 1996)에서 텔레비전의 경우에서 나타나는 이런 영향력을 묘사한 바 있다.

15) R. S. Halvorsen et A. Prieur, 〈Le droit à l'indifférence: le mariage homosexuel〉, *Actes de la recherche en sciences sociales*, 113, juin 1996, p.6-15.

16) W. V. O. Quine, 《존재론의 상대성과 몇몇 다른 시론들》, J. Largeault 번역, 오비에, 1977, p.83-105(〈순화된 인식론〉 in 《존재론적 상대성과 몇몇 다른 시론들》, 뉴욕, 컬럼비아대학출판부, 1969).

17) R. Rorty, 〈여권주의와 실용주의〉 《급진적 철학》, 59, 1991, p.3-14.

18) J .-P. Sartre, 《존재와 무》, 파리, 갈리마르, 1943, p.648 이하.

19) Y. Dezalay 및 B. Garth, 〈도덕중개업자로서의 법률 상인들: 다국적 비즈니스 논쟁을 위한 경쟁으로부터의 국제 정의 구축〉 《로 앤 소사이어티 리뷰》, 29(1), p.27-64 참조 바란다.

┗ 육체를 통한 인식

1) Grünebaum이 이른바 '해석' 철학에 대한 잔인한 비판에서 잘 보여 주고 있듯이, 해석학적 개체주의(particularisme)의 방어자들이 사회과학을 예외적인 지위로 몰아붙이고 ——사회과학이 그렇게 요구하지 않았는데도 말이다—— 동시에 이런 지위를 거부하는 모든 형태의 사회과학을 실증주의라는 수치스러운 꼬리표를 강제하기 위해 내세우는 것은, 이상하게도 자연과학에 대한 엄밀히 실증주의적인 규정과 약간은 단순한 묘사이다. 이러한 규정이 실증주의적인 이유는 그것이 이론과 경험적 관찰, 이유와 원인, 정신적인 것과 육체적인 것 사이의 실증주의의 전형적 구분에 토대를 두고 있기 때문이다.(A. Grünebaum, 《심리분석의 토대. 하나의 철학적 비판》, 버클리,

캘리포니아대학출판부, 1984, p.1-94 참조)

2) Pascal, 《팡세》, 브룅스빅판, 348.

3) Pascal, 같은 책, 416.

4) Pascal, 같은 책, 376.

5) H. Bergson, 《도덕과 종교의 두 원천》, 파리, PUF, 1948(58판), p.85.

6) F. K. Ringer, 《지식의 영역: 비교적 전망에서 본 아카데믹한 문화》, 케임브리지, 케임브리지대학출판부, 1992.

7) P. F. Strawson, 《회의주의와 자연주의. 어떤 변형들》, 런던, 메수인 앤 시오, 1985.

8) P. F. Strawson, 《개인들. 기술(記述)형이상학의 시론》, A. Shalom 및 P. Drong 번역, 파리, 쇠이유, 1973, 특히 p.135-139 및 147-148.

9) G. Deleuze, 《경험주의와 주관성》, 파리, PUF, 1953, p.2.

10) J. -P. Changeux, 《뉴런 인간》, 파리, 페이야르, 1983.

11) J. Bouveresse, 《철학적 요구. 철학은 무엇을 원하고 우리는 철학으로부터 무엇을 원하는가?》, 파리, 에클라, 1996, p.36.

12) M. Butor, 《목록》, II, 파리, 미뉘, 1964, p.214.

13) J. Elster, 《농부와 그의 아이들. 합리성의 한계에 관한 두 시론》, A. Gerschenfeld, 파리, 미뉘, 1987.

14) J. Coleman, 《사회 이론의 토대》, 케임브리지, 하버드대학출판부, 1991.

15) R. H. Hare, 〈윤리 이론과 공리주의〉 in A. Sen 및 B. Williams, 《공리주의와 공리주의를 넘어서》, 런던-케임브리지, 케임브리지대학출판부, 1977.

16) G. Lukacs, 《역사와 계급 의식》, 파리, 미뉘, 1960.

17) E. L. Santner, 앞의 책.

18) Platon, 《메논》, 98c.

19) L. Wacquant, 〈현역 프로 복서들: 프로 복서들 안에 배분된 육체적 자본과 육체적 노동〉 《육체와 사회》, 1-1, 1996년 3월, p.65-94.

20) 여기서 적절하게 자세히 환기할 수 없으므로, 사용되는 대체 전략들의 미묘함——통계적 분석이 드러내는 그 미묘함——에 대해서는 《호모 아카데미쿠스》(앞의 책, 특히 p.180-198)를 참조 바란다.

21) B. Bourgeois, 《프랑크푸르트에서 헤겔 또는 유대교, 그리스도교, 헤겔철학》, 파리, 브랭, 1970, p.9.

22) P. Bourdieu, 〈(카빌 사람의) 가옥 또는 전복된 세계〉 in 《실천 감각》, 앞의 책, p.441-461 참조.

23) P. Bourdieu 및 A. Darbel, 〈맬서스 이론의 종말〉, in Darras 《이득의 분할》, 파

리, 미뉘, 1966 참조.

24) N. Elias, 《궁정 사회》, 파리, 칼만 레비, 1974, p.75-76. 정도의 차이는 있어도 우리는 루이 14세와 자신의 궁정과의 관계를 사르트르와 50년대의 지식인장과의 관계로 대체할 수도 있을 것이다.

25) J. -P. Sartre, 앞의 책, p.100.

26) J. -P. Sartre, 같은 책, p.242.

27) 그리하여 프랑수아 부리코는 매우 모범적인 한 텍스트에서 학자 세계가 두 개의 진영으로 나누어진 것으로 기술했다. 두 진영을 '전체주의적인 현실주의'와 '개인주의적인 자유주의'로 지칭하는 것 자체가 분명히 입증하는 것은, 그가 그것들을 생각하는 논리가 적어도 학문적인 만큼 정치적이라는 것이다.(F. Bourricaud, 〈사회학주의에 대한 반론: 하나의 비판과 제안들〉《프랑스 사회학지》, 부록, 1975, p.583-603 참조)

28) H. Bergson, 《도덕과 종교의 두 원천》, 앞의 책, p.126.

29) P. Bourdieu, 〈독신자와 농부의 조건〉 상기 인용문 및 〈금지된 재생산〉《농촌 연구》, 113-114, 1989년 1월-6월, p.15-36 참조.

30) P. Bourdieu, 《호모 아카데미쿠스》, 앞의 책.

31) Leibniz, 《단자론》, §28.

5 상징적 폭력과 정치적 투쟁

1) 아마 사람들이 아비투스의 개념을 수련의 기계론적 표상을 통해 생각했기 때문에 '성격'이란 말을 통해 의미하고자 했던 것의 사회적 변형이나, 사회적으로 형성된 운명——결정적으로 영원히 고정되고 응결된 운명——같은 것을 이 개념 속에서 볼 수 있었으리라.

2) Pascal, 《팡세》, 앞의 책, 404.

3) Pascal, 같은 책, 151.

4) Francine Pariente, 구두 발표.

5) K. Poper, 《역사주의의 비참》, 파리, 플롱, 1956, p.10.

6) 부르주아 계급이 실시하는 최초 교육의 사회분석(socio-analyse)에 대한 모범적 자료로서 Fritz Zorn, 《마르스: 나는 젊고 부유하고 교양 있는데, 불행하고 신경쇠약증 환자이고 혼자이다》(파리, 갈리마르, 1979)를 읽을 수 있을 것이다.

7) J. Baldwin, 《다음번 불》, 뉴욕, 밴티지 인터내셔널, 1993, p.26.

8) Pascal, 《팡세》, 앞의 책, 82.

9) A. Schütz, 《수집된 기록, I, 사회 현실의 문제》, 헤이그, 마르티누스 니즈호프, 날짜 없음, p.145.

10) D. Hume, 〈정부의 최초 원리들에 관하여〉(1758), in 《정치적 시론》(K. Haa-konssen 간행) 케임브리지, 케임브리지대학출판부, 1994, p.16-19.

11) Pascal, 《팡세》, 앞의 책, 324 및 327.

12) Pascal, 같은 책, 328.

13) B. G. Glaser, A. Strauss, 《죽음의 의식》, 시카고, 알딘, 1965, p.274-285.

14) P. Champagne, 《여론만들기》, 파리, 미뉘, 1990 참조.

15) P. Bourdieu, 《알제리에서 노동과 노동자들》 제2부, 앞의 책, p.303 이하 그리고 《60년대 알제리》, 파리, 미뉘, 1977, p.77 이하.

16) N. Goodman, 《세계만들기의 방법》, 해석스, 더 하베스터 프레스, 1978, p.7.

17) P. Bourdieu, 《실천 이론의 개괄》, 주네브, 드로즈, 1972 및 《실천 감각》, 앞의 책.

18) M. Mauss, 《모스 전집》(파리, 미뉘, 1974, II), p.117. "우리는 사회에서 우리들끼리만 있으면서 이런저런 결과를 우리들 사이에서 기대하고 있는 것이다."

19) 자크 데리다는 그야말로 증여인 진정한 증여의 문제를 통해서—다른 곳에서는 규칙을 넘어서기를 명령하는, 규칙의 진정한 존중의 문제를 통해서 그렇듯이—더할나위없는 희생 뒤에서 '자존심의 은밀한 충동' 같은 것을 간파할 수 있는 가능성과 의무에 대한 칸트적인 오랜 문제를 새로운 표현으로 나타낸다. 사람들은 이 희생이 순수한 의무에 의해 이루어진다고 믿지만, 사실은 다만 '의무에 일치하는' 식으로 이루어진다는 것이다. (이런 의문들은 역사적으로 비잔틴의 살로스에게서 입증된다. 그는 자신의 가장 성스러운 행동들의 동기가 신성함과 연결된 상징적 이익들이 아닌가 하는 두려움 속에 살았던 것이다—G. Dagron, 〈행복이 없는 인간 또는 스캔들을 일으키는 성인〉《아날 ESC》, 1990년 7월-8월, p.923-939 참조) 우리가 너그러운 성향을 원칙으로 하는 너그러운 모든 행동을 단순히 '너그러움에 일치하는' 것으로 거부하자마자, 우리는 사심 없는 행동의 가능성을 부인하지 않을 수 없게 된다. 칸트가 의식철학 또는 의도철학 같은 것을 내세워 '병리적인' 결정들에 따른다고 의심되지 않을 수 있는 단 하나의 행동—의무에 일치하는 단 하나의 행동—도 생각할 수 없는 것처럼 말이다. (J. Derrida, 《정념》, 파리, 갈릴레, 1993, p.87-89 참조. '의무를 넘어선 의무,' '법' 그리고 '의무 없이 해야 하는 것'으로서의 증여—진정한 증여—에 대해서는 J. Derrida, 《시간을 준다는 것》 1, 《가짜 화폐》, 파리, 갈릴레, 1991, p.197 참조)

20) 17세기와 18세기에 정열들과 이해 관계들, 또는 오로지 경제적 동기들 사이에 이루어지는 분리에 관해서는 A. Hirschman, 《정열들과 이해 관계들》, 프린스턴, 프린스턴대학출판부, 1977 참조.

21) P. A. Samuelson, 《경제적 분석의 토대》, 케임브리지, 매스, 하버드대학출판부, 1947, p.90.

22) É. Benveniste, 《인도 유럽 제도들의 어휘》, 파리, 미뉘, 1969.

23) P. Batifoulier, L. Cordonnier, Y. Zenou, 〈사회학적 전통에서 경제 이론의 차용, 증여와 역증여의 경우〉《경제지》, 5, 1992년 9월, p.917-946 참조.

24) Pascal, 《팡세》, 앞의 책, 471.

25) P. Veyne, 《빵과 서커스. 정치적 다원주의의 역사적 사회학》, 파리, 쇠이유, 1976, 특히 p.185-373.

26) 이윤율들의 차이들의 평등화는 노동력의 운동성을 전제하고, 이 운동성 자체는 무엇보다 "자신이 제공하는 노동의 성격에 대한 노동자의 무관심을 전제한다. 또한 이 평등화는 모든 생산의 영역에서 노동을 단순 노동으로 가능한 한 가장 극도로 격하시키는 것을 전제한다. 그것은 또한 직업적 소명의 모든 편견들을 노동자들이 버리는 것을 전제한다."(K. Marx, 《자본론》, III, 2부 10장, 파리, 갈리마르, 〈플레야드〉 II, 1985, p.988)

27) 반대로 우리가 주목할 수 있는 것은 가치화되고 가치화시키는 것으로서의 노동의 경험을 하게 할 수 있는 조건들 전체의 부재가 낳은 결과이다. (L. Duroy, 〈공장에 고용된 직공〉《사회과학 연구지》, 115, 1996년 12월, p.38-47 참조 바람)

28) 동일한 원리가 한 기업의 봉급생활자들이 드러내는 집단적 행태의 수준에서 적용될 수 있다. (3만 개의 일자리를 없애야 하나, 예를 들면 5천 개를 없앨 경우) 현실적인 해고를 호의나 정복으로 나타나게 하는 인원 감축의 위협이 있을 때 말이다.

6 사회적 존재, 시간, 그리고 실존의 의미

1) E. Husserl, 《현상학을 위한 중심 개념들》, P. Ricœur 번역, 파리, 갈리마르, 1950, 특히 p.141 이하.

2) 'Lusiones'는 'casus, alea, sors, fortuna'와 더불어 Huyghens가 기회들을 지칭하기 위해 사용한 단어들 가운데 하나이다. (J. Hacking, 《개연성의 출현. 개연성, 귀납 그리고 통계적 추리에 관한 초기 개념들의 철학적 연구》, 케임브리지, 케임브리지대학출판부, 1975 참조)

3) J. Vuillemin, 《필연성과 우발성, 디오도로스의 논리적 궁지와 철학 체계》, 파리, 미뉘, 1988 참조.

4) 사르트르는 두려움 같은 감정을 프로탕시옹, 즉 지각의 독사적인 양태를 부여받은 예상으로 다루지 않기 때문에 이 감정의 진지함을 설정할 수 없다. 그리하여 그것은 '기만(mauvaise foi)'의 형태로 격하된다.

5) Pascal, 《팡세》, 앞의 책, 172.

6) G. W. F. Hegel, 《법철학의 원리》, A. Kaan, 파리, 갈리마르, 1940년판, p.106-108.

7) V. Woolf, 《등대로》, M. Lanoire 번역, 파리, 스톡, 1979 및 E. Auerbach, 《미메시스. 서구 문학에 나타난 현실의 묘사》, C. Heim, 파리, 갈리마르, 1968, p.518-548.

8) Pascal, 《팡세》, 앞의 책, 464.

9) G. W. F. Hegel, 《법철학 원리》, 앞의 책, p.24.

10) D. Davidson, 《행동과 사건에 관한 에세이》, 옥스퍼드, 옥스퍼드대학출판부, 1980.

11) 이것이 바로 사회적 메커니즘들이 스스로를 드러내기는커녕 궁극 목적, 합리성, 또는 심지어 자유로운 선택이란 환상으로 가장되게 하는 논리가 가장 잘 나타나는 경우 가운데 하나이다. 그런 논리는 학구적 환상으로서, 이것이 하나의 시선——이 시선 자체가 부지불식간에 메커니즘들 속에 걸려들어 있다——에 나타난 모습 그대로의 사회적 현실들을 순진한 묘사 속에 기록하도록 유도한다.

12) A. Schütz, 앞의 책, II, p.45.

13) M. Weber, 《학문의 이론에 관한 시론》, J. Freund 번역, 파리, 플롱, 1965, p.348 참조.

14) M. Weber, 같은 책, p.335-336.

15) M. Weber, 《경제와 사회》, 파리, 플롱, 1967, I, p.6.

16) P. Suppes, 《개연적인 것의 논리》, 파리, 플라마리옹, 1981 참조.

17) Ellery Eells, 《합리적 결정과 인과 관계》, 케임브리지, 케임브리지대학출판부, 1982 참조.

18) R. C. Jeffrey, 〈결정의 윤리와 논리〉《철학 저널》, 62, 1965, p.528-535.

19) P. Bourdieu, 《알제리에서 노동과 노동자들》, 앞의 책, p.352-361, 《세계의 비참》, 앞의 책, p.607-611.

20) 여기서 하급 프롤레타리아라 불릴 수 있는 자들(불안한 노동자들, 실업자들)을 지속적 일자리를 부여받은 노동자들과 분리시키는 차이에 대해 내가 실행한 분석을 반복하지 않을 것이다. 나는 이 분석을 실제의 모든 영역에서, 그리고 특히 정치와의 관계 속에서 실시했다. (P. Bourdieu, 《알제리에서 노동과 노동자들》, 앞의 책 및 《60년대의 알제리》, 앞의 책)

21) V. Zelizer, 《돈의 의미》, 뉴욕, 베이식 북스, 1994.

22) M. de Cervantes, 《새로운 전범들》, J. Cassou 번역, 파리, 갈리마르, 〈폴리오〉 1996, p.101.

23) P. Bourdieu, 《호모 아카데미쿠스》, 앞의 책, p.116-140 참조.

24) J. Unseld, 《프란츠 카프카. 작가의 삶. 그의 작품의 역사》, 파리, 갈리마르, 1982.

25) R. Merton, 〈사회적으로 기대된 존속. 사회학에서 편성 개념의 한 연구〉 in

《합의와 갈등》, 뉴욕, 더 프리 프레스, 1984, p.262-283.

26) P. Bourdieu et al., 〈주택의 경제〉《사회학 연구지》, 81-82, 1990년 3월.

27) M. Pialoux, 〈미래 없는 젊은이들과 임시 노동〉《사회과학 연구지》, 26-27, 1979, p.19-47.

28) P. E. Willis, 《세속 문화》, 런던, 루틀리지 앤 키건, 1978 및 〈노동자들의 학교〉《사회과학 연구지》, 24, 1978년 11월, p.50-61.

29) Loïc Wacquant, 〈지대: 흑인 집단 거주지의 '소매치기' 직업〉《사회과학 연구지》, 93, 1992년 6월, p.38-58.

30) 나는 알제리의 하급 프롤레타리아들에게서 제도들이나 메커니즘들보다는 인물들을 고발하거나 비난하는 동일한 경향을 관찰한 바 있다.

31) A. Lüdtke, 〈20세기 독일에서의 노동자들, 고집(Eigensinn) 그리고 정치〉《사회과학 연구지》, 113, 1996년 6월, p.91-101.

32) P. Bourdieu, 《디스탱숑》, 앞의 책, p.109-185.

33) O. Christin, 《상징적 혁명. 위그노파의 성상파괴주의와 가톨릭의 재건》, 파리, 미뉘, 1991.

34) Pascal, 《팡세》, 앞의 책, 211.

35) 그렇기 때문에 파스칼은 도덕가로서 이야기하면서 세속적인 위안이나 인정을 완전한 정신적 고독과 외로움에 대한 거짓 피난처로 기술하고, 인간 조건의 진실과 단호히 대결하는 것을 피하기 위한 기만 술책으로 기술하는 것이다.

36) É. Durkheim, 《자살. 사회학적 연구》, 파리, PUF, 1981.

37) B. G. Glaser, A. Strauss, 《죽음의 의식》, 앞의 책, 그리고 《죽음을 위한 시간》, 시카고, 앨딘, 1968 참조.

38) J. L. Austin, 《말할 때 그것은 행하는 것이다》, G. Lane 번역, 파리, 쇠이유, 1970, p.40.

39) P. Bourdieu, 《교훈에 관한 교훈》, 파리, 미뉘, 1982 참조.

40) E. L. Santner, 앞의 책.

역자의 말

우선 이 책을 번역하면서 느낀 어려움을 이야기하지 않을 수 없다. 부르디외의 글을 처음 번역하는 역자로서는 그의 문장들이 너무 길어 당황하지 않을 수 없었다. 문장 하나가 때로는 보통 크기의 활자라고 한다면 한 페이지에 달할 수 있을 정도로 길기 때문에, 이것을 잘라서 독자가 이해할 수 있도록 엮어내기란 쉬운 일이 아니었다. 또한 대(大)학자의 다방면에 걸친 방대한 지식과 전문 용어들을 비전공자인 문학도가 빈약한 지식을 동원해 풀어내는 일이 부담을 많이 주었다. 따라서 오역이 있으리라는 염려를 지울 수 없다. 이 점에 대해 양해를 구하고자 한다. 학교에 자리잡고 계시는 전공 분야의 선생님들이 여유를 가지고 좋은 번역을 해주었으면 얼마나 좋을까 하는 아쉬움이 크다. 그럼에도 불구하고 우리의 학계 상황 때문에 본인 같은 비전공자가 번역에 착수하지 않을 수 없었던 저간의 사정이 안타까울 뿐이다.

《파스칼적 명상》이라는 제목이 암시해 주듯이, 본서는 기독교 옹호론자가 아닌 실존철학자로서의 파스칼의 심원한 사유 영역으로부터 출발해 인간과 세계에 대한 새로운 통찰을 제시하고 있다. 흥미롭게도 부르디외 자신이 자신의 사유 방법과 방향은 계보적으로 본다면, 그 어느 누구보다도 파스칼의 것들과 가깝다고 밝히고 있다. 본서의 입장에서 볼 때 파스칼의 사상에서 중요한 것은, 인간 사유의 선험적 토대를 전제하지 않고 인간 정신의 모든 결정물들을 이것들을 낳은 실존적 조건들로 되돌려 놓고 있다는 것이다. 이러한 전망 속에서 저자는 우선 학구적 성향을 낳게 한 최초의 역사적 상황과 조건들을 검토하고, 현실을 왜곡시키는 학구적 이성의 허와 실을 철저하게 드러내고 있다. 다음으로 그는 실제의 세계와 동떨어진 채 관념에서 관념으로 넘어가는 학구적 이성이 낳은 오류의 세 형태, 즉 진·선·미의 분야에서 나타나는 인식론적·도덕적·미학적 보편주의의 오류들에 비판의 칼을 들이대고 있다. 학구적 이성은 이와 같은 초월적 보편주의의 환상을 가져왔지만, 사실은 보편주의 자체가 사회적·경제적 조건들의 산물이며 근본적으로는 하나의 허구라는 것이다. 세번째로 부르디외는 학구적 이성을 넘어 이른바 '보편적인'이라는 이성의 역사적 토대들을 다룬다. 그는 국가와 사회가 탄생하는 뿌리로까지 내려가면서 이성의 역사적 생성 과정을 추적하고, 모든 것의 출발점에는 폭력과 제도의 임의성이 자리잡고 있음을 지적한다. 아울러 어떻게 이성이 제도의 합리화 및 보편화 전략을 통해 역사 속에서 보편화되었는지 드러내고, 보편화 과정의 역사적 망각을 문제삼는다. 네번째로 그는 사물에 대한 인식 주체로서의 육체를 검토한다. 그는 육체를 떠난 초월적이고 객관적인 인식 주체를 부정하며 사회 공간 내에서 육체 속에 새겨진 성향 체계, 즉 아비투스의 사회적 생성 조건들과 작용을 집중적으로 조명한다. 그러면서 그는 분화된 장들 내의 위치들과 성향들의 변증법적 관계도 분석한다. 다섯번째로 부르디외는 제도와 권력이 휘두르는 상징적 폭력과 정치적 투쟁의 메커니즘을 심도 있게 다루면서, 어떻게 지배 권력이 육체의 구속·길들이기·성향의 강제·권력의 상징화 같은 작업을 통해 권력을 창출하고 재창출하는지 규명한다. 마지막으로 그는 이러한 사회 공간 내에서 살아갈 수밖에 없는 사회적 존재의 삶의 의미와 시간과의 관계에 초점을 맞춘다. 특히 그는 자본과 기회의 불평등한 배분 구조 속에서 존재론적 위기를 맞는 박탈된 자들의 자유의 문제, 그리고 신이 배제된 상황에서의 존재의 정당화 문제를 국가 및 사회의 역할과 관련시켜 검토한다.

이처럼 극히 간략하게 대충적으로 소개한 본서는 실제의 세계와 단절된 고독한 상아탑 속에 갇힌 철학자들이 추상적인 사유를 통해 주조해 낸 전통적 인간상을 송두리째 뒤흔들고 있다. 부르디외는 사회학자로서 기존 철학에 정면으로 도전하면서, 인간 존재의 실존적 접근을 새로운 각도에서 모색함으로써 전혀 다른 존재의 모습을 제시하고 있다. 그것은 사르트르류의 실존적 인간과는 또 다른 인간의 이미지이다. 그것은 관념적 유희로부터 비롯된 당위적이거나 이상적 이미지, 즉 허구가 아니라 삶의 현장 속에 살아 움직이는 실천적 이미지이다. 독자는 사회 개혁을 꿈꾸는 이상론자들이 왜 실패하고 좌절할 수밖에 없는가, 또는 혁명이 일어나고, 개혁이 되고 정권이 바뀌어도 왜 사회가 쉽게 변하지 않는가, 이런 문제들에 대한 해답을 본서가 심층적으로 드러내는 실존적 인간상에서 찾을 수도 있을 것이다.

2001년 9월 김 웅 권

색 인

권리 droit　32,44,49,93,102,103,104,108,
　　111,118,132,146,163,187,188,198,223,242,
　　267,322,336,338,347,348
권위 autorité　12,49,57,61,67,72,138,150,
　　154,160,182,242,245,246,262,267,287,332
궤적 trajectoire　13,47,56,60,178,237,321
귀족 noblesse　179,180,184,212
　　—국가 귀족 —d'Etat　118,180,344
　　—귀족의 아비투스 habitus de —　233
　　—귀족의 칭호: 칭호를 볼 것
　　　titre de —: v. titre　268,346,347
　　— 학교 귀족 —scolaire　238
규칙(규칙성을 볼 것) règle(vs régularité)
　　39,82,85,96,118,137,164,165,181,199,201,
　　228,232,234,282,300,307,309,315,328
근본적 의심 doute radical　33,48,51,319
기구 appareil　229
기대(희망·이해 관계를 볼 것)
　　attentes(v. aussi espérance, intérêt)
　　17,90,144,168,189,213,216,224,227,229,
　　231,249,277,281,283,291,300,303,313,
　　317,318,322,324,327,329,330,334,340,
　　341,343
길들이기(순화)(합체를 볼 것)
　　naturalisation(v. aussi incorporation)
　　108,205,258,261,262,333
　　—이중의 길들이기 double —　258
　　—지배의 길들이기 —de la domination
　　246,247
내재적 이원성(학구적 장들의)
　　dualité intrinsèque　160,162
너그러움: 증여를 볼 것 générosité: v. don
　　87,275,276,277
노동 travail　32,33
　　—임금 노동 —salarié　280,289,318
　　—지배의 노동 —de domination 118
　　노동의 이중적 진실 double vérité du —

289
노모스 nomos　110,141,142,148,208
노출(성향을 볼 것)
　　exposition(v. aussi disposition)　204,206
논리 logique　17,27,50
　　—실제의 논리 —(de la) pratique　28,
　　52,53,78,79,81,83,84,85,87,88
　　—학술적·이론적 논리
　　　—savante, théorique　37,49,52,77,
　　　79,81,86
논쟁법 éristique　37
단절(절단)—경제(적)장을 구성하는 단절
　　coupure(rupture) —constitutive du champ
　　économique　38
　　—경제적 단절 —économique　32,36
　　—사회적 단절 —social　65,272
　　—학구적 단절: 학구적을 볼 것
　　　—économique, —scolastique
　　　45,60,162,163,212,253,272,289
단체 정신 esprit de corps　60,210
달력 calendrier　87,253
대립(쌍) oppositions(couples d')　50,105,
　　147,148
독사 doxa　27,28,33,47,105,147,149,208
　　— '민주적' 독사 — 'démocratique'　104
　　— 인식적 독사 —épistémique　105,201
　　—학교의 독사 —scolaire　105
독서가(독자)(여가를 볼 것)
　　lector(v. aussi skholè)　11,73,84,95,116,125,
　　128,129,130,133,134,157,158
　　—독서가의 독서 lecture de —　95,96
독소조프 doxosophes　92,93
동의(합의)(구속을 볼 것)
　　consentement: v. contrainte　119
뤼지온느(찬스) lusiones(chances)　300,309
리비도(욕망)(일뤼지오·관심을 볼 것)
　　libido: v. illusio, intérêt　237,239

김웅권

한국 외국어대학교 불어과 졸업
프랑스 몽펠리에 3대학 불문학 박사
현재 프랑스 파리 3대학 누벨 소르본 앙드레 말로 연구소 연구원
학위 논문: 〈앙드레 말로의 소설 세계에 있어서 의미의 탐구와 구조화〉
저서: 《앙드레 말로—소설 세계와 문화의 창조적 정복》
논문: 〈앙드레 말로의 《왕도》에 나타난 신비주의적 에로티시즘〉
(프랑스의 《현대문학지》 앙드레 말로 시리즈 10호)
〈앙드레 말로의 《인간의 조건》에서 광인 의식〉
(미국 《앙드레 말로 학술지》 27권)
역서: 《심층심리학자 니체》 《이별》 《천재와 광기》 《니체 읽기》
《상상력의 세계사》 《순진함의 유혹》 《영원한 황홀》
《쾌락의 횡포》 《지식의 불》

문예신서
175

파스칼적 명상

초판발행 : 2001년 11월 20일

지은이 : 피에르 부르디외
옮긴이 : 김웅권
펴낸이 : 辛成大
펴낸곳 : 東文選
제10-64호, 78. 12. 16 등록
110-300 서울 종로구 관훈동 74번지
전화 : 737-2795
팩스 : 723-4518

편집설계: 韓仁淑 / 李惠允 / 李尙恩 / 李娗昊 / 劉泫兒

ISBN 89-8038-168-9 94330
ISBN 89-8038-000-3 (문예신서)

【東文選 現代新書】

84 조와(弔蛙)	金教臣 / 노치준·민혜숙	8,000원
85 역사적 관점에서 본 시네마	J. -L. 뤼트라 / 곽노경	근간
86 욕망에 대하여	M. 슈벨 / 서민원	근간
87 아인슈타인 최대의 실수	D. 골드스미스 / 박범수	근간
88 철학 연습	M. 아롱델-로오 / 최은영	근간
89 삶의 기쁨들	D. 노게 / 이은민	6,000원
90 이탈리아영화사	L. 스키파노 / 이주현	8,000원
91 한국문화론	趙興胤	10,000원
92 현대연극미학	M. -A. 샤르보니에 / 홍지화	8,000원
93 느리게 산다는 것의 의미·2	P. 쌍소 / 김주경	7,000원
94 진정한 모럴은 모럴을 비웃는다	A. 에슈고엔 / 김웅권	근간
95 제7의 봉인 [시놉시스/비평연구]	E. 그랑조르주 / 이은민	근간
96 근원적 열정	L. 이리가라이 / 박정오	9,000원
97 라캉, 주체 개념의 형성	B. 오질비 / 김 석	근간
98 미국식 사회 모델	J. 바이스 / 김종명	근간
99 소쉬르와 언어과학	P. 가데 / 김용숙·임정혜	근간
100 철학자들의 동물원·상	A. L. 브라-쇼파르 / 문신원	근간
101 철학자들의 동물원·하	A. L. 브라-쇼파르 / 문신원	근간

【東文選 文藝新書】

1 저주받은 詩人들	A. 뻬이르 / 최수철·김종호	개정근간
2 민속문화론서설	沈雨晟	40,000원
3 인형극의 기술	A. 훼도토프 / 沈雨晟	8,000원
4 전위연극론	J. 로스 에반스 / 沈雨晟	12,000원
5 남사당패연구	沈雨晟	16,000원
6 현대영미희곡선(전4권)	N. 코워드 外 / 李辰洙	절판
7 행위예술	L. 골드버그 / 沈雨晟	절판
8 문예미학	蔡 儀 / 姜慶鎬	절판
9 神의 起源	何 新 / 洪 熹	16,000원
10 중국예술정신	徐復觀 / 權德周	24,000원
11 中國古代書史	錢存訓 / 金允子	14,000원
12 이미지 — 시각과 미디어	J. 버거 / 편집부	12,000원
13 연극의 역사	P. 하트놀 / 沈雨晟	절판
14 詩 論	朱光潛 / 鄭相泓	9,000원
15 탄트라	A. 무케르지 / 金龜山	10,000원
16 조선민족무용기본	최승희	15,000원
17 몽고문화사	D. 마이달 / 金龜山	8,000원
18 신화 미술 제사	張光直 / 李 徹	10,000원
19 아시아 무용의 인류학	宮尾慈良 / 沈雨晟	절판
20 아시아 민족음악순례	藤井知昭 / 沈雨晟	5,000원
21 華夏美學	李澤厚 / 權 瑚	15,000원
22 道	張立文 / 權 瑚	18,000원

【기 타】

東文選 文藝新書 170

비정상인들

1974-1975, 콜레주 드 프랑스에서의 강의

미셸 푸코
박정자 옮김

비정상이란 도대체 무엇일까? 하나의 사회는 자신의 구성원 중에서 밀쳐내고, 무시하고, 잊어버리고 싶은 부분이 있다. 그것이 어느 때는 나환자나 페스트 환자였고, 또 어느 때는 광인이나 부랑자였다.

《비정상인들》은 역사 속에서 모습을 보인 모든 비정상인들에 대한 고고학적 작업이며, 또 이들을 이용해 의학 권력이 된 정신의학의 계보학이다.

콜레주 드 프랑스에서 1975년 1월부터 3월까지 행해진 강의 《비정상인들》은 미셸 푸코가 1970년 이래, 특히 《사회를 보호해야 한다》에서 앎과 권력의 문제에 바쳤던 분석들을 집중적으로 추구하고 있다. 앎과 권력의 문제란 규율 권력, 규격화 권력, 그리고 생체-권력이다. 푸코가 소위 19세기에 '비정상인들'로 불리었던 '위험한' 개인들의 문제에 접근한 것은 수많은 신학적 · 법률적 · 의학적 자료들에서부터였다. 이 자료들에서 그는 중요한 세 인물을 끌어냈는데, 그것은 괴물, 교정(矯正) 불가능자, 자위 행위자였다. 괴물은 사회적 규범과 자연의 법칙에 대한 참조에서 나왔고, 교정 불가능자는 새로운 육체 훈련 장치가 떠맡았으며, 자위 행위자는 18세기 이래 근대 가정의 규율화를 겨냥한 대대적인 캠페인의 근거가 되었다. 푸코의 분석들은 1950년대까지 시행되던 법-의학감정서를 출발점으로 삼고 있다. 이어서 그는 고백 성사와 양심 지도 기술(技術)에서부터 욕망과 충동의 고고학을 시작했다. 이렇게 해서 그는 그후의 콜레주 드 프랑스 강의 또는 저서에서 다시 선택되고, 수정되고, 다듬어질 작업의 이론적 · 역사적 전제들을 마련했다. 이 강의는 그러니까 푸코의 연구가 형성되고, 확장되고, 전개되는 과정을 추적하는 데 있어서 결코 빼놓을 수 없는 필수 불가결의 자료이다.

東文選 文藝新書 159

인간과 죽음

에드가 모랭
김명숙 옮김

인문과학은 항상 죽음을 소홀히 한다. 그런데 인류학이란 무엇인가? 죽음에 대한 기본 테마들이 생의 기본적 과정의 신화적인 전이와 은유라면, 그것은 그 테마들이 개체와 종 사이의 인류학적인 틈을 메우기 때문이고, 또 죽음의 거부에 응하기 때문이며, 죽음의 괴로움을 진정시키기 때문이다. 여기에서 우리는 인류학적인 연결점을 뛰어넘는다.

죽음은 인간을 동물과 동일시시켜 주는 것이기도 하고, 또한 동물로부터 인간을 구분지어 주는 것이기도 하다. 모든 생명체처럼 인간도 죽음을 피할 수는 없다. 그러나 인간만이 예외적으로 '저세상'에 대한 믿음으로 죽음을 부정한다.

에드가 모랭은 인간들과 여러 문화로부터 죽음에 대한 기본 태도들을 끄집어 낸다. 즉 그는 죽음에 대한 공포, 죽음의 무릅씀, 살해를 살피는데, 특히 죽음으로부터 생겨난 인류의 커다란 두 신화인 사후생에 대한 신화와 다시 태어남에 대한 신화를 살핀다. 또한 저자는 인류 역사의 여러 대문명 속에 있는 죽음에 관한 믿음들을 고찰하면서 죽음에 대한 현대적 위기에 도달하고, 생과 죽음의 관계에 대한 생물학적인 새로운 발상에 도달한다.

에드가 모랭은 소르본대학교에서 역사·사회학·경제학·철학·법학을 공부한 프랑스의 대표적인 사회학자이자 문명비평가이다. 그는 위의 연구 분야 외에 인류학·생물학·물리학·생태학·환경학에 이르기까지 다양한 학문 분야를 넘나들며, 현대의 인간·사회·문화에 대한 조사·연구를 하여 수많은 저서를 내고 있다. 그의 대표작이자 이 방면의 고전으로 자리한 《인간과 죽음》은 30세라는 젊은 나이에 죽음에 대한 다원적이고 종합적인 연구 성과를 내놓은 것이다.

東文選 文藝新書 153

시적 언어의 혁명

줄리아 크리스테바

김인환 옮김

미셸 푸코는 《말과 사물》에서 19세기 이후 문학은 언어를 자기 존재 안에서 조명하기 시작하였고, 그런 맥락에서 횔덜린·말라르메·로트레아몽·아르토 등은 시를 자율적 존재로 확립하면서 일종의 '반담론'을 형성하였다고 지적한다. 그러한 작가들의 시적 언어는 통상적인 언어 표상이나 기호화의 기능을 초월하기 때문에 다각적이고 종합적인 연구를 필요로 한다. 본서는 바로 그러한 연구를 구체적으로 보여 주는 시도이다.

20세기 후반의 인문과학 분야를 대표하는 저작 중의 하나로 꼽히는 《시적 언어의 혁명》은 크게 시적 언어에 대한 일반적인 특징을 종합한 제1부, 말라르메와 로트레아몽의 텍스트를 분석한 제2부, 그리고 그 두 시인의 작품을 국가·사회·가족과의 관계를 토대로 연구한 제3부로 구성된다. 이번에 번역 소개된 부분은 이론적인 연구가 망라된 제1부이다. 제1부 〈이론적 전제〉에서 저자는 형상학·해석학·정신분석학·인류학·언어학·기호학 등 현대의 주요 학문 분야의 성과를 수렴하면서 폭넓은 지식과 통찰력을 바탕으로 시적 언어의 특성을 다각적으로 조명 분석하고 있다.

크리스테바는 텍스트의 언어를 쌩볼릭과 세미오틱 두 가지 층위로 구분하고, 쌩볼릭은 일상적인 구성 언어로, 세미오틱은 원초적이고 본능적인 언어라고 규정한다. 그리하여 시적 언어로 된 텍스트의 최종적인 의미는 그 두 가지 언어 층위의 상호 작용에 의해서 결정된다고 본다. 그리고 시적 언어는 표면적으로 보기에 사회적 격동과 관계가 별로 없어 보이지만, 실상은 사회와 시대 위에 군림하는 논리와 이데올로기를 파괴하는 힘이 있다는 것을 말라르메와 로트레아몽의 《말도로르의 노래》에 대한 연구를 통하여 증명한다.

東文選 文藝新書 123

새로운 학문

잠바티스타 비코

李源斗 옮김

　독일의 위대한 작가 요한 볼프강 폰 괴테는 1787년 나폴리에서 비코의 열렬한 한 제자를 방문했을 때 《새로운 학문 제2판》을 받았다. 같은 해에 출판한 한 논문에서 괴테는 고인이 된 저자에 대해 "그의 지혜는 이제 이탈리아 법률 저술가들에 의해 끝없이 칭송되고 있다"고 말했다. 괴테는 자기에게 전달된 책을 '성스러운 물건'처럼 여기면서 "이 책이 미래에 우리가 얻게 되거나 얻어야 할 선과 정의라는 주제에 관한 예언적 통찰, 삶과 미래에 대한 맑은 사색에 기초한 통찰을 담고 있다"고 했다. 비코의 논증이 견실하다고 확신한 괴테는 인류의 진화를 연속적으로 상승하는 선이 아니라 나선으로 보아야 한다고 생각했다.

　19세기 프랑스의 위대한 민족주의자이자 낭만주의 역사가인 쥘 미슐레는 비코를 자신의 '프로메테우스'로, 자신의 '지적 선구자'로 불렀다. 미슐레는 결국 섭리에 호소한다는 생각을 버렸지만 베르길리우스와 비코를 계속 典據로 인용했다. 프랑스의 실증주의 철학자 오귀스트 콩트는 자기가 인류 발전의 세 가지 상태 내지 시대의 법칙을 형성하는 데 영향을 준 사람이 비코라고 말했다. 카를 마르크스는 역사에 관한 경제적 해석을 전개하면서 스스로 인정한 것보다 훨씬 더 많은 것을 비코에게 힘입었다. 사실 둘 사이에는 일정한 의존 관계가 있었다. 그러나 두 사람은 종교에 관한 한 다른 관점을 가지고 있었다.

　오늘날에는 많은 학자들이 비코를 인류학과 민속학의 선구자로 본다. 사실 최근 비코는 그 문체의 모호함에도 불구하고 점차 유럽 지성사에서 중요한 인물로 인정받고 있으며, 《새로운 학문》은 유럽 지성사의 한 이정표로 평가받고 있다.

롤랑 바르트 전집 3

현대의 신화

이화여대 기호학 연구소 【옮김】

　이 책에서 바르트가 분석하고자 한 것은, 부르주아사회가 자연스럽게 생각하고 자명한 것으로 생각해 버려서 마치 신화처럼 되어 버린 현상들이다. 그것은 1950년대 중반부터 60년대 초까지 프랑스 사회에서 일어나고 있는 현상이지만, 이미 과거의 것이 되어 버린 것이 아니라 오늘날에도 유효한 것이기 때문에 독자들의 많은 관심을 불러일으키고 있다. 저자가 이책에서 보이고 있는 예리한 관찰과 분석, 그리고 거기에 대한 명석한 해석은 독자에게 감탄과 감동을 체험하게 하고 사물을 보는 새로운 눈을 뜨게 한다. 특히 후기 산업사회에 들어와서 반성 없이 이루어지고 있는 것, 가벼운 재미로만 이루어지면서도 대중을 지배하는 모든 것에 대해서 이 책은, 그것들이 그렇게 자연스런 것이 아니라는 것, 자명한 것이 아니라는 것을 알게 한다. 사회의 모든 현상이 숨은 의미를 감추고 있는 기호들이라고 생각하는 이 책은, 우리가 그 기호들의 의미 현상을 알고 있는 한 그 기호들을 그처럼 편안하게 소비하고 있을 수 없다는 것을 우리에게 알게 한다.
　이 책은 바르트 기호학이 완성되기 전에 씌어진 저작이기 때문에 엄밀한 의미에서 바르트 기호학을 대표하는 것은 아니지만, 그러나 그의 타고난 기호학적 감각과 현란한 문체로 이루어져 있어서 그의 기호학이론에 완전히 부합되고 있을 뿐만 아니라, 그의 텍스트 실천이론에도 상당히 관련되어 있어서 바르트 자신의 대표적 저작이라 할 수 있다.

東文選 現代新書 96

근원적 열정

뤼스 이리가라이

박정오 옮김

　뤼스 이리가라이의 《근원적 열정》은 여성이 남성 연인을 향한 열정을 노래하는 독백 형식의 산문시로 이루어져 있다. 이 글에서는 여성이 담화의 주체로 등장하지만, 남성 중심으로 이루어진 현존하는 언어의 상징 체계와 사회 구조 안에서 여성의 열정과 그 표현은 용이하지도 자유로울 수도 없다.

　따라서 이리가라이는 연애 편지 형식을 빌려 와, 그 안에 달콤한 사랑 노래 대신 가부장제 안에서 남녀간의 진정한 결합이 왜 가능할 수 없는지를 역설적으로 보여 주려 애쓴다. 연애 편지 형식의 패러디는 기존의 남녀 관계에 의문을 제기하고 교란시키는 적절한 하나의 전략이 되고 있는 것이다.

　서구의 도덕적 코드가 성경 위에 세워지고, 신학이 확립되면서 여신 숭배와 주술은 주변으로 밀려났다. 이리가라이는 그 뒤 남성신이 홀로 그의 말과 의지대로 우주를 창조하고, 그의 아들에게 자연과 모든 피조물을 통치하게 하는 사고 체계가 형성되면서 여성성은 억압되었다고 지적한다. 또한 그녀는 남성신에서 출발한 부자 관계의 혈통처럼, 신성한 여신에게서 정체성을 발견하고 면면히 이어지는 모녀 관계의 확립이 비로소 동등한 남녀간의 사랑과 결합을 가능케 해준다고 주장한다.

　이리가라이는 정신과 육체의 이분법적인 서구 철학의 분류에서 항상 하위 개념인 몸이나 촉각이 여성적인 것과 연관되어 있다는 점을 인식하고 타자로 밀려난 몸에 일찍부터 주목해 왔다. 따라서 《근원적 열정》은 여성 문화를 확립하는 일환으로 여성의 몸이 부르는 새로운 노래를 찾아나선 여정이자, 여성적 글쓰기의 실천 공간인 것이다.